菊池努
山本吉宣
大庭三枝
熊倉正修
バリー・ノートン
中兼和津次
山影進
福嶋輝彦
小柏葉子
李鍾元
呉栄義
毛里和子
河東哲夫
細野昭雄
T・J・ペンペル
田中明彦

Shaping the Future: Asia Pacific in the 21st century

アジア太平洋と新しい地域主義の展開

WATANABE Akio
渡邉昭夫［編］

千倉書房

アジア太平洋と新しい地域主義の展開

目次

第Ⅱ部 個別の主体の態度と政策

序論

発展途上の地域としてのアジア太平洋

渡邉昭夫 *Watanabe Akio*

アジア太平洋とは、いったい何物か？　という問いに対しては、まず、それ自身できあがった存在ではなく、形成過程にある、いわば発展途上の「地域」であると答えるべきであろう。「発展途上国」という言葉は、今日ほとんど前置きなしに使われ、それに関する学問的研究も数多い。それに比べると、「地域」を発展の視点から論じる例は多くない。「地域」や「地域主義」は、研究対象として、むしろまだ新しい。

一見すると「国家」は、そこに「かたち」あるもの、手触りのあるものとして存在しているかのようである（「国家」の終焉を問題にするポストモダン的議論もあるが、それは差し当たり別の話としよう）。一方、「地域」はなかなか実感し難いし、完成した「かたち」あるものとしては存在しない（かのようである）。

人間の営みから生み出される歴史的生成物には、絶えざる「発展」があるのみで「完結」はない、という一般論からすれば「アジア太平洋とは発展途上の地域なり」という命題は当然すぎるほど当然だが、例えば、かたちとしてかなり整ってきているEUなどと比べれば、未だ生成の初期段階にあるという比較的な意味で、アジア太平平洋が、まさに「発展途上」の「地域」であることは頷けよう。

大平正芳首相の「環太平洋協力」構想が発表されたのは、首相の死の直前であった。いわば、これは彼の遺言の一つと言ってよい。その意味では、大平正芳没後の三〇年が、アジア太平洋「地域」の持つ歴史的時間である。ある名前で呼ばれる大河に、源流や幾つもの細流からなる上流を発見できるのと同じく、この場合にも、何事についても言いうるような「前史」がある。「アジア太平洋」もまた、様々な思想や運動が流れ込んで出来上がった「大河」と言えよう。これがその名で一般に知られるようになって三〇年を経た今日、大河の姿を改めて見つめ直し、今後の流れを展望したい。これが、本書における我々の企てである。

大平正芳生誕一〇〇年を記念する出版物という観点から付言するなら、この政治家の誕生以来の一世紀の日本と世界の歩みを振り返るとき、とりわけアジア太平洋地域の三〇年の歩みに格別の意義を見出し、そこに焦点をあてて考察し、様々な角度から光をあてて描き出そうというのである。

しかし、これは一見するほど容易な仕事ではない。なぜ難しいかと言えば、そこには二通りの理由がある。ひとつには、既に述べたところからも窺えるように、未だ生成発展の初期段階にあり、絶えず新しい事象が起こっていて、全体としての「地域のかたち」を見定め難いためである。地域自身が若いという内在的特徴を持つばかりでなく、問題の三〇年は、ベルリンの壁崩壊後、あるいは天安門(六・四)事件後の二〇年(田中明彦氏によれば「新しい危機の二〇年」)を含む三〇年であって、「冷戦後」をどのような時代として理解するべきか、という大きな問題と不可分に結びついている[★1]。更に言えば、日本国内でも高度成長や自民党中心の「五五年体制」が象徴する「戦後」が、別の新しい局面へとその場を譲りつつある転換期を含んだ三〇年である。したがって、この歳月のアジア・太平洋地域史の物語は、冷戦後の世界(そして転換期の日本)という、より大きな物語に内包されたものとして語る必要がある(冷戦後とアジア太平洋の地域史との内的関連については、後に触れる)。

本書の企てを困難にする、もう一つの、そしてより重要な理由がある。すなわち、地域という社会的生成物が、本来「一にして多、多にして一」という性質を持つことである。

読者はここで、「アジアは一つ」という岡倉天心の有名な言葉を想起するかも知れない。この岡倉の言葉は「アジアを一つのものとしたい」という歴史への働きかけの意思（理念）の表明であり、その「理念」が多様で複雑なアジアの「現実」と出逢い、様々な物語を生み出していく過程こそが日本とアジアの織りなす近代史であった。大平正芳の「環太平洋連帯」は、時代的背景、日本を取り巻く国際情勢、日本という国家の意思、その他、多くの意味で岡倉天心の「アジアは一つ」とは、同一視はおろか、対比さえ適切でないかも知れない。しかし、一つの「理念」が「現実」とどう関わり、歴史を動かす力としてどのような作用を及ぼすか考える意味において、そのような類比も無駄ではないと言えるのではないか。

「一にして多」「多にして一」という命題に戻って、本書が読者に伝えようとしているものは何なのかについて、編者の立場から、以下に述べておきたい[★2]。打ち明けて言えば、編者が本書の構成について説明しようとする際に直面する困難は、アジア太平洋と呼ばれる「一にして多」「多にして一」という「多頭の怪物」を理解することの困難と似たものである。例をEUにとってみれば、こうなる。

数ある地域主義（的なるもの）の中でも、最も「一つ」にまとまっているかに見えるのが、ヨーロッパである。しかし、ヨーロッパ人の書いたものなどを読むと、ヨーロッパとは多様なものの集まりであって、ひとくくりにして貰っては困るという苦情によく出会う。外交の現場でも、実際にあるのは、フランスであり、ドイツであり、イギリス等々であって、EUではない。これが、認識の対象としてであれ、外交や取引の相手としてであれ、地域主義という複合的主体（complex entity）に出会うときに感ずる困難なのである。

ましてアジア太平洋においては、たとえ不完全であっても「これがアジア太平洋の意思である」と外の世界に向かって発言できるような機関はまだないし、あまつさえ、多様性こそがこの地域の特徴だと、むしろ、それを

「売りもの」にしているのであるから、いったいどう取り扱ったらよいのか、読者と同じように、編者も（そしておそらく各章の執筆者も）当惑するのである。

そこで、この多頭の怪物に、多頭のそれぞれをして語らしめるしかないと観念した。言い換えれば、編者が代表して一つの物語を語るのではなく、各章の執筆者にそれぞれの物語をそれぞれの流儀で語ってもらい、編者の仕事は、単にそれを集めるだけにとどめようというのである。これこそが、多にして一、一にして多なるものについて語る最善（かどうかは兎も角、唯一の実際的な）方法であろう。であるならば、ここで編者の仕事は終り、退場してもよい。否、そうすべきである。というわけで、以下に述べることは、各章の書き手が紡いだ物語を通読した上での、いわば編者の解説・コメントのようなものである。読者は直にそれぞれの物語を聞き、解釈すべきで、編者の「解説」に惑わされないようにしていただきたい。解説を蛇足と感じる人は「作品」そのものを鑑賞するようお奨めする。

じつは、どのような順で、一五篇の物語を配列するかを決めるのが、まず編者の直面した問題であった。無論、読者は自分の関心に従い、自由に読み進んでいただいてよいのだが、一応、本書の構成と配列について編者の意図を説明しておくのが、礼儀であろう。

本書は二部構成を採るが、第一部に含まれる五つの章は、「一にして多」の「一」の側にウエイトを置いた論考である。

アジア太平洋地域の共通課題に取り組むための制度や機構には、様々あるが、代表的なものを一つ挙げるとすれば、その包括性・持続性から見て、やはりＡＰＥＣ（アジア太平洋経済協力）になるだろう。その第二二回目の閣僚会議が今年（二〇一〇年）秋に横浜で開催される予定となっている（首脳会議としては第一八回）。昨年、横浜は開港一五〇周年を迎えた。日本が「外国交際」の世界に参加し始めたことを端的に示すのが、横浜の開港であっ

日米同盟
Emerging Realism of the Japan-U.S. Alliance
というリアリズム
信田智人
外交政策から
戦後の
日米関係を
通観し、
いま同盟国に
求められる
覚悟を問う。
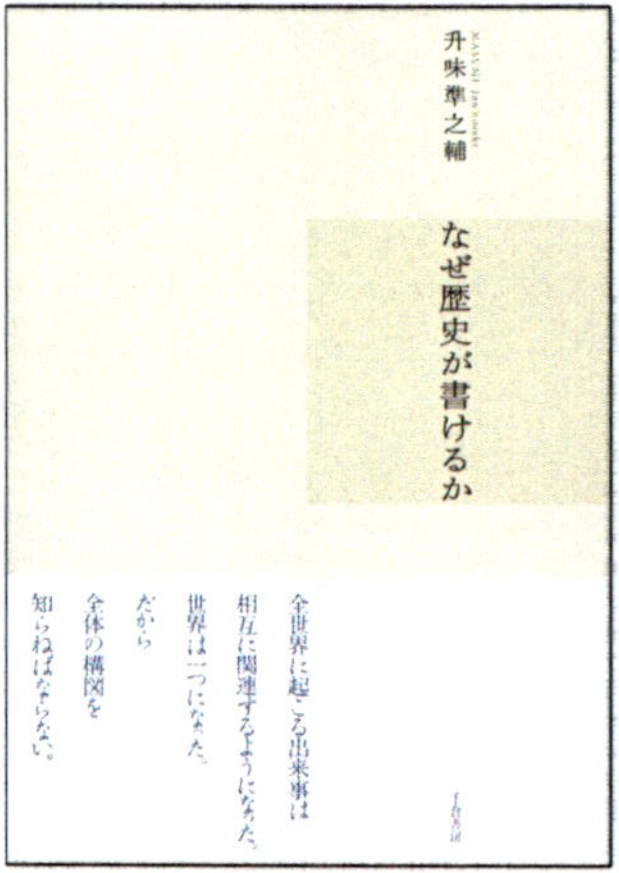
升味準之輔
なぜ歴史が書けるか
全世界に起こる出来事は
相互に関連するようになった。
世界は一つになった。
だから
全体の構図を
知らねばならない。

China's Foreign Policy Decision Making during the Cold War
牛軍 著
真水康樹 訳
冷戦期中国外交の政策決定
歴史的事件への
対応を分析すると、
中国という国家の性格が
鮮やかに浮かび上がる。

五百旗頭真
IOKIBE Makoto
五百旗頭真書評集成

鈴木董
ナショナリズムと
イスラム的共存
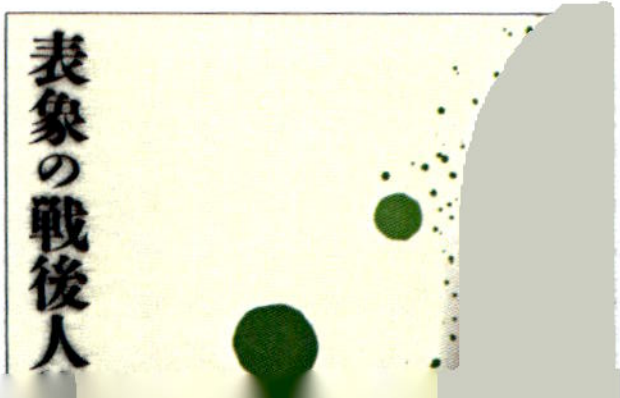
表象の戦後人

た。「外国交際」というこの一見何でもない言葉に含まれた、重要で深い意味について、福沢諭吉はその代表作で熱っぽく語っている[★3]。そして一世紀半におよぶ「外国交際」を経験した日本が、今、その横浜において、二一カ国の代表が集まるAPEC総会の主催国たる役割を果たすのは、たいへん意義深いことである。

このAPECが、如何なる経緯で興り、今日どのような状態にあるのかを詳細に描き、この機構に表れた地域主義の特徴を理論的な視点から鋭く抉り出したのが、冒頭(第一章)の菊池論文である。「中国、インドなどの台頭に伴う力関係の変動の衝撃を吸収し、アジアで深まる経済的相互依存を管理して安定した地域構造を作り出すための役割」がAPECに求められていると菊池氏は指摘する。そして、こうした挑戦に応えるために生まれた他の様々な制度や仕組みと共存し競合するなか、APECの比較優位は、グローバリゼーションの進展が要請する各国の「国内諸制度」の改革と相互調和を促し、新しいアジアの国際関係の構築に寄与できる点にあると論じる。APECは死んだという一部の悲観論を斥け、中国をそうした新しいアジアの国際関係に参画せしめるという重要な役割も含めた大きな潜在力を秘めた地域制度だと力強く主張する。

菊池論文でも触れられているグローバリゼーションのなかにアジア太平洋を位置づけるというテーマに正面から取り組んでいるのが、第二章の山本論文である。

山本氏の周到で詳細な議論を、単純化の誹りを覚悟し、敢えて「解説」してみれば、次のように言えるのかも知れない。グローバリゼーションとは冷戦後に(特に)見られるようになった現象で、冷戦期に「西側」を特徴づけるものとされてきた経済の自由化(市場経済)と政治の民主化(民主主義)が、グローバルに行き渡るようになっていくことを指す。先に述べたように、太平構想を物語の発端とすれば、冷戦の終焉に先立ってアジア太平洋の地域化への動きは始まっていたという理解になるが、いま定義したようなグローバリゼーションが、その地域化の動きを大いに加速したことは間違いがない。冷戦の終焉を待たずして、アジア太平洋の地域協力が日本のイニシアティブを一つの刺激要因として始動していたことは、しかし、記憶しておく価値がある。

「地域におけるグローバリゼーションの進展」を、矛盾した形容だと気にする人がいるといけないので、念のために言い添えておくと、グローバルな規模で普遍的に通用する（べきだ）とされる市場経済の原則や民主主義的価値観が、この「地域」にも浸透し、それが域内の諸国民に共有されるようになることが、ここで言う「地域化」なのである。アジア太平洋「地域」において、如何なるかたちで、如何なる程度グローバリゼーションが進み、あるいは停滞しているのか、と問いを立て直してもよいだろう。

このようなグローバリゼーションが地球の至るところで、同じように進むわけではない。その国、その地域に根づいている価値観や生活慣習が、多かれ少なかれ普遍的価値の浸透に対する抵抗力として作用するからである。グローバリゼーション、言い換えれば「普遍的価値」の世界大の浸透を主導するのはアメリカやイギリスだと山本論文は指摘する。アメリカを代表とする勢力が、「普遍的」価値を浸透させようと、力づくで門戸をこじ開けようとすれば、抵抗が生じ、場合によっては血が流れよう。それを避けるには、相手が進んで扉を開けるように誘導するしかない（これをseduceといういささか微妙な言い方をしている英語の文献を目にしたことがある）。

アジア太平洋は、例えばイスラム圏などと比べれば、激しい衝突なしに、グローバリゼーションが（少なくとも経済面では）進展しつつあるように見える。それでも、山本氏が指摘するように、アジア太平洋でもグローバリゼーションの指導理念である市場経済や民主主義的価値と「土着のもの」との相克が幾つかの面で見て取れる。例えば対話と主権尊重を謳うASEAN方式、民主主義や人権よりも経済成長（開発）や政治的安定を重視する北京コンセンサスなどが、その具体的な表れと言えよう。「経済力、軍事力、そしてイデオロギーという面でも、アジア太平洋はアメリカと中国の二極化に向かっている」という山本氏の診断が正しいとするなら、アジア太平洋のグローバリゼーションは大きな緊張を内に抱えた現象だと言わねばならない。山本論文では、経済と安全保障との二つの領域で、グローバリゼーションの影響を観察しているが、経済のグローバリゼーションの一つの結果として中国やインドなどの経済成長が刺激され、それがひいては力の移行（例えば米中の力の格差の縮小）をもたらすというように、経済と政治(安全保障)とは相互に関係する。いまのところ、米中はともに経済的相互依存から期待できる共通の利益を重視しているが、安全保障面では、互いに不用意な挑発は避けながらも、警戒は解かないという「ヘッジング」の姿勢をとっていると分析している。

となると、中国の台頭の意味するところに目を向ける段だが、その前に、アジア太平洋地域の「一体性」とでも呼ぶべきものの発見に力を注いだ第三章(大庭論文)に言及しておこう。大庭論文は、あらゆる意味で多様性に満ちたアジア太平洋という広大な領域を「無理矢理」一つの「地域」としてまとめる必要性があるのかという問題を提起し、それに答えようとしている。その際、大庭氏が注目しているのは、大平首相の諮問委員会「環太平洋連帯構想グループ」の報告書が、アジア太平洋の多様性に着目しつつ「地域内の諸国民がその多様性を相互に深く理解し合う」ことを重視し、文化・教育・学術交流などを通じた相互理解の促進、そして「異なる文化や価値観・価値体系を持つ諸国民間の相互理解と相互認識の深化を通じた価値観の共有に立脚した共同体形成」をめざしていたという事実である。その点で、大平構想に起源を持つアジア太平洋の地域主義は、他の地域主義機構が貿易や開発協力を強調しているのとは、一線を画すると評価する。と同時に、政治体制を異にするソ連や中国がPECCやAPECに加わるようになる誘因は、市場経済がもたらす「繁栄の享受」への期待であったと述べている。

言うならばアジア太平洋を「一つにしよう」という「理念」と、経済的繁栄という現実的な「利益」とが「アジア太平洋主義」とその制度的表現としてのAPECやARFを、今日あるようなものにまで進展させてきた推進力であった。二つの推進力のうちの後者、すなわち経済的利益の方は、市場と政府の関係について欧米派とアジア派のような差異はあるものの、ベクトルは「同」の方向を向いている。問題は理念であって、最近の日本に、大平構想の時代にはあった熱意がまだ残っているのかどうか、またアジア諸国の間、さらには太平洋の西と東、南と北とを互いに近づけるような力強い何らかの理念が働いているのか、しかと考えてみる必要がありそうである。

近年では、繁栄と（それを基盤とする）地域の安定を実現するための、より有効な枠組みが他にもあり得るのではないかとの模索が種々試みられるようになっている。とりわけ「東アジア主義」との競合関係のなかで、アジア太平洋的な規模での一体性の追求は今後の課題であろう。

こうした点について更に考えを深めるためには、第二部の各章が扱うような、関係諸国の地域政策への立ち入った分析が必要となるが、その前に、第一部の残る二つの章が、やや違った切り口から論じている問題について触れておこう。

第四章は、過去三〇年の間に日本と近隣アジア諸国間の、経済的相互依存関係のあり方に変化が生じていることに、注意を促している。熊倉氏は、貿易を通じて東アジアの経済が一体化しつつあるという通念は再考の余地があると論じる。専門的な論点は、熊倉論文に譲るが、今世紀に入って生じつつある、世界の電子機器生産の分業構造と東アジア内外の貿易の流れの大きな変化を見れば、過去の経験の延長線上で将来を展望するのは間違いだ、との指摘は印象に残る。

バリー・ノートン氏の第五章は、この三〇年の間に二一世紀のアジア太平洋のあり方に大きな影響を与える存在にまで成長した中国について考察を加え、中国の急激な成長が、域内外の他国のモデルとなる可能性の有無について論じている。ノートン氏の議論の運び方になじみの薄い読者のために、訳者である中兼氏のかなり詳しいコメントがあるので、そちらを参照して頂きたいが、中国の経済的成功は、一九八〇年以来強まってきた地球規模での市場化の趨勢（つまりグローバリゼーション）に貢献してきたが、他方で、中国経験が民営化一点張りの「ワシントン・コンセンサス」に不満な人々に、開発についてよりニュアンスに富む別のアプローチ（北京コンセンサスとまではいかないにしても）を求めさせる契機を与えているというノートン氏の指摘は、これまで述べてきたこととの関連で記憶に止めてよい。

第二部は、「一にして多、多にして一」の「多」の方に視点を移動して、アジア太平洋地域の関係諸国のそれぞれの政策の特徴を扱った一〇個の章からなっている。その配列には格別の基準はないが、運転席に座っているのはASEANだとする議論もあり、事実これまでのASEANの実績に鑑みても、まずこれを対象とする山影論文（第六章）から始めたいと考えた。無論、ASEAN自体複合的主体であり、インドネシア、マレーシア等々の個別国家について論じるべきかも知れないが、ことアジア太平洋に関する限り、一貫してASEANとしてのまとまりが広域秩序のなかに埋没してしまうことを恐れてきたのだから、本書のような取り扱いも許されよう。

ASEANは太平構想に先行する地域機構であり、内部に問題を抱えた「ひ弱な」組織ではあるが、アジア太平洋の地域主義の今後の展開がどのようなものになろうとも、無視できない存在として残るだろう。山影氏によれば、ASEANと広域制度との関係は、ASEANが結節点になって他の域外大国をつなぐハブ・アンド・スポークの構造（中心の方が小さいという意味で、これを逆ハブ・アンド・スポークの構造と第二章の山本論文は呼んでいる）、そしてASEANが主催する（ASEAN＋3などの）同心円構造、およびASEANを一方の中心とし、その外に他の中心がもうひとつある楕円構造（APECはこの第三の型）の三つの型があると言う。

逆ハブ・アンド・スポークの先端にくっつく域外大国のなかには、アメリカや中国のようにそれ自身がハブとなって他国をつないで行こうとするものもあるので、すべてがASEANなしには済まないというほどの力があるわけではない。しかし、非伝統的安全保障問題のようにASEANの協力が必要な分野もあり、ASEANの統合と発展は域外諸国にとってとりわけ日本にとってはプラスの材料だと山影氏は説く。

太平洋島嶼国は日本ではオセアニアの一部と見るのが普通だが、オセアニアの「大国」であるオーストラリアとニュージーランドは、貿易優遇措置にせよ、安全保障にせよ、自分たちの影響力の範囲という感覚で扱い、PECCやAPECのような他国が関与する場に島嶼国の問題を持ち出したりする気持ちは弱いようである。論文の寄稿を得られなかったニュージーランドはさて置き、オーストラリアのアジア太平洋政策については、第七章（福嶋論文）が詳しい。日豪提携が、PECCやAPECの立ち上げの契機となったし、最近はラッド首相が「アジア太平洋共同体」（APC）の設立を公式に提唱するなど、南半球に位置するこのミドル・パワーは、経済から安全保障にいたる幅広い関心に突き動かされて地域主義の発展に取り組んできた。福嶋氏は、これを「日本と豪州が、常にアジア太平洋の地域協力のダイナモ的役割を果たしてきた」と表現する。

ラッド首相のAPCまたはAPc構想（福嶋氏が大文字のCと小文字のcとを、使い分けていることに注意）の背後にある同首相の情勢判断とオーストラリアの脅威認識への立ち入った分析に基づき、福嶋論文は、「現在のアジア太平洋の様相は二度の大戦を招いた二〇世紀前半のヨーロッパの状況に似ている」ので、「日米中印主要四カ国の関係をうまく舵取りしていくことが絶対に必要」という考えや直近の南太平洋の安定への伝統的な関心がラッド首相の構想の背後にあり、前者に関連して（親中派というラッド氏のイメージからすれば意外なまでの）中国の軍事的脅威への言及、日本と韓国に対するアメリカの核抑止の必要性の強調が、また後者に関連しては太平洋島嶼国の安定と開発のための日豪協力への示唆が出てくるという重要な指摘をしている。このようなオーストラリアのAPC構想は、「故大平首相が提唱した環太平洋連帯構想と総合安全保障構想をドッキングさせて、今日の時代に合わせて焼き直したもの」だと福嶋氏は見る。

第八章（小柏論文）は、アジア太平洋広域秩序に内包されるもうひとつの地域機構であるPIF（太平洋島嶼諸国）からの視点を提供している。大平構想の提唱者たちは、ドーナツのように真ん中に穴があいた環太平洋機構であってはいけないということを十分意識していたが、それにも関わらず、現実にPECCやAPECが動き出してみると、島嶼諸国は地理的には真ん中にいるはずの自分たちが「周縁」扱いされ、居場所がないという不満を抱くようになったのは、小柏氏が指摘する通りである。PIFはASEANと同じく、あるいはそれ以上に、広域機構の中に埋もれてしまう懸念を抱かざるを得ないし、ASEANのような逆ハブ・アンド・スポークのハブとなるだけの力量もない。しかし、PIF諸国は小なりといえども、なかなかのしたたかさを持ち、EU、オーストラリア、ニュージーランドなどとの交渉の末に、貿易優遇措置を獲得している。太平洋島嶼諸国は、地球温暖化のような環境悪化に対して脆弱であり、プルトニウムのような核関連物質の海上輸送に敏感に反応するが、その彼らが恃みとするのはCOPやNPTといったグローバルなレジームであって、APECのような地域的枠組みではない。津波などの防災対策への協力がアジェンダにのぼるようになれば別だが、今のところ、島嶼国の太平洋地域機構への関心は、経済的枠組みとしての機能に限られていると小柏氏は見ている。

この地域に「アジア太平洋主義」と「東アジア主義」という二つの潮流があることは、今ではかなり広く知られている。後者の核になるのは、日中韓の三国である。台湾は、特別の扱いが必要なケースである。日本については最後にまわし、韓国の地域外交を対象とした李鍾元論文（第九章）、台湾の立場に関する呉栄義氏の第一〇章、そして中国のアジア地域外交を論じた毛里論文（第一一章）について見てみよう。李鍾元論文は、李承晩大統領以来、李明博大統領に至る歴代政権の対外政策における「地域」概念の発展を韓国の「外交戦略」の視点から分析した印象の鮮やかな論考である。李承晩時代の「東亜から太平洋へ」という歴史的転換から説き起こし、中ソとの関係重視の「北方政策外交」とアメリカとの関係を軸とする「太平洋外交」との連繋への模索を経て、「米韓同盟の復元」と同時に「新アジア外交」（東アジアまたは北東アジアへの回帰の意味が込められた）を標榜する今日の韓国の外交戦略までの軌跡が、襞深く描き出されている。

台湾が、香港、中国と併せて「三つのチャイナ」の同時加盟というかたちで一九九一年にAPECに加盟したのは、ソウル会議の主催国として積極的に調停に動いた韓国外交の成果であった。こうして一定の「国際的空間」を確保した台湾だったが、しかし、今でも中国政府の強力な介入によって様々な妨害や制限を受け、APECの活動のすべてに参加することが不可能な状態に置かれている。東アジアの、またアジア太平洋の経済的相互依存の一部となっている台湾を、地域の経済協力の仕組みから排除したままでは、たとえば一九九七年の金融危機の際の経験が語るように、国際的支援のない孤立無縁の一国がやむなくとる行動が、他のメンバーにも悪影響を及ぼす危険があると説く呉氏の議論には心して聞くべきものがある。

台湾にとってはもちろん、アジア太平洋全域、さらには世界全体にとっても、中国の行動が与える影響は巨大である。その中国の対外政策において、アジア太平洋という「地域」は如何なる位置を占めているのか、この問題に光をあてているのが、第一一章の毛里論文である。毛里氏によれば、中国が「地域主義」に目覚めるのは、一九九〇年後半以後のことであり、それまで中国は、国連での多国間外交を別とすれば、自国の巨大な版図の周辺諸国との個別の関係に留意した二国間主義で対外関係を処理してきた。九〇年代後半から、協調的安全保障観や総合安全保障観に基づく「新安全観」の採用と並行して、自国を中心に放射状に位置する四つの地域（東アジアまたは北東アジア、東南アジア、南アジアそして中央アジア）を視野に入れた地域主義外交が始まる。この四つは同等の重要性を持つとされているようだが、毛里氏がこの論文で直接扱っているのは、中央アジアに対する「新地域主義」である。これを「新」と呼ぶのは、東南アジアを対象とする旧地域主義と対比してのことである。後者（すなわちASEAN）が歴史的文化的な帰属意識を基礎に内発的に形成されて来たものであって、それとの経済協力関係を深めるのが得策だとの認識から、中国がこれをアジア戦略の中心に据えたのと違って、前者（すなわち上海協力機構）は、中国の側から、米ロに対抗していくために働き掛けて作り出したものであるという意味で、新しいタイプの地域主義だと毛里氏は言う。九・一一後の国際情勢の中で、アメリカが中央アジアへ進出したことが、中国のそのような行動の引き金になったとでも言えようか。

それは兎も角、中国の対外政策の中で、地域が明確な形として現われているのは、この二つであって、同じアジアと言っても、日韓両国を含む「北東アジア」の姿は良く見えない（もっとも、日本にとっても「北東アジア」は捉え難い地域であるが）。もう一つ指摘すべきは、日本から見れば東南アジアは無論、未定形の「北東アジア」も含めてアジアは「アジア太平洋」の枠内に入るが、中国から見れば、必ずしもそうではないらしいという点である。同じく「協調的安全保障」と言い、「地域協力」と言っても、日本と中国は同じことについて語っているのではないのかも知れない。アメリカとの関係をどう設定するかが、分岐点であろう。ここで、日本とアメリカに視点を移したいが、その前に、ラテンアメリカとロシアについて見ておこう。この二つは、アジア太平洋の地域主義の牽引車ではないが、「太平洋」に利害関心を抱く存在として、視野に入れておかねばならない。

河東論文(第一二章)は、長い歴史的視野のなかで、ロシアのアジアまたは太平洋への関心・関与のあり方を描き出しているが、その上で、二〇一二年にはウラジオストックでAPEC首脳会議が開催されることに着目し、ロシアをアジア太平洋地域にどうはめ込むか議論しておく必要を説いている。この地域でのロシアは能動的パワーでなく、アメリカ、中国、日本などとの関係によって規定されていく存在ではあるが、無視したり、のけ者にしたりするのは得策でなく、この地域の力のバランスの構成要素の一つとして勘定に入れておくべきだと説く。とくに、朝鮮半島をめぐる六者協議の一員であるロシアを、何らかの形で取り込むことが北東アジア地域に安定した秩序を形成する上で重要だとの河東氏の示唆は傾聴に値しよう。

第一三章(細野論文)は、中南米諸国のうちAPECに加盟しているチリ、メキシコ、ペルー三カ国のアジア太平洋に対する三者三様の関心のあり方を分かり易く描き分けている。南米大陸の最南端に位置するチリは早くから東アジアとの交流に熱心であり、APECの活動にも積極的に参加している。他方地理的には東アジアに最も近いメキシコは、アメリカや日本と言った大きな市場との関係が深く、アジア太平洋地域への関与はチリに比べて積極さに欠ける。チリの成功に刺激されてアジア太平洋との関係の重要性に目覚めたペルーも二〇〇八年のAPECが首都リマで開催されたことも与って、近年この地域への関心を高めている。このように個々の特徴はあるが、それらを通じて、日本はユニークな役割を果たしており、それを細野氏は「中南米から東アジアへのゲートウェイとしての役割」と表現している。日本の外交において中南米は豊かな可能性のある舞台であり、アジア太平洋政策を構想する際に欠かせない位置を占めることを細野論文は教えている。

以上の諸章が明らかにするように、まさに多様な背景と関心を持った数々の主体間の相互作用の過程が、アジア太平洋という地域を作りあげているので、その過程を支配する法則や、特徴的なパターンを識別することは簡単ではない。冒頭で発展途上「国」との類比を云々したが、国を対象とするときに使われる「発展」ましてや「開発」という概念は「地域」には適用できない。「発展」＝「近代化」という理解に従えば、地域の「発展」の様相を観察し評価する尺度はグローバリゼーションだということになる。だが、『近代化』即『欧米化』に非ず」という言説に倣えば、『グローバリゼーション』即『アメリカナイゼーション』に非ず」となる。アメリカや「先進国」グループがグローバリゼーションの牽引力を提供していることは多分間違いないが、「近代化」が先進国モデルの何がしかの移植ないし模倣ではあっても、受け入れ側の「伝統」が、個々の「近代社会」の在り方を決定する。同様に、同じグローバリゼーションの衝撃の中で地域化が進展するとしても、ヨーロッパ型とアジア型で同じとはいくまい。アジアに内在するものは何かを問わざるを得ない所以である。

第一四章（ペンペル論文）は、アメリカとアジアの遭遇の最近の様相を扱う。ブッシュのアメリカが強引に他家の扉をこじ開ける行動で目立ったとすれば、オバマのアメリカは、他家の扉を静かに叩いて内側からの返答を待つというスタイルに切り替えて、アジアとの関係を修復しようとしている。オバマへの期待の大きさに反比例してブッシュへの評価が厳しくなる。時間が経てば、もう少しバランスのとれた見方が可能になるかも知れない。ブッシュのアジア政策には今日でも違った評価もあることは、ペンペル論文も認めてはいる。

アメリカがアジア太平洋であれ他の地域であれ、提供してきた二つの公共財――安全保障と自由貿易――がアメリカのリーダーシップの基盤であったが、九・一一事件後のアメリカの政策の変調が、この二つの公共財提供能力を一時的にせよ低下させたために、世界各地で混乱、困惑、憤激、失望等々が生じた。今後数年で正常のリズムとペースをアメリカが取り戻すことができるか。全体の判断としてはそのような評価になるだろうが、ＡＰＥＣに対するアメリカの関心が希薄化するのは、対テロ戦争のアジェンダ登場以前から始まっており、そこには、日本への関心低下が関係してくる。

第一五章（田中論文）が、その事実に言及している。戦後日本外交における「地域」（アジア）概念のゆらぎを説明するために、田中氏は、アメリカ要因と中国要因を挙げる。日米関係が（たとえば、経済摩擦のために）緊張すれば、調整のメカニズムのひとつとしてアジア太平洋の枠組みを必要とする度合いが増し、「アメリカ問題」が解消すれば、その度合いが低下する（アメリカからみても、「日本問題」の深刻さの強弱とアジア太平洋への関心の増減とが連動する）。アメリカへの気遣いが不要とは言わぬが、緊要度が低下すれば、アメリカを含まない形の東アジア的機構への熱意が高まる。中国要因が浮上してきた最近の状況では、日中関係をどう処理するかの観点から（特に中国の巨大なインパクトを緩和する顧慮から）地域機構が求められるのかも知れない。東アジアというより（オーストラリア、ニュージーランド、インドを加えた）「拡大東アジア」を日本が志向するのは、その一例である。アメリカのアジアへの回帰次第で、アメリカも含む「拡大東アジア」（たとえば日米中の仕組み）も今後真剣な検討の対象になるかも知れない。鳩山首相の「東アジア共同体」は、日中関係を基軸としたものを志向するのか？

以上、各氏の論稿について私の勝手な解釈が過ぎたところもなしとはしないが、読者の関心を喚起する試みとしてご容赦いただきたい。「多」を「一」にfusionすることに役立ったのか、むしろ却ってconfusionを増しただけなのか。後者とすれば慚愧の至りだが、これを以て編者としての責め塞ぎとしたい。

註

★1――田中明彦『ポストクライシスの世界――新多極時代を動かすパワー原理』日本経済新聞出版社、二〇〇九年。

★2――編者自身は、本書に他の執筆者と並んで独立した一篇を書くことはしなかった。従って、最近の出来事については触れることはできないが、少し長い歴史的視野で書いた以下の文章をご関心の向きにはお読みいただくことで、お許しを得たい。渡邉昭夫「環太平洋構想の詩と真実と」『中央公論』創業一〇〇年記念、一九九〇年一一月特大号、

九〇 - 一〇二頁。同「21世紀のアジア太平洋と日米中関係」渡邉昭夫編『アジア太平洋連帯構想』序章、NTT出版、二〇〇五年、二 - 二二頁。

★3——福沢諭吉『文明論之概略』岩波文庫、一九九五年、明治八年初刊、二七七頁。

第Ⅰ部

地域のかたち

第1章 アジア太平洋の重層的な地域制度とAPEC

菊池 努
KIKUCHI Tsutomu

1 はじめに──国際関係の変動と地域制度

国際関係や地域の政治経済が大きく変動するとき、そうした変動が諸国間の対立や紛争を引き起こさないよう、変動を円滑に管理するための新しい制度の構築が試みられることがある。一九八九年に設立されたAPEC（アジア太平洋経済協力）も、一九八〇年代の国際政治経済、アジアの国際関係の変動に対してアジア太平洋諸国が試みた制度的対応のひとつである。

一九八〇年代は、アメリカ経済の衰退が語られ、世界経済を支えてきたGATT体制やドルの安定性が揺らいだ時代であった。アメリカ経済の動揺はアジア太平洋においても、日米経済摩擦の深刻化、アメリカとアジア諸国との貿易不均衡の拡大などさまざまな問題を引き起こし、ひいてはアメリカによるアジアへの政治的軍事的関与の将来性までも不透明なものとした。

多くの発展途上国が積極的な外資導入・輸出主導型の成長戦略を採用した結果、アジア経済は急速な成長路線を歩むことになるが、これらの諸国の経済的基盤は依然として脆弱であり、アジア太平洋での「南北問題」への取り組みは引き続きこの地域の課題であった。その一方で一九八五年の「プラザ合意」以降、日本企業のアジア進出は急拡大し、東アジアに日本企業を中心とする生産のネットワークが形成されつつあった。さらに、変化するアジアの国際関係に中国が参画しようとしていた。一九七〇年代末に自力更生の政策を修正し、国際経済との結びつきによる経済発展を目指した中国の政策転換は、近隣アジア地域の経済にとどまらず、国際関係全体に甚大な影響を及ぼす可能性があった。

アメリカのアジアへの関与の維持、地域の国際関係への中国の円滑な復帰、アメリカとアジア経済(特に日本)との経済摩擦の緩和、アジアの南北問題への対応(アジアの途上国の経済的基盤の強化)、深まりつつあるアジア諸国の経済的相互依存の円滑な維持管理、アジア経済の発展を支えたGATTをはじめとする国際制度の維持強化など、多様な課題に取り組む地域制度としてAPECは発足した[★1]。

以来二〇年が経過し、APECを取り巻く国際関係の構図はさらなる変貌をとげた。かつて国際経済との結びつきを拒絶していた中国は、世界の巨大な工場として国際経済に存在感を示し、自力更生と厳しい政府規制の下に経済運営を進めていたインドも、一九九〇年代初頭以来の経済改革路線の中でアジア経済との結びつきを深め、アジアの国際関係に積極的に参画しようとしている。

冷戦終結後、唯一の超大国となったアメリカは、イラク、アフガンの両紛争から脱却する目途が立たず、さらに世界金融・経済危機がその経済的基盤を揺るがしている。そして、かつて台頭する力を地域諸国から懸念された日本は、長い経済的低迷と政治の不安定に苦しんでいる。

地域の制度に目を転じれば、一九九七年のアジア通貨危機を契機に「東アジア」を基盤とするASEAN+3(日中韓)やEAS(東アジア首脳会議)などの地域制度が形成され、また地域制度不在の地域といわれた北東アジアでも六者協議が始まり、日中韓の首脳会議も定例化された。東南アジアではＡＳＥＡＮ（東南アジア諸国連合）が東南アジア共同体への歩みを始めた。中央アジアでも上海協力機構による地域協力が始まる。日米豪三国の安保協議、北朝鮮問題を巡る日米韓の政策調整、中－ＡＳＥＡＮの経済連携、中台の緊張緩和と経済連携協定締結の構想など、新しい動きも模索されている。二国間の自由貿易協定も、この地域の諸国の間で数多く結ばれている。さらに最近では、大国間関係に焦点をあてたＧ２（米中）、Ｇ３（日米中）、アジア版Ｇ８の構想なども提示されている。

アジアの政治経済状況も地域制度のありかたも、ＡＰＥＣが設立された一九八〇年代末とは大きく変化したが、二〇年前と同じようにアジア太平洋は大きな変化の中にある。一〇〇年に一度の危機とまで言われる二〇〇八年秋以来の国際経済の動揺と混乱、Ｇ20など新しい国際経済秩序の模索、超大国アメリカの動揺、そしてアジアにおいては、中国やインドの台頭、「普通の国家」への道を歩む日本など、この地域の諸国の力関係は変動している。大国間の力関係の変動に伴って、この地域の将来の秩序のありかたをめぐって、大国間の対立と抗争の激化、大国協調、米中コンドミニアム（共同統治）、中国による覇権、日米中の協調と対抗、アメリカを中心とする二国間同盟の継続など、さまざまなシナリオが提示されている[★2]。

二〇一〇年秋、日本でのＡＰＥＣ首脳会議およびＡＰＥＣ関連の各種の閣僚会議は、国際社会、地域社会のこうした大きな変動の中で開催される。国際政治経済とアジアの国際関係の変動に、ＡＰＥＣはどのように対応できるのであろうか。より具体的に言えば、中国、インドなどの力の台頭に伴う国家の力関係の変動の衝撃を吸収し、アジアで深まる経済依存を管理し、より安定したアジアの地域構造を作り出すための役割をＡＰＥＣは担いうるのであろうか。また、東アジアや北東アジア、そして大国間の新しい地域制度形成が模索される中で、ＡＰＥＣはその存在理由をどこに見出せばいいのであろうか。

本章では三つの側面からＡＰＥＣの役割と意義を検討したい。第一は、アジア諸国の国内制度改革と制度の調和という分野でのＡＰＥＣの可能性である。より大きな問題としてみるならば、アジアの国際関係のルールや規範のありかたをめぐる諸国間の対立の中でＡＰＥＣが果たしうる役割である。国内制度調整の分野でのＡＰＥＣの取り組みとグローバル・リージョナリズムとしてのＡＰＥＣの特徴にも着目したい。第二は、近年、大国間関係を制御する地域制度のありかたが議論されているが、この仕組みとしてのＡＰＥＣの可能性である。第三は前項とかかわるが、アジアに並存する他の地域制度および現在進行中の大国間の制度形成とＡＰＥＣとの関係である。

本章の構成は以下の通りである。第二節でこの地域の制度形成の経緯を論じる。多様な制度の並存状況とその背後にある国家の対外戦略、大国間関係を律する制度の必要性などが検討される。第三節は、国際制度調整、国際制度との関係に焦点をあてＡＰＥＣの経緯を分析し、今後の可能性を検討する。第四節は、多様な地域制度が並存する中でのＡＰＥＣの機能と役割を議論する。最後に本章の主張をまとめ、「ＡＰＥＣは死んだ」という一般的な評価に対して、その潜在的可能性の大きさを指摘する。

2　アジア太平洋の地域制度をめぐる最近の議論
――大国間関係を制御する制度の必要性

アジアはリアリズムとリベラリズムの世界が並存する地域である。近年深まりつつある経済的相互依存関係と経済を基盤とした地域共同体形成への動きに着目すれば、「戦争なきアジア」を構想することができる。確かに、開発戦略の変化や経済の自由化に伴って国際経済との関係が強まった結果、国家が守るべき核心的価値（国家安全保障、経済的繁栄、政治的自律）の優先順位や、それぞれの間のトレード・オフへの対処に変化が生じている。政治権力の正統性がますます経済的富の創出に依存し、また富の創出は国際経済との深い結びつきに依存するようになった。この結果、国際貿易や外国企業との提携に従事している人々（政治家、役人、企業人などの「国際派勢力」）の国内政治的影響力が強まりつつある。

一般にこうした国際派勢力は、地域環境をより平和的にするような対外政策を唱導する。自国周辺の政治軍事的緊張は、生産に振り向けられる自国の資源を縮小させ、海外からの投資や資金・技術の導入を阻害し、対外経済環境を悪化させるからである。こうして彼らは一般に、保護主義的な勢力に比べ、緊張を緩和するような対外政策を求めて政府に影響力を行使することになる[★3]。

しかもアジアには、多国籍企業を中心とした地域的な生産と販売のネットワークが形成されつつある。そして、そうしたネットワークを円滑に維持発展させることが国民の経済的繁栄にとってもはや不可欠である。確かに、中国やインド、東南アジア諸国の近年の経済発展は、これらの諸国が東アジア大に拡大しつつある生産と販売のネットワークに参入した結果生じたものであり、強いネットワークで各国の経済は結ばれており、これらの諸国が引き続き経済発展を志向するのであれば、そうしたネットワークを遮断する軍事紛争の可能性は著しく低下しよう[★4]。経済の相互依存関係を高度に発展させることで、戦争なきアジアを構想できる条件が整いつつあるかに見える。

しかしアジアでは、他方で「地政学」が復活しつつある。急速な経済成長によって富を蓄えた中国は、海軍力をはじめとする軍事力の近代化を急速に推し進めており、西太平洋での米軍の行動を制約する力を蓄えつつある。アジアでのアメリカの圧倒的な軍事的優位という状況は変化しつつある。中国の台頭やインドの力の増大は、この地域での伝統的な大国間関係を大きく変える可能性を秘めている。

中国がアメリカを凌駕するグローバルなパワーになりうるかどうかについてはさまざまな議論があろう。しかし、アジアという特定の地域に限定してみれば、少なくともアメリカの優越という状況を揺るがす力を中国が持つ可能性はある。中国はアメリカの優越に取って代わることはできないかもしれないが、アメリカの力の行使を制約する力を持ちうる[★5]。

アジア諸国は一九八〇年代以降、目覚しい経済成長を達成したが、それを可能にした地政学的条件は、アメリカの圧倒的な力の優位のもとに、この地域の主要な大国である日米中の関係が相対的に安定していたことにある。一九七二年のニクソン訪中を契機に形成されたこの日米中のトライアングルは、アジアにおけるアメリカの戦略的優越という構造を中国(当然ながら日本も)が事実上受け入れた結果生まれた。しかし中国の力の台頭(と日本の経済的低迷、アメリカの経済的困難)によってそうした前提が動揺しつつある。中国が、当面は引き続きアジアの平和と安定を期待していることは確かであろう。しかし、そうした安定や繁栄がアメリカの圧倒的優位という条件の下でなければ得られないものであると中国が判断しているかどうかは別の話である。

主要大国間の力関係の変化を前に、力の変動を管理するための地域制度のありかたが議論され、さまざまな地域の制度の構想が提示されている。一九八〇年代末以降、APEC、ARF(ASEAN地域フォーラム)、ASEAN+3、六者協議、EAS、日米韓首脳会議、米中経済戦略対話など、多様な制度が構築された。ただ、最近の地域制度構築をめぐる議論は、これまでとは性格を異にしていると思われる。一九八〇年代の後半以降に構築されたさまざまな地域制度は、ASEANという東南アジアの地域組織がその活動の中心にいた(少なくともASEANの政策選好と合意形成の方式を尊重したものであった)。

しかし、最近の議論は、大国間の関係を律する仕組みを大国同士でどのように構築するかに焦点が置かれている。アジアの国際関係の急速な変化、特に大国間の力関係の変化を受けて、大国間関係の流動化への懸念が表明され、大国間の対立や紛争を回避するための新しい地域制度の構築、すなわち大国間関係を制御し、力関係の変動が地域の緊張をもたらさないための制度のあり方が議論されるようになった。

実際、二〇〇八年六月のケビン・ラッド豪首相の「アジア太平洋共同体構想」は、米日中印などのアジアの主要大国の間の力関係の変化に伴う軍事紛争の可能性を懸念し、主要大国間の新たな制度を構築し、それを通じてこの地域に「安全保障共同体」(国家間に対立が生まれてもそれを武力で解決しようとはしない関係ができあがること)を構築する必要性を説いたものである[★6]。さらに、G2(米中)やG3(日米中)、アジア版G8構想など大国間関係に焦点をあてたさまざまな地域制度が提案されている。そしてこうした構想を裏付けるような動きも起こっている。米中間ではこれまでの閣僚級の経済対話が、政治安全保障も含む閣僚級対話へと格上げされている。日米中の間の高級事務レベルの戦略対話も始まった。日中韓の首脳会議も二〇〇八年一二月以降定例化された[★7]。

こうした多様な制度は、今後、整理統合されるのだろうか。制度の間に競争が起こり、ある制度は生き残り、別の制度は消滅または機能不全に陥るのであろうか。確かにこれらの多様な地域制度の取り組む課題には共通したものが多く、整理や統合の必要性を説く人々も少なからずいる。ただ、東アジアの国際関係が流動的で、将来の地域構造が見通せない今日、この地域の諸国は多様な外交戦略で対応しており(多様な地域制度の存在がこのことを良く物語っている)、制度の収斂が短期的に実現するとは考えにくい。

このことは、アジア諸国の対外行動を見ると理解できよう。例えばこの地域の諸国の米中両国に対する姿勢を見てみよう。リアリズムの国際政治学は、パワーの変動に対する国家行動に関して極めて単純な図式を提示する。すなわち、パワーを増大させる国家の登場に対して他の国家がとる対応策としては、バランシング、つまり増大するパワーに対して軍事力の増強など自国のパワーを増大させる均衡行動をとるか、他の諸国と力をあわせて台頭するパワーに対抗する連合を形成することである。あるいは巨大な国家の力の前に「勝ち馬に乗る」、「相手の軍門に下る」ということである[★8]。

しかし今日のアジアの国際関係を見ると、こうした単純な図式はそのまま当てはまらない。国家は一方で台頭するパワーに対して関係を強化する動きをとる場合がある。すなわち関与(engagement)政策である。これには経済のグローバル化の進展や経済的な実績が政治的な正統性の確保に不可欠であるといった事情がある。例えば、増大するパワーと関係を強化することで経済的な利益を獲得しようとする動機などが働く。

また、台頭するパワーが国際制度などを通じて剥き出しの力の行使を抑制・自制していること、あるいは、大国のパワーが圧倒的に巨大で、公然たるバランシング行動が困難なこともあろう。大国が国際的な公共財(例えば、軍事力の展開を通じての地域の安定など)を提供している事情も作用しているといえそうだ[★9]。

ただし、関与政策はリスクを伴う。大国への関与を深める結果、経済の低迷や混乱など大国の国内政治経済変動の影響を直接うけるリスクがある。あるいは、寛容と思われた大国があるとき剥き出しの権力の行使に訴えてくるかもしれない。大国に自国の運命を左右される危険がある。従って、関与政策と同時に、国家はリスクを回避(ヘッジ)する手段も同時に用意しなければならない。例えば、一方的な力の行使から自らを守るため、大国同士を牽制させ、大国の力の行使を抑制する仕組みを検討する必要もあろう。

どの程度のリスク・ヘッジやバランシングの手段が必要かを判断する際には、台頭するパワーとの価値やアイデンティティの差異などが影響するであろう。民主主義や市場経済、人権などの規範を共有する場合、大国からの剥き出しの権力行使に直面する可能性は低く、手厚いリスク・ヘッジやバランシングの手段を講じる必要性は減じることになろう。これに対し、基本的価値を異にする国家に対しては、異質であるが故に大国の将来への懸念を強く持ち、慎重なリスク・ヘッジやバランシングの手段を講じる必要性に迫られるに違いない。

アジアの大国間関係を律する地域制度として、どのような形式が生まれるか判然としないが、米中や日米中の基本的な価値が異なることを考えれば、一部論者がいうような「大国のコンドミニアム」というシナリオが実現する可能性は必ずしも高くはなかろう。米中のような大国間の協議と政策調整を促す制度は必要だが、それがアジアの国際関係の基本構造を規定するほどに強靭で安定したものになるとは考えにくい。また、アジアには階層的な国際秩序を受け入れる政治的基盤(歴史)があり、いずれ中国を中心とした階層秩序が生まれるという考え方もあるが[★10]、この地域のナショナリズムの強さを考えれば、大国間の合意や特定の大国の意向をこの地域の諸国がそのまま受け入れるとは考えられない。

アジアの国際関係の構造が安定するにはまだしばらく時間が必要であろう。とすれば、アジアの諸国はこれまで同様に多様な外交戦略で対応する可能性が高く、地域制度に関しても複数の地域制度に同時に参加しつつ、関与とリスク・ヘッジ、緩やかな牽制という外交戦略を取る可能性が高い。大国間関係を制御する地域制度をどのように構想をするかという議論を核にしつつ、アジアにおいては今後も多様な制度が並存する可能性が高い。そうであるとすると、この多層・重層的な制度構造の中でＡＰＥＣはどのような役割を演じられるのか、ＡＰＥＣの有する制度的な比較優位とは何か。

3　ＡＰＥＣの制度上の優位は何か

1　国内制度調整

大国間の力関係を制御する地域的な仕組みをめぐる議論の背後には、この地域の国際関係をどのような規範やルールで進めるかをめぐる対立がある。単純化して言えば、主権や内政不干渉原則など国家間関係を律する伝統的なウェストファリアの外交規範やルールを重視する中国やＡＳＥＡＮの一部の諸国と、民主主義や人権、良き統治、市民社会の育成、国内規制制度の標準化など、国内の政治経済社会システムを規定する規範や原理の一致・共通性を重視するアメリカなどの立場がある。

国際関係の歴史を振り返ると、最初に形成されたのが国家間関係を律する規範や原理・ルールである。国家主権の概念や主権の平等、内政不干渉原則などが国際関係の基本原理として確立した。国際経済での最恵国待遇や内国民待遇などもそのひとつである。ここでは、国家の内部の制度（政治システムや経済システム）の相違は脇において、まず国家と国家の関係を律するルールを確立し、それを遵守することが国際関係の安定にとって重要であると考えられた。しかし、国家間の相互依存が高まり、経済のグローバル化が進展し、人権や民主主義などの政治規範が「世界標準」となるに伴って、単に国家間関係を律するルールだけでなく、国家の内部の制度にまで踏み込んだ調整や調和（国内制度の「実質」に関わる規範やルール）が求められるようになる［★11］。

この点で近年のＡＰＥＣの活動に着目すべきである。ＡＰＥＣは近年、対象分野を拡大し、その対象は貿易投資からエネルギー、中小企業、人材育成、電気通信、運輸、産業科学技術、海洋資源保全、漁業、安全保障（テロ）まで多岐に渡る。しかしもっとも注目すべきは、経済法制度整備、競争政策・規制緩和、市場アクセス、関税手続き、基準・適合性、知的財産権、腐敗対策・透明性など国内制度の調整・改革といった分野である。いずれも経済のグローバル化に対応した国内制度強化の試みである。

二〇〇八年秋以降の世界金融・経済危機を契機に「反グローバリゼーション」の動きが台頭しつつあるが、同時にグローバリゼーションの「影」を管理するための、様々な規制制度の構築に向けて世界は共同行動をとり始めている。したがって、速度が弱まることはあろうが、グローバリゼーションの進展を契機とした、「国内諸制度を国際社会に組み込む」過程は今後も進行することになろう。この意味で、国家はますます国際的、地域的なシステムの中に深く組み込まれてゆくことになり、国内制度の強化、国境を越えた調整という課題が重要になっている。そうした国内制度の調整作業は、アジア太平洋経済を強靭で透明性の高いものにする上でいずれも重要なものである。

国際的なルールや規範を地域に浸透させる上での地域制度は重要な役割を果たしうる。地域制度の機能として重要なのは、普遍性を基本原理とする国際制度では対応が困難な、国際ルールの浸透を妨げている地域固有の問題を解決する手段を地域制度が提供できることにある。例えば、ＧＡＴＴ／ＷＴＯのルールや規範をアジア太平洋諸国に浸透させるにあたって、各国の法制度や政府機関の未整備、人材の不足は大きな障害である。この点で、ＡＰＥＣは人材育成への協力、知的ノウハウの提供などの経済技術協力を通じて、加盟国の社会経済的基盤を強化し、グローバルなルールの浸透を促す機能を果たしうる。

新分野への取り組みの増大に伴ってAPECの組織改革も実施されている。近年、意思決定方式に関しても、コンセンサス方式を維持しつつパス・ファインダー方式を採用するなど意思決定の機動性と柔軟性を高めている[★12]。また事務局機能も強化されつつある。二〇〇七年に外部から専任の事務局長を雇用し、プロジェクトの運営効率化のための管理部門を設置し、専門的な分析、政策評価、政策文書の作成、キャパシティ・ビルディング計画の実施要綱の作成など政策支援部門を整備した。日米などはAPEC事務局強化のための財政支援を増やしている。

こうしたプロセスを経てAPECは、ASEAN+3、EASなどと比べるとはるかに充実した制度的体裁を整えた組織になりつつある。一般的な評価とは逆に、APECはアジア太平洋が直面する課題に対応する国際組織としての組織的・制度的な対応能力を強化している。APECは、ウェストファリアの国際規範やルールを超えた、新しいアジアの国際関係の構築に寄与できる可能性を高めているのである。

2 グローバル・リージョナリズムとしてのAPEC

APECのもうひとつの特徴は、国際制度との関係である。APECは筆者が「グローバル・リージョナリズム」と呼ぶ、欧州や北米などに生まれた地域経済制度とは異なる特徴を備えている[★13]。一般に地域の制度は、その地域固有の事情に対応するために構築される。すでに指摘したように、APECも国際経済の変容と同時に、アジア太平洋諸国が直面する地域的課題(「アジアの南北問題」)に対応するために設立されたが、その制度的な特徴は、グローバルな制度を維持強化すること、また国際制度のルールや規範に整合的な行動を採ることを組織運営の基本原則としていることにある。

このAPECの特徴がもっとも良く現れているのは、GATT/WTOとの関係である。APECの活動内容や運営のルールは、GATT／WTOというグローバルな制度の維持発展、そのルールとの整合性、人材育成や制度改革などキャパシティ・ビルディング分野での分業や、貿易投資の自由化での連携など、GATT／WTOというグローバルな制度と深く結びついて進展してきた。

一九八九年にAPECの第一回会合がキャンベラで開催されたとき、メンバーの期待は多様であり、第二回会合の開催すら危ぶまれるほどであった。経済援助の新たな枠組みを期待した国もあれば、アジア経済の開放をこの組織を通じて実現しようとする国もあった。また東南アジア諸国の間には、このフォーラムが大国主導で進められる結果、ASEANの存在感が弱まることへの懸念もあった。

そうした内部の思惑の相違にもかかわらず、加盟諸国の間に共同行動の余地が生まれたのは国際制度（特にGATT）に関連する領域である。GATTが体現する国際自由貿易原理やGATTウルグアイ・ラウンドの早期妥結という目標が、多様な政策選好を持つメンバーを結びつけるほとんど唯一の共通点であった。アジア太平洋の諸国がGATTの自由貿易体制の下で大きな経済成長を達成したという共通の理解がこうした姿勢を支えていた。

実際APECは、GATTウルグアイ・ラウンドの早期妥結のためにアジア太平洋諸国の声を糾合するための活動（関係閣僚会議の開催などを通じて）や、国際自由貿易の規範やルールについての理解をアジア太平洋諸国に促すためのセミナーの開催等を活動の中心に置いていた。

このような活動を通じて、APECの活動はGATT強化という目的に合致し、GATTのルールに整合的であることが重要であるとの考え方がメンバーの間で共有されることになる。APECにおけるGATTの規範化である。APECの「開かれた地域主義（Open Regionalism）」の原則とは、そうしたAPECとGATTとの制度的な関係を象徴する言葉であった。

こうして形成されたAPECとGATT／WTOとの制度的関係は、その後のAPECにおいて、メンバー間のバーゲニングの過程に強く作用することになる。各メンバーは自らの希望する議題や政策をAPECの場で提案する際に、GATT／WTO強化に資することや、GATT／WTOの規範とルールに整合的であることを根拠に自己の立場を合理化・正当化してゆくことになる。GATT／WTOに整合的な自由貿易協定のモデル（ベスト・プラクティスの採用）の提示なども、APECのグローバル・リージョナリズムとしての特色を表している。

もうひとつは、二〇〇〇年に始まったドーハ・新ラウンドの早期妥結への共同行動である。ここで注目したいのは、ウルグアイ・ラウンドの際のようなAPECを基盤とした集団的圧力行使ではなく、ドーハ・ラウンドの合意形成と合意の履行のための技術開発協力の強化にAPECが取り組み始めたことである。開発技術協力はAPECの主要課題のひとつでありながらも、関係諸国の利害が対立し、めぼしい成果を挙げることができなかった。しかし、ドーハ・ラウンドの開始と共に、ドーハ開発アジェンダを地域レベルで支援する制度としてのAPECの役割に期待が集まる。人材育成、国内制度改革支援などのキャパシティ・ビルディングへの関心の高まりである。地域固有の問題に個別かつ柔軟に対応できるという地域制度の利点を利用し、同時に地域制度を通じてグローバルな制度を強化しようという試みである。

WTOをはじめとする安定した国際制度の維持強化、国際制度（世界標準）に合致した国内制度の改革、このための人的・技術的支援の提供などは、アジア太平洋諸国の経済基盤を強化する上で引き続き重要な課題と言えるだろう。

4　制度の相互調整、信頼醸成の場としてのAPEC

アジアの国際関係の変動を円滑に管理し、新しい地域秩序を支える地域制度を構築するには、おそらく相互に矛盾する二つの条件が必要である。ひとつは、この地域でこれまで設立された地域制度のほとんどすべてがそうであったように、メンバーシップの包摂性である。地域制度の機能の一つが地域諸国間の対話を通じての信頼の醸成にあったことから、「非排他性」は制度の特徴のひとつであった。制度の正統性を確保するという点からも、関係する諸国すべてを構成メンバーとする制度が必要であろう。

もうひとつはメンバーシップの排他性である。地域あるいは国際社会の直面する課題に対処するうえで、その行方に大きな影響を及ぼす力を持った特定の諸国（大国）の間の排他的な制度が必要である。アジアにおいても、主要大国をメンバーとする排他的な制度が必要である。

国際関係が流動化するなか、そもそも地域の諸国の価値体系が異なり、しかも相互の警戒心や不信感が根強いアジアにおいて、排他的な制度に対する警戒心が生まれるのは避けられまい。実際、G2やG3、ラッド首相の大国協調の構想にはこの地域の多くの諸国が警戒感を表明している。しかしその一方で、米中や日米中、日中韓、日米韓などの緊密な対話と協議が必要なことも否めない。

相互に対立するこのふたつの要件をどのように満たすことができるのだろうか。ひとつの方法は、広範なメンバーを有する地域制度の下で、二国間、三国間などの多様な対話と協議を恒常化することであろう。これは六者協議で採用された方式とも言える。六者協議は北朝鮮の核問題を多国間の協議を通じて解決しようとするものであるが、北朝鮮の核問題を解決するためには、それと平行して解決しなければならない問題がいくつもある。二〇〇五年九月の六者協議の合意によれば、核問題の解決には、南北関係の改善、休戦協定の平和協定への転換、米朝、日朝の国交正常化、経済協力など多様な分野での進展が同時並行的に得られることが望ましい。そこでは、それぞれ問題領域によって異なるメンバーによる異なる制度の構築が想定されている。例えば、日朝関係の改善は日中両国によって行われるであろうし、休戦協定を平和協定に転換する作業には南北のほか米中両国の参加と合意が必要になろう。そして、六者協議という全体協議の場は、それぞれの問題領域ごとに形成される制度の間の相互調整の役割を担うことが期待されている［★14］。

六者協議のこの方式に従えばＡＰＥＣは、ＡＰＥＣが取り組んでいる課題への、首脳レベルのコミットメントを求める（特に国際制度改革と相互調整、国際制度の強化と国際制度に合致したアジアの地域制度の構築）と同時に、二国間、三国間などの首脳レベルの協議を自身に組み込むことができる。そして、ＡＰＥＣは日米中露などこの地域の主要国の首脳が一堂に会する場を有するという点で、他の制度にはない比較優位をもつ。

これに早晩インドのＡＰＥＣ加盟が実現するならば、ＡＰＥＣはアジア太平洋の多様な制度の事実上の政策調整機関としての機能を担いうるであろう［★15］。それは、金融危機以降関心を呼んでいる、世界経済の新しい担い手としてのＧ20のおよそ半数がＡＰＥＣ加盟国であることを考えると、グローバルな経済運営の仕組みを強化する上でもＡＰＥＣは重要な役割を果たすことが出来るだろう。ＡＰＥＣは国際制度の強化を目指すというグローバル・リージョナリズムとして有意義な機能と役割を果たせるはずである。

もうひとつは、制度の相互連携という観点である。アジア太平洋の地域制度はルールや規範の規制力が弱く、その役割と機能にはさまざまな批判が向けられてきた。ただ、こうした批判は、アジア太平洋の諸制度が他の制度との連携を強めることによって当該制度の機能を強化してきたという重要な点を見落としている。制度は単独で機能するわけではない。制度の間でさまざまな相互作用がある［★16］。

通常、ある制度ができると、それを既存の制度のどれに組み込んでゆくかが問題になる。理論的には既存の制度と完全に別のものを作ることもありうるが、アジア太平洋の場合、例外なく既存の制度の中に自らを組み込んできた。そして、それらとの相互作用を通じて当該地域制度の機能が変化し、強化されてきた。前述したように、ＡＰＥＣという地域制度はＧＡＴＴ／ＷＴＯの中に自らを組み込むことによって「開かれた地域主義」の原則を発展させる一方で、ＡＳＥＡＮのような途上国の地域制度との相互作用を通じて「技術経済協力（ＥＣＯＴＥＣ）」の重視という他の地域主義にない特徴を備えることになった。また、ＮＡＦＴＡ（北米自由貿易協定）やＡＮＺＣＥＲ（豪・ＮＺ経済緊密化協定）、ＧＡＴＴとの相互作用を通じて「貿易投資の自由化」はＡＰＥＣの主要なテーマとなっている。

つまりアジア太平洋の地域制度は、他の制度との「制度的提携」を強化することによって、制度のルールや規範を強化・拡大し、さまざまな制度の連携の中で合意やルールの履行を促している。アジア太平洋の地域制度の「強さ」は、この提携にある[★17]。APECはそうした制度の連携と調整の場として機能しうるだろう。

5 結び

一九九七年のアジア通貨危機を契機に「APECは死んだ」といった評価がなされてきた。しかし本章で検討したように、APECは国際政治経済やアジア太平洋が直面する諸問題に対応するための有用な組織構造を有した地域制度である。

APECには、他のアジア太平洋の地域制度にはない比較優位がある。それらをまとめれば以下のようになろう。第一に、市場の機能を強化するための国内制度調整の分野での活動である。APECはアジア諸国の経済発展にとって急務である国内制度の強化と調整という、国内問題に踏み込んだ地域の協力を促す組織的な基盤を有する。APECは、アジアの国際関係の規範やルールを伝統的なウエストファリアのそれを超えて、グローバル化した世界の政治経済に適応した規範とルールに変えることに寄与するだろう。

第二は、グローバル・リージョナリズムというAPECの性格である。APECは発足以来、GATTなどの国際制度の強化と国際制度の体現する規範やルールと整合的なアジア太平洋の地域協力を推進することを組織運営の中心に置いてきた。APECは国際制度と深く制度的に結びついて発展してきたのである。

APECのこのユニークな制度的な特徴は、アジア太平洋の国際関係を律するルールや規範を、特殊アジア的なものではなく、国際的な規範やルールと整合的なものにする上で大きな意義を持つ。二〇〇八年秋以来の国際金融・経済危機の中で国際制度のありかたが議論されているが、世界の主要な先進国と台頭する新興工業国、発展途上国をメンバーに持つＡＰＥＣは、そうした国際的な議論にアジア太平洋の主張を組み入れる制度的な基盤になりうる。

第三に、主要大国が参加し、かつ年次で首脳会議が開催されるというＡＰＥＣの組織構造である。アジア太平洋には多様な地域制度が形成され、新たな地域制度の構築が議論されている。複雑で錯綜した制度形成のプロセスが進行中である。地域の諸国は流動的な国際関係を反映し、特定の地域制度に深く関与するよりは、さまざまな制度に同時に参加して将来の変動とリスクに備えようとしている。また、ある制度に参加することで第三国や他の地域制度の動きを牽制しつつ、同時に第三国を含む地域制度にも参加して、経済や安全保障上の当面の利益を確保しつつ、将来の変動にも備えている。

アジア諸国のこうした対外行動は、今後も続くと予想される。したがって、これからも多様な地域制度がアジア太平洋に並存し続けるであろう。だとすれば、新たに形成されるであろう大国間の制度も加え、地域の諸制度の間の透明性の確保や相互の調整が必要になる。主要大国を含む地域のほとんどすべてが参加し（かつ台湾や香港なども参加している）、首脳レベルの協議の場を持つＡＰＥＣは、その枠組みの中に多様な地域制度を組み込むことができる。Ｇ２、Ｇ３、アジア版Ｇ８など多様な制度をその内部に包摂できるのである。

ＡＰＥＣを多様なアジア太平洋の地域制度間の相互調整の場として機能させることで、この地域の国際関係の基本的な原理やルールを国際的にも調和の取れたものとすることができるし、国際制度の維持強化や新しい国際制度のありかたをめぐる国際的な議論にも貢献できるだろう。

最後に、右に述べたＡＰＥＣの機能と役割は、二一世紀アジアのおそらくは最大の課題であろう「中国をいかにして成熟した大国に変えてゆくか」という課題に対処するうえでも有用であろう。中国が超大国への道を歩むのは確かだろうが、内外に数多くの課題を抱えた中国の国際関係についての考え方は、伝統的なリアリズムから脱しきれていない。中国は巨大な力を有するようになったものの、その対外行動は国際社会の「公益」に十分配慮したものになっていない。中国は巨大な力を秘めた、しかしナショナリズムが優越する途上国である。そうした中国を国際社会の公益に配慮する成熟した大国へと変えてゆくという重要な役割をＡＰＥＣは担うこともできよう。

ＡＰＥＣは、大きな潜在力を秘めた地域制度なのである。

註

★1――ＡＰＥＣ発足とその後の経緯については以下を参照。菊池努『ＡＰＥＣ――アジア太平洋新秩序の模索』日本国際問題研究所、一九九五年。

★2――さまざまなシナリオについては以下を参照。David Shambaugh, "Introduction: The Rise of China and Asia's New Dynamics," D. Shambaugh ed., *Power Shift: China and Asia's New Dynamics*, Berkeley: University of California Press, 2005, pp. 12-16.

★3――Etel Solingen, *Regional Order at Century's Dawn: Global and Domestic Influences on Grand Strategy*, Princeton: Princeton University Press, 1998.

★4――Peter G. Brooks, *Producing Security: Multinational Corporations, Globalization, and the Changing Calculus of Conflict*, Princeton: Princeton University Press, 2005.

★5――Hugh White, "The Geo-Strategic Implications of the Chinese Growth," 2009.

★6――Kevin Rudd, "It's Time to Build an Asia-Pacific Community," at the Asian Society AustralAsia Centre, Sydney, June 4 2008. 鳩山内閣も「東アジア共同体構想」を外交課題のひとつに掲げている。この構想の中身はまだ曖昧だが、その背後には、保守・リベラル双方に根強く存在する「対米自主」の希求と同時に、東アジアにおける米中の拮抗という状況を見越して日本の外交空間をアジアで拡大したいという願望が存在すると思われる。鳩山由紀夫「私の政治哲学」『Voice』二〇〇九年九月号参照。

★7——北朝鮮の核問題を契機に設置された六者協議も、日米中露というこの地域の主要大国を構成国にしていること、六者協議の議題が核問題にとどまらず、広く朝鮮半島および北東アジアの政治秩序のあり方に深くかかわるものであることなどを考えると、大国間関係を制御するための新しい地域制度であると捉えることができる。

★8——Kenneth Waltz, *The Theory of International Relations*, New York: McGraw-Hill, 1979.

★9——G. John Ikenberry, "Democracy, Institutions, and American Restraint," G. John Ikenberry ed., *America Unrivaled: The Future of the Balance of Power*, Ithaca: Cornell University Press, 2002, pp.213-238.

★10——例えば以下を参照。David C. Kang, *China Rising : Peace, Power, and Order in East Asia*, New York: Columbia University Press, 2007.

★11——山本吉宣「グローバリゼーションと経済安全保障」今井隆吉・細谷龍平編『21世紀の国際政治』世界平和研究所、一九九九年。

★12——パス・ファインダーは、最初は全員一致方式だが、その後は二五パーセントの国が参加すれば進む。自主性を尊重するという原則を維持しつつ、「有志連合」によるプロジェクトの推進が可能になる。

★13——菊池努「APEC——グローバル・リージョナリズムの可能性」『外交フォーラム』第二四五号、二〇〇八年一二月号。

★14——菊池努「北朝鮮の核危機と制度設計——地域制度と制度の連携」『青山国際政経論集』(青山学院大学国際政治経済学部)第七五号、二〇〇八年五月。

★15——APECは新規加盟を二〇一〇年まで凍結している。

★16——制度の相互作用については、例えば以下を参照。Oran Young, *Governance in World Affairs*, Ithaca: Cornell University Press, 1999, Chapter 7.

★17——菊池努「アジア太平洋の制度のネットワーク——地域制度と制度間の関係」、山本吉宣編『アジア太平洋の安全保障とアメリカ』彩流社、二〇〇五年、二二五‐二五〇頁。

第2章 グローバリゼーションとアジア太平洋

山本吉宣
YAMAMOTO Yoshinobu

1 はじめに

アジア太平洋は、グローバリゼーションから影響を受ける一方、グローバリゼーションに対してもさまざまな影響を与えてきた。本稿は、このことを経済(とりわけ貿易)と安全保障に焦点を当てて明らかにしようとする。それぞれ独自のメカニズムと内容を持った「グローバリゼーション」と「アジア太平洋」を問題とするにあたり、双方が交叉するところに関心を置く本稿は、次のような構成をとる。

まず、グローバリゼーションの素描をおこない、グローバリゼーションとはなにか、そこで立てられている命題は何かを、アジア太平洋とは別個に明らかにする(第二節)。次いでアジア太平洋でのグローバリゼーションの展開を、経済(第三節)と安全保障(第四節)に焦点を当てて分析する。グローバリゼーションとは直接的に関係なくとも、アジア太平洋のダイナミックスを理解するために必要な要因はあえて取り上げたい。経済と安全保障は近接するテーマも多いが、第二節と第三節では重複を恐れず議論を進める。最後に、グローバリゼーションがアジア太平洋に如何なる影響を与え、アジア太平洋がそれに対して如何なるダイナミックスを示したか明らかにする(第五節)。

2 グローバリゼーション素描——経済と政治から

一般的に言えば、グローバリゼーションは冷戦後に見られるようになった現象である。冷戦の崩壊は社会主義の崩壊であり、西側のシステムが広く世界を覆うことと同義であった。したがってグローバリゼーションは、冷戦期の西側のさまざまな特徴のグローバル化を意味するところが大きい。グローバリゼーションは、それ自体が複雑で評価も一律ではないため、多角的に論じる必要がある[★1]。グローバリゼーション(論)が提起されてから約二〇年、グローバリゼーションはさまざまな位相を示してきたし、その前提や仮説として考えられていたことも、現実の展開のなかで修正されたり、ときに否定されたりしてきた。本節では、グローバリゼーションとアジア太平洋を、経済と政治・安全保障の観点から考察するとき必要なグローバリゼーションの内容と命題/仮説を(その当否は別にして)挙げておきたい。

A-1 経済におけるグローバリゼーションの内容と特徴

①グローバリゼーションとは、冷戦で分断されていた世界経済が市場経済原理の下で一つとなるというものであり、そこではモノ、カネ、人、情報が国境を越えてグローバルに行きかう。

②グローバリゼーションの進展によって現れるのは、すべての人や企業がグローバルな経済活動に参加できるフラットな世界である[★2]。また、より一般的にいえば、企業、NGOなどの非国家主体が活動するスペー

スが拡大する。

③グローバリゼーションは世界の経済効率を高め、経済成長の基盤となる。

④グローバリゼーションは開発途上国の急速な経済成長を促すことで、先進国との格差を縮小する、力の移行（パワー・トランジッション）ないしパワーシフトと呼ばれる現象を引き起こす。

⑤グローバリゼーションを主導するのはアメリカやイギリスであり、各国はそれを追うかたちをとる［★3］。

A-2　経済グローバリゼーションの二面性と多層性

⑥グローバリゼーションはプラスとマイナスの両面を持ち、プラス面を促進し、マイナス面を管理していく必要がある。

⑦グローバリゼーションがもたらす相互依存の歯車が逆回転するとき、それは世界のすべての国にマイナスを及ぼす「相互依存の危難」とも言うべき事象を引き起こす。

⑧グローバルな制度は、グローバリゼーションを進める機能と同時にその負のインパクトをコントロールする機能を持つ。地域の制度もグローバリゼーションを促進する側面と、そのショックを和らげる二つの側面を持つ。国家もまた、グローバリゼーションに参加するために自由化を進める面（競争国家）と、負の影響を防ごうとする二つの面を持つ。

A-3　経済グローバリゼーションと平和

⑨グローバリゼーションは、貿易・投資による国家間の結びつきを高め、戦争を防止・抑制する機能を果たす。

B-1　リベラルな政治的価値の拡大としてのグローバリゼーション

⑩グローバリゼーションは、民主主義や人権・人道という普遍的な価値を世界的に拡大する。

⑪(民主主義はそれ自体評価すべきとの前提に立ち)民主主義諸国の間では戦争は起こっていないことから[★4]、民主主義の拡大は、より平和な世界を作り出すことにつながる。

⑫権威主義的な体制をとる国は、つねに民主化と人権規範の受容という圧力にさらされるため、民主主義と人権の拡大に対する受容の契機と反発の契機が存在する。反発と抵抗は、主権や内政不干渉の原則をベースとすることが多く、また民主化と政治的安定はトレード・オフの関係にあることがある[★5]。

C-1　経済の自由化と政治における民主化としてのグローバリゼーション

⑬グローバリゼーションは、経済の自由化と政治の民主化を二つの軸にして展開する。

⑭民主主義と市場経済の組み合わせでのみ、経済成長は可能である。

⑮先進民主主義国が圧倒的に強く、世界が民主化と経済自由化へ進む大きな勢力となっている。

D-1　経済的、政治的グローバリゼーションの限界

今日、グローバリゼーションが進んだ世界は、経済・政治の両分野で大きな曲がり角にあるように見える。一つの契機は、二〇〇八年に顕在化した世界金融・経済危機である。もう一つは中国やロシアという権威主義的な国家が大きな力を持つようになり[★6]、開発途上国の民主化がスムーズに進まなくなったことである。そこで(再)注目されるようになったのは、経済の自由化も政治の民主化も、長期的には大きな波動を繰り返すという考え方である。

⑯資本主義は長期的に、自由化が大いに進む時期と、その弊害を是正するべく市場をコントロールしたり、政

府の介入を増大させたりする時期が交互に現れる［★7］。

⑰民主主義も、大きな波のように、拡大していく時期と頭打ちになったり縮小したりして行く時期が交互に現れる［★8］。

3 アジア太平洋における経済的なグローバリゼーションへの対応

1 APEC

❖APECの形成

アジア太平洋が一つの地域として認識されるのは、冷戦が終わりかける八〇年代末であった。一九八九年、オーストラリアと日本がイニシアティブをとってAPECが発足する。それは東アジアへの関心を失おうとするアメリカを引き止めることで地域の経済的な安定を求める動きでもあった。ASEANの国々にとっては、冷戦終結後も政治的な結束を保ち、先進国の資本が東欧等に流れないようにするため必要な措置であった。APECは一九九一年、中国、香港、台湾の三つの中国を加盟させ、以後、ロシア、メキシコ、チリなどに拡大し、まさにアジア太平洋全域を覆うことになる(九八年以降、新規加盟は停止している)。九〇年代前半から、アジア太平洋全体の安全保障対話を行うARF(ASEAN地域フォーラム)が設立(一九九四年)される九〇年代半ばにかけては、アジア太平洋地域全体を念頭に置いた制度づくりの最盛期であった。

❖APECの特徴

APECは、域内の貿易の自由化、貿易促進措置(trade facilitations)、そして経済協力を目的としていたが、どれに優先順位を置くかは加盟国によって異なっていた。アメリカやオーストラリアは貿易自由化を、ＡＳＥＡＮは経済(開発)協力に重点を置いていた。ＡＰＥＣは、他の地域の制度と比較してきわめてユニークな特徴を持つ。一つは、拘束的な合意を持たない、あるいは求めないことである。たとえば貿易・投資の自由化も、各国の自発性にまかされた。そして、その自由化は域外への差別を伴うものではなかった。

もう一つは、ＡＰＥＣの運営方式が(交渉ではなく)対話、主権の尊重、などの原理に基づく、いわゆるＡＳＥＡＮ方式に近いものだということである。たとえば、ＡＰＥＣの年次総会は、当初、ＡＳＥＡＮと非ＡＳＥＡＮ諸国が交互に開催国となるたすき掛けが慣例であった。これは、ＡＳＥＡＮが運転席に座るアジア太平洋あるいは、東アジアにおける多角的制度に共通して見られるシステムであり、ＡＰＥＣはその嚆矢であった。

❖APECの最盛期

一九九三年、クリントン大統領のイニシアティブによって非公式首脳会議を毎年開催することになったＡＰＥＣは、アジア太平洋規模で首脳会議が定期的に行われる唯一の制度となった。首脳会議で取り上げる課題は、首脳たちの判断で決まるので、経済問題以外のさまざまなテーマが取り上げられることになった。

翌九四年、ＡＰＥＣは貿易の自由化に関し、インドネシアのボゴールで、ボゴール宣言を発した。これによって先進国は二〇一〇年までに、開発途上国は二〇二〇年までに貿易・投資の完全な自由化を目指すこととなった。そもそもＡＰＥＣは、ＧＡＴＴウルグアイ・ラウンド交渉(一九八六－一九九四)のさなかに発足し、その妥結に向けた一つの勢力を形成した経緯がある。ＡＰＥＣの結束は、一九九三年にＥＵがウルグアイ・ラウンドで妥協した大きな原因になったといわれる。ボゴール宣言は、西半球の国々をＦＴＡＡ(西半球自由貿易協定)形成に向かわせる契機となった。

このようにＡＰＥＣは、グローバルな制度(ＧＡＴＴ)や他の地域に大きな影響を与えた。一九九六年、日本、アメリカ、ＥＵ、韓国は、ＩＴ（information technology）製品の関税ゼロの合意をした。ＡＰＥＣは、これを支持し、ＡＰＥＣでは拘束力のある合意が出来ないため、九六年一二月の世界貿易機関閣僚会議（シンガポール）にそれを持って行き、拘束力のあるＷＴＯの協定とした。

2　APECの退潮と東アジア

❖APECの退潮

ＡＰＥＣは、一九九七年から、ＩＴと同様の方式で、いくつかの産業分野での自由化を図るＥＶＳＬ（早期自発的分野別自由化交渉）交渉を行った。ＡＰＥＣで自由化の合意をつくり、それをＷＴＯで拘束的な合意にしようとしたが、これはうまくいかなかった。ボゴール宣言の内容が確たるものでなく、交渉よりも各国の自発的な自由化（concerted unilateralism）を拠り所としていたため（一九九五年の大阪ＡＰＥＣ）、はっきりとした進展を確認することが出来なかった。

❖東アジアの台頭

一九九七－九八年のアジア通貨危機に際して、（ＩＭＦはいうにおよばず）ＡＰＥＣは十分な機能を果たすことが出来ず、アメリカもまた十分な資金を提供することはなかった。この危機の中から生まれたのがＡＳＥＡＮ＋３であり、枠組みとしてのアジア太平洋は色あせていく。

八〇年代末、ＡＰＥＣというアジア太平洋全体にかかわる制度の形成と時を同じくして、東アジア地域の協力という構想が出現し、いわばアジア太平洋主義と東アジア主義の対抗関係がアジア太平洋における底流となる。

一九九〇年、マレーシアのマハティール首相は、マレーシア訪問中の中国の李鵬首相に東アジア経済グループ

（EAEG）の形成を提案した。これは、いまでいうASEAN＋3と同じ枠組みである。EAEGを通して停滞気味のウルグアイ・ラウンドをプッシュしつつ、それが失敗した場合のセーフティ・ネットを作ろうとする動きであった。このアイデアに、アメリカは強烈な反発を示す（「太平洋に線を引く」のには反対――ベーカー国務長官）。当時最盛期にあった日本が東アジアへの支配的な力を持つことを恐れたのが一つの理由であったといわれる。結局、EAEG構想はトーンダウンし、EAEC（East Asian Economic Caucus）としてAPECのなかに位置づけられるにとどまった。

しかし、東アジア主義は継続する。一九九六年、ASEM（アジアヨーロッパ会議）が開かれる。これは、シンガポールの積極的なはたらきにより、EUとASEAN＋3の会議を持つというものであった。ASEAN＋3が一つになって行動する初めての機会といってよかった。これに対し、アメリカが反発することはなかった［★9］。翌九七年はじめ、日本の橋本龍太郎首相はASEANに日本との首脳会議を呼びかける［★10］。これに反応したASEANは、日本だけではなく中国、韓国を含めた首脳会議を開催することを決め、その年の年末、ASEAN＋3の首脳会議が開催される。以後、このASEAN＋3の会議は定例化されていく。

同年七月、アジア通貨危機が発生する。既に触れたように、この危機を前にAPECはもちろん、IMFも十分に機能せず、ここに東アジアは、独自の地域的対応策を図るモメンタムを得たのである。日本が提案したAMF（アジア通貨基金）失敗のあと、二〇〇〇年にASEAN＋3は、二国間の通貨スワップ協定のネットワークであるチェンマイ合意を作り出す。以後、チェンマイ合意は着実に発展し、二〇〇八年には協定がより多角的に拡充された。今般の世界金融・経済危機を背景として、いま、一二〇〇億ドルの基金を持つ融資メカニズムとなっている。

一九九〇年代後半、アメリカのアジア・太平洋への関与は弱まり、アジア太平洋の制度化は、東アジアにとって代わられる。

3　アジア太平洋の更なる細分化――二国間ＦＴＡ

九〇年代後半から末にかけてアジア太平洋はさらなる細分化へ向かう。それは二国（者）間のＦＴＡ（自由貿易協定）がアジア太平洋でも広くみられるようになったことでもわかる（二国間ＦＴＡは、字義通り二つの国の間のＦＴＡである。二者間とは、ある国と多角的な統合体とのＦＴＡである。たとえば日本とＡＳＥＡＮの間のＦＴＡ）。アジア太平洋におけるＦＴＡは、一九八三年にオーストラリアとニュージーランド、一九八九年にはアメリカとカナダ間で結ばれた。一九九四年にはアメリカ、カナダ、メキシコの間で北米自由貿易協定が結ばれている。

ＡＳＥＡＮ諸国の間では、一九九二年にＡＦＴＡ（ＡＳＥＡＮ自由貿易協定）が結ばれている。ＡＦＴＡは、ＡＰＥＣが形成される中で、ＡＳＥＡＮの結束を保ちつつ海外からの直接投資を呼びこむために域内の自由化を図るものであった（ＡＦＴＡについては後述する）。さらに重要なのは、ＦＴＡは域外を差別すると共に、拘束力を持つ合意であり、交渉ではなく対話を旨とするＡＳＥＡＮ方式とは異なるものであったことである。ＡＦＴＡは、二〇〇二年に完成するが、そこに至る過程で例外品目の規定、実行などについて拘束力のあるコミットメントが行われ、ＡＳＥＡＮ諸国間で時に厳しい交渉が行われた［★11］。

九〇年代末になると、韓国、日本、中国という、それまで地域的なＦＴＡに入っていなかった国々がＦＴＡを形成するようになる。一九九八年、日本を訪れた韓国の金大中大統領が日本にＦＴＡの締結を提案する。また、シンガポールも日本にＦＴＡの締結を働きかけた。アジア太平洋においてシンガポールは、ＦＴＡに最も積極的であり、二〇〇〇年にニュージーランド、二〇〇二年に日本、ＥＦＴＡ（欧州自由貿易協定）と、次々にＦＴＡを結んだ。ＡＳＥＡＮと競合する産品が多い中国は、ＷＴＯへの加入（二〇〇一年）の前年、ＡＳＥＡＮとの首脳会議の席上、ＡＳＥＡＮの不安を取り除くためにＦＴＡを提案している。そして二〇〇二年に結ばれたＡＳＥＡＮと中国とのFTAは、中国が結んだ初めてのFTAとなった。以後、中国は、タイ、チリなどのアジア太平洋地域、さらにはそれを越えて、ニジェール、パキスタンなどとFTAを結んでいる。日本も二〇〇二年のシンガポールを皮切りに、マレーシア、メキシコ、ASEAN全体などと多くのFTAを結ぶ。

域外差別をともなうFTAは、いったん始まると連鎖反応を起こす[★12]。既存のFTA加盟国とFTAを結んだり、あらたにFTAを結ばざるを得なくなるからである。相手を選択することができ、例外品目なども相手との交渉で柔軟に決めることが可能なFTAは、関税だけでなく他の分野の協力も挿入できる、使いやすい政策手段といえる。

4 逆ハブ・スポーク・システム

ここで注目されるのが、三つ以上の複数国からなるFTAである。アジア太平洋では、AFTAがその例である。ASEANは、中国、韓国、日本、オーストラリア+ニュージーランド、さらにインドとFTAを結んでいる。興味深いことに、ASEANをハブ(中軸)とするスポーク(輻)、すなわち中国、日本、韓国同士にはいまだにFTAが存在しないことである(日本・韓国間は交渉中であり、構想としては日中韓による東アジアFTAなどもある)。これはASEANを中心とする逆ハブ・スポーク・システムと呼ばれるものである。すなわち、経済規模などが小さなASEANがハブとなり、大きな中国や日本がスポークの先についていて、それら大国の間にはFTAはない、という構図である[★13]。これは、ASEANが中国、日本、韓国などの大国同士が合意できないことを前提にアジェンダ・セッティングをしたり、ARF、ASEAN+3、東アジア・サミット(二〇〇五年開始、ASEAN+3にインド、オーストラリア、ニュージーランドを加えた枠組み)において大きな影響力を振るい、運転席に座ることを可能にした大きな理由であると考えられる。したがって、日中韓の間に密接な関係が出来ることは、

ＡＳＥＡＮの立場を弱める可能性がある。事実、二〇〇八年の一二月に日中韓は、はじめて独自の三者首脳会談を福岡県の大宰府で開催した。これにＡＳＥＡＮは懸念を示したのである[★14]。

アジア太平洋地域におけるいま一つの多角的ＦＴＡは、Transpacific Strategic Economic Partnership（環太平洋戦略的経済連携協定）である。これは、二〇〇五年七月にニュージーランド、チリ、そしてシンガポールの間で結ばれ、同年八月ブルネイが加盟したものであり、Ｐ４と呼ばれる。このＦＴＡは、拘束力のある環境協力合意と労働協力に関するＭＯＵ（Memorandum of Understanding＝了解覚書）が付帯した質の高いものである。ここに二〇〇八年、アメリカ、オーストラリア、ペルー、ベトナム（オブザーバー参加）が加盟交渉を始める意図を明らかにする（Ｐ７）。特にアメリカは、アジア太平洋全域におけるＦＴＡを目指す一つの手段としてこのＦＴＡを考えていた。二〇〇九年一一月、オバマ政権も、Ｐ４に参加することを表明したといわれる。

5　アジア太平洋における経済秩序の将来像

アジア太平洋の経済的な枠組みのこれからを考えると、以下の三つのシナリオが考えられよう[★15]。

❖更なる細分化──それをベースとする統合

一つは、二国（者）間のＦＴＡがますます多くなっていくことである。いわばアジア太平洋のさらなる細分化である。それは分断化ではないが、いわゆるスパゲッティ・ボール現象を引き起こす。すなわち、さまざまなＦＴＡが異なるルール（たとえば、原産地規則）を採用するため、極めて煩雑で、全体として非効率なものになりかねないというものである。それを解決するためには、多数の異なるＦＴＡに共通するような原産地規則などをつくり、汎アジア太平洋システムのようなものをつくっていく必要があるかもしれない[★16]。

仮にそのような方向に向かうことになれば、細分化のなかにも統合的な要素が出てくることになる。多数のFTAに共通するルールをつくる場として、たとえばAPECが考えられるかもしれない。事実、APECは、二〇〇四年、FTAに関するベスト・プラクティスを採択している。それは、FTAはGATT二四条に整合的な、透明性が高く、なるべく簡素な原産地規則をつくるべきである、との内容を含む。また、FTAはボゴール宣言を実現する一つの道であり、FTAを形成する際には、新たな参加(国)を許容するべきである、とも指摘されている[★17]。

❖太平洋の分断とその克服

二つ目は、東アジアの凝集力が強くなってASEAN+3全体にFTAが形成され、それに伴いアメリカの関与が低下するというシナリオである。アジア太平洋に線が引かれ、その線が濃くなる、とも言えよう。たとえば、現在のASEAN+3、あるいは東アジア・サミットがさらに発展し、アメリカ抜きで広域FTAを形成したり、チェンマイ合意の更なる高度化、さらには共通通貨などを作り出す、などのケースが想定される。このシナリオが実現すれば、東アジアはグローバルに大きな力を発揮することになり、とりわけ中国の影響力は抜きんでたものとなるだろう。そして、安全保障の分野における米中の力の移行(後述)に由来する対抗関係のひとつの要因となるかもしれない。

もちろん、このような東アジア(経済)共同体が形成されるにあたっては、政治的(さらには経済的)な求心力と共に、遠心力も働くであろう。たとえば、ASEANは、この枠組みを利用して自己の域内の統合をさらに強めようとする一方、アメリカやEUとの結びつきも強めると思われる。TAC(東南アジア友好協力条約)に二〇〇九年に加盟したアメリカを東アジア・サミットの参加国に迎える、といった動きをすることもあろう(TACへの加入は、東アジア・サミット参加への必要条件である)。それは、東アジアに依存しすぎて、東アジア域内でのASEANの影響力を低下させることを避けようとするが故である。もしそうなれば、アジア太平洋に引かれた線は、再び薄くなる。したがって、統合をすすめた東アジアが域外に対して閉鎖的になるとは考えられない。それは経済のグローバリゼーションによるところが大きい。

❖アジア太平洋全域の多角的FTA

第三のシナリオは、アジア太平洋全体に多角的なFTAが形成されていく、というものである。これにはいくつかの道があろう。一つは、第一のシナリオで述べた通り、二国(者)間のFTAのネットワークをベースに共通の要素を作っていく、汎アジア太平洋システムの形成である。いま一つは、これも既に挙げたTranspacific Strategic Economic Partnership (P4) の拡大である。

三つ目は、フレッド・バーグステンが二〇〇五年に提案し、APECの研究課題にもなっているFTAAP(アジア太平洋自由貿易協定)である。二〇〇九年一一月のAPEC首脳会議では、その宣言においてFTAAP構想に向けた基礎作業を継続し、二〇一〇年内にFTAAP実現のためのあり得べき道筋を提案するように事務レベルに指示する、と述べられている。

バーグステンは、FTAAPをAPECの次なる戦略と位置づけている。これは、先進国は二〇一〇年、その他の国は二〇二〇年までに貿易、投資の自由化を果たすというボゴール宣言の目標を念頭に置いたものであり、バーグステンによれば、FTAAPは、アメリカと中国に分断されかねないアジア太平洋に一つの共通の枠組みを提供するものだという[★18]。

これら三つのシナリオはすべて、アメリカのアジア回帰を前提とする。前述のようにアメリカは、EVSLの失敗でAPEC離れを起こし、同じ時期のアジア通貨危機に対しても有効な手段を講じなかった。そのため東アジアの国々のアメリカに対する信頼は低下し、東アジア独自での対応を促すことになったが、今世紀に入ると九・一一事件のあと、アメリカの主要な政策は対テロ戦争にシフトし、政策の基調は単独主義的色彩を強め、東アジアに対する政策は一段と手薄になっていった。

ブッシュ政権の通商政策は競争的自由化（competitive liberalization）と呼ばれるものであった。FTAの形成を通して諸国にアメリカ市場への参入競争をさせ、自国の市場を開くかわりに相手にも市場を開かせることで、結果的にアメリカが貿易ネットワークの中心に座ろうとしたのである［★19］。アジアに対してブッシュ政権は、ASEANのなかでも、すでにWTOのメンバーであり、質の高いFTAを形成できる国を糾合するEnterprise for ASEAN Initiativeを二〇〇二年に発している。第二期に入ったブッシュ政権は、二〇〇五年、広範囲にわたる協力を謳う「ASEAN-アメリカの強化されたパートナーシップ（ASEAN-U.S. Enhanced Partnership）」を発し、翌年、ASEANとの間に貿易・投資枠組協定を結ぶ。ちなみにASEAN-U.S. Enhanced Partnershipは、二〇〇九年のアメリカ-ASEAN首脳会議の共同声明で、米-ASEAN協力のベースとされている。

しかし、九〇年代末からさらに今世紀に入り八年におよんだブッシュ政権下で、東アジアにおけるアメリカの「外交不在」［★20］は顕著であった。その間、この地域における中国の影響力の増大には目を見張るものがあった。オバマ政権の大きな課題は、再びアジアに帰り、中国とのバランスを如何に回復していくかである。TACへの加盟は、その布石でもあった。そして、オバマ大統領は、二〇〇九年一一月、ASEANの首脳と会談を持つ。オバマ政権の基本は多国間協調であり、その立場からアジアとも接していくだろう。その結果、太平洋をまたぐアメリカとアジアの協力の枠組みが再構築され、新しいアジア太平洋主義が立ち現れるかもしれない。オバマ大統領は、二〇〇九年一一月一四日、アジア歴訪の最初の地、東京において、アジア政策の骨格を示す演説を行った。そのなかで、東アジア諸国との多角的な協調を謳い、多角的枠組みへの参加を協調し、またアメリカのアジアへの復帰の意図を明確にした。

4 アジア太平洋における安全保障

1 分断から包摂的な安全保障の枠組みの形成――ARF

冷戦期のアジア太平洋は、アメリカをはじめとする西側と東側（ソ連・中国）の対立に支配された。ゆえに冷戦が終焉し、一九九一年にソ連が崩壊すると、その後の地域的な安全保障をどのようなものにするか大きな課題となった。その一つの答えがARFの設立であった。ARFは、アジア太平洋地域の安全保障に十分な役割を果たすことが出来る国すべてを包摂する枠組みの中で信頼醸成を行うという趣旨で形成された。ARFは、のちにロシア、北朝鮮、インドなども加え、まさに包摂的な制度となる。

しかしながら、ARFはAPECと同じく交渉や拘束的な合意をする場ではなく、あくまで対話の枠組みであった。また、APECにも増してASEANの影響力が強いものであった。運営の仕方も、対話、主権の尊重など、ASEAN方式がとられ、開催地はASEAN加盟国のいずれかである。

ARFは、信頼醸成から予防外交、そして紛争の平和的解決へ、という方向性を示しながらも一向に進展しなかった。いまだに対話を通しての信頼醸成が主たる機能である。ARF創設とほぼ同時期の一九九三－九四年、北朝鮮の核危機が発生する。一九九六年には、台湾の総統選挙をめぐって中国がミサイル発射実験を行い、アメリカは二隻の空母を近辺に派遣した。いずれのケースにおいてもARFは具体的対応がとれず、安全保障問題を取り扱う装置としての役割は、各国個別の安全保障政策や同盟へと重心が移っていった。

2 具体的な問題の解決――ARFの限界とサブリージョナル[★21]な安全保障複合体

冷戦後、大国間の紛争は後退したものの、アジア太平洋には多くの係争地帯(フラッシュ・ポイント)が存在し続けた。南沙群島や西沙群島をめぐる中国と東南アジア各国との紛争しかり、台湾や朝鮮半島しかりである。冷戦後も、アメリカを中心とする韓国、日本、オーストラリアの、いわゆるハブ・スポーク・システムの同盟は存在し続けた。これらは冷戦後、アジア太平洋地域における危機に対応する機能を持つに至った。なかでもフラッシュ・ポイントと称される台湾、朝鮮半島などが、潜在的な地域安全保障の対象となった。

朝鮮半島では一九九三-九四年の北朝鮮の核開発問題を契機に米朝枠組み合意が成立し、それを実行するためにアメリカ、韓国、日本、さらにはEUが参加するKEDOが形成された。しかし、一九九八年、北朝鮮は長距離ミサイルの発射実験を行い、二〇〇二年には再び核開発への動きを示す。二〇〇六年の核実験は記憶に新しいところであろう(二〇〇九年五月に第二回目の核実験が行われる)。

この間、二〇〇三年から中国を議長国として、アメリカ、北朝鮮、韓国、日本、ロシアをメンバーとする六者協議が開催される。これは、北東アジアにおけるすべての関係国を包摂する初めての安全保障の枠組みであった。朝鮮半島の核問題をみるとき、それは一方では国連、NPT、IAEAというグローバルな制度が関わり、また、朝鮮半島(あるいは北東アジア)をめぐる安全保障複合体[★22]ともいうべきものが六者協議という形に表れている。

ただ、最近の動向をみると米、日、韓というハブ・スポーク同盟諸国間に緊密な協力関係が見られ、さらに米朝の二国間の協議は、状況の打開に決定的な役割を果たしてきている。そこには、国益が鋭く衝突するとき、すべての関係国を包摂する制度(それがアジア太平洋であれ、サブリージョナルな安全保障複合体であれ)だけでは、解決が困難であることが示されている。そこに展開するのは国益の衝突、抑止といった古典的な国際政治に近似した現象であり、ARFというアジア太平洋全体を包み込む制度は、具体的な問題解決には用いられない。

3 中国の台頭と力の移行

冷戦期、東南アジアや北東アジア（あるいは東アジア、さらにアジア太平洋）は、独自の地域を形成するよりは、東西冷戦というグローバル・システムに従属したシステムであった［★23］。冷戦の後期、米中関係は改善し、米中が協力してソ連に対抗する構図が現れた。このような構造は北東アジアに端的に見られ、東南アジアをも大きく規定した。東南アジアはASEANとインドシナ諸国に分断され、ASEANは対外的に反共の役割を果たす一方で域外大国の介入を避けようとした（域内では信頼醸成を目指した）。

冷戦が終わると、グローバルな大国として残ったのはアメリカのみであった。アジア太平洋にも、この単極構造が色濃く反映された。日本、中国は、地域大国であり、それぞれ重要な役割を果たすものの、あくまで地域的なものにとどまった。ところが中国は急速な経済発展を続け、経済成長率は年率一〇パーセントにおよんだ。すなわち中国の経済規模は、一〇年間で二倍半近くになり、二〇年、三〇年のうちに、強烈な力の変化をもたらすことは明白だった。しかも中国は経済成長率を上回る勢いで軍事費を増大させた。

アメリカのクリントン政権は、基本的に対中関与政策を採り、その後期には中国を戦略的パートナーとして取り扱った。これに対してブッシュ政権は、二〇〇〇年の選挙期間中、中国を戦略的競争者と位置づけ、対決姿勢を見せた。しかし、九・一一事件後、アメリカは他の大国を含む世界の国々から、対テロ戦争への協力を得ることに腐心しなければならなくなった。二〇〇二年の「国家安全保障戦略」においてブッシュ大統領は、一七世紀（ウェストファリア体制ができて）以来、大国間の関係はもっとも平和的なものとなる機会があると論じた［★24］。

アメリカが対テロ戦争に没頭している間、中国はさらに力を伸ばし、東アジアにおいて影響力を強めていく。

アメリカが中国に対して警戒感を示すのは、二〇〇〇年代の半ばになってからである。時の国務副長官ゼーリックが、中国は国際社会の責任ある国家(responsible stakeholder)であるべし、と論じたのは二〇〇五年であった[★25]。アメリカと比べればいまだ、経済力も軍事力も小さい中国だが、その相対的な力関係は大きく変化した。経済力の増大により近隣の国々を大きくひきつけ、軍事力も強くなっている。加えて共産党一党独裁であり、民主主義や人権よりも経済成長(開発)や政治的な安定を規範とする対外政策(北京コンセンサス)[★26]を展開している。対外経済援助も拡大の傾向にあり、それは急激な経済成長に伴うエネルギー・資源の確保と結び付けられている。

いまや中国は、地域大国からグローバルな大国へと変貌を遂げ、今般の世界金融・経済危機に極めて大きな積極的な役割を果たしている。経済力、軍事力、そしてイデオロギーという面でも、アジア太平洋はアメリカと中国の二極化に向かっているといってよい[★27]。そして、中国が将来どのような行動をとるか、またアメリカがそれにどう対処していくかは、今後のアジア太平洋の(そしてグローバルな)安全保障、経済のあり方に大きな影響を与えることになるだろう。

4 力の移行の三つのタイプ

❖競争的力の移行と協調的力の移行

米中間の力の移行は、経済が国境を越えて密接な関係にあるグローバリゼーションの中で行われている(力の移行には、先発の国が後発の国に追い抜かれるという含意があるが、ここでは先発の国と後発の国の間の力関係が大きく変わる、ということを意味するにとどめる)[★28]。過去、力の移行には、二〇世紀前半のイギリス(+アメリカ)とドイツ、あるいは冷戦期のアメリカと、それを追うソ連という、ときに戦争をともなうような競争的な力の移行と、一九世紀末から二〇世紀初頭にかけてのイギリスとアメリカのような協調的、平和的な力の移行の二つのタイプが見られた。

競争的な力の移行においては、二つの国の政治・社会・経済体制は大いに異なり、また経済関係の相互依存を断ち切るような政策や思考方式がとられた。ナチスの生存圏やソ連の社会主義圏を確立しようとする動きがそれである。このことは、先行する国家が形成した国際秩序に、後発国が挑戦して両者に大きな対立をもたらす原因となった。

対照的に、協調的力の移行においては、力の移行に直面する二つの国の間に、政治・経済・社会体制の均質性があり、イデオロギーも同じであり、かつ経済的な相互依存を促進する政策をとり、またそのような秩序を認め合ったのである。

❖混合的な力の移行

もし仮に、米中の力の移行が、過去の二つのタイプのいずれかであるとすると次のような道筋を歩むことになろう。

一つは、政治・社会・経済体制、イデオロギーが異なるアメリカと中国に関して、もしアメリカが中国を経済的に封じ込めようとしたり、あるいは中国が東南アジア市場を取り込んだり、資源確保のためにアメリカを排除し、現代的な生存圏を作ろうとしたりすると、敵対的な関係が構造化しよう。とくに軍事力の相対的変化によって、中国が台湾またその他中国の領海法に含まれる領域を軍事力で制圧しようとすると（すなわち既存の秩序や現状に挑戦すると）、米中関係はきわめて敵対的なものとなろう。

いま一つは、米中の力の移行が協調的なものとなる可能性である。もっとも単純なシナリオは、中国が政治体制を変えて人権を尊重するようになり、共産党一党独裁から多党制の民主主義に移行する、また、国内的にも対外的にも市場メカニズムを発展させ、自由な経済を貫徹するようになる、ということである。これは冷戦後に見られた、民主主義と市場経済の支配という考えを反映するものであり、経済が発展するにつれて、政治も民主化していくという政治・経済発展論に通ずるものといえる。

以上二つのシナリオに蓋然性がまったく無いわけではないが、おそらくいずれも現実的ではない。たとえば第一のシナリオについて言えば、米中が互いに(あるいは片方から)経済的に相手を締め出したり、自給自足的な経済圏を形成したりすることは、経済的相互依存の現状に照らして困難である。米中の力関係が局所的にシフトし、中国が自国領と考える地域を回復しようと軍事作戦を行う可能性は皆無ではないものの、それが即座に全面的な米中対立を導く恐れは低いであろう。アメリカとの対立は軍事的にも、経済的にも(相互依存の破壊を含めて)、コストが極めて高いからである。

こうした様々な可能性を勘案しながら、アメリカやその他の国(特にアメリカの同盟国)は注意深く、中国の将来の行動への対応策をめぐらし(いわゆるヘッジング)[★29]、中国の軍事力や政策意図の透明性を求めていくであろう。次節で詳述するように、二〇〇九年七月にアメリカがTACに加盟し、東南アジアに「回帰した」と称したことは、中国に対する布石の一つであったといえよう(中国からすれば、中国封じ込めの一方策)。

また、協調的力の移行という第二のシナリオに関しては、とくに政治体制や人権の問題に関して中国がスムーズに民主化していく可能性はそれほど高くない。もし、人権や民主主義を中国に強く求めていくとすると、それは大きなコストを伴うであろうし、また協調的力の移行を求めるという目標とは裏腹に、力の移行を競争的なものに転化させる可能性もある。

このように米中間では、密接な経済的なグローバリゼーションと相互依存のなか、政治体制が異なる国同士が相互にヘッジングしつつ力の移行が進む、という第三のタイプの展開が考えられる。

5 TACのネットワーク——アジア太平洋全域の協調的安全保障システムの再興?

すでに述べたように、ARFはASEANの同心円的拡大の一環であった。しかし九〇年代後半以降、具体的な成果を出せないまま、存在感を薄れさせてきた。ところが、二〇〇九年七月、アメリカはTACに加盟した[★30]。TACは、一九七六年にASEAN諸国で結ばれ、地域の平和と安全を目指して、紛争の平和的解決、不戦(武力の不行使)、対話、主権の尊重(内政不干渉)などを原理として採用するものである。

TACへの参加国は当初ASEAN加盟国に限られていたが、八〇年代に規約が改定されて域外の国も加盟できることになった。二〇〇五年には、ASEANは東アジア・サミット(EAS)への参加条件として、各国にTACへの加盟を求めた。これに応じて、インド、中国、オーストラリア、日本などが加盟した。そして二〇〇九年にアメリカがTACに加盟する。このとき、バンコクでのARFに参加していたクリントン国務長官は「アメリカは(東南)アジアに帰ってきた」と述べたのである。ASEANの同心円的アジア太平洋への拡大は、完成の度合いを高めた。TACは、ASEANをハブとする、二者間の関係の積み上げのレジームである。それがアジア太平洋を覆うものとなったとも言える。むろん、TACは極めてソフトなものであり、具体的な問題解決に直接、資するものではないし、TACの平和的な解決、主権尊重などの行動原理の適用は、地理的に東南アジアに限られよう[★31]。とはいえ、TACの拡大はアジア太平洋全域の安全保障の一つの担保であろう。

TACがアジア太平洋全域に広がったのは、先に述べたようにASEANがEASへの参加要件としたことに由来するところが大きい。また、アメリカがTACに加盟した理由の一つは、東アジアで影響力を増大する中国を念頭においてのことであった。アジア太平洋全域においても、安全保障と経済などの他の分野とのリンケージが見られる。

以上から明らかなように、アジア太平洋全体をみると、一方では、ARF、TACのネットワークというASEANを中心とするハブ・スポーク型のソフトで、非排他的、包摂的、協調的安全保障の枠組みが見られ、他方では、米中を(潜在的な)対立軸とした勢力均衡の可能性のあるシステムが見られる。アジア太平洋においては、個々の安全保障の問題を解決するにあたっては、勢力均衡と協調的安全保障が混在している。アジア太平洋の安全保障の行く末は、このような混合的な実践の結末にかかっているといえよう。

5 アジア太平洋の動態とグローバリゼーション——まとめと結論

1 アジア太平洋の動態

以上、アジア太平洋地域における冷戦後の進展と変化を、経済と安全保障に焦点を当てて考察してきた。アジア太平洋という概念が実体を伴い、そこでの制度(如何に弱いものではあれ)が形成されたのは、冷戦の終焉を契機としていた。具体的には、アジア太平洋を包摂するAPECとARFが設立された八〇年代末から半ばにかけてがアジア太平洋主義の最盛期であった。

しかし、一九九〇年代半ばを過ぎると、APECもARFもその限界を示すようになる。経済分野においては、EVSLが失敗し、アジアの通貨・経済危機にAPECは有効に機能せず、ASEAN+3という東アジアの凝集性が高まった。それと同時に、東アジア、そしてアジア太平洋において、二国(者)間のFTAが結ばれるようになる。安全保障分野においても、台湾問題、北朝鮮などの個別具体的な問題にARFは有効に対処できず、二国間同盟(ハブ・スポーク・システム)がその役割を強めた。

二〇〇〇年代になると、東アジアの凝集力はますます強くなり、ASEAN+3は制度化され、二〇〇五年にはEASが開かれる。そして、二国(者)間のFTAが数多く結ばれるようになる。アジア太平洋の分断化、細分化である。このような動きは、九・一一事件以後の対テロ戦争の支配的な影響の中で行われた。アメリカは、対テロ戦争に没頭し、東アジアへの全般的な政策を欠き、「外交不在」が引き続き見られた。そのなかで、中国の台頭が顕著なものとなっていく。

二〇〇〇年代後半それも末になっても、経済分野においては、東アジア(ASEAN+3、EAS)、また二国間のFTAは引き続き主要な趨勢となっている。しかし、アメリカはTranspacific Strategic Economic Partnershipを通して、またFTAAP構想を掲げるなどして、アジア太平洋全域の多角的FTAの形成を考えるようになり、政治・安全保障の面ではTACへの加盟を果たす。こうしてアジア太平洋においては、米中のG2がアジア太平洋を覆う勢いを示し、また世界的な重要性を高める一方、アメリカのTAC加盟などにみられるように、ASEANをベースとしたアジア太平洋全体にわたる協調的安全保障システム復権の兆しもある。EASにアメリカが加わる可能性も皆無ではなく、東アジアとアメリカとのリンクが再び強まる可能性も出てきている。

2 アジア太平洋とグローバリゼーション

グローバリゼーションはさまざまな形でアジア太平洋に大きな影響を与えてきた。ただそれは、直線的で一律的なものではなく、深い襞を伴うものであった。

一九八〇年代末から一九九〇年代初めにかけて、APECやARFが形成されたのは、明らかに冷戦の終焉により、経済の自由化が世界大に広がり、大国間の対立関係が後退したことに由来するものであった。一九九〇年代後半のアジア通貨危機、そして二〇〇〇年代末の世界金融危機は、グローバリゼーションの負の産物であるが、それぞれ、アジア太平洋、また東アジアの枠組みに大きな影響を与えた。さらに、九・一一事件に代表される国際テロは、国境を人、カネ、情報が自由に越えることの出来るグローバリゼーションを背景にしたものであった。

各国は、独自に、また地域の枠組み、さらにはグローバルな制度を通して、グローバリゼーションの利益を得、またそのマイナスの面をコントロールしようとする。アジア太平洋においても、APECが形成されたり、

ASEAN+3がつくられたり、チェンマイ合意が形成されたり、二国間のFTAが結ばれたのは、それを反映する。

グローバリゼーションは、国家間の相対的な力関係を急速に変化させ、その変化を歴史的に類をみないほど加速する。アジア太平洋に関して言えば、中国やインドが急速に成長する基盤を与え、アメリカと中国の力の移行を引き起こした。それは、いまやアジア太平洋の政治、経済も大きく変化させ、全世界的に大きなインパクトを与えている。しかし、力の移行に由来するアメリカと中国の潜在的な対抗関係は、今度は逆にグローバリゼーションによってもたらされる両国の密なる相互依存によって抑制される。

第二節で示したグローバリゼーションの諸命題の中で、アジア太平洋にすんなりと当てはまらないものがいくつか存在する。その一つが、初期のグローバリゼーション論の中で語られた、民主主義や人権というリベラルな価値の世界的な拡大である。アジア太平洋において、この命題は必ずしも容易に実現するものではなかった。ASEANは内政不干渉の原則をいまも高く掲げ、人権裁判所(正式には人権についてのASEAN政府間委員会)を作ることで大枠の合意はできたものの監視・調査機能の付与は先送りされ、国際社会とASEAN加盟諸国の調整をはかる機能しか持たされていないという[★32]。中国は、アメリカなどから人権問題を指摘され続けているが、共産党一党独裁を変える気はないようである。この点から言えば、アジア太平洋は今後も、リベラルな価値と非リベラルな価値とがせめぎあう場であり続けると考えられる。

註

★1——グローバリゼーション一般に関しては、以下の拙稿参照。「国際システムの変容——グローバリゼーションの進展」『国際問題』四八九号(二〇〇〇年一二月)、二一-二一一頁。

★2――トーマス・フリードマン、『フラット化する世界』(上、下)日本経済新聞社、二〇〇六年。

★3――同右。

★4――「民主主義の平和」論である。たとえば、ブルース・ラセット(鴨武彦訳)『パクス・デモクラティア――冷戦後世界への原理』東京大学出版会、一九九六年。

★5――たとえば、Roland Paris and Timothy Sisk, eds., *The Dilemmas of Statebuilding*, London: Routledge, 2009. 特にイントロダクションを参照。

★6――Robert Kagan, *The Return of History and the End of Dreams*, New York: Knopf, 2008.

★7――Karl Polanyi, *The Great Transformation*. New York : Farrar & Rinehart, 1944. また、サッチャー改革による大転換に関するものとして、M. Blyth, *The Great Transformation*, Cambridge: Cambridge University Press, 2002.

★8――Samuel Huntington, *The Third Wave: Democratization in the Late Twentieth Century*, Norman: University of Oklahoma Press, 1991.

★9――東アジア(ASEAN+3)とラテンアメリカ諸国は、これもシンガポールのイニシアティブで、一九九九年、East Asia-Latin America Forum(EALAF)を開始する(当初二七カ国)。二〇〇一年から名称をForum for East Asia Latin America Cooperation(FEALAC)と改め、現在の参加国は三〇カ国を数える。グローバリゼーションが進んだ世界において、ある地域は、他の地域との地域レベルでの関係を持とうとする。

★10――ASEAN+3の形成のきっかけは、一九九六年バンコクでの人権に関する会議に先立つASEANの外相会議のインフォーマルなランチに、日、中、韓の外相が招かれたことにあるという(Hadi Soesastro, "Asia at the Nexus: APEC and ASEM," *Panorama*, 2001, No.4, p.22)。

★11――Yuen Foong Khong and Helen E.S. Nesandurai, "Hanging Together, Institutional Design, and Cooperation in Southeast Asia: AFTA and the ARF," Amitav Acharya and Alastair Iain Johnston, eds., *Crafting Cooperation: Regional International Institutions in Comparative Perspective*, Cambridge: Cambridge University Press, 2007, chapter 2.

また、ASEANは、経済共同体の形成に向けて動いており、その一つの足がかりであるATIG(ASEAN Trade in Goods Agreement=アセアン物品貿易協定)は二〇〇八年に結ばれたが、それは、FTAとしてかなり整ったものとなっている(石川幸一「新AFTA協定の締結」『国際貿易と投資』No.75, Spring 2009, pp.44-67)。

★12――Richard Baldwin, "A Domino Theory of Regionalism," NBER Research Paper 4465, National Bureau of Economic Research,

1993.

★13——山本吉宣「地域統合論と『東アジア共同体』」山本武彦、天児慧編『新たな地域形成』(東アジア共同体の構築第一巻)、岩波書店、二〇〇七年、第一一章、とくに三二二-三二四頁。FTAのネットワークで、ハブ・スポークの形態を取るものは珍しくない。このことに関して、またその経済学的な分析については、Soo Yuen Chong and Jung Hur, "Small Hubs, Large Spokes and Overlapping Free Trade Agreements," *World Economy*, 2008, pp.1625-1665.

★14——Donald Weatherbee, "Three Minus ASEAN: The Dazaifu Summit," *PacNet*, No. 2, Pacific Forum CSIS, Honolulu, Hawaii, January 8, 2009.

★15——以下の議論で参考になるのは、Claude Barfield, "U.S. Trade Policy and Asian Regionalism," February 2009, JEF-AEI Conference.

★16——この辺、拙著、『国際レジームとガバナンス』有斐閣、二〇〇八年、第八章第五節。

★17——APEC SOM Chair, "Best Practice for RTAs/FTAs in APEC," 16th APEC Ministerial Meeting, Santiago, Chile, 17-18 November 2004.

★18——たとえば、C. Fred Bergsten, "A Free Trade Area of the Asia-Pacific in the Wake of the Faltering Doha Round: Trade Policy Alternatives for APEC," in Charles Morrison and Eduardo Pedrosa, eds., *An APEC Trade Agenda?: The Political Economy of a Free Trade Area of the Asia-Pacific*, Singapore: ISEAS Publishing, chapter 2.

★19——Simon Evenett and Michael Meier, "An Interim Assessment of the U.S. Trade Policy of "Competitive Liberalization," *World Economy*, 2008, Vol. 31 (1), pp.31-66.

★20——外交不在とは、diplomatic absenteeism であり、ASEAN事務局長スリンの二〇〇九年七月の言葉である。

★21——本稿では、アジア太平洋より範囲が小さい地域をサブリージョナルなものという。

★22——特定の国の間の密なる相互作用によって、安全保障問題が生起し、また解決がはかられるとき、その特定の国のセットを、安全保障複合体(regional security complex)という。次を参照。Barry Buzan and Ole Wæver, *Regions and Powers: The Structure of International Security* (Cambridge Studies in International Relations) Cambridge: Cambridge University Press, 2003.

★23——Louis Cantori and Steven Spiegel, "International Regions: A Comparative Approach to Five Subordinate Systems," *International Studies Quarterly*, 1969, Vol.13 No.4, pp.361-380.

★24——White House, *The National Security Strategy of the United States of America*, September 2002, Washington, D.C.: General

Printing Office. p.25.

★25——Robert Zoellick, "Whither China: From Membership to Responsibility," remarks to National Committee on United States-China Relations, New York City, 21 September 2005.

★26——Joshua Cooper Ramo, *Beijing Consensus*, London: Foreign Policy Centre, 2004.

★27——これは、Ｇ２という考え方に近い。たとえば、C. Fred Bergsten, "A Partnership of Equals," *Foreign Affairs* July/August 2008. pp.57-69.

★28——力の移行(power transition)を、はじめて体系的に論じたのは、A.F.K. Organski, *World Politics*. New York: Knopf. 1958.

★29——たとえば、Yoshinobu Yamamoto, "Triangularity and US-Japanese Relations: Collaboration, Collective Hedging and Identity Politics," William Tow, et al. eds., *Asia-Pacific Security*, London: Routledge, 2007, chapter 6.

★30——この辺の事情については、たとえば、Mark Manyin, Michael John Garcia and Wayne Morrison, "U.S. Accession to ASEAN's Treary of Amity and Cooperation (TAC)," CRS Report for Congress, May 5, 2009.

★31——このことは若干明確でないところもあり、オーストラリアは、ＴＡＣに加盟する際、それを確認する手紙をＡＳＥＡＮにおくっている(*Ibid.*)。

★32——二〇〇九年七月のアセアン閣僚会議で採択されたアセアン人権に関する基準(Terms of Reference of ASEAN Intergovernmental Commission on Human Rights)。これは、同年一〇月、ＡＳＥＡＮの首脳会議で採択された。

第3章 アジア太平洋地域主義の特質

大庭三枝｜OBA Mie

本章は、アジア太平洋地域主義は今日に至るまでいかなる形で進展してきたのか、を踏まえ、アジア太平洋地域主義の特質とは何か、すなわち何が広大な領域をまとめ上げる紐帯であったのか、を明らかにしようとするものである。

1 アジア太平洋地域主義とは何か

地域主義の定義は様々である。しかし近年国際政治学においては、「地域主義」を、企業の経済活動や移民の移動、文化の伝播などによってある地理的領域に相互依存関係が深まる「地域化」とは区別し、国家や政府が主体となった政治的な諸活動として地域主義を理解する傾向にある[★1]。すなわち地域主義とは、地理的近接性が存在しているという認識を共有し、またそこでの共存共栄を目指そうとする複数の諸国家が、政策協調や地域協力を推進し、一つのまとまりたる「我々」としての「地域」を現出させようとする政治的志向性、および実際に政策協調や地域協力を進めている状態を指す。

となると、アジア太平洋地域主義とは、「アジア太平洋」においてそのような政治的志向性や、政策協調及び地域協力を進める動きが見られる様を指している。地域主義は、恒常的な協力や協調の実現を目指すが故に、地域制度の形成と発展という事象を伴う場合が多い。また、一度地域制度が形成されると、それが地域主義の更なる強化のための場および手段として使われる。逆に言えば、ある地域制度が形成されたということは、そこには地域主義が存在しているという指標でもある。アジア太平洋経済協力（APEC）やASEAN地域フォーラム（ARF）は、アジア太平洋における地域主義が生み出したものであり、またそれらはアジア太平洋において地域主義が存在し、現在まで存続している証であるとも捉えられるのである。

ところで、アジア太平洋地域主義の浮上と発展には、アジアとオセアニア、北米を中核とする広大かつ多様な領域を一つの「地域」であるとする認識が前提となる。そして、そのような広大かつ多様な領域に、単なる国家間の関係強化という目標を超えた、共存共栄を実現し得るまとまりを現出させようとする試みが、アジア太平洋地域主義なのである。しかしながら、この試みは野心的であり過ぎるのではないだろうか。そもそも、未だに東京からアメリカ西海岸の主要都市までジャンボジェットで一〇時間弱掛かるのである。東京からシドニーまでも十数時間、シンガポールでも八時間ほどかかる。そこには果たして地理的近接性に立脚した地域が存在し得るといえるのか。また、政治体制も、経済水準も、文化的／歴史的／社会的背景もまるで異なる国々が、この領域には併存している。こうした多様性に満ちた領域を「無理矢理」地域にくくる必要性があるのだろうか。

大事なことは、その必要性や実現可能性云々ではなく、アジア太平洋においては過去、様々な地域主義の動きが見られ、何度となく地域制度の形成の試みが実際になされてきたという事実である。故大平正芳首相の環太平洋連帯構想の提唱は、そうした試みの一つとして捉えられる。そして、APECやARFの実効性については多くの批判がなされながらも、アジア太平洋におけるこの二つの代表的な地域制度は存続し、現在に至っている。

これは、アジア太平洋地域主義が存在してきたことの証左であろう。APECが発足する一九八九年一一月までの動きは、太平洋／アジア太平洋概念の多様性に満ちており、アジア太平洋地域主義が決して直線的な発展を遂げたのではないことを示している[★2]。APECやARF設立という形で、経済のみならず政治・安全保障分野における地域制度も整えたアジア太平洋地域主義は、その後、新たな状況下での課題に直面した。そしてそのたびごとに、なぜ「アジア太平洋でまとまるのか」「そこで何をすべきなのか」が何度も問い直されてきたのである。

2 アジア太平洋地域主義の系譜[★3]

東アジア（およびその一部）とオセアニア、そして北米を一つの「地域」と見なした上で、地域協力や政策協調の推進を提唱する動きは、二〇世紀の前半から見られた。民間の団体ではあったが一定の役割を果たした組織の例として、太平洋問題調査会（IPR）があげられる。IPRは関係各国間の重要な政治・安全保障に関わる問題について自由に討議する場を与えた。また、アジアにおける地域主義の歴史において、初めての地域制度形成の例と言えるのは一九四七年の極東アジア経済委員会（ECAFE）である。ECAFEは戦後国際秩序の運営のための国際機構である国連の一機関である、経済社会理事会の下部機関であったが、そこでの協力や活動についての議論には、しばしば冷戦の影響が見られた。

東アジア、オセアニア、北米にまたがる領域を一つの地域と見なしてそこでの協力推進を謳う構想が再び活発化したのは一九六〇年代に入ってからである。池田内閣の「太平洋」構想、鹿島守之助の「アジア太平洋共同体」構想、三木武夫外相の「アジア・太平洋外交」構想など、日本からいくつかの構想が出された。さらに、一九六五年には、小島清が太平洋自由貿易地域（PAFTA）構想を提唱した。また、一九六七年には、経済人の団体としてのＰＢＥＣが形成された。一九六八年に開催された太平洋貿易開発会議（ＰＡＦＴＡＤ）において、ＰＡＦＴＡ構想が改めて提唱されるとともに、太平洋貿易開発機構（ＯＰＴＡＤ）構想がオーストラリアのジョン・クロフォードやピーター・ドライスデールより提唱された。ＰＡＦＴＡＤはその後も太平洋においていかなる協力や政策協調を進めていくべきかについて、経済学者を始めとする知識人らが意見交換をする場としてほぼ年に一度の頻度で開催された。

以上の構想や組織のうち、鹿島構想や池田構想、三木構想は、アジアの諸国も含むものであった。他方、一九六〇年代におけるＰＡＦＴＡ構想やＯＰＴＡＤ構想、ＰＡＦＴＡＤ、ＰＢＥＣは、当初日本、オーストラリア、ニュージーランド、アメリカ、カナダといった太平洋における先進国をメンバーとしていた。いわばそれらは、先進国クラブ型の特徴を有していた。しかしＰＡＦＴＡＤもＰＢＥＣも、一九七〇年代にかけて徐々に東南アジア諸国を中心とする発展途上地域のアジアを領域に加えるようになっていった。また、ＯＰＴＡＤ構想は、大来佐武郎やジョン・クロフォード、ピーター・ドライスデールなどオーストラリアや日本の知識人たちから一九七〇年代に何度も提唱されたが、その範囲は太平洋先進五カ国のみならず、その他の発展途上国たるアジア諸国も包含するようになっていった。すなわち、一九七〇年代までには、アジア太平洋地域主義が、太平洋という海洋を共有する発展途上国と先進国とを一つのまとまりとし、そこでの協力推進をねらうという南北包括型の特徴を持つこととなったのである。しかしながら、その中身は、あくまでも「北」を中心とし「北」同士では貿易推進を図り、それらが連携して「南」に開発援助を行う、という垂直的な二重構造を内包するものでもあった。

南北包括志向とともにアジア太平洋地域主義のもつ特徴としてあげられるのは、基本的にこれらの組織や構想が明示を避けつつも、冷戦下における西側諸国あるいは明確に陣営には与さないものの西側諸国へ近いスタンスをとる諸国のまとまりであったことである。しかしながら、日本をはじめとするアジアの多くの政策決定者たちは、そのことを前面に出すことは得策ではないと考えていた。特に地域の大国である中国や地域内の共産主義勢力を真っ向から刺激するようなグルーピングのあり方は、地域の安定を損なう可能性があると考えられたのである。一九六六年に結成されつつ、米中和解の余波の中で一九七〇年代半ばまでには自然消滅したASPACは、アジアにおいて明確な反共同盟が成立し得ないことを改めて証明した例であった。しかしながら、そのことはアジア太平洋地域主義が冷戦構造と無縁であったことを意味しない。むしろアジア太平洋での協力を推進することを目指す様々な構想や組織は、市場経済の導入を前提とした地域の繁栄と安定を目指すという方向性を明確にしていた。これはいわば、西側的な価値に則った繁栄と安全を志向するということを意味する。だからこそ、一九六〇年代から一九七〇年代にかけて、中国もソ連も、アジア太平洋における地域主義の動きには反対の意を示していたのである。

アジア太平洋地域主義が市場経済導入国間の協力という色彩を持っていたことは、様々な例で示すことができる。例えば、一九七九年、ヒュー・パトリックとピーター・ドライスデールがOPTADを提唱した米上院に提出された報告書の中では、OPTADが共産主義国をメンバーとして加えることは「賢明ではないだろう」とし、否定的であった[★4]。また、次に述べる太平正芳首相の「環太平洋連帯構想」の提唱がきっかけとなって発足した半官半民の組織である太平洋経済協力会議(PECC)において、一九八六年にソ連をその加盟メンバーに加える際には、既存のメンバー間で賛否をめぐる大きな論争が生じた。

他方、アジア太平洋地域主義は、「西側のまとまり」という特徴とは矛盾しかねない性質も持っていた。それは、南北のみならず東西対立を超えたアジア太平洋における協力と連帯を目指す、という一見きわめて理想主義的な方向性も内包していたことである。この方向性へのアジア太平洋地域主義の発展の可能性を示していたのが、大平正芳首相の諮問委員会である「環太平洋連帯グループ」がその報告書の中で提唱した「環太平洋連帯構想」である。この報告書で強調されていることの一つは、「多様性の尊重」とそれを前提として「地域内の諸国民がその多様性を相互に深く理解し合う」ことであった[★5]。これは、PAFTAやOPTADといった当時の他のアジア太平洋地域主義構想の多くが貿易や開発協力を強調しているのとは一線を画するものであった。同報告書では、太平洋地域諸国が「活力とダイナミズムに満ち、大きな可能性を秘めている」こととともに、「経済の発展段階・人類・文化・宗教などにおいても、極めて多様」であることを明記した上で、地域内外に開かれた相互依存関係およびグローバリズムの担い手としての活動を推進するものとされていたが、その際に非常に重要視されていたのが、文化・教育・学術交流などを通した、国際交流・相互理解の促進であり、また地域研究の充実や人材育成に関する協力などであった。すなわち太平洋連帯構想は、異なる文化や価値観・価値体系を持つ諸国民間の相互理解と相互認識の深化を重視し、その上での価値観の共有に立脚した共同体形成に力点を置いていたのである。この構想では「太平洋」の範囲は明確にされていないし、その目指すところの中心的課題は南北包括的な共同体であったと考えられる。しかしながら多様性の尊重・相互理解・相互認識の促進による価値観の共有を強調する姿勢は、この構想が政治体制を越えた連帯にまでつながっていく可能性を秘めていたことを物語っている。

この環太平洋連帯構想の提唱が契機となり、一九八〇年六月に太平洋共同体セミナーがキャンベラで開催され、前述のPECCが発足した。一九八六年に三つのチャイナ（中国、台湾、香港）およびソ連がPECCのメンバーとなったことは、アジア太平洋地域主義の東西包含的な方向性が具体化したことを意味していた。しかしながら、それは当時の大平構想が想定し期待していたような多様性の尊重・相互理解・相互認識の深化を通じた価値観の共有が実現したというよりは、経済成長を遂げつつあった東アジアを中心とするアジア太平洋という地域への期待がそれらの国々の関心を引き寄せた、という方が正しい。当時すでに中国は改革・開放路線を採ってから数年たっていたし、ソ連もゴルバチョフ政権の発足後は市場経済を導入した上での改革・発展路線に転換しつつあった。すなわちアジア太平洋地域主義を政治体制を超える形で発展させる際の紐帯となったのは、市場経済を導入することによる、また市場経済によって経済発展を遂げつつあったアジアへの関係強化による繁栄の享受への期待だったのである。そしてこの期待が、次節で述べる一九九〇年代前半のアジア太平洋地域主義の発展を牽引するのである。

3 アジア太平洋地域主義の政府レベルでの制度化

1 APEC設立の意義

APECの設立は、アジア太平洋地域主義史の展開の流れの中で、特に二つの大きな意味を持つ出来事であった。一つは、アジア太平洋において、政府レベルの枠組みが構築されたということである。APECの設立過程の詳細については、すでに多くの研究が存在しているので割愛するが[★6]、当時はアジア太平洋において政府間の枠組みを構築するのは難しいとする議論が支配的であった。例えば第一回APEC閣僚会議が開催された一九八九年のわずか一年前に開催されたPECC大阪会議においても、アジア太平洋においては半官半民のPECCを中心としたインフォーマルな形で協力を柔軟に進めるのが望ましいという方向性が確認されていた[★7]。

こうした中で、アジア太平洋地域主義をAPEC設立へ向かわしめた要因は「アジア太平洋」地域において政府間の枠組みを構築すべきだとする日本の通商産業省の一部とオーストラリアの首相近辺や外交貿易省の一部がもっていた強い政治的意思であった。その政治的意思の背景は主に四つ挙げられる。一つは、ヨーロッパにおいて、一九八七年に単一欧州議定書が調印され翌年に発効するなどEC統合の動きが加速し、また北米においては一九八七年に米加自由貿易協定が調印され、北米自由貿易協定(NAFTA)への第一歩を踏み出すなど、両地域における地域主義推進の動きが活発化したことである。こうした動きを受け、世界においては、北米およびヨーロッパに地域経済ブロック形成の可能性とその世界経済への負の影響力が盛んに論じられた。二つ目に、一九八六年に開始されたGATTウルグアイ・ラウンドにおける交渉が難航したことで、前記の地域ブロック形成への可能性とあわせ、GATTを中心とする自由貿易体制が揺らいでいるという認識が日豪両国で強まったことである。三つ目として、一九八〇年代後半における東アジアのめざましい経済発展と相互依存の深化によって、それまでとは異なる様々な懸案が認識されるようになり、域内経済の調整やそれによる持続的発展を促す地域協力への関心が高まったことである。さらに四つ目として、まさにこの八〇年代後半の東アジアの急速な経済発展に直面し、かつ双子の赤字を抱えていたアメリカが、アジア諸国に対する貿易自由化の圧力を強化し、かつ貿易政策上の一方的措置や保護主義的傾向を強め、アメリカと日本、NIEs、ASEAN諸国の一部との経済摩擦が激化したことである[★8]。

APECの設立がアジア太平洋地域主義史の中でもつもう一つの重要性とは、拡散しすぎた「アジア太平洋」地域概念の仕切り直しであったという点である。一九八〇年代に半官半民の組織として発展したPECCは、APEC設立への動きが日豪政府間で顕在化した一九八〇年代末の時点では、ソ連や中国などの共産主義諸国や、南太平洋島嶼国もメンバーとして加えるなど、非常に大きな範囲を包含する組織となっていた。それに対し、APECの原加盟国は日本、オーストラリア、アメリカ、カナダ、ニュージーランド、韓国、ASEAN諸国(当時はブルネイ、インドネシア、マレーシア、フィリピン、シンガポール、タイ)の一二カ国であった。このことは、いわば当時の、「発展する東アジア」の出現という新しい事態に対応し、経済発展と経済的相互依存によって結ばれ、かつそれ故に本格的調整が必要となった「アジア太平洋」で地域組織形成がなされたことを示している。これは、以前の多くのアジア太平洋構想に見られた、単に「豊かな先進国」と「貧しい発展途上国」という二重構造を前提として、前者が後者に対して支援をし、前者の間でのみ貿易自由化を図るという構図とは異なる地域構想の具現化であった[★9]。

2 安全保障分野への拡散——ARFの成立

冷戦終結は、アジア太平洋地域主義が経済のみならず政治・安全保障分野へと拡大する契機となった。前述したように、共産党独裁体制を維持しつつ市場経済を導入し改革・開放路線を取っていた中国の存在が大きく地域情勢に影響していたため、冷戦は単純な二極対立というよりももう少し複雑な対立関係をこの地域にもたらしていた。またそれが故に、アジア太平洋において経済・社会分野の協力分野に限られる民間あるいは半官半民の地域組織の設立は可能でも、政治・安全保障に関わる協議を行う枠組みを構築することは非常に難しいとされていたのである。一九八〇年代においてはASEANとASEAN対話国を一堂に会した枠組みであるASEAN－PMC（拡大外相会議）が存在していたが、それはやはり資本主義を奉じる"like-minded countries"のみのまとまりであった。そこからは地域の政治と安全保障に事実上大きな影響を与える中国やソ連などは除外されていた。しかし中国などいくつかのアジアの諸国では、政治的には共産党一党独裁体制は存続し、また朝鮮半島や台湾問題など「冷戦の残滓」といわれた対立は解消されなかったものの、冷戦終結は地域の安全保障環境を大きく規定していたイデオロギー対立を緩和させた。他方、地域紛争や民族・宗教対立やテロリズムなどそれまでとは異なる脅威によりアジアの地域安全保障環境の不確実性が高まるのではないか、という警戒感も高まった。さらに、中国が共産主義一党独裁体制を維持していることが政治・安全保障対話を妨げる要因ではなくなった一方で、中国が大国としての存在感を増し、そのことが東南アジア諸国に脅威感を与えるようになっていた。こうした背景のなかで、アジア太平洋において、ASEAN－PMCメンバーやAPEC原加盟国に典型的に見られるlike-minded countriesのみならず、中国やソ連を取り込むかたちでアジア太平洋において地域安全保障対話枠組みを構築すべきであるという機運が生じてきたのである。

こうした気運の中で、いくつかの地域安全保障対話枠組みの提唱がなされた。一九九〇年にはオーストラリアやカナダから、ヨーロッパにおける全欧安保協力会議（CSCE）のアジア版であるCSCA構想が提唱されたがこれは実現にまで至らなかった。また、一九九一年七月のASEAN-PMCは、ASEAN-PMCを新たな安全保障対話の場として適切な枠組みの一つであるとコミュニケに明記し、日本はこのASEAN-PMC案に同調した。しかしながら、ASEAN-PMCは前述のように冷戦時代において「市場経済の導入」という価値を共有していたlike-minded countriesのまとまりであり、それを冷戦終結後の新たな枠組みとして活用することには若干無理があったといえる[★10]。その後紆余曲折を経て、一九九四年七月、バンコクにおいて、中国やロシアも含めたアジア太平洋一七カ国の外相とEUの代表が一堂に会し、ASEAN主導でARFが発足し、アジア太平洋の政治・安全保障対話枠組みが誕生したのである。一九九五年八月にバンダルスリブガワンにおいて開催された第二回ARF閣僚会議では、中期的アプローチとして、①信頼醸成の促進、②予防外交の進展、③紛争へのアプローチの充実という三段階を想定し、それに沿って漸進的に協力を発展させていくという方針が明確に示された[★11]。

3 アジア太平洋地域主義の制度化の意味するもの

こうして一九九〇年代半ばまでに、アジア太平洋地域主義は、経済のみならず政治・安全保障分野をも含むものとして具現化したのである。すなわちアジア太平洋諸国の政府レベルの地域制度の設立と、そこでの協力推進の方向性が定められたのである。一九八〇年代から九〇年代にかけて、アメリカの覇権的地位が相対的に低下したことが、極端に垂直的であったこの地域のパワー構造を変化させ、多国間制度の成立につながったとする議論がある[★12]。この議論に従えば、従来二国間主義を好んでいたアメリカが、その圧倒的力の優位が揺らいだことから、アジア太平洋における多国間主義を容認する立場を取るようになり、アジア太平洋の地域制度構築を促したということになる。しかしながら、アジア太平洋地域主義の制度化をもたらした本質的な要因は、前述した経済的繁栄の享受への期待、すなわち東アジアを中心に展開するアジア太平洋における経済的相互依存網への参入による自国の経済発展を実現させることへの期待であった。いわば市場経済の導入による繁栄の享受という価値に各国の目指す方向性が収斂したことがAPEC発足や、その活動領域とメンバー拡大の推進力であったのである。そこに、冷戦終結に伴う地域政治・安全保障環境の変化と新たな脅威への認識が高まるという状況が重なる中で、「アジア太平洋」は市場経済による経済的繁栄のみならず共通の安全保障を追求する「我々」として認識されるようになった。そしてそれを推進するための制度としてARFが発足したのである。

4 アジア太平洋地域主義の彷徨

1 現実の成果への壁

APECやARFの発足は、アジア太平洋地域主義の政府レベルでの具現化が、経済のみならず政治・安全保障分野においてもとりあえず達成されたことを意味していた。皮肉にも、これは実は隘路への入り口であったといえる。それまでは、いかにアジア太平洋において政府レベルの地域制度を構築するのか、という制度の設立自体が重要であった。また初期の段階では、どのような形でその協力を進めていくのかという基本的な方向付けが課題であった。しかし、それらが曲がりなりにも達成されてしまった後に残るのは、それぞれの地域制度がどのような成果を現実的かつ具体的に出すことができるのか、という大きな課題であった。APECもそしてARFも、この大きな課題に直面し、その限界を露呈させることとなったのである。

一九九一年に開催された第三回ＡＰＥＣ閣僚会議において採択されたソウル宣言には、その活動分野として、①貿易・投資の自由化、②貿易・投資の円滑化、③開発協力が挙げられ、さらに「開かれた地域主義」の推進およびコンセンサス方式による運営という、ＡＰＥＣにおける協力を進める際の運営規範も盛り込まれた[★13]。この運営規範は、当時から喧伝されつつあった「国家主権の相互尊重」の上で協力を進めるという「ＡＳＥＡＮの流儀（ASEAN Way）」に極めて近いものであった。とはいえこのような拘束力の極めて弱い組織運営では、期待できる具体的成果は限られていた。

その後、この地域において貿易自由化を加速しようとしたアメリカのクリントン政権のてこ入れにより、このＡＰＥＣの運営規範の再検討と、貿易自由化の推進が一九九〇年代半ばまでの焦点となった。一九九三年のクリントンの新太平洋共同体の提唱、同年一一月のシアトルにおける初のＡＰＥＣ首脳会議の開催、翌一九九四年一一月のインドネシアのボゴールにおける第二回ＡＰＥＣ首脳会議におけるボゴール宣言の採択などはその流れで起こったことである。しかしながら、ＡＰＥＣの強化による貿易自由化の加速という、アメリカやオーストラリアを中心とした試みは成功せず、「貿易自由化の推進」は実際にはＡＰＥＣの現実の成果としては実現しなかった。一九九五年に大阪で開催された第七回閣僚会議で採択された「大阪行動指針」において、ＡＰＥＣの拘束力強化という意味では大幅に後退した内容となった「柔軟性原則」および「自主的協調的自由化」といった原則が盛り込まれたことはその試みの頓挫を示すものであった[★14]。さらに、一九九八年の早期自主的分野別自由化の妥協不成立は、ＡＰＥＣを活用した自由化推進についての期待をさらに減退させた[★15]。

こうした結果をもたらしたのは、ＡＰＥＣが市場経済に依拠した経済的繁栄という価値に牽引されているということでは一致していても、協力や政策協調分野でどこに力点を置き、また具体的にどのように進めていくか、について、アメリカやオーストラリアといった先進国と、ＡＳＥＡＮ諸国を中心とするアジア諸国とで意見が対立したことにある。こうしたＡＰＥＣにおける経済自由化が具体的成果を伴っては余り進まず、かつ一九九九年末のシアトルにおけるWTO閣僚会議において新ラウンド立ち上げに失敗するといった状況の中、アジア太平洋諸国は各々二国間FTAの締結を積極的に進める動きへとシフトしていったのである。

ARFも同様に現実に協調的安全保障を進めていく上での壁に直面した。前述したように、第二回ARF閣僚会議において、信頼醸成の促進、予防外交の進展、紛争へのアプローチ充実という三段階にそって活動を進展させるとしながら、予防外交の進展の入り口で足踏み状態が続いている。各種のセミナーの開催や、安全保障対話や防衛交流の推進、国連軍登録制度への登録の慫慂、国防白書の自主的な提出などがARFで現実に進められている「信頼醸成」措置である。また、インドやミャンマー(一九九六)、北朝鮮(二〇〇〇)、パキスタン(二〇〇四)など、地域情勢の安定化にその協力が不可欠な国や、あるいは国内に大きな不安定要因を抱え、それが地域安全保障環境に大きな影響を与えかねない国もARFへ参加し、加盟国は拡大した。さらに北朝鮮問題やテロリズムなどの問題など地域の安全保障上の課題についての意見交換や、それらに対するARFとしての態度表明など、意見交換や対話の促進と信頼醸成に関しては活動の蓄積は見られる。しかし、予防外交や紛争への地域としての関与についての具体策にはほとんど踏み込めていない。

2 東アジア地域主義の浮上

アジア太平洋地域主義に対し、それとは異なるまとまりの可能性を提示したのが東アジア地域主義の浮上と展開である。「東アジア」による地域枠組みを提唱した最初の例は、一九九〇年、マレーシアのマハティール首相による「東アジア経済グループ(EAEG)」構想である。EAEG構想は、一九九一年の第二三回ASEAN経済閣僚会議で、より緩やかなまとまりを目指す「東アジア経済協議体(EAEC)」構想に改称されたが、アメリカやオーストラリアの反発に加え、日本や他のASEAN諸国も消極的な態度を示したため、結局EAECは実現しなかった。

しかしながら東アジアにオセアニア、北米を加えた「アジア太平洋」ではなく、東アジアのみで地域内の問題についての意見交換や地域協力を進めようとする志向性、すなわち東アジア地域主義の動きそのものは消滅しなかった。例えば一九九六年三月に第一回アジア欧州会合(ASEM)が開催される前段階において、数度にわたりASEAN諸国と日本、韓国、中国といったアジア側の意見のすりあわせをするための会合が開催された。さらに、第一回ASEM直前には、これらの諸国の首脳による非公式の昼食会が開催され、一部報道では「事実上のEAEC首脳会合」であるという見方も示された。この会議がEAECの実現かそうでないかはともかく、アメリカやオーストラリアを除いた形で、東アジア諸国の首脳が一同に会したことの意味は大きい。当時「東アジアの奇跡」とも称された経済発展を追い風に、アジア諸国は国際社会の中での存在感を大きくしていた。また人権や民主主義といった問題については、「アジアの人権」という主張を特に開発主義に立脚した権威主義体制諸国の指導者が声高に論じていた時期でもあった。そういう中で、東アジアのみのまとまりを形成しようとする動き自体は存続したのである。

そして、一九九七年夏のタイ・バーツ暴落をきっかけとしたアジア通貨危機の後、東アジア地域主義は急速にその形を現していった。一つは一九九七年八月末に日本からアイディアが出され、アメリカの猛反発によって頓挫したアジア通貨基金(AMF)構想である。しかしながらその後東アジアにおいては、一九九八年に日本政府がアジア支援のために行った新宮澤構想を下敷きとして、チェンマイ・イニシアティブ(CMI)という通貨スワップ制度が形成された。その後、アジア通貨危機の原因が間接金融への過度の依存にあるという問題意識のもと、アジア域内の債券市場を育成するためのアジア債券市場イニシアティブ(ABMI)が進められた。これらの通貨・金融協力をその一部としながら、アジア通貨危機による打撃を乗り越え、かつ二度と通貨危機を引き起こさないための新しい地域システム形成という問題意識を基礎として急速に発展したのが、ASEAN+3である。

一九九七年一二月に第一回首脳会議を開催してのち、ASEAN+3では、年一回の首脳会議の他、財務、経済、外務、農林など様々な閣僚会議も開催されるようになった。またこの枠組みでは「東アジアの協力に関する共同声明」(一九九九)および「東アジアの協力に関する第二共同声明」(二〇〇七)で示されたように、幅広い分野における多岐にわたる協力が進められようとしている。一方、二〇〇五年には、ASEAN+3のメンバーにオーストラリア、ニュージーランド、インドも加えた東アジア・サミット(EAS)が発足した。ASEAN+3とEASが併存していることの意味はここでは割愛する[★16]。重要なのは、「アジア太平洋」とは異なる、また一部それと対立する要素を内包する「東アジア」地域概念に依拠した地域主義が登場し、一定の求心力を持って存在し続けているということである。

3 さらなる仕切り直し?

APECやARFは、前述したように具体的な成果について常に批判にさらされながら、その協力や意見交換を行う範囲を広げつつ、その時々の状況に柔軟に対応してきた部分もある。例えば、APECが、一九九九年九月のオークランドにおけるAPEC首脳会議で東ティモールへの対応が協議され、かつ二〇〇一年九月のアメリカ同時多発テロ後は特に、経済に加えて政治・安全保障についても意見交換を行う「政治フォーラム」という新しい役割を担うようになった。またARFにおいても、九・一一後は特に対テロリズムが大きくクローズアップされた。さらに、近年のAPECは、二〇〇一年に開始されたWTOドーハ・ラウンドの進捗状況が芳しくないことを背景に、再び貿易自由化を推進する枠組みとして注目を集めつつある。例えばアメリカが「アジア太平洋自由貿易圏(FTAAP)」構想を二〇〇六年一一月のベトナムにおけるAPEC首脳会議で提唱した[★17]ことをきっかけに、APEC単位での地域経済統合(REI)が改めてAPECのアジェンダとなった。そして二〇〇八年のペルーにおけるAPEC首脳会議にはREI実現に向けた進捗状況についての報告書が提出された[★18]。また、従来の貿易自由化などの国境際の措置のみならず、経済構造改革支援など国境内(behind-the-border)の諸分野の調整まで、APECの協力範囲に含まれるようになってきていることも注目される。

このようにAPECやARFがアジア太平洋地域主義を体現する制度として存続する一方、「アジア太平洋」の存在意義は認めながらも、APECやARFの具体的成果の乏しさを踏まえた上で、より実効性ある新たな枠組みを模索しようとする動きが近年顕在化しつつあることに留意しなければならない。まず、ブルネイ、チリ、ニュージーランド、シンガポールの間で二〇〇六年に発効した「太平洋横断戦略的経済連携(Trans-Pacific Strategic Economic Partnership)」が拡大と強化への動きを見せている。この枠組みにおいて、金融サービスや投資についての協力も進めようとしており、アメリカもこの協議には参加している。また二〇〇八年九月にはアメリカはこの経済連携の正規の加盟国となるべく交渉を開始することを発表した[★19]。これは、先ほど述べたFTAAPや地域経済統合の検討が行われつつ、メンバー間の経済自由化や経済統合への温度差から遅々として具体的成果を生み出せないAPECではなく、率先して貿易や経済の自由化を進め統合を促進する意思のある国だけでまとまろうとする志向性の表れである[★20]。

また、二〇〇八年六月に、オーストラリアのラッド首相が、新たなアジア太平洋における地域枠組みを提唱したこともこの観点から留意すべきである。ラッドがこの提唱を行ったのはオーストラリアのアジア・ソサエティのディナーにおいてである。この演説においてラッドは「アジア太平洋共同体へのビジョンが必要である」と断じ、APECやARF、ASEAN+3、EASなど既存の諸地域制度に言及しつつ、「アジア太平洋共同体」のビジョンの一部として、「アメリカ、日本、中国、インド、インドネシア、そして地域のその他の国々」を含むアジア太平洋地域全体を包含し、かつ経済および政治的な問題」のみならず「安全保障に関わる」問題も対話、協力、行動の範囲に含まれるような制度を備えるべきだとしたのである[★21]。これは、アジア太平洋の中でも主要な大国を中心とする大国間協調による地域秩序運営を目指す制度を提唱したものであると考えられる。この提唱に対する各国の反応は今のところ鈍い。しかしながら、ASEANの知識共同体コミュニティにおける重鎮の一人である、インドネシア国際戦略研究センター（CSIS）のユスフ・ワナンディが、このラッド構想と似た発想をベースにした構想を打ち出したことも無視できない。ワナンディの構想は、オーストラリア、中国、インド、インドネシア、日本、韓国、ロシア、アメリカという八カ国から構成される「東アジアG8」を新たに設立すべきであるというものである［★22］。この「東アジアG8構想」もやはり大国間協調あるいはリーダーシップの発揮による地域秩序運営を現実化する、実効性ある枠組みを目指すものであると解することができよう。

5 アジア太平洋地域主義の展望

一九九〇年代以降経済的相互依存網への参入とそれによる経済発展、またそうしたダイナミズムへの期待の共有、および繁栄（とその可能性）の基盤となる地域安全保障秩序の安定化への関心がアジア太平洋の紐帯であった。これからも東アジア地域主義との整合性は問題にされながらも、このような紐帯を基盤とするアジア太平洋地域主義は存続するであろう。なぜならば、未だアメリカのアジアに対する政治的・経済的影響力は一部の勢力が喧伝するほど減退しておらず、アメリカ、アジア、オセアニアを結ぶアジア太平洋という枠組みの存在意義がそれほど低下しているとは思えないからである。しかしながら、それだけでAPECやARFという既存の地域制度がそのまま維持されるかどうかは、極めて不透明であるともいえる。アジア太平洋地域主義の目指す理想をより有効に実現しうる枠組みが登場し、APECやARFに取って代わる可能性は否定できない。

いずれにせよ、アジア太平洋という地域に住む人々が繁栄と安定を享受し続けるには、国家間の協力や国家エリート間のみの連携では不十分であろう。そうした試みが永続性と実効性をもつためには、アジア太平洋諸国の人々――かならずしもエリート層だけではない一般の人々――を巻き込んだ努力へと拡大することが必要である。すなわち、大平首相の環太平洋連帯構想が強調したように、人々の間での相互理解と相互認識の深化を図ることを通じた、お互いの多様性を認めた上での価値観や規範の共有への努力がなされねばならないだろう。

前述したように、この地域におけるアメリカの存在の重要性は未だ大きい。一方、アジア太平洋はいま大きな変化に見舞われている。それは大国としての中国の台頭、一部のアジア諸国の経済的、政治的地位の向上などである。こうした潮流のなか、地域のパワーバランスは変化しつつある。戦後日本は、アメリカをはじめとする「欧米先進国との強調」と「よき隣人としてのアジアとの協力」という、二つのベクトルをその外交政策に内包しつつ、それらの間のバランスをとらねばならなかった。またそれ故にこそ、この「アジア太平洋」地域主義形成に大きな役割を果たしてきた。そして、今後日本は、新たな状況の中で、先に挙げた二つのベクトルのバランスを今までとは違った形でとらなくてはならなくなるかもしれない。アジア太平洋地域主義に日本がいかに関わっていくかという課題は、日本が、自国を取り巻く外交環境を自国および自国民に望ましい形に調整しようとするとき、さらに重みを増すことになろう。

参考文献

大庭三枝『アジア太平洋地域形成への道程――日豪のアイデンティティ模索と地域主義』ミネルヴァ書房、二〇〇四年
大庭三枝「アジアにおける地域主義の展開」関根政美、山本信人編『海域アジア』慶應義塾大学出版会、二〇〇四年、一一-一三九頁
大庭三枝「『東アジア共同体論』の展開――その背景・現状・展望」高原明生・田村慶子・佐藤幸人編『現代アジア研究1：越境』慶應義塾大学出版会、二〇〇八年、四四一-四六一頁

岡本次郎編『ＡＰＥＣ早期自由化協議の政治過程――共有されなかったコンセンサス』アジア経済研究所、二〇〇一年
環太平洋連帯グループ『環太平洋連帯報告書』一九七九年
船橋洋一『アジア太平洋フュージョン』中央公論社、一九九五年、菊池努『ＡＰＥＣ――アジア太平洋地域秩序への模索』日本国際問題研究所、一九九五年
山影進『ＡＳＥＡＮパワー――アジア太平洋の中核へ』東京大学出版会、一九九七年

APEC, Osaka Action Agenda: Implementation of Bogor Declaration, 19 November, 1995.

APEC, 16th APEC Economic Leaders' Meeting, "A New Commitment to Asia-Pacific Development, Lima, Peru, 22-23, November 2008.

ARF, Chairman7s Statement: The Second Meeting of the ASEAN Regional Forum, Brunei Darussalam, 1 August 1995.

Bergsten, Fred, C., "Now or Never for an Asian FTA" *Far Eastern Economic Review*, March 2007, http://www.feer.com/articles1/2007/0703/free/p011.html

Crone, Donald, "Does Hegemony Matter?: The Reorganization of the Pacific Political economy" *World Politics*, Vol.45, No.4, 1990 pp.501-525.

Drysdale, Peter and Hugh Patrick, Evaluation of Proposed Asian-Pacific Regional Economic Organization, Australia-Japan Economic Relations Research Project, Research Paper, No.49,1978.

Katzenstein, Peter J. "East Asia-Beyond Japan" in Katzenstein, Peter J. and Takashi Shiraishi ed., *Beyond Japan: Dynamics of East Asian Regionalism*, Cornell University Press, 2005.

Ravenhill, APEC and the Construction of Pacific-Rim Regionalism, Cambridge University Press, 2001.

Rudd, Kebin "It's time to build an Asia Pacific Community", Asia Society AustralAsia Centre Annual Dinner, Sydney, 4 June, 2008.

USTR, For Immediate Release, September 22, 2008, 3230.

Wanandi, Yusuf, "Remodeling Regional Architecture," *PacNet Newsletter*, No.13, 19 Feb 2009.

註

★1——例えばKatzenstein, Peter J. "East Asia-Beyond Japan" in Katzenstein, Peter J. and Takashi Shiraishi ed., *Beyond Japan: Dynamics of East Asian Regionalism*, Cornell University Press, 2005の定義を参照。

★2——この経緯についての詳細は、大庭三枝『アジア太平洋地域形成への道程——日豪のアイデンティティ模索と地域主義』ミネルヴァ書房、二〇〇四年を参照。

★3——この節で触れられている各構想や地域組織についての詳細は、大庭、前掲書、第二章から第五章。またアジア太平洋地域主義の特質についての基本的な考え方については、大庭三枝「アジアにおける地域主義の展開」関根政美、山本信人編『海域アジア』慶應義塾大学出版会、二〇〇四年、一七-一九頁。

★4——Drysdale, Peter and Hugh Patrick, Evaluation of Proposed Asian-Pacific Regional Economic Organization, Australia-Japan Economic Relations Research Project, Research Paper, No.49, 1978, p.35.

★5——環太平洋連帯グループ『環太平洋連帯報告書』二-(3)。

★6——例えば大庭、前掲書、第六章、船橋洋一『アジア太平洋フュージョン』中央公論社、一九九五年、菊池努『APEC』日本国際問題研究所、一九九五年、Ravenhill, APEC and the Construction of Pacific-Rim Regionalism, Cambridge University Press, 2001.

★7——大庭、前掲書、三四二-三四三頁。APEC発足後、PECCはセカンド・トラックの枠組みとして、APECを補完する役割を果たしている。

★8——大庭、同、三一三-三一四頁。

★9——大庭、同、三五〇頁。

★10——山影進『ASEANパワー』東京大学出版会、一九九七年。

★11——ARF, Chairman's Statement: The Second Meeting of the ASEAN Regional Forum, Brunei Darussalam, 1 August 1995.

★12——Crone, Donald, "Does Hegemony Matter?: The Reorganization of the Pacific Political economy" *World Politics*, vol.45, no.4, 1990 pp.501-525.

★13——APEC, Seoul Declaration, 1991.

★14——この二つの原則についての詳細はAPEC, Osaka Action Agenda: Implementation of Bogor Declaration, 19 November,

1995.

★15——ＥＶＳＬ交渉過程についての詳しい分析は、岡本次郎編『ＡＰＥＣ早期自由化協議の政治過程』アジア経済研究所、二〇〇一年。

★16——この違いの政治的合意についての詳細は大庭三枝「『東アジア共同体論』の展開」高原明生・田村慶子・佐藤幸人編『現代アジア研究１：越境』慶應義塾大学出版会、二〇〇八年、四四一－四六一頁を参照。

★17——ＦＴＡＡＰの提唱への経緯やその目的について、この構想の推進者の一人であるバーグステンによる以下の論考を参照。Bergsten, Fred, C., "Now or Never for an Asian FTA" *Far Eastern Economic Review*, March 2007, http://www.feer.com/articles1/2007/0703/free/p011.html。この構想はすでに二〇〇四年にＡＰＥＣビジネス諮問委員会（ＡＢＡＣ）でその推進が目指されていたものであるとされている。

★18——APEC, 16th APEC Economic Leaders' Meeting, "A New Commitment to Asia-Pacific Development, Lima, Peru, 22-23, November 2008.

★19——USTR, For Immediate Release, September 22, 2008, 3230.

★20——このように、多国間主義（マルチラテラリズム）の枠内にありながら、メンバーを限定したかたちの協力のこころみをミニラテラリズムと呼ぶ場合もある。

★21——Kevin Rudd "It's time to build an Asia Pacific Community", Asia Society AustralAsia Centre Annual Dinner, Sydney, 4 June, 2008.

★22——Wanandi, Yusuf, "Remodeling Regional Architecture," *PacNet Newsletter*, No.13, 19 Feb 2009.

第4章

アジア太平洋諸国経済の相互依存関係と電子機器産業

熊倉正修
KUMAKURA Masanaga

1 はじめに

故大平正芳首相の下で「環太平洋連帯構想」が提唱されてから三〇年になる。外交と言えば対米関係の舵取りを意味していた当時の日本においてこのような壮大なビジョンが示されたことは画期的だったが、こと経済に関する限り、その後の環太平洋地域において日本がもっとも結びつきを強めたのは近隣のアジア諸国である。また、今日の東アジアの経済はモノやヒト、カネの流れを通じて重層的に連関しているが、過去三〇年間にもっとも顕著に増加したのはモノの流れ、すなわち貿易である。したがって本章の関心も自ずと日本を含む東アジアの貿易に向けられる。

ただし、東アジアの貿易の現状や地域貿易協定などに関してはすでに膨大な文献が存在しており、新たに概説的な稿を起す意義は小さい。一方、著者は多くの文献に見られる「東アジアの経済は貿易を通じて一体化しつつある」「民間企業主導で実現しつつある経済統合を補完するために政策の統合が必要だ」といった論調に少なからず疑問を覚えている。そこで、本章では概説的にアジアの経済発展や貿易を論じるのではなく、著者なりの視点で過去と現在の東アジアの貿易を支えるメカニズムを再考し、今後の地域経済の課題や日本の対外経済政策のありかたを考える材料を提示したい。

やや唐突な印象を与えるかも知れないが、著者の考えによれば、過去三〇年間の東アジアの貿易構造の変化とその政策的含意を考える鍵となるのは、この期間に世界において電子機器という新しい産業が誕生して爆発的な成長を遂げ、その過程で東アジアが電子機器の世界的な生産基地になったという事実である。東アジアがＩＴ機器の一大生産地であることなど周知の事実と言われるかも知れないが、著者にはその含意が正しく理解されているようには思われない。この点が正しく理解されれば、「東アジアにおいて進行する事実上の経済統合」といった言葉が少なからず勇み足であること、近い将来に東アジアの貿易構造が大きく変貌する可能性があること、その中で地域主義的な経済政策がなしうることに過剰な期待を抱くべきでないことを理解できるだろう。

本章の構成は以下の通りである。次節ではまず、既存文献において過去三〇年間の東アジア内外の貿易構造の変遷がどのように解釈されているかを俯瞰する。第三節と第四節では電子機器産業の特徴と発展過程を概観し、それをもとに通念的な東アジアの貿易の理解の妥当性を再考する。第五節では今世紀に入って世界の電子機器生産の分業構造と東アジア内外の貿易の流れに大きな変化が生じており、過去の経験の延長線上で将来を展望すべきでないことを指摘する。第六節では本章の分析の政策的含意を議論し、最終節で本章全体をまとめる。

2　東アジアの貿易構造の変遷

過去三〇年間に多くの東アジア諸国の貿易額が経済成長率以上のスピードで増加し、さらにそれを上回る速

表1　世界の主要地域の貿易依存度と域内貿易依存度

[A] 貿易依存度 (%)

	東アジア	(日本)	(中国)	(その他)	北米	(アメリカ)	(その他)	西欧
1970	16.8	17.3	3.4	32.0	10.1	8.1	27.0	34.9
1975	24.1	21.5	7.1	50.5	14.8	12.3	29.6	41.5
1980	32.9	24.4	16.6	67.6	19.1	16.5	34.4	45.0
1985	29.6	21.6	19.6	62.3	15.6	12.6	38.3	49.5
1990	27.7	16.4	28.4	68.0	17.9	14.9	38.4	43.0
1995	28.5	14.2	38.4	71.7	21.4	17.2	56.4	44.4
2000	36.2	17.7	40.0	87.8	24.3	19.2	62.5	54.0
2005	49.7	23.6	59.0	94.0	24.4	19.6	55.8	55.1
2006	54.8	27.1	61.5	96.3	25.7	20.8	56.4	59.4
2007	57.0	29.4	60.5	95.8	26.0	21.4	51.8	59.6

[B] 域内貿易依存度 (%)

	東アジア	(日本)	(中国)	(その他)	北米	(アメリカ)	(その他)	西欧
1970	30.5	19.7	42.9	45.1	39.1	27.4	67.8	57.8
1975	32.5	22.5	47.0	44.5	37.4	25.9	66.4	56.2
1980	36.0	26.2	46.3	45.4	35.3	23.8	67.6	57.3
1985	37.0	26.4	51.2	45.7	41.6	28.9	73.4	58.5
1990	39.2	29.5	45.4	46.5	39.2	26.7	72.3	66.0
1995	47.2	40.1	47.2	51.9	42.2	28.9	76.3	63.3
2000	47.0	40.9	41.9	52.5	47.3	33.4	79.4	59.9
2005	48.5	45.9	39.5	55.7	43.9	30.9	73.7	59.1
2006	47.6	45.0	38.0	55.4	42.8	30.0	72.2	58.2
2007	47.0	45.1	36.5	55.7	41.4	28.9	70.2	58.5

注：貿易依存度は各地域・国の輸出入総額の対GDP比率。域内貿易依存度は各地域・国の貿易総額に占める域内貿易の比率。東アジアは日本、中国、韓国、香港、台湾、インドネシア、マレーシア、シンガポール、フィリピン、タイ、ベトナム、ブルネイ。北米はアメリカ、カナダ、メキシコ。西欧は2000年時点でのEU加盟国15カ国（中東欧諸国を含まず）。
出所：CEPII CHELEMデータベースをもとに著者集計。

度で近隣諸国との貿易額が増加したことはよく知られている。表1を見ると分かるように、一九七五年時点で二四・一パーセントにすぎなかった東アジアの貿易依存度は二〇〇七年には五七・〇パーセントに達した。日本をのぞくアジアの貿易依存度はなお高く、すでに北米や西欧の水準を上回っている。また、一九七五年にわずか三二・五パーセントにとどまっていた東アジアの域内貿易依存度は二〇〇七年には四七・〇パーセントにまで上昇した。このような傾向を捉え、多くの識者は東アジアが域内でモノが循環する事実上の経済統合体になりつつあると主張している。

もう一つ東アジアの貿易の特

徴としてしばしば指摘されるのは、貿易総額に占める工業用中間財の比率が高いことである。表2は東アジアの域内貿易を商品の加工段階別に分類し、その内訳の推移を示したものである。ここでは国連のBroad Economic Categories（BEC）と呼ばれる分類方法を利用し、貿易財全体を素材（未加工の原料品）、加工品（一次加工品とエネルギー財）、部品（二次加工段階以上の機械機器等の中間財）、資本財、消費財（最終需要者向けの工業製品や食料品）の五つに分類している。

表2の上段を見ると分かるように、一九八〇年時点では東アジア全体の域内貿易総額の約三割が未加工の素材であり、他の五割強が一次加工品と消費財だった。これは当時圧倒的な経済規模を誇っていた日本の貿易構造が原料品や一次加工品を輸入して完成品を輸出する典型的な加工貿易型だったこと、他の東アジア諸国の間でも工業製品の貿易が少なかったことを反映したものである。しかしその後は部品の取引額が急増し、今日では東アジア全体の貿易総額の約三分の一、日本以外の東アジア域内の貿易総額の四〇パーセント以上を占めるにいたっている。一方、未加工の原料品のシェアはほとんど無視できる水準にまで低下している。

多くの識者は東アジアにおける中間財と資本財の貿易の急増を国際的な生産工程分業の反映とみなし、企業のネットワーク化によって域内諸国の工業部門が一体化しつつあると主張している（安藤他 二〇〇八）。また、域内貿易総額に占める部品のシェアが急上昇した一九八〇年代半ばから一九九〇年代にかけては日本企業が大挙して東南アジアや中国に進出した時期に当たっており、東アジアの生産ネットワークの立役者として日系企業の役割を強調する声も少なくない（山下 二〇〇七）。

このような貿易関係の深まりと並行して、東アジア諸国の景気循環の連動性が高まっていることも指摘されている（McKinnon and Schnabl 2003）。表3はアジア太平洋地域の主要国の実質GDPの対前年成長率の相関係数を示したものである。ここでは対角線の右上が一九八〇年から一九九六年のデータをもとに計算した相関係数を、左下が一九九〇年から二〇〇六年のデータをもとに計算した相関係数を表している。この表を見ると分かるように、

表2　東アジアの域内貿易の加工段階別内訳

[A] 東アジア(%)

年	素材	中間財		最終財		合計
		加工品	部品	資本財	消費財	
1980	29.0	37.5	7.2	11.7	14.6	100.0
1985	21.3	37.3	9.8	14.6	16.5	100.0
1990	7.8	35.6	18.7	16.6	21.4	100.0
1995	4.1	31.8	25.3	17.6	17.4	100.0
2000	3.3	29.0	31.5	18.8	17.4	100.0
2005	3.2	29.2	35.1	19.2	13.3	100.0
2006	3.1	29.7	35.9	18.7	12.5	100.0

[B] 日本をのぞく東アジア(%)

年	素材	中間財		最終財		合計
		加工品	部品	資本財	消費財	
1980	26.1	43.8	6.6	5.8	17.8	100.0
1985	26.5	35.1	8.1	9.2	21.1	100.0
1990	6.8	38.0	17.0	13.6	24.6	100.0
1995	4.2	35.3	23.4	13.7	23.4	100.0
2000	3.5	30.1	32.5	16.3	17.6	100.0
2005	3.1	28.2	38.8	17.7	12.2	100.0
2006	2.6	28.4	40.2	17.4	11.4	100.0

注：東アジアは表1の国々＋カンボジア。ただしデータの制約により一部の国は初期の年の集計値に反映されていない。
出所：RIETI-TID2007 (http://rieti.imari.co.jp/trade.php) をもとに著者集計。

一九八〇－一九九六年に比べると一九九〇－二〇〇六年には東アジア諸国間の景気の連動性が高まっており、日本と中国、フィリピン以外の国々では相関係数が〇・五を超える組み合わせが大半になっている。日本と中国は東アジアの外延に位置する大国であり、相対的に域外との貿易額が多いが、日中においてすら一九九〇－二〇〇六年には近隣諸国との景気の連動性が高まっている。多くの識者は東アジアにおける工業製品貿易が増加するにつれ、域内諸国の景気循環の一体化がさらに進行すると予想している。

上記のような認識は日本の対外経済政策にも影響を与えている。たとえば、経済産業省は二〇〇六年に「グローバル経済戦略」を発表し、東南アジア諸国連合(ASEAN)加盟国に日本、中国、韓国、インド、オーストラリア、ニュージーランドを加えた一六カ国による「東アジア包括的経済連携(CEPEA)」を提唱した。同省はCEPEAの意義を、

表3 アジア太平洋諸国の景気循環の連動性

	日本	韓国	台湾	香港	中国	インドネシア	マレーシア	フィリピン	シンガポール	タイ	アメリカ	オーストラリア
日本		0.154	0.024	−0.042	−0.424	−0.149	−0.178	0.040	−0.131	0.427	0.043	0.162
韓国	0.460		0.344	0.015	0.121	−0.430	−0.079	−0.014	−0.066	0.378	0.357	−0.121
台湾	0.314	0.588		0.531	0.205	0.139	−0.127	−0.018	0.082	0.127	0.512	0.207
香港	0.310	0.028	0.554		−0.124	0.172	−0.101	0.462	0.235	0.024	−0.139	−0.129
中国	−0.638	−0.224	0.363	0.310		−0.269	−0.082	−0.499	−0.145	−0.224	0.438	0.291
インドネシア	0.375	0.694	0.726	0.129	0.180		0.616	0.362	0.502	0.204	0.011	0.189
マレーシア	0.395	0.708	0.918	0.373	0.216	0.868		0.444	0.801	0.538	−0.083	−0.065
フィリピン	0.138	−0.174	−0.049	0.215	−0.105	−0.106	−0.057		0.574	0.443	−0.348	−0.177
シンガポール	0.361	0.505	0.817	0.690	0.263	0.651	0.801	0.265		0.516	−0.023	0.074
タイ	0.423	0.596	0.677	0.052	−0.024	0.739	0.742	−0.246	0.563		0.107	0.105
アメリカ	−0.023	−0.095	0.378	0.530	0.419	0.232	0.333	0.644	0.580	0.056		0.641
オーストラリア	−0.397	−0.133	0.058	0.046	0.346	0.034	0.058	0.708	0.317	−0.113	0.757	

注：表の右上は1980-1996年の各国の実質GDPの対前年変化率の相関係数。左下は1990-2006年の相関係数。ただし後者はアジア通貨危機の影響を除去するため、1997-1999年のデータを除外して計算した。網掛けは相関係数が0.5を超える組み合わせを示す。

出所：IMF World Economic Outlookのデータをもとに著者集計。

「すべての東アジアの国々において同一の原産地規則に基づいた特恵税率の適用を受けられるようになれば、東アジアを一体とした部品調達、生産、販売等の事業ネットワークの構築が更に促進され」、「投資の自由化とあいまって、長期的には、東アジア各国が工程間分業を一層強めるとともに、生産拠点の集約及び最適配置を通じて強みを有する分野に特化すること等が可能になる結果」、「東アジア地域における産業の国際競争力が強化される」と説明している(経済産業省 二〇〇八、四一五頁)。同様に、外務省も経済連携協定(EPA)の交渉相手としてASEAN諸国を優先しており、その理由の一つとして、EPAの提携によって日本の中間財輸出と日系現地進出企業の生産が拡大し、日本とASEAN双方の経済発展に寄与すると期待されることを挙げている(外務省 二〇〇九)。

また、一九九七年のアジア通貨危機以来、財務省は近隣諸国の関係省庁や中央銀行との連携を強化し、外貨スワップ網の構築や通貨政策協調の枠組みづくりを推進している。日本ではもともと為替変動を国難とみなす論調が根強く、経済学者の間でも東アジアにおいて通貨統合や共通為替政策を求める声が少なくない（伊藤他 二〇〇七、山下 二〇〇七）。アジア通貨危機の原因に関しても、欧米の経済学者が各国金融当局の監督不備や先進国投資家のパニックといった金融的要因を重視していたのに対し、日本では一九九五年半ば以降の円安期に対ドル・ペッグに近い政策をとっていた東アジア諸国の通貨が円に対して増価したこと、それと並行する形でこれらの国々の輸出の伸びが減速したことを指摘し、輸出不振が通貨危機の直接・間接の原因となったと主張されている。このような見解はあきらかにＩＭＦやアジア開発銀行、ＡＳＥＡＮ＋３などにおける財務省の立場にも反映されている。

本節で概説した東アジアの貿易やマクロ経済に関する理解は日本では半ば定説になっており、それにもとづく日本政府の対外経済政策に異議を唱える声も少ない。しかしこれらは必ずしも適切な認識ではない。それがなぜかを知るためには、まず電子機器産業という産業を理解する必要がある。

3 半導体技術と電子機器産業

電子機器を厳密に定義することは意外に難しい。教科書的な説明によれば電流を機械的なエネルギーや熱に変換して利用する機器が「電気機器」、電流を媒介として情報の処理・伝達を行う機器が「電子機器」だが、両者の境界は実際には曖昧である。電子機器における情報の処理・伝達は、原理的には電圧などを利用して入力信号を０か１のデジタル信号として出力することに還元される。入・出力間に一定の関係を持つ電子部品は能動部品と呼ばれ、その中核をなすのが半導体素子（トランジスタ）、そして多数の素子と電子回路を単一チップ上に集積した集積回路（Integrated Circuits＝ＩＣ）である。したがって、統計分類上は電子機器に含まれない財であっても、ＩＣなどの半導体デバイスへの依存度が高い製品は電子機器としての性質を帯びている。

半導体産業の歴史は比較的短い。アメリカにおいてトランジスタ技術が誕生したのは一九四八年だが、ゲルマニウムを原料とする初期の半導体デバイスは不安定な上に大量生産が困難であり、軍事・宇宙関連の公的需要に依存していた。それが今日の巨大民生産業に成長するきっかけとなったのがＩＣ技術の開発である。今日のＩＣチップの大半はシリコンを原料としているが、シリコンにはゲルマニウムのような素材自体の希少性はない。また、旧来のトランジスタでは個々の素子を個別に製造した上で配線していたが、プレーナ技術(印画に似た方法によってシリコンウェハー上に直接素子と回路を構成する技術)の開発によって重量や体積あたりの情報処理能力が劇的に向上し、機能単位あたりの価格が急激に低下した。「ＩＣの集積度は一八カ月で二倍になる」という「ムーアの法則」が広く知られるようになったのは一九七〇年前後のことだが、このころから先進諸国においてＩＣを搭載した電卓やコンピュータ機器の市場が爆発的な成長を開始した。

最初にＩＣが本格的に利用された民生品が電卓やコンピュータなどの電算機器だったのは当然である。演算という行為は半導体の機能であるデジタル信号の操作そのものであり、電算機器は実質的にＩＣそのものだったからである。手動式の計算機や真空管ベースのコンピュータは戦前から存在していたが、これらは性能・価格の点で広範な民需に耐えられるものではなかった。したがって、今日のパーソナル・コンピュータ(Personal Computer＝ＰＣ)産業は実質的にＩＣ技術によって誕生した新しい産業だといえる。その後、電卓やＰＣの需要に支えられて半導体の市場も急拡大し、量産効果と技術進歩によるＩＣの価格下落と機能向上がさらに高度な電算機器を可能にするという循環が定着する。

さらに一九八〇年代になると、ＩＣの用途はオフィス機器や通信機器、家庭用電気製品など、電算機以外の製品に広がってゆく。これらの機器においても半導体の役割が信号の処理・伝達であることに変わりはないが、もとの入力情報は0か1かの信号ではなくアナログ情報である場合が多い。たとえばデジタル式カメラの場合、もともとの情報はアナログの映像であり、それを、画素を単位とするデジタル情報に分解して撮影(記録)し、必要に応じてアナログの写真媒体に印画する。デジタル化された映像情報は原情報の近似値にすぎず、アナログ情報をデジタル化した上で再度アナログ変換することは原理的には非効率な作業である。しかしＩＣの性能向上によってそのような迂回処理のコストが急減し、電子技術の応用範囲が急速に広がった(池田 二〇〇五)。

今日ではさまざまな機械機器にＩＣが搭載されているが、その中には、①ＩＣ技術によって初めて可能になったもの(コンピュータや移動電話など)、②製品自体は以前から存在していたが、ＩＣ技術によって既存機器がマージナルな存在に追いやられてしまったもの(カメラや音響機器など)、③製品の基本的な形態が保持され、ＩＣの情報処理能力が主として機能向上や価格低下に反映されているもの(電子制御された乗用車など)など、さまざまなケースが存在する。これらの境界は曖昧であり、特に③の外延は日々拡大を続けている。しかし、一般的には①＞②＞③の順に半導体デバイスへの依存度が高く、本来の意味での電子機器の性質を色濃く帯びている。そこで以下では便宜的に、半導体などの電子部品と①に該当するコンピュータ・オフィス機器、通信機器および一部の光学機器(液晶機器など)を「狭義の電子機器」、それに②に該当する音響機器や家庭用電気製品、産業用電気機械を加えたものを「広義の電子機器」と呼ぶことにする。

4　電子機器産業と東アジア経済

ここで第二節において観察した東アジア諸国の貿易構造とマクロ経済の相互依存関係に立ち戻り、それらを電子機器産業の役割に注意しながら再考してみよう。まず、表４は世界全体と東アジア域内の工業製品貿易に占める電子機器とそれ以外の財のシェアを示したものである。ここでは「電子・電気機器」がほぼ先の定義による「広義の電子機器」に対応しており、「情報通信機器・電子部品」が「狭義の電子機器」に対応している。ただし、データの制約により、情報通信機器の中にはアナログ式の通信機器や非電子の光学機器も一部含まれており、電子部品にも能動品部品以外のものが含まれている。

表4の上段から、先進国においてICとPCの市場が立ち上がった一九七〇年代後半に世界全体の貿易に占める狭義の電子機器のシェアが上昇しはじめ、二〇〇〇年ごろまでそれが続いたことが分かる。そしてそれと軌を一にして東アジアの域内貿易におけるこれらの財のシェアが急上昇し、日本以外の国々では二〇〇〇年代に入ってその比率が五〇パーセントを超えている。また、表4の中・下段を見ると、東アジアの工業製品貿易においては一九八〇年代半ばから一九九〇年代にかけて情報通信機器・電子部品のシェアだけが上昇し、「その他の電子・電気機器」を含む他のすべての工業製品のシェアが低下している。このことは東アジアが世界的なIT機器生産地になったことを考えれば当然だと思われるかもしれないが、東アジアでは貿易額そのものの成長率も狭義の電子機器だけが突出して高い。たとえば一九七五年から二〇〇五年の三〇年間の情報通信機器・電子部品の域内貿易額の年平均増加率が二〇パーセント近くに上っているのに対し、他の品目の成長率はいずれも一〇パーセント強にとどまっている。後者も世界全体の貿易額の成長率に比べると高いが、その間の東アジア諸国の経済成長率がきわめて高かったことを考慮すれば、けっして特筆すべき水準とはいえない。

また、先述したように、東アジアの貿易には工業用中間財のシェアが高いという特徴があるが、実はこれらの大半は狭義の電子機器に関するものである。ここでは詳細なデータは省略するが、二〇〇〇年時点で域内部品貿易に占める狭義の電子機器のシェアは実に約八五パーセントに上っている。電子・電気部品の中ではICのシェアが突出して高く、情報通信機器の中ではPC関連の中間財のシェアが非常に高い。これらのことは、表2で見た一九八〇年代半ば以降の東アジアの部品貿易の急増がきわめて少数の品目によって支えられていたことを示している[★1]。

一九七〇年代末から東アジアにおいて狭義の電子機器、とりわけ中間財の貿易が急増したことにはいくつかの要因が関与している。まず、ICやPC関連機器は伝統的な工業製品に比べて重量・容積単位あたりの単価が高く、輸送コストによる生産地選択の制約が小さかったことが挙げられる。また、PC関連機器では早くから部品

表4　工業製品貿易の内訳

（単位：%）

地域・産業部門	1970	1975	1980	1985	1990	1995	2000	2005	2007
世界計									
機械機器	40.8	43.2	43.0	47.7	48.2	49.1	54.1	51.0	49.9
電子・電気機器	13.0	13.1	15.2	18.7	20.4	24.5	29.7	26.7	25.0
情報通信機器・電子部品	**7.8**	**7.8**	**9.5**	**12.4**	**14.1**	**18.4**	**23.4**	**20.1**	**18.5**
その他の電子・電気機器	5.2	5.2	5.8	6.3	6.3	6.1	6.3	6.6	6.5
その他の機械機器	27.8	30.1	27.8	29.0	27.8	24.6	24.4	24.3	24.8
その他の工業製品	59.2	56.8	57.0	52.3	51.8	50.9	45.9	49.0	50.1
東アジア									
機械機器	33.4	34.8	41.1	46.5	47.0	53.1	59.1	60.4	59.7
電子・電気機器	14.3	14.3	21.9	26.5	30.8	38.0	48.4	49.1	48.4
情報通信機器・電子部品	**8.4**	**9.7**	**14.7**	**17.2**	**22.9**	**30.9**	**42.5**	**43.8**	**43.4**
その他の電子・電気機器	5.9	4.7	7.2	9.3	7.8	7.1	5.9	5.3	5.0
その他の機械機器	19.2	20.5	19.2	20.0	16.3	15.2	10.7	11.3	11.2
その他の工業製品	66.6	65.2	58.9	53.5	53.0	46.9	40.9	39.6	40.3
東アジア（のぞく日本）									
機械機器	23.4	30.0	34.1	40.3	41.7	48.9	58.7	63.1	62.8
電子・電気機器	14.4	21.0	26.0	27.5	33.3	40.5	52.7	56.2	55.7
情報通信機器・電子部品	**10.8**	**16.3**	**19.5**	**20.4**	**26.2**	**34.2**	**48.2**	**52.3**	**51.4**
その他の電子・電気機器	3.7	4.6	6.5	7.1	7.1	6.3	4.4	3.9	4.3
その他の機械機器	9.0	9.0	8.0	12.9	8.4	8.4	6.1	6.9	7.1
その他の工業製品	76.6	70.0	65.9	59.7	58.3	51.1	41.3	36.9	37.2

注：「東アジア」と「東アジア（のぞく日本）」は域内貿易に占めるシェア。
出所：CEPII CHELEMデータベースをもとに著者集計。

の標準化が進んだことによって単一国における一貫生産の意義が失われ、むしろ最終財にいたる生産工程を分割してコストを最小化できる国に配備することが合理的になった。各国において個々の生産工程を担う企業は多国籍企業の子会社である場合も地場の独立企業である場合もあるが、これらの企業は国境を越えて部品や半製品を取引しながら最終財に組み上げてゆく。そのため、狭義の電子機器産業において（少なくとも最近までは）最終財市場の成長を上回るスピードで中間財貿易が増加したのである。

このような国際的な電子機器産業のネットワークに東アジア地域が深く関与するきっかけを作ったのは米系の半導体企業とPC関連機器メーカーだった。一部の米系の半導体企業は一九七〇年代前半にすでに香港や台湾などに生産拠点を構えていたが、これらは主としてアメリカ本土で前工程（シリコンウェハー上の回路形成）を終えた半導体の半製品を現地に持ち込んで労働集約的な後工程（シリコンチップの切り出しやパッケージングなど）を行い、完成品をアメリカに持ち帰るためのものだった。しかし一九八〇年代になるとかねてから積極的な外資誘致策を展開していたシンガポールなどにおいて米系のＩＣやＰＣ関連機器メーカーの集積が進み、それを中核として近隣の東南アジア諸国との間で生産工程を分業する動きが活発化した。また、台湾でも一九六〇年代の米系のＴＶ受像機メーカーの直接投資がきっかけとなって電子機器産業が誕生した。そして一九八〇年代になるとＰＣやＩＣの生産を手がける地場企業の設立が相次ぎ、ＯＥＭやファウンドリーと呼ばれる独特のビジネスが確立してゆく（水橋 二〇〇一）。

なお、日本ではプラザ合意後の日本企業の東南アジア投資ラッシュの記憶が残っているせいか、現在でも「東アジアの製造業や日本の進出企業が立ち上げた」とか「東アジアの生産・物流ネットワークは日系企業が中心になって作り上げた」といった言説を耳にするが（山下 二〇〇七）、これらは多分に思い込みである。日系の電機メーカーの東南アジア投資は一九八〇年代以前にも行われていたが、その大半は伝統的な家電製品に関するものであり、日本から持ち込んだ部品と現地の低賃金を利用して組み立てた製品を現地販売するか日本に輸出するためのものだった（Ernst 2006）。むしろ初期の東南アジアや台湾の電子産業を支えたのは、当時、日本企業の輸出攻勢に直面してコストダウンの必要性に迫られていた米系のＩＣやテレビ受像機、ＰＣメーカーなどであった（水橋 二〇〇一、Brown and Linden 2006）。台湾や東南アジアに進出した日系企業のＩＣやＰＣ関連機器の貿易額が目に見えて増加しはじめるのは一九九四年ごろからであり、この頃にはすでに東南アジアはこれらの機器の一大生産地に成長していた[★2]。

また、技術革新がいちじるしい半導体や情報通信機器産業ではしばしば需給関係が短期間に急変するため、これらの製品の国際市況は東アジア諸国の景気動向にも大きな影響を与えている。表3で東アジア諸国の景気循環の連動性が高まっていることを見たが、実はこれはこれらの国々の最終需要の相互依存関係が強まっている

図1　東アジア諸国の景気循環と輸出成長率、電子機器サイクル

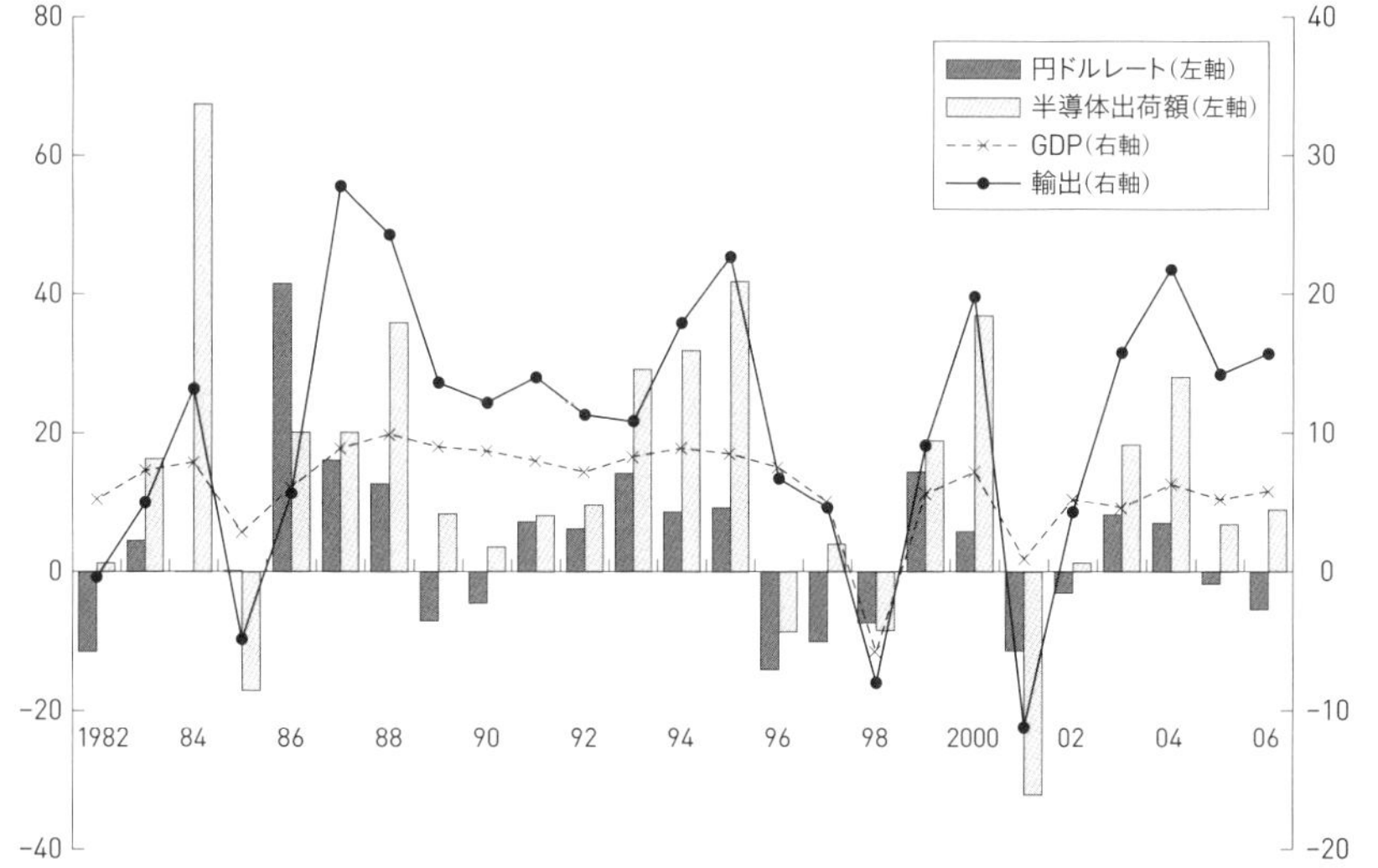

注：いずれもパーセンテージ表示の対前年変化率。円ドルレートは正の数値が円高を表す。GDPと輸出の成長率は韓国、台湾、インドネシア、マレーシア、シンガポール、タイの単純平均値。GDPは実質ベース、輸出は名目米ドルベース。
出所：IMF International Financial Statistics, CEPII CHELEMデータベース, US Semiconductor Industry Associationのデータをもとに著者集計。

ためではなく、多くの国々の景気動向が狭義の電子機器の国際市況に翻弄されていたためである（Kumakura 2006）。たとえば表3の左下では韓国、台湾、インドネシア、マレーシア、シンガポール、タイなどの景気の連動性が高くなっているが、これらのうちインドネシア以外はいずれも電子機器への輸出依存度がきわめて高い国々である。

図1は過去四半世紀間の上記六カ国の輸出総額と実質GDP、名目円ドルレート、そして世界全体の半導体の出荷額の対前年変化率をプロットしたものである。半導体市場にシリコンサイクルと呼ばれる特有の循環性が存在することは周知の通りである。ただしシリコンサイクルは半導体産業の投資動向や技術ショックだけでなく、川下の情報通信機器の市場動向からも大きな影響を受けているため、ここで半導体出荷額の対前年変化率は狭義の電子機器の国際市況の代理変数と考えればよい。

先述したように、日本では現在でも一九九〇年代半ば以降の円安をその後の東アジア諸国の輸

出不振とアジア通貨危機の原因とみなす意見が根強い。しかし図1を見ると、上記六カ国の輸出成長率は円ドルレートよりシリコンサイクルとずっと強く連動しており、アジア通貨危機前の輸出不振にもその後のV字回復にも電子機器の市場動向がきわめて大きな影響を与えていたことが分かる[★3]。また、もし円安による競争力喪失が日本以外の東アジア諸国の通貨危機前の輸出不振の原因だったとすると、当時の日本は輸出ブームに沸いていたはずだが、実際には日本の輸出成長率も他の国々とおおむね同様に推移している。

なお、電子機器産業は東アジア諸国の貿易構造や景気の連動性には大きな影響を与えているが、各国の経済において必ずしも圧倒的な重要性を持っているわけではない。多くのアジア諸国の電子機器の生産には大量の輸入中間財が利用されており、見かけの貿易額に比べると国内の電子機器産業が創出する付加価値や雇用の規模は大きくない。これらの国々の中には電子機器産業と他の工業部門の関係が希薄な国が少なくなく、近隣諸国との中間財の取引量が増加していても、それがすなわち地域の工業部門の一体化を意味しないことを示唆している。

5 情報通信機器産業の構造変化と東アジアの貿易

これまでの分析から、東アジアの貿易構造の変遷や域内諸国の経済の連関関係を理解する上で電子機器産業の役割に十分な注意を払う必要があることを理解できただろう。しかし、前節で見た東アジア諸国の経済と電子機器産業の関係は実はすでに過去のものになりつつある。ここであらためて表1と表4を見ると、二〇〇〇年代に入って東アジアの域内貿易依存度や域内貿易総額に占める情報通信機器のシェアが伸び悩んでいることに気づくだろう。このことには二〇〇一年のアメリカのITバブル崩壊も影響しているが、より重要なのは以下の二つの構造的要因である。

第一の要因は、今世紀に入って先進諸国の情報通信機器市場が成熟期に入ったことである。技術進歩による価格低下が激しい情報通信機器産業において名目販売額ベースの市場規模が成長するためには、既存製品の価格下落以上に販売数量が増加するか、新製品の高付加価値化が進むかする必要がある。一九八〇年代から一九九〇年代にかけての先進国ではPCやインターネットブーム、販売単価の高いノートブック型PCの普及、携帯電話市場の立ち上がりなどが続き、上記の条件が満たされていた。しかし、二〇〇〇年代に入って先進諸国の情報通信機器市場は買い替え需要が中心となり、世界市場の成長の牽引役は単価の低い開発途上国に移行している(Kumakura 2008)。さらに近年ではPCと携帯電話、その他のネットワーク機器の融合が進み、相互の市場を侵食しながら端末の単価が下落する傾向が強まっている[★4]。今後、情報通信機器市場がどのような変貌を遂げるかはあきらかでないが、かつてのようにIC技術の進歩に支えられて新しいタイプの製品が次々に登場し、狭義の電子機器産業全体の市場規模が急拡大することは考えにくい。別言すれば、三十数年前に新しい民生産業として出発した電子機器産業もしだいに「普通の」産業になりつつあるということである。

今世紀に入って東アジアの電子機器貿易額の成長が鈍化したもう一つの理由は、情報通信機器生産の中国への集中傾向が強まったことである。先述したように、一九八〇年代から一九九〇年代半ばにかけては東南アジアにおいて半導体や情報通信機器メーカーの集積が進み、国境を超えた中間財の取引が急増したことが東アジア全体の貿易額を押し上げた。しかし一九九〇年代末になるとアジア通貨危機の影響やWTO加盟前後の中国の関税率削減、中国の国内市場の急拡大などに牽引され、東アジア内外の電子機器メーカーの直接投資が中国に向かうようになった。

表5は近年の東アジア一〇カ国と北米三カ国の輸出入総額に占める狭義・広義の電子機器のシェアをまとめたものである。これを見ると、二〇〇〇年から二〇〇七年にかけて中国において輸出入ともに電子機器のシェアが激増する一方、他のほとんどの国々でシェアが縮小していることに気づく。とりわけ東南アジアでは輸入総額に占める電子機器のシェアが輸出総額に占めるシェア以上に大きく落ち込んでいる国が少なくない。これは

一九九〇年代以前に東南アジア域内で分業されていた工程がまとめて中国に移管される傾向が強まったことを反映したものである。

近年、中国以外の東アジア諸国が付加価値の高い部品を中国に持ち込んで最終財に組み上げ、それを域外の先進国へ輸出する「三角貿易」が活発化していると言われることが多い。表5の数値は一面でそれを裏付けているが、こと電子機器産業に関する限り、三角貿易と呼ばれる取引の内容は急速に変化している。中国の電子機器生産は当初こそ労働集約度の高い最終組立が大半だったが、その後、海外の部品メーカーの対中進出にともなって部品の国内調達率が進み、近年では高度なIC以外の大半の中間財の生産額が激増している（熊倉 二〇〇九）。中国へのICの供給国になっている台湾などでは輸出総額に占める狭義の電子機器のシェアが比較的安定しているが、「三角貿易」がすべてのアジア諸国に同様の便益をもたらしているわけではない。

それでは今後、アジア諸国の経済と電子機器産業の関係はどのように変化してゆくだろうか。まず、中国の電子機器産業の台頭に伴う東アジアの分業体制の再編は当面続くと予想される。本章の執筆時点では世界同時不況の短期的な影響と長期的な構造変化の影響を識別することが困難だが、直近でも中国の情報通信機器の純輸出比率（純輸出の貿易総額に対する比率）は上昇しており、IC以外の多くの部品も次々に輸入超過から輸出超過に転じつつある（熊倉 二〇〇九）。なお、ICの貿易赤字だけが急増をつづけているのは、台湾政府が最先端のIC企業の対中投資を規制していることや、技術流出を懸念する先進国メーカーが中国本土における一貫生産に慎重な姿勢を維持しているためである。しかし二〇〇〇年代に入って中国政府が海外企業の誘致策を強化していること、一部のロジック系ICの回路設計や後工程に地場メーカーの参入が相次いでいること、IC企業の主要顧客である電子機器メーカーに追従する形で華北や華東の一部地域において半導体企業のクラスターが形成されつつあることなどを考慮すると、近い将来に中国のIC生産量が急増する可能性がないわけではない（濱田 二〇〇八）。東アジアの部品貿易においてICなどの電子部品の占めるシェアが非常に大きいことを考慮すると、これらの品目の

表5　工業製品貿易に占める電子・電気機器のシェア

（単位：%）

地域・産業部門	情報通信機器・電子部品				電子・電気機器計			
	輸出		輸入		輸出		輸入	
	2000	2007	2000	2007	2000	2007	2000	2007
日本	31.6	23.4	30.8	26.0	39.5	28.5	39.5	34.2
韓国	38.0	34.4	40.4	28.1	43.0	39.7	46.6	34.6
台湾	48.3	48.9	42.9	36.9	52.2	53.0	49.5	42.7
インドネシア	20.6	18.8	15.1	13.5	28.8	24.5	18.8	17.3
マレーシア	66.1	62.7	59.0	50.3	77.3	70.3	64.0	55.2
フィリピン	77.9	74.5	55.5	46.7	82.6	79.3	59.8	51.0
シンガポール	78.0	74.5	53.0	46.1	82.9	78.9	61.0	52.7
タイ	39.2	35.3	38.4	29.4	48.3	42.5	43.8	34.6
中国	25.2	33.0	31.7	38.1	35.7	42.9	37.3	43.2
香港	25.2	19.7	35.8	51.7	32.3	22.9	41.3	57.2
ベトナム	10.3	13.1	11.3	11.9	13.1	16.0	15.3	15.9
アメリカ	26.1	15.4	25.7	20.0	33.5	23.0	33.3	29.4
カナダ	13.6	6.2	19.2	12.4	15.8	9.1	25.4	19.4
メキシコ	29.9	23.8	27.9	24.8	43.3	44.1	34.5	30.6

出所：CEPII CHELEMデータベースをもとに著者集計。

貿易構造の変化は域内の貿易構造の変化を加速させる可能性がある。

なお、先に先進国の電子機器市場が成熟期を迎えつつあると述べたが、これはIC技術の用途や社会的・経済的インパクトが枯渇したという意味ではない。ムーアの法則は近い将来に物理的限界に達するといわれているが、第四節でも指摘したように広義の電子機器の外延は拡大を続けており、情報通信機器や電気製品以外の製造業やサービス産業へのIC技術の本格的登用はまだ始まったばかりとさえいえる［★5］。今後、半導体技術は経済社会全体を支える汎用技術としての性質を強めてゆくと予想され、各国がその潜在能力を十分に引き出すには半導体産業と他の産業のリンケージを深めるだけでなく、より広範囲の科学技術やそれを担う人材の育成、新たな商品や事業の創出を奨励する社会制度や金融システムを整える必要がある。

上記の環境変化を考慮すると、これまで順調な経済成長を遂げてきた東アジア諸国間でも今後は明暗が分かれてゆく可能性が考えられる。たとえば、シンガポールは電子機器産業への過度の依存から脱却すべく早くから国を挙げて産業高度化と多角化に取り組んでおり、ナノテクノロジーやソフトウェア、金融・貿易関連サービスなどにおいてその成果が現れつつある。また、台湾では企業家精神に富む社会風土に支えられて地場企業が層の厚い電子機器産業を形成しており、OEMやファウンドリービジネスを通じて先進国企業と連携する一方、地の利や言語上の優位性を活かして中国でも存在感を強めている。一方、フィリピンの電子機器産業では今日でも労働集約的なPC周辺機器の最終組立や半導体の後工程が大半であり、外資系企業の中国への生産移転に伴って国内生産が一気に空洞化する危険性に晒されている[★6]。また、他の国々より遅れて工業化を開始したインドネシアやベトナムも、今後は自国の経済環境や技術条件、社会的制約などに見合った開発戦略を探る必要がある。

翻って日本はどうか。日本の電子機器産業の歴史はアメリカのそれに次いで古く、一九八〇年代まで東アジアにおいて圧倒的な技術的優位性と市場シェアを誇っていた。しかし近年の国際市場における日本の総合電機メーカーのプレゼンスの低下は深刻であり、資本・技術集約的な電子部品においても輸出シェアの下落が目立っている。日本では今日でも電子・電気機器が輸送用機器と並ぶリーディング・インダストリーとみなされているが、大手電機企業の収益率は低く、一部の部品メーカーをのぞく電子産業全体が一種の構造不況産業になってしまっている(佐藤 二〇〇六)。

しばしば指摘されるように、日本の総合電機メーカーの慢性的な業績不振は一九八〇年代後半以降の電子機器のダウンサイジングという市場の変化と垂直・水平分業というビジネスモデルの変化に柔軟に対応できなかったこと、中途半端に規模が大きい国内市場に依存しながら大胆なリストラや事業絞込みを避けてきたこと、そして何よりもそのような経営姿勢を許容する資本市場や社会的風土によるものである。現在は二〇〇七年以降の世界同時不況に背中を押される形で各社が続々と人員削減や事業再編計画を発表しているが、業界全体の抜本的なリストラの必要性はかねてから指摘されており、これらの対応は遅きに失した感が強い。同様の問題は大なり小なり他の産業にも認められ、今後、日本経済がその技術・人的資源に見合った発展を遂げてゆくためには、株式市場の資源配分機能の改善や新規事業の参入を促進する社会・経済制度の整備が不可欠であろう。

6 地域経済協力へのインプリケーション

さて、これまでの分析は日本の今後の対外経済政策にどのような含意を持つだろうか。先述したように、今世紀に入って日本政府の経済外交はアジア重視の姿勢を強めており、関係省庁も東アジアにおける経済協力構想を競うようになっている。各省庁が打ち出す政策には各組織の利害や思惑も反映されているが、有識者の間で東アジアがすでに国境を越えた生産・物流圏を形成しており、日本が中核となってそれを育ててゆくべきだという考えが流布していることがそれに根拠を与えている。

しかしこれまでの分析によれば、東アジアにおける「多国間での工程分業の深化」や「多様な中間財の相互供給体制」(経済産業省 二〇〇八、一四四頁)と呼ばれるものの相当部分は狭義の電子機器産業に関するものであり、しかもこれらの機器の市場・貿易構造は急速に変化している。また、電子機器産業の中核をなす半導体やPC、PC周辺機器に関する限り、東アジアにおいて生産ネットワークが形成されるきっかけを作ったのは米系企業の台湾や東南アジアへの進出であり、日本の直接投資が果たした役割を過度に強調することは誤りである。より重要な点として、今日の電子機器の国際生産・物流ネットワークは東アジア域内で完結しているわけではない。とりわけアメリカは最終財の一大市場であるだけでなく、技術や資本、人材の供給地としてもきわめて重要な役割を果たしている[★7]。したがって純粋に経済的な視点に立つ限り、環太平洋の北西地域のみにおいて人為的に経済統合を推進することの意義はあきらかでない。

とはいえ、すでに欧州や北米において関税同盟や自由貿易地域が形成されていること、WTOにおける貿易自由化交渉に期待が持てないことなどを鑑みると、東アジアにおいて欧米同様の自由貿易圏を構想することは必ずしも理不尽なことではない。また、先に東アジアにおいて電子機器以外の工程間分業や工業製品の貿易が相対的に低位にとどまっていることを指摘したが、これもけっして偶然ではなく、各国の保護主義もあきらかにその一因になっている[★8]。もし汎アジア的な自由貿易地域が形成された場合、理論的には保護主義や自国産業優先主義による非効率が払拭され、地域全体の成長力が底上げされる可能性がないわけでない。しかし、問題はそのような実効性を持つ自由貿易圏の構築が本当に可能かどうかである。

ここで、多くの東アジア諸国において保護主義が根強く残る中、狭義の電子機器において相対的にリベラルな政策が採用されている理由を考えてみよう。第一の理由は、第三節において言及したように、半導体や情報通信機器などの狭義の電子機器産業が一九七〇年代後半から急成長した新しい産業であり、これらの産業の技術基盤を持たない国々が幼稚産業保護政策によって地場企業を一から育成することが現実的でなかったことである。第二の理由は、多くの東アジア諸国の電子機器産業において今日でも外資系企業が中心的役割を果たしていることである。これらの企業は本国の親会社や第三国の関連会社と連携しながら事業活動を営んでおり、他の産業に比べて政府に保護主義的政策を求める誘引が小さい。最後に、一九八〇年代から一九九〇年代にかけて半導体や情報通信機器の国際市場がきわめて急速な発展を遂げたため、大半の国々の生産額と貿易額が急増し、開放的な貿易政策のメリットが感得されやすい環境にあったことも指摘できる。いうまでもなく、他の大半の産業においてこれらの条件は満たされていない。

また、狭義の電子機器産業における比較的リベラルな貿易体制が必ずしも各国の自由意志のみによるものでなく、情報技術協定（ITA）によって担保されていることにも注意が必要である。ITAは一九九七年に発効したWTOのセクター別協定であり、批准国には狭義の電子機器に属する大半の財の輸入関税の完全撤廃が義務づけられている。今日ではITAの批准国は七〇に上っており、欧米や東アジアのほとんどの国々が批准国のリストに名を連ねている。ＩＴＡの直接的な貿易創出効果に関しては専門家の間でも議論があるが、日本以外の東アジア諸国の中には批准以前に高率関税を課していた国も少なくなく、ＩＴＡが各国の最終財市場の対外開放と国際間生産工程分業に寄与したことは間違いない（Mann and Liu 2009）。とりわけＷＴＯ加盟と平行してＩＴＡを批准した中国においては急速に関税率が引き下げられ、外国企業の参入や生産基地の移転を促進したことが報告されている（Suh and Poon 2006）。

ただし、ＩＴＡはもともとアメリカの政府と民間企業団体のイニシアティブによるものであり、同国の強いリーダーシップなしに当初消極的だったＥＵや東アジア諸国を交渉のテーブルにつけ、短期間に大胆な貿易自由化協定をまとめることは不可能だったと思われる。また、当時、ＷＴＯに未加盟だった中国が強いバーゲニング・パワーを発揮できる立場になかったことや、ウルグアイ・ラウンド妥結直後だったために主要国間で貿易自由化へのモメンタムが共有されていたこと、そしてＰＣブームに支えられて情報通信機器市場の成長が頂点に達していたことも交渉を容易にした（Fliess and Sauvé 1997）。しかし今後、他の工業分野に関して東アジア諸国のみで自由化交渉を行う際にはこれらの条件はいずれも満たされず、交渉の難航は必至である。実際、一九九七年のＩＴＡ発効直後にＩＴＡⅡと呼ばれる二次交渉が開始され、ＩＴＡで対象外とされた民生用電子機器[★9]や懸案事項とされたマルチメディア商品やソフトウェアの取り扱い、非関税障壁などに関する議論が行われているが、その後十数年を経た今日でも交渉が収束する気配はない。中国を含む大半の東アジア諸国もＩＴＡⅡには押しなべて冷淡であり、とくに非関税措置（国内規制や税制、補助金、政府調達など）に関して実効性のある国際協約にコミットする意志は皆無といってよい。このような状況において、汎東アジア的な自由貿易圏の創設を志向することが現実的かどうか、今一度考えてみるべきであろう[★10]。

7　おわりに

本章では過去三〇年余りの東アジア諸国の貿易構造の変遷の背景要因を再考し、その日本の対外経済政策への含意を検討した。その結果、過去三〇年間の東アジア諸国間の貿易構造やマクロ経済関係の変遷が狭義の電子機器産業の成長と表裏一体だったこと、「貿易を通じて東アジアの製造業が一体化しつつある」、「東アジアの分業・物流ネットワークを作ったのは日系企業である」、「東アジア市場の一体化によって域内諸国の景気循環の連動性が高まっている」、「円を含む東アジア通貨の為替変動が域内経済の安定的成長の最大の阻害要因である」といった通説が必ずしも正しくないことが示された。

また、先進諸国の情報通信機器市場の成長鈍化や中国の電子機器産業の台頭によって東アジア内外の貿易の流れが急変していることも指摘した。これまで域内の複数国によって分業されていた工程が中国国内で再統合される傾向が強まる中、今後は東アジア諸国の間でも国内生産の空洞化が進む国や中国との連携を強めながら特定の品目や工程に特化する国、他の工業分野に活路を見出す国などへの分化が進むと予想される。また、IC技術の応用範囲が拡大し、電子機器産業とそれ以外の産業の境界が曖昧になる中、電子以外の分野における技術・人材の蓄積、より広範な経済制度や社会システムの質の重要性が増すことになろう。

近年、日本政府の対外経済外交はアジア重視の姿勢を強めており、近隣諸国との二国間EPAの締結を急ぎつつ、東アジア全体を包含する地域経済圏も志向するようになっている。しかし本章で議論したように、これらの政策は必ずしも正確な事実認識にもとづいておらず、その実現可能性も疑問である。ITA締結の経緯やITAⅡに対する各国の態度を鑑みても、東アジア諸国だけで実効力のある貿易自由化や国内制度の標準化が実現することは考えにくく、何らかの協定が締結されても実用性の低い「協定のための協定」になってしまう可能性が高い。長期的な経済停滞に悩む今日の日本にとって必要なのは不正確な事実認識や情緒的なアジア主義にもとづいて近隣諸国との経済関係だけを深めようとすることではなく、すべての外国企業に対して思い切って国内市場を開放すると同時に広範な規制緩和を推進し、国内の生産性を高めてゆくことであろう。

参考文献

天野倫文『東アジアの国際分業と日本企業』有斐閣、二〇〇五年

安藤光代・スヴェンW・アーント・木村福成「東アジアにおける生産ネットワーク 日本企業と米国企業の戦略的行動」深尾京司編『日本企業の東アジア戦略』日本経済新聞社、二〇〇八年

池田信夫『情報技術と組織のアーキテクチャー』NTT出版、二〇〇五年

伊藤隆敏・小川英治・清水順子『東アジア通貨バスケットの経済分析』東洋経済新報社、二〇〇七年

外務省「日本の経済連携協定（EPA）交渉――その現状と課題」二〇〇九年（http://www.mofa.go.jp/mofaj/gaiko/fta/pdfs/kyotei_0703.pdf）

熊倉正修「電子機器産業の構造変化と東アジアの産業内貿易」野田容助・黒子正人・吉野久生編『貿易指数と貿易構造の変化』日本貿易振興機構アジア経済研究所統計資料シリーズ第93集、二〇〇九年

経済産業省『通商白書２００８』二〇〇八年

佐藤文昭『日本の電機産業再編のシナリオ』かんき出版、二〇〇六年

濱田初美「中国の半導体クラスター――長江デルタを中心に」山崎朗編『半導体クラスターのイノベーション』中央経済社、二〇〇八年

水橋佑介『電子立国台湾の実像』ＪＥＴＲＯ、二〇〇一年

山下英次「東アジア金融・通貨統合――何がブレイクスルーになるのか？」『大阪市立大学経済学雑誌』第１０８巻第1号、二〇〇七年

Ernst, D., "Searching for a new role in East Asian regionalization - Japanese production networks in the electronics industry," in

P. J. Katzenstein and T. Shiraishi (eds.), *Beyond Japan: The Dynamics of East Asian Regionalism*, Ithaca, NY and London, UK: Cornell University Press, 2006.

Ernst, D., "Can Chinese IT firms develop innovative capabilities within global knowledge networks?" East-West Center Working Paper No. 94, 2008.

Fliess, A. A., and P. Sauvé, "Of chips, floppy discs and great timing: assessing the information technology agreement," paper presented for the Institut Français des Relations Internationales and the Tokyo Club Foundation for Global Studies, 1997.

James, W. E., and E. D. Ramstetter, "Trade, foreign firms, and economic policy in Indonesian and Thai manufacturing," East-West Center Working Papers Economic Series No. 78, 2005.

Kumakura, M., "Trade and business-cycle co-movements in Asia-Pacific," *Journal of Asian Economics* 17 (4) 2006: pp.622-645.

Mann, C. L., and X. Liu, "The information technology agreement: sui generic or model stepping stone?" in R. Baldwin and P. Low (eds.), *Multilateralizing Regionalism: Challenges for the Global Trading System*, Cambridge, UK: Cambridge University Press, 2009.

McKinnon, R., and G. Schnabl, "Synchronized business cycles in East Asia and fluctuations in the yen/dollar exchange rate," *The World Economy* 26 (8) 2003: pp.1067-1088.

Suh, J., and J. Poon, "The impact of WTO on South Korea's computer industry," *International Trade Journal* 20 (4) 2006: pp.383-405.

註

★1——表2において資本財の貿易シェアが上昇しているのはBECがPCやPC周辺機器を資本財に分類しているためである。

★2——たとえば、ハードディスク・ドライブ(hard-disc drive＝HDD)産業では米系企業の東南アジア進出が一九八〇年代前半から活発化していたのに対し、日本の総合電機メーカーが進出しはじめたのは一九九〇年前後であり、しかもその多くが量産体制の構築に失敗して撤退した後に再進出している。天野(二〇〇五)はその理由として、日系メーカーがPCの普及に伴うHDDのダウンサイジングに迅速に対応できなかったこと、国内雇用維持のために日本で生産した基幹部品の持ち込みにこだわったことを指摘している。総合電機メーカー以外の日系部品メーカーの中には東南アジアでの量産体制構築に成功したものも少なくないが、その中には大口顧客の米系企業に追従する形で現地進出したものが少なくない。

★3——日本企業が貿易する半導体の中には円建てで取引されるものもあるため、ドルベースの半導体出荷額は厳密には円ドルレートと独立ではないが、日本以外の国々の貿易額をもとに対前年変化率を計算しても短期的な動きは図1とほぼ同じである。一九八五年の東南アジア諸国の輸出の落ち込みには一次産品の価格下落も大きな影響を与えていたが、その後、これらの国々の輸出に占める一次産品のシェアは急減した。

★4——今世紀に入って市場が立ち上がった薄型TV受像機においても価格下落がいちじるしく、販売数量の急増にもかかわらず世界全体の販売総額はすでに減少しはじめている。

★5——たとえば、今日の乗用車にはカーステレオやナビゲーション機器以外に多数の電子制御ユニットが搭載されており、ハイエンドの自動車一台の生産コストに占める電子部品のシェアは二-三割に上っている。しかしアメリカや日本の自動車メーカーがエンジン制御装置の電子化に取り組みはじめたのは一九七〇年代のことであり、その後の電子技術の応用範囲の拡大は漸進的なものだった。これは機器そのものが半導体の延長であるコンピュータなどと異なり、自動車が機械工学やエネルギー技術に支えられた典型的なアナログ機器であり、電子制御の効果を十分に引き出すためにはアナログ情報を適切・迅速にデジタル処理するソフトウェアを開発するだけでなく、電子装置と他の部品との親和性を十分に高める必要があったからである。現在、自動車業界は環境問題への対応やいっそうの燃費改善を迫られており、今後、ハイブリッド車や電気自動車への移行、電子制御システムの拡充によって電子技術の応用範囲はさらに拡大すると予想される。

★6——フィリピンではIT関連のサービス産業も成長しているが、その大半は労働集約度が高く他の産業との連関が希薄なコール・サービスなどである。

★7——たとえば近年の中国のハイテク企業の創業者の多くはアメリカ留学からの帰国者であり、これらの企業の中には米中双方の金融機関から出資を受けているものが少なくない（Ernst 2008）。製造業における知識や技術の重要性が高まる中、目に見える物流だけに注目して各国経済の連関関係や経済協力のありかたを論じることは好ましくない。

★8——東アジア域内の電子以外の工業製品貿易を北米や欧州の貿易と比べると、その絶対額が少ないだけでなく、最終消費財の取引が非常に少ないことが分かる（熊倉 二〇〇九）。多くのアジア諸国が伝統的な製造業において保護主義政策を維持していることが近隣諸国との貿易を阻害していることは多くの研究によって指摘されている(James and Ramstetter 2005)。

★9——ＩＴＡにおいて民生用電子機器(ＴＶ受像機やオーディオ機器など)が対象外になっているのは、ＥＵと一部のアジア諸国がこれらの品目の関税撤廃を受け容れなかったためである。狭義の電子機器産業と異なり、民生用電子機器産業にはＩＣ技術以前のアナログ機器の時代からの歴史があり、各国に既得権益の持つ勢力が存在したことが抵抗を強くした。民生用電子機器に優位性を持つ日本にとってはこれらの品目が自由化リストに加えられることが望ましかったが、それが叶わなかったことにも日本政府の交渉力の限界が現れている。

★10——近年、中国やアメリカ、ＥＵなどがアジア諸国に対して積極的な経済外交を展開しているため、第三国間の自由貿易協定や投資協定によって日本がいちじるしい不利益を被らないよう、それなりの対抗策を講じることは必要である。ただし、そのことは近隣諸国との経済協力関係の強化によって日本国内の経済問題が解決されることや、実効性が乏しい構想を名目に中央官庁が人員や予算の拡大を目指すことが許容されることを意味しない。

第5章 不可欠なパートナー、両義的なモデルとしての中国

バリー・ノートン
Barry NORTON

経済的な成功にともない、中国の国際的影響力は劇的に高まってきた。その膨大な人口ひとつ取っても、中国の経済成長がグローバルな影響を持つことは不可避だった。しかし、中国興隆の独特なパターンと劇的なスピードこそが、中国が持つ影響力と、その重要性を決定してきたのである。本章では、中国がアジア太平洋地域で、また世界で影響力を強めてきた三つの重要な経路をたどる。これらの経路は全て、中国の体制移行の独特なパターンから来ているが、それは多面的で、時には相互に矛盾さえしあう影響を生み出している。

ある面で中国は学ぶべきモデルであり、不可欠なパートナーであり、さらには潜在的な脅威でもある。とはいえ、こうした認識はすべて、社会主義からの独自な移行パターンに根ざしている。このことを示すために、まず中国の体制移行の特徴をいくつか絞って見ていこう。その後、三つの経路について順に検証していくこととする。

1　中国経済興隆のパターン

一九七八年から二一世紀初めの五年ほどにかけて、中国共産党は経済体制のありとあらゆる面を修繕し、多くの社会政策を実験したが、それは常に経済成長を求めてのことだった。中国の政策当局者は、様々な目的に向きあったとき、ためらうことなく他の競合目的よりも成長を優先した。高成長への執着は、多くの分野で政策の曲折に痕跡を残している。成長への相対的優先度がきわめて一貫したものなので、あたかも最初から（政策目標の間に）選択問題など存在していなかったかに見えたり、単に中国的「実用主義（プラグマティズム）」を反映しているだけ、と考えられることもしばしばだが、実際はそうではない。中国の政策当局者が「実用主義的（プラグマティック）」なのは、成長へのこだわりに取って代わるほどの「目に見える価値」を見つけるのが事実上不可能だからである。

一例を挙げると、エネルギー政策において中国は石炭開発を優先してきたが、これは「実用主義」の現われのように見える。石炭は安く、中国のほとんどの地域で採掘できるからである。しかし、この政策を進めるため、中国の指導者たちは他の政策目標、たとえば、天然資源の国有原則（多くの炭坑は私営である）、労働者の安全（炭坑事故発生率は恐るべきもので、とりわけ無規制の小規模私営炭坑のそれは酷い）、それに環境（燃焼効率が悪く空気を汚す）といった政策をあとまわしにしなければならなかった。

経済成長優先を唱え続けたために、中国は資源を新しい固定資本へ投資する割合を徐々に増やすことになった。改革過程が始まって間もないころ、中国は経済に「息抜き」を与え、消費を増大させるために投資率を引き下げた。しかし、以来、生産財優位、成長優位の政策が継続されたために投資は優遇され、投資率は再び上昇してきたのである。企業の投資には優遇税制が適用され、信用は安く、不良貸し付けはしばしば免除され、中央から地方まであらゆるレベルの政府が新投資プロジェクトの疲れを知らない推進役になっている。その結果、投資資源が継続的に、大変な規模で動員されて来た。中国の投資率――GDPに占める固定投資の割合――は他の大国がこれまで達成してきたものより高い。一九九二年から二〇〇二年までの一〇年間、中国の投資率はすでにほぼ三八―三九パーセントにのぼっており、それは日本、韓国、台湾が高投資、高成長段階で達成した最も高い水準に匹敵した。しかし二〇〇三年以降、中国の投資率は四〇パーセント以上という、過去に例を見ない水準を超え、さらに上昇することとなる。

巨額の投資は、それだけでは不十分だった。中国が制度変革の成功戦略をもつことも肝心だった。中国の体制移行戦略の最も根本的特徴――その成長志向と並んで――は、最重要の制度を変革するときの試行錯誤的、実験的性格に見られる（Heilmann 2008）。この戦略は、しばしば「摸着石頭過河（石を探りながら川を渡る）」（陳雲の警句といわれる）と名付けられてきた。このアプローチは明らかに、異質な諸制度を一緒にしようとするやり方を含んでいる。それは、東ヨーロッパ改革派のアプローチと比べると、とくに際だっている。彼らは、先進的資本主義福祉国家こそが、自分たちがめざすべき比較的整った、また十分発達したモデルだと考えていた。彼らは、高価であるが「最良の」モデルを導入し、それをできるだけ速く実行しようと試みた。それに対して中国の改革派は、ただ一つのモデルを心に抱くことなく、多くのソースから躊躇することなく制度の断片を借りてきたのである。中国の改革派は即興性に頼った。彼らは、文化人類学者レヴィ・ストロースなら「制度的ブリコラージュ」［☆1］と名付けたかも知れないもの、つまり使える材料なら何でも使い、その断片から自己流に新たな構造を創造していくことに進んで携わった。これらの［制度の］断片は、先進資本主義国から、東アジアの隣国から、世界銀行のような国際機関から、さらには古代中国から借りてきたものであり、特定のどこからかというわけではない。

このように答えを幅広く探した結果、とくに中国の条件に当てはまる独特な移行制度を発見できたのである。その最も有名なものが恐らく経済特区で、これは一九七〇年代末に始まった。もちろん中国が特区を初めて作ったわけではなく、アイルランド（一九五八年以後）や台湾（一九六六年）に起源はあるが、中国の特区がそれでも革新的なのは、一九八〇年代初めの中国計画経済において、それは全く異質な存在だったこと、またその規模の大きさ、数多くの改革の実験場として、様々な機能を付けて使われたことである（Naughton 2007: pp.408-410）。もう一つの例が郷鎮企業であり、中国の成功の間違いなく最も際だった、また最もよく分析されてきた要因だった。郷鎮企業は、地方の公的所有の下で参入の自由と企業家的技能による利益を認めたものだった。多くの分析者が認めてきたように、立ち上げた企業の特別の利益を地方政府に与えたことは、官僚的妨害主義を克服する上で有効な次善のアプローチだった（Chang and Wang 1994; Che and Qian 1999; Rodrik 2008）。最後の例が経済の「双軌制」である。この用語は時には広範囲な現象に対して用いられるが、最も著しい、したがって典型的な例は、国有企業部門内で使われる場合である。国有企業に、年間の義務的な産出・購入計画を達成するという条件で、市場価格による購買を認めたことが重要な革新（イノベーション）だった。これにより企業は「限界部分について」市場価格で売買に参加でき、市場経済に適応するために必要な指針と運営において、数多くの変革を始めることになった。一〇年間双軌制を実施して、体制移行はスムーズに出来たので、一九九三年末に義務的計画が廃止されたときには、経済的さざ波はほとんど立たなかった。制度的創造性と適応能力は、かくして中国改革過程における核心なのである。

それに対して、この制度的創造性はまた政治的には保守的である。中国の改革派は、ポーランドやエリツィンのロシアにおける改革派のようには政治体制を根本から変革する必要など感じていなかった。その代わり、意思決定の新しい原則が現に行われているように、集権的主導性（イニシアティヴ）と分権的主導性が中国の改革には併存していた。市場経済移行の実行可能な戦略を探し求めることと、党・政府階層機構（ヒエラルキー）をもっと有効にする努力、経済学者の専門用語でいえば官僚機構の中の「代理人損失（エージェンシー・ロス）」を減らす努力とが、最初から両立していたのである。文字通り行政階層のありとあらゆる側面が、改革の過程で修正され、近代化された。出世や昇進（キャリア・パス）が教育や経験を条件とし、また高齢幹部に対する退職規則が制度化された。経済成長に貢献すれば官僚たちに報酬を与えるという刺激策に大胆に改められた。年間の現金報酬と昇進機会とが経済成長という目的指標に結びつけられた。この同じプロセスが、国有会社の経営者に対する刺激策も改めさせた。このプロセスは、多くの人が市場化の成功を無にするものと考えた階層的な政治体制を、相当に、また予期しないほど強化するのに役立ったのである。今日中国の官僚組織は三〇年前よりさらに強力になり、彼らが果たすべきものとされる課題に一層専念している。

そればかりか、中国政府は経済の「管制高地」[☆2]を支配している大規模国有会社を保有してきた。中国政府は、自ら積極的に一九九〇年代半ばに国有部門をかなり整理縮小した。国有工業企業の雇用は一九九二年の四五〇〇万人から二〇〇七年末の一七五〇万人までに着実に減ってきている[★1]。農業、工業、商業において今世紀の初めまでは私的ビジネスが圧倒的だった。しかし同時に、大規模で強力な中央政府企業は生き残り、成長している。主な天然資源、エネルギー、電信電話と交通部門は仕切られており、国有制がその中で維持されている。分水嶺は二〇〇三年の国有資産監督管理委員会（国資委）の創設だった。国資委は政府が国営法人をより効率的に、近代的に、透明性あるように監視する努力の一部だった。その意味で、上述した階層機構を改良する努力の一環である。しかし、国資委の創設は中央政府企業の民営化を事実上終了させたともいえる。大企業のMBO[☆3]は終わり、中央政府はその所有制構成を安定させる一方、地方レベルでの民営化はゆっくりと進展を続けていた。

中国政府は、こうした大規模中央政府企業とその競争環境を作り直すべく積極的な、時には戦闘的な努力を払ってきた。一般に、少なくとも大企業二社が、ある時には純然たる寡占として、ある時にはもう少し複雑な市場で、互いに競争している。中国石油天然ガス総公司、中国石油化工集団公司、中国海洋石油総公司が石油市場を分割し、中国移動、中国聯通、中国電信が通信分野を仕切っている。これら全ては国有のものである。航空業界では、強力な中央航空会社が二社（中国国際航空と中国南方航空）、弱体の中央航空会社が一社（中国東方航空）、その周辺には小規模な公的、私的航空会社が群がっている。こうした産業構造は無制約な市場の力が創り出したものではなかった。むしろ、中国政府の継続的な編成・再編成行動を反映したものであり、政府は二つの競合する考慮をバランスさせている。ひとつは独占はよくないこと。これまで中国の経験が教えるところでは、一つの組織にある部門の独占的支配権を与えると、際限ない独占維持のための活動を生み出し、効率性の利益より安定性の追求に向かうことになる。もう一つは、参入と競争を制限することで、国家はこれらの戦略的、かつ敏感な部門を支配し続け、同時にこれらの部門が多額の利益を生み出すことを保証できる。その結果できたのが、現行の国有事業体間の「構造化された競争体制」である。

中国からすれば、このアプローチはこれまできわめてうまくいっている。第三者的に見ても、これら企業の経営の有効性と運営の効率性は劇的に高まった。二〇〇〇年半ばまで、国営企業はかつてない収益性上げるほどグローバルな経済好況に乗っていた。国資委の会社利益は二〇〇七年にはGDPの四パーセントを越え、二〇〇八年前半にはGDPの五パーセントにまで達する勢いだった。同年の中途で起こった危機のあと、利益は急減した。とはいえ、こうした会社の役割が現在の悪い経済環境の中で強化され続けるものと見てよい。国営企業は、中国がグローバルな(そして国内の)金融危機に対処し、資源を国内の問題企業に投下する際に、政府支援の第一の受け手になるだろう。のみならず、中国の高度に集権的な体制は、経済の浮沈に直面して、迅速ですばやい反応を見せることを証明してきている。かくして、市場経済と、高度な政治・経済力を発揮するきわめて強力で集権的な政府とを併せ持った中国が登場してきたのである。

2　実用主義と有効な政策策定の北京モデル

中国の経済的成功は、当然世界中から注目を集め、何はさておき経済についての中国経験に基づく単純化された解釈をもたらし、それが一種の民衆的通念（フォーク・ウィズダム）にまでなってきている。この通念によれば、中国は実用主義的市場化のモデルであり、それは以下の五つの特徴からなる。

①加速的経済成長をもたらす基本的な前提条件として、市場の力を徐々に拡張していくことを最大限に重視したこと。市場の力の拡張は、一般には政府の経済に対する直接的支配を着実に減退させた結果だと見なされる。

②政府の経済政策は、注意深さと実用主義に彩られている。柔軟性と実験的なアプローチが「漸進主義」と結びつき、しばしば「石を探りながら川を渡る」という中国語表現で言いならわされている。

③対外開放と、とくに輸出産業における外国直接投資を支援する政策の採用。その過程を加速するための経済特区［政策］。

④経済成長を達成する手段としての投資に対する、政府による強力な、かつ一貫した重視［政策］。

⑤政策順序。たとえ部分的であれ市場開放は真っ先に行われる。参入は急速に進められるべきで、その後で市場規制が行われる。「双軌制」の下で計画と市場は共存できる。製品市場の自由化が要素市場の自由化の前に行われる。民営化や資本勘定の自由化といった技術的により困難な改革は、一〇年単位で長期間先送りできる。

この民衆的通念の中核にあるのが、市場からの政府の退却は経済成長を上手に引き出す本質的要因だという信念である。中国の改革過程三〇周年（一九七八年から二〇〇八年まで）に当たって、多くの論者が改革の軌跡を回顧しているが、広く受け入れられてきた経済的通念がどういうものだったか、最近見られる多くの例として、たとえば……

「とはいえ、こうした驚くべき変化がなぜ起きたかというと、基本設計（グランド・デザイン）と同じ程度に偶然と実験のおかげである。鄧小平は彼の非イデオロギー的、漸進的アプローチを「石を探りながら川を渡る」ことになぞらえた。いわゆる市場改革の多くは、中国の企業家的市民たちがすでにやっていることを――しばしば見て見ぬフリをして――黙認しただけのことだった。……共産党は三〇年間もの素晴らしい順調な成長をもたらした。……だがそのように言うことは、党がその存続が究極的にかかっている経済成長を生み出すために、しばしば振るった絶望的な大ナタから目をそらしている。」(Pilling 2008)

右のようなピリングのコメントは、経済学的な民衆的通念を、多分いくらか誇張した形で例示したものである(Economist 2008; Huang 2000も見よ)。それは、市場の拡張に全ての注目を向け（実際、中国の人々がすでにやっていたことをそのせいにしている）、そしてマクロ経済安定の維持、税制改革の実行、大規模インフラ建設への邁進などはあたかも、途上国の全てが当然の如く実施した単なる付随的出来事であるかのように、公的な政策策定を「絶望的な大ナタ(desperate flailing)」として特徴付けている。おかしなことだが、経済学的な民衆的通念が見ようとするのは、中国の政策当局者が試行しながら学んだこと、彼らが多くの政策を試みて、そのうちの一部だけ保持していること、壮大な設計図を描いて移行プロセスを打ち上げることはしなかったこと、である。しかしながら、そうした通念は、政策過程にまで踏み込むような現実の学習と発見の過程まで見通そうとはしていないのかもしれない。そこでは制度の転換も、政策の実験化も大した役割を果たしていないことになる。

この中国政策決定モデルは、時折欠陥を見せるが、これまで大変な影響力を持っていた。結局の所、もっと開放された、もっと市場志向的な政策に他国が突き動かされたのはこのモデルのせいである。とくにアジアにおける中国の隣人たちは、中国との競争ばかりか、市場自由化の方向へ変革を進める中国の実績にも圧力を受けてきたのである。中国にとって最南のアジアの隣人たち——とりわけヴェトナム、タイ、マレーシア——は全て、まったく違う出発点から、一層の市場開放へと引き寄せられてきたことは衆目の一致するところである。インドの自由化過程は、中国の実例と競争圧力によって絶え間なく強化されてきた。実際、中国の経済特区は直接インドに影響を与えてきたが、その新しい経済特区政策は二〇〇〇年に、経済特区法は二〇〇五年に採択された[★2]。中国の経済的成功は、一九八〇年代以来強まってきた地球規模での市場化への趨勢にはっきり貢献してきたのである。

他方で、中国経験は「ワシントン・コンセンサス」への不満に火を付け、それよりもっとニュアンスに富んだ開発についてのコンセンサスを創出する試みとなっている。民営化を強調し、一気、かつ一斉の自由化を奨励するワシントン・コンセンサスは、いまや評判が悪い。確かにそれに代わるべき「北京・コンセンサス」[★3]はないが、中国経験は開発過程を導く新しいルールを探索する重要な推進力になっているのである。これは、こうした努力のもっとも洗練された、「スペンス報告」として知られる成長と発展に関する委員会報告に実に明瞭に表れている。この委員会報告(2008: pp.34-37)は高成長に関わる政策リストの中で高投資に第一位優先順位を与えている。中国は委員会が推奨するGDPの五－七パーセントよりさらに多く物的インフラ投資に投資していると、報告書は誇らしげに記している。実際、スペンス報告は、将来の経済発展目標に資源動員することを主眼とした市場ベースの経済を呼びかけ、そこでは中国の例を何よりも念頭に置いているようである。このようなかたちで理解された、モデルとしての中国の影響力は相当大きい。

3　貿易と投資を通じた直接的影響

中国の対外世界への開放は、当初から国内市場化と手を携えて進んだ。中国はいまやアジア太平洋地域のほとんどの国にとって第一、ないし第二の貿易相手国である。当然、中国はその「政治的影響力」にふさわしい影響力を行使している。しかしながら、ここでもまた中国が行使する影響力の性格は、その国内体制移行戦略の特徴的パターンを反映している。これは二つの特徴、すなわち中国の高い国内投資率と、著しい対外開放過程に最もはっきり見られる。

国内市場には家計消費市場と、何よりも資本財に対する市場がある。中国では、これらの市場は随分異なったペースで発展してきた。中国が投資に向ける巨額の国内GDPの割合は、投資財のほとんどが重工業部門に配分されているから、この部門でかなり大きいことを暗に示している。たとえば、中国は二〇〇八年に製鋼をなんと五億八〇〇〇万トンも生産した(ちなみに、アメリカは一九五〇年代のピーク時でも製鋼一億五〇〇〇万トン以上を生産したことがなかった)。ということは、中国が鉄鉱石のような商品の世界市場を動かす能力を持っているということである。事実、中国の投資財部門の規模を国際的に比較可能な価格、つまり購買力平価(PPP)で計算することで、その重要性がさらによく理解できよう。投資財部門では、機械類が世界価格とほとんど同じ価格で中国では売られており、他方建設は[世界価格より]はるかに安い。こうした両方の効果を考慮して、世界銀行による改訂国際比較プロジェクトによれば、中国の固定資本形成は世界価格で測って二〇〇五年には世界全体の一七・九パーセントであり、アメリカ(二〇・七パーセント)をほんの少し下回り、日本(七・四パーセント)を大きく上回っていた。言い換えれば、中国がそれほど多く投資するから、その投資財市場は膨大な規模になる。

消費者市場を見ると、些か違った様子が窺われる。第一に、投資と輸出にすさまじい努力を払ったということは、必然的に消費——そしてとくに家計消費——が、それに対応して小さな割合しか占めないことを含意している。家計消費は一九九〇年代にはGDPのわずか四四-四五パーセントだったが、二〇〇二年以後GDPの家計消費割合は低下し、二〇〇七年にはわずか三五パーセントにまで落ち込んだ[★4]。だが、中国の労働集約財(ほとんどの消費財を占める)における実質的比較優位に加え、人民元に対するある種の低評価のせいで、中国における消費財は極端に安い。ゆえに消費の尺度を購買力の差を反映するように調整することがとくに重要である。事実、中国の消費額は国際価格で評価するとおおよそ三倍になる。それで計っても――再び世界銀行の改訂比較によれば――、中国の総家計消費は世界全体のわずか六・一パーセントに過ぎず、アメリカ（二五・四パーセント）を大きく下回るだけでなく、日本（七・〇パーセント）よりも少ない。確かに膨大な人口を抱えた中国の消費市場の規模は大きい。しかし、世界価格での実質一人当たり消費はアメリカ人平均が消費する（約六パーセント）額の約一六分の一でしかないことを考えると、中国の家計市場は、たとえば中国の鉄鋼産業がそうであるようなグローバルな影響力らしきものを発揮していない。

こうした数字は、中国の家計市場を通じた世界への影響が比較的限られていることを物語っている。最近、文化の影響力を含む一国の「ソフト・パワー」についてよく議論される。しかし、文化的影響力は、主に魅力的な文化的製品の創造と輸出を通して国境を越えて及ぶものである。事業者が魅力的な輸出製品を開発しようとすれば、彼らはまず自国市場でテストし、投入しなければならない。地球規模での文化的製品――フランスの香水、ハリウッドの映画、それに日本のアニメ――は、全てまず国内の消費者向けに開発された。比較的低い中国の一人当たりGDPと、成長を促進させる投資へのGDPの配分は、現在まで、中国の消費市場が多くの場合「リード市場」にまでは十分育っていないことを意味している。中国市場の巨大な潜在的規模と、誰もが認める中国文化の創造性にも関わらず、中国が文化市場を通して影響力を発揮することは一般にはない。一つの典型例が「マンダリン・ポップ」音楽だろう[☆4]。中国大陸で売られたマンダリン・ポップ音楽のレコーディング数はどの国よりもはるかに多いにも関わらず、マンダリン・ポップの制作は台湾在住のプロデューサーたちによって支配されている。グローバル中国音楽賞で受賞したレコードの七五パーセントは台湾で制作されたものである（Hitoradio 2006）。中国の文化的創造性はいまだに市場的力を持つに至っていない。

その上、中国の外国貿易は体制移行期に成長するにつれ、今日まで続く特徴的なパターンを見せるようになっ

表1　2008年の中国貿易：主要相手国

（10億米ドル）

東アジア相手国	輸出	輸入	黒字
韓国	74	112	-38
台湾	26	103	-77
マレーシア	21	32	-11
フィリピン	9	20	-11
タイ	16	26	-10
日本	116	151	-35
輸出市場			
香港	191	13	178
EU	293	133	160
アメリカ	253	81	172
貿易総額	1,429	1,133	296

出所：GAC（2009a）

た。中国の貿易は「三角」貿易と呼べる。その最も重要な貿易相手国のそれぞれと貿易はきわめて不均衡になっており、今日もそうである（表1参照）。

中国は韓国、台湾を含む東アジア五カ国から輸出額の約二倍を輸入している（台湾との場合、輸出の四倍を輸入）。それに対して、三大輸出市場であるアメリカ、EU、香港に対しては、輸入の三倍以上を輸出している（香港の場合、その輸入の大半がアメリカへの再輸出）。日本だけが、この分断から超然としている。同時に中国を終点とする生産の連鎖に対して重要投入財の源泉ともなっており、またそれ自体大きく豊かな市場となっている。もちろん、全ての二国間貿易関係が「均衡」すべきだという理由などない。こうした一方向の貿易フロー、そして究極的には三角貿易のパターンは、中国が東アジアの貿易ネットワークに組み込まれていることを強く特徴付けていると、言いたいだけである。中国は、多くの国境を越えて広がる複雑な生産連鎖によって製造されるさまざまな財の最終組み立て（アセンブリー）地点になっている。これは、一つには中国が生産ネットワークの比較的労働集約的な最終組み立て段階に比較優位があるためでもあるが、一つには、体制移行の最初から――経済特区の創設に伴って――中国が貿易を促進してグローバル・ネットワークと容易に統合してきたためでもある。経済特区のまさにその目的は、国内経済を混乱させることなくグローバルな輸入に簡単にアクセスできるようにすることだった。中国のWTO加盟は貿易に関する最終的な制度的制限を打ち砕いたが、三角貿易のパターンは、一九九〇年代半ば以来中国の外国貿易を強く特徴付けるものとなっている。

この特徴は、中国がその貿易の技術的中味を飛躍的に向上させてきたとはいえ、未だに健在である。何よりも直接投資を通じたハイテク生産の中国への移転は、その規模と速度の点で驚異的なものがある。たとえば、二〇〇八年に中国は六六〇億ドルにも上るパソコンを輸出したが、それは世界の全パソコン生産の八割を越える。とはいえ、中国はこのパソコンや、自らが生産、消費、輸出しているすさまじい種類の電子製品を動かす集積回路は大部分を輸入に頼っている。ほぼ一〇年間、中国政府は集積回路（ＩＣ）の開発支援に、優先政策と減免税優遇措置を与えるなど、力を注いできた。それにもかかわらず、二〇〇八年に中国は推定一三五〇億ドルのＩＣを消費し、他方一二九〇億ドルのＩＣを輸入したのである[★5]。中国の電子産業はその集積回路需要の九割以上を輸入している（MIIT 2009a; 2009b）。中国政府の産業政策にも関わらず、この輸入依存度の水準は過去一〇年以上ほとんど変わっていない。

中国は非常に影響力の強い貿易国になってきたし、その独特な貿易パターンは中国の直接的経済的影響力のパターンを形作っている。中国は東アジアの組み立て連鎖の最終地点であって、太平洋経済の中心ではない。中国と比べ日本の地位は依然としてもっと根本的なものである。それは日本経済の規模のせいではなく、日本が技術、とくに製造技術を押さえているためである。日本は多くのハイテク部品と、東アジア生産ネットワークを可能にする洗練された生産機械の源泉地である。中国は最終組み立て拠点としてきわめて競争的だが、結局、とりわけ東南アジアにおける他のロケーションも、妥当な費用でこうした活動を達成しようと思えばできるのである。三角貿易のパターンは、アメリカやＥＵとの間で摩擦を引き起こす。他方、オーストラリアとブラジルは中国の巨大な工業部門によるすさまじい食欲に輝かしい市場を見出し、それゆえますます中国に引きつけられていく。

韓国と台湾についても〔中国への〕経済的接近がはっきり見て取れる。ＡＳＥＡＮ諸国にとって、中国は重要な市場であると同時に重要な競争相手でもある。日本にとって、中国は重要な市場であり重要な供給者だが、これまでのところ大した競争相手ではない。それぞれのケースにおいて、〔中国との〕経済的関係は一つか二つの側面に支配されているだけで、より深いレベルの統合を表す多層的な相互依存といったものに特徴づけられているわけではない。

4　政治経済権力集中の北京モデルが抱える難題

中国モデルにはもう一つのバージョンがある。それは、中国が達成したことの政治的意味から始まる。このモデルは、積極的で断固とした国家による指導の必要性を強調し、それが経済成長と両立可能であって、それに適していることを力説する。このバージョンの輪郭を鮮明にするために、私は「権威主義的改善（authoritarian upgrading）」(Hydemann 2007) あるいは「権威主義２・０」(Spector and Krickovic 2008) といわれ、今日途上地域で観測されている政治プロセスとこれとを結びつける。これは、中国経験が、アメリカが推進し、アメリカの利益を反映しているものと見られる広く行き渡った観念や政策と、はっきり対比される領域である。それゆえ、日本やアメリカ、他の先進国には些か魅力に欠けるものの、流布しているさまざまな教訓の中で恐らく最も影響力のあるものである。このバージョンでは、中国経験の中心的要素は、中国の指導者たちが混乱した権威体制を立て直し、劇的に修正したが、しかし依然として権威主義的な体制の樹立に成功した点にあると見なされており、その新しい体制は経済的利益を高め、そうした利益を人口の大多数へ分配するのに成功したのである。これを協議型、成長主導型の権威主義と命名していいかもしれない。

「権威主義的改善」における中国経験の適応は、いくつかの鍵に要約できる〔★6〕。

①外の支配あるいは国際的不安定のいずれにも屈することなく、国家が国内の経済改革を追求できる本質的前提条件として、国家主権を何よりも強調する（したがってこのバージョンは、国際的経済力の支配を重視し、一国政府の重要性または操作性の余地を小さくするグローバリゼーションの考え方と真っ向から衝突する）。

②経済の中核部分に対する統制を維持しつつ、市場経済全体を自由化する。市場は全ての配分決定の基礎であるが、政府の所有権、あるいは政府との関係の密な顧客ないしは支配グループによる所有権は、自然の、ないしは政策に基づく参入制限のある部門を支配している。

③市民社会と反対グループの自主権を制限しながら、協議機関を創設する。社会グループが政策に影響を与える公式手続きを確立するが、体制による専制的枠組みを受け入れるようにその影響力を条件付ける。競合する社会的協議事項（アジェンダ）を理解し、積極的に予防するように努める。下位の役職に競争的仕組みを導入することで、政治的係争を管理する。

④政府支援のインフラ開発と技術的改善。緩やかな、分断された「ブログ空間」を許容しつつも、電気通信体系を築くことが何よりも重視される。

⑤国際的な経済、政治的連携を促進する。

このバージョンの中国モデルは、アジア太平洋地域においてそれほどはっきりとした影響は認められないが、他の途上国世界には広く拡散していった。ミャンマーは、確かにこのバージョンの中国モデルに魅せられている（北朝鮮は明らかに違うが）。この［中国モデルの］定義では、ロシアはいまや中国モデルに追随しているし、エジプトやカザフスタンもそうである。このモデルはアフリカでも、またヴェネズエラ、ボリヴィア、エクアドル、ニカラグアといった一部のラテンアメリカの地域でも、広い影響力を持っている。とはいえ、一国としてこのモデルを適用した例はない。

この「モデル」は、開発の諸目標に重大な変更を滲ませている。それは代議制民主主義と無制約の市場行動に直接挑戦し、安定を作り出すために政府統制が決定的役割を担い、国家的自主性を維持し、それにより他の開発目標を推し進める。これに対して、前述した実用主義的自由化モデルはワシントン・コンセンサス政策に挑戦するものの、開発の諸目標には一切手を付けない。それは、開発は民主的な、規制された市場経済を伴った繁栄した社会を究極的にはもたらすという見方と整合的である。中国モデルのこれら二つのバージョンの違いがなぜ大事かというと、中国経験が肯定的（ポジティブ）かどうか、それに中国経験を真似るのはいいことなのかどうか、この点について人々がどのような態度を取るのかが分かるからである。途上国では、一九九〇年代に登場した民主主義と市場経済を是とする大まかなコンセンサスは大きく後退してきたが、それは権威主義的指導者たちの間だけではない。あるものはこれを脅威と見ており[★7]、異なる評価基準は中国経験に対する違った理解を生み出している。

もっとも、ここでの焦点は、政治的民衆モデルと経済的民衆モデルの違いにおける第二の側面である。つまり、政治モデルは権威主義的体制（レジーム）の構造や制度の意識的、意図的修正を強調する。政治モデルにおいては、権威主義的政府は圧力を受けて、その結果、その政権が続くように新しい政策や組織モデルを経験してきたと見られる。言い換えれば、政権（レジーム）は組織として革新的なのである。経済モデルは、その民衆的な形態では、目的的な修正や制度的創造性を全く無視する。経済モデルにおいては、政府が退き、市場が進み出る。もし政治的変化について仮に議論されるなら、政治的変化＝民主化となり、そうした議論は棚上げされたと見なされる。

事実、近代化された権威主義モデルは、民衆的な経済通念よりも中国における変化の過程を実際よく説明している。中国の漸進的市場化を、単なる国家の退場と自律的市場局面の復活と表現するのは正確ではない。そうではなく、市場化は常に制度的適応と革新のプロセスを伴ってきた。その制度的適応は、中国的環境に特有な特徴と、より具体的に言えば、経済の経済的側面から統治的側面へ向かう権威と委任の連鎖と、これまで密接に結びついていたのである。このことは、中国が開発した上述の具体的移行制度を考えてみれば、一目瞭然である。郷鎮企業は中国固有の環境と明らかに連なっていたし、どの国もまだそれを借用しようとはしていない。郷鎮企業は、財産権について独特な妥協に依存していた。この妥協を、中国の現存の行政的階層機構という枠組みの中で可能にするために、この階層機構を新しい制度と両立できるように繰り返し適応させることが必要だった。予算的配置は緩められたので、郷鎮企業とその地方政府なる所有者が増収の大部分を確保できたし、また人事権を持った上司が成績のいい経営者と村の役人たちを長期間留任させ、長期的な経済成長の課題のために適正な時間軸を取ることができたのである。言い換えれば、適正な刺激を与え、政府政策の継続的実行を保証するように、現行の行政的階層機構を繰り返し適応させたのである。

同様な事例は、「双軌制」体制移行戦略に関しても見られる。繰り返すが、双軌制は計画経済を単に止めただけだったら生まれなかった。それを動かすために少なくとも三つの積極的政策措置が必要だった。一つは、義務的産出計画は、個々の企業が市場のために生産する能力を十分持てるよう緩やかな水準に設定するか、固定しておかなければならなかった。第二に、企業の経営者は利潤増大に金銭的関心を持たなければならず、金銭的刺激システムの実験化(一九八〇年代の初期と半ば)は、双軌制の広範囲な採用(一九八〇年代半ばから末にかけて)の中心的前提条件だった。第三に、そして誰も全くと言っていいほど気づいていないが、行政的階層機構それ自体は、それとこの種の利潤志向的活動とを両立させるために、再構成され、新しい一群の刺激が与えられなければならなかった。事実、一九八〇年代と九〇年代を通して、中国はその階層機構体系の大規模な改革を実施した(Naughton 2008)。これらの改革は、刺激と昇進に関する古い政策を完全に反古にし、それをもっと明示的な、もっと精力的な、もっと経済成長に焦点を当てた一連の刺激策に取って替え、またこれらの改革は、もっと予測可能でもある、新たに出来上がった昇進コースに対応したものだった。こうした変化は、国有企業経営者の刺激と両立可能なように、階層機構にある官僚たちの注目と行動様式に再度焦点を当てるものだったし、そして双軌制を定着させ、究極的には経済を計画から［抜け出して］成長させるようにさせたのである。

これらの制度的適応の一つ一つが、面倒なトレードオフ、明らかな費用と便益を含んでいる。それぞれの制度的革新には、全く望ましいとはいえない既存の権力保持者たちとの妥協——ただし、その革新の成功を保証してきたものの一部に既存の権力保持者たちによる互選があるが、それは別にして——が含まれていた。これらの制度的革新のどれ一つとして「最良のもの」はない。なぜなら、市場の著しい歪みを受け入れ、永続化させ、他方で、曖昧さのない財産権と新しい公正な規制を恒久的に組み込んでいないからである。中国的やり方の本質的な「柔軟性」と「実用主義」は、よく見てみると、中国型システムの制度的特異性と深く絡み合っていることが分かる。Heilmann (2008a) が示しているように、中国の実験は政治体制に埋め込まれており、「階層機構の影の下での実験化」と特徴づけられる。これが現実であり、ときとして中国の改革派に帰せられる偏見のない経験主義という暗黙のモデルとは相当かけ離れている。

その結果、改良型権威主義の中国「モデル」は、借用ないしは複製可能な具体的制度を実際にはほとんど提示していない。中国方式の非凡なところは、既存の権威主義的階層機構に制度を創造的に適応させ、経済的変革への地ならしをしてきた点にあった。しかし、制度的適応はそれゆえに、全く違った制度的特徴を有する他の経済が、たとえ同じように権威主義的だったとしても、模倣するのに明らかに向いていない。中国だけが独特なのではない。制度的文脈と賦存《ふぞん》状況において、全ての経済が独自性を有し、他とは大きく違うのである。したがって、中国の政治モデルはある国にとって魅力的かもしれないが、他の国には悪夢みたいなものだろう。だがいずれの場合もその移転可能性には限界がある。それは至るところで中国的思想を受容するかどうかに関わってくるが、それ自体経済開発問題の実践的解決策を提供するものではない。

他方で、権力の集中——それは、中国が権威主義的秩序を市場化と融合させたことの必然的結果なのだが――はまた、中国勃興の持つインパクトに影響を与える。中国の相対的「比重」は高まっているが、それは単にその膨大な人口のためではなく、国内に二つの世界最大の組織、つまり七一〇〇万人の党員を有する共産党と、一〇五〇万人の人員を持つ集権的政府があるためでもある。これらの組織が協調して動けるとすれば、中国の対外的インパクトを大いに強め、迅速で断固とした手段で状況に反応する能力を与える。無論、そのような党と政府の協調した行動は、明確な優先順位が決められるという例外的状況においてはじめて可能である。通常の状況では、これら巨大組織は同じく巨大なエージェンシー問題に直面しているし、複数の一貫しない協議事項にかかわっている。二〇〇八年一一月以来、中国が前例のない速度で大規模な刺激策を次々と打ち出すことで、グローバルな経済危機に対処したときに、これらの組織は協調行動を取っていた。この場合、明らかに経済力の集中は中国だけではなく、中国が危機から早く回復すれば積極的な波及効果が期待されるその他の国々にも利益になるように作用したのである。

だが同時に、政府、党およびビジネス間の関係は、相互の間に疑念や抵抗を必然的に生み出すし、したがってまた中国の実効力を損なう。この複雑な反応は、二〇〇九年初め、中国が世界各地で天然資源を投げ売り価格で買い付けようと支払い準備をしているときに、十分見て取れる。政府は、原油パイプラインと一〇年供給契約の代わりにロシアに二五〇億ドルの融資に合意する一方で、同時に資金力のある重要中央政府直営会社中国国営アルミ(Chinalco)は英豪資源巨人会社リオ・ティントに資本参加しようと一九六億ドルを申し出た。最初は天然資源部門への資金供給が落ち込んだためにその提案は歓迎されたが、結局は国営アルミによる資源目的の入札は失敗した。確かに、金融市場の一時的回復のせいもあったが、中国の入札に政府と企業の利益が絡んでいたことが不安を呼び起こし、そのことが取引不成立の大きな原因となった。したがって中国の影響力は、権威主義的構造により強くもなるし、弱くもなる。権力の集中は魅力的でもあるが、同時に反発も招く。

5 結論と考察

中国の影響力はめざましく大きくなってきたが、まだ限界がある。中国は特定分野に影響力を発揮するが、オールラウンドにではない。中国にはまだスーパー・パワーたる影響力がない。太平洋地域周辺では、中国「モデル」の解釈如何によってこの国にひかれる国もあれば、反発する国もある。同時に、各国の中国との経済関係は典型的にアンバランスであり、中国は供給者として、顧客として、あるいは競争相手として大きく見えるが、これら三つを同時に兼ねているわけではない。二一世紀を展望したとき、中国の影響力のパターンが拡大し、今日の中国を縛っている国境を突き破るのはどのような要因によるのだろうか。中国がもっと高い水準の影響力のある国へと動いていくには、三つの重要な潮流がある。消費者の豊かさの向上、中国モデルのより広い、正確な解釈、そして一層の経済的開放、がこれである。これらの潮流は不可欠なものではないものの、中国が発展し、その影響力を広めて行く最も可能性の高い方法を示している。

中国の消費者は奇跡の成長に遅れてきた。一面、これは発展段階の単なる反映に過ぎない。中国の二〇〇八年における一人当たりGDPは三二五〇ドルであり、世界銀行が二〇〇六年に設定している「下位中所得国」と「上位中所得国」の境界線三五九五ドルに近づいているものの、まだ下回っている(WDR 2008, p.331)。この数字は、中国がまあまあ快適な生活水準［小康水準］の入り口に立っていることを示している。しかし、経済が投資に集中するために、中国の消費者がその一人当たりGDPからすれば標準よりももっと豊かな生活をしていいはずである。絶対的貧困はまだ中国における重大な問題であり、全体の生活水準は先進国をはるかに下回っている。中国の成長力が続いているので、生活水準はいま先進国とのギャップを縮め始めるだろう。中国が都市型の中所得国になるにつれ、中国の文化、創造性、それに消費者市場は外国にとって大事なものになり始めるだろう。このことが、より広範囲に中国が登場してくる上での前提条件である。

第二に、中国の繁栄が進むにつれ、世界にとって中国「モデル」の新しい解釈を求める機会が出てくるだろう。中国は今日、系統的にその「ソフト・パワー」を拡大し始めたが(Kurlantzick 2007)、このソフト・パワーが発揮されるには多くの障害がある。一方では、中国「モデル」が何であり、あるいはいかなる教訓がそこから引き出せるのかについて、完全に一致した意見(コンセンサス)はない。実際、先に見たように、中国「モデル」には少なくとも二つの、両立しないバージョンがある。つまり、一つは中国の達成に対する経済的含意を、もう一つは政治的含意を強調するものである。両者の間には確かに「北京・コンセンサス」はない。さらに、中国の体制移行過程には際だって多種多様な独特な制度があるが、他の途上国が見ならうべきだと責任をもって勧められるような具体的制度は(経済特区という特別な例を除き)ない。さらに重要なことは、実用主義的な経済自由化モデルにひかれる人々と同じくらい多く、改良型権威主義の中国モデルに反対する人がいる。結局、目下の所理解されているような中国モデル(複数)は、世界における中国の影響力に大して貢献していないのである。

とはいえ、もし中国が適応し、自由に政策を打ち出し続けるなら、新しいバージョンの中国モデルが登場するかも知れない。そのモデルは、中国が作り出してきた具体的制度ではなく、むしろ制度的革新が生まれる過程に焦点を当てることで、既存の単純化されたモデル(複数)の限界を超越することになるだろう。この新しいモデルは、以前中国でそうだったように、全体的な「将来の志向(オリエンテーション)」を例示する全国政府と、全てに先んずる目標として成長の意識的選択(これはすでに成長と開発委員会による主な勧告の一つだった)から始まりそうである。そうした将来の成長志向は、否応なくインフラ投資率を引き上げることに集中するだろう。今日多くの国が、世界的経済危機に直面して、中国もそうであるが、一連の景気刺激策としてインフラ投資計画を大々的に打ち出している。この潮流は基本的に正しく、奨励されていい。より根本的には、中国はこの将来における成長志向を実現するために、既存の諸制度を広範囲に「再目的化」[再利用]してきた。全く新しい人々が新しい行政機能を担うべく導入された、という例を中国ではほとんど見たことがない。その代わりに、既存の組織に市場経済ともっと両立するように使命をシフトさせる刺激を与えてきたのである。その結果、多くの中国の制度的革新には、既存の権力保持者と、より効率的で成長志向的政策の必要との間での、駆け引き、ないしは契約という特質が見られる。すなわち、既得権層が新しい制度的枠組みに入っているのだから、制度的変革は引き続きなされる。彼らの利益はある程度まで保護される。たとえば、官僚たちが新しい会社および新しい規制機構に入るような方式がそうである。広義にはこういえるだろう。つまり、体制移行全体のプロセスがそうしたパターンにはまっている。というのは、共産党の指導者たちが市場化過程に利害関係を持ってきており、市場化が自分たちと家族に利益になるだろうと正当にも確信しているからである。もし中国の改革プロセスを成長志向的改革派と既得権層との間のコース的取引[☆5]だと見るなら、そのほとんどの重要なダイナミズムを理解できる。経済民族主義は各種のグループに通じ合う共通言語を与え、拡張する経済にその取引を完成させる資源を提供しているのである。

続けていえば、中国はこれまで制度的革新——たとえこれらの革新のほとんどが失敗しているとしても——に有利な環境を創り出す動力だった。中国型体制は、政治的企業家精神[☆6]が報われるように作られている。その意味で政治体制は経済体制に似通っている。投資と企業家精神は報われ、他方失敗の費用は体制全体に拡散している。地方政府の役人たちは北京の注目を集め、最終的には自らの昇進に結びつくかも知れない地方の事業計画を推進することで、彼らの「動物的精神」[☆7]を発揮する豊富な機会がある。これは多くの無駄を生み出すが、多くの制度的革新も編み出せる。中国の規模と疑似封建的政府構造のおかげで、革新者は失敗したとしても体制に著しい被害を与えるわけではない。ヘイルマンが示しているように、地方の実験化は階層機構の影の下でなされている。そのために実験は失敗しそうになると、あるいは手に負えなくなりそうになると、しばしば制限されたり、あるいは中止させられたりする。最後に、中国では成長や制度的枠組み、それに適切な戦略的志向をめぐって頻繁に議論や論争が行われている。中国における経済選択をめぐる論争は、欧米における似たような議論と少なくとも同じ程度に幅の広い代替案を巡ってなされる。議論はすさまじく活気を帯び、広汎な選択肢（オプション）に亘ってなされている。議論はしばしば未来志向であり、「計画化」を伴っている。大変な量の計画化が中国でなされており、その多くは非現実的でかつ時代錯誤に見えるため、外部の者には理解が難しい。だが、これらの計画化を実施していることは、政策当局者が自らの期待や目的を明示するように強いられていること、それに失敗が認識されていることを意味している。もちろん、失敗は公然となっていないが、内部の者には明らかなことである。政策は、それゆえ継続的な評価と再評価、それに定期的な中間的調整に曝されている。

中国「モデル」のこの潜在的未来バージョンの中では、制度的創造性、包括性、そして恒常的になされる再評価が、中国の経済的成功を実証したと見なされよう。うまくいけば、この生き生きした躍動的プロセスは、中国の政治経済体制をさらに開放的な方向に動かし続けるだろう。これは中国が全面的な国際的影響力を発揮するための最終的な要件である。もし中国の経済体制がもっと影響力を持つなら、それは国際資本移動、多国籍企業（中国自身の企業を含む）、人材の双方向の移動に対してもっと開放的にならなければならない。そうなるには、同じような開放性が政治体制にも徐々に導入されなければならないだろう。こうした変化は中国の現状では予測困難であるか、時には識別することさえ難しい。しかし、中国が現在世界において発揮している限定された、部分的でバラバラな性質の影響力を克服し、総合的なグローバル・リーダーになるには、このような次の段階の開放性が求められる。

（訳　中兼和津次）

参考文献

Chang, Chun and Yijiang Wang (1994), "The Nature of the Township-Village Enterprise," *Journal of Comparative Economics*, vol. 19, pp. 434-452.

Che, J., and Qian Yingyi (1998), "Insecure Property Rights and Government Onwership of Firms," *Quarterly Journal of Economics*, vol. 113, no. 2, pp. 467-496.

Commission on Growth and Development (2008), *The Growth Report: Strategies for Sustained Growth and Inclusive Development*, Washington, DC: World Bank. Accessed at http://www.growthcommission.org/index.php?option=com_content&task=view&id=96&Itemid=169

Economist (2008), "China's reforms: The second Long March," *The Economist*, Dec 11th 2008. Accessed at http://www.economist.com/world/asia/displayStory.cfm?story_id=12758848&source=most_commented.

Heilmann, Sebastian (2008a), "Policy Experimentation in China's Economic Rise," *Studies in Comparative International Development*, 43:1 (March), pp. 1-26.

Heilmann, Sebastian (2008b), "Authoritarian Upgrading? The Innovative Potential of China's Economic Governance," paper prepared for the conference "Three Decades of Reform and Opening: Where is China Headed?" Boston University, December 8, 2008.

Heydemann, Stephan (2007), "Upgrading Authoritarianism in the Arab World," Brookings Institution, Saban Center for Middle East Policy. Analysis Paper No. 13 (October). Accessed at http://www.brookings.edu/~/media/Files/rc/papers/2007/10arabworld/10arabworld.pdf.

Huang, Yasheng (2008), *Capitalism with Chinese Characteristics: Entrepreneurship and the State*. New York: Cambridge University Press.

Kurlantzick, Joshua (2007), *Charm Offensive: How China's Soft Power is Transforming the World*, New Haven: Yale University Press.

McMillan, John and Barry Naughton (1992), "How to Reform a Planned Economy: Lessons from China," *Oxford Review of Economic Policy*, 8:1 (Spring).

National Bureau of Statistics (2008), *Zhongguo Fazhan Baogao*, Beijing: Zhongguo Tongji.

National Bureau of Statistics (2009), "Statistical Communique of the People's Republic of China on the 2008 National Economic and Social Development," February 26. Accessed at http://www.stats.gov.cn/enGliSH/newsandcomingevents/t20090226_402540784.htm

Naughton, Barry (2007), *The Chinese Economy: Transitions and Growth*, Cambridge, Massachusetts: MIT Press.

Naughton, Barry (2008), "Market Economy, Hierarchy and Single Party Rule," in Janos Kornai and Yingyi Qian, ed., *Market and Socialism Reconsidered (with Particular Reference to China and Vietnam)*, London: Macmillan, for the International Economic Association. pp. 135-161.

Pilling, David (2008), "China's 'warp-speed' industrial revolution," *Financial Times*, December 17. Accessed at http://www.ft.com/cms/s/0/db443b20-cc5b-11dd-9c43-000077b07658.html.

Qian, Yingyi and Barry Weingast (1997), "Federalism as a Commitment to Preserving Market Incentives," *Journal of Economic Perspectives*, 11 (4), Fall, pp. 83-92.

Qiany, Yingyi and Chenggang Xu. (1993), "Why China's Economic Reforms Differ: The M-Form Hierarchy and Entry/Expansion of the Non-State Sector," *The Economics of Transition*, 1 (2), June, pp.135-170.

Ramo, Joshua Cooper (2004), "The Beijing Consensus," London: The Foreign Policy Centre.

Rodrik, Dani (2007), *One Economics, Many Recipes: Globalization, Institutions, and Economic Growth*, Princeton: Princeton University Press.

Seib, Gerald (2008), "U.S. Woes Open Door for China," *Wall Street Journal*, December 23, 2008, p. A2.

Spector, Regine A. and Andrej Krickovic (2008), "Authoritarianism 2.0: Non-Democratic Regimes are Upgrading and Integrating Globally," paper Presented at the 49th Annual International Studies Association Conference, San Francisco, CA. March 26, Accessed at http://www.allacademic.com//meta/p_mla_apa_research_citation/2/5/3/0/9/pages253098/p253098-1.php

Stiglitz, Joseph (1999), "Whither Reform? Ten Years of the Transition" Washington, D.C.: Annual World Bank Conference on Development Economics.

World Bank (2008), *World Development Report* (Annual), Washington, DC: World Bank and Oxford University Press.

原註

★1――この数字は、政府支配株式会社を含む最も広い意味での国有企業概念に基づく。『統計摘要二〇〇八』一三四頁。

★2――皮肉なことに、インドは自らの輸出加工区を一九六五年というとうの昔に作っていたが、うまくいかないと実験化の道を諦めてしまった。「(インド特区の)提案の主唱者である商工省のムラソリ・ムラン氏は中国の特区の驚くべき成功にいたく感激したものである」（インド関税委員会議長）アショク・クンドラ「特区 その成果は?・」『ヒンドゥー』二〇〇一年八月一六日、http://www.hindu.com/thehindu/2001/08/16/stories/0616001.htm

★3——Ramo (2004)。そこでは「北京・コンセンサス」なる用語が提示されているが、それ自体、現実味に乏しい想像力溢れる表記の印象論的表現である。

★4——比べてみると、アメリカでは家計消費は二〇〇一年以来ずっとGDPの七割を少し上回っている。近年のアメリカの数値はアメリカ基準から考えても非常に高いレベルで推移している。一九五〇年代から一九八〇年代までアメリカの家計消費はGDPの約六二パーセントだった。無論、中国は一九七〇年代の日本にはるかに近い。一九七〇年から七三年の間、日本はGDPの四九パーセントを家計消費に、三七パーセントを固定資本形成に投下した。したがって一九九〇年代の中国は一九七〇年代の日本に似ているが、中国の消費割合が二〇〇〇年代にさらに低下したのに対し、日本では一九七〇年代初めは高投資／高成長時期の最後の数年間にあたっていた。

★5——のみならず、国内企業は三〇〇億ドルのICを生産し、二四〇億ドル輸出していた。国内企業は、自分たちの生産したICが国内需要に必ずしもそぐわない、比較的廉価な品物なので、生産の三分の二以上を輸出している。

★6——これらのポイントの析出に当たってはHeilmann (2008b)、Heydemann (2007)、Spector and Krickovic (2008) を参照している。彼らはそれぞれわずかに異なりつつも、しかし一貫したバージョンの説明をしている。本章での解説が彼らの分析を時折、過度に単純化してしまったきらいがあることをお詫びしたい。

★7——「途上国が世界金融市場における一大異変を見て、中国の一種の中央統制資本主義であるモデルはアメリカ型の無制約な資本主義より魅力的だと結論付けるかも知れない——いま危険なのは、途上国が好ましいアプローチだとして管理された重商主義を持つ中国的統治モデルの方に傾きかねないことである」(Seib2008)

訳註

☆1——ブリコラージュ（Bricolage）は、「寄せ集めて自分で作る」「ものを自分で修繕する」こと。「器用仕事」とも訳される。元来はフランス語で、「繕う」「ごまかす」を意味するフランス語の動詞“bricoler”に由来する。ブリコラージュは、理論や設計図に基づいて物を作る「エンジニアリング」とは対照的なもので、その場で手に入るものを寄せ集め、それらを部品として何が作れるか試行錯誤しながら、最終的に新しい物を作ることである。フランスの文化人類学者・

クロード・レヴィ＝ストロースは、著書『野生の思考』(一九六二年)などで、世界各地に見られる、端切れや余り物を使って、その本来の用途とは関係なく、当面の必要性に役立つ道具を作ることを紹介し、「ブリコラージュ」と呼んだ(フリー百科事典『ウィキペディア(Wikipedia)』より)。

☆2——管制高地(commanding heights)とは、元来が軍事用語で、そこを支配すれば周囲を制圧できる高地を指す。経済分野ではレーニンが一九二一年にネップ(新経済政策)を合理化するために持ちだした概念で、農業や中小企業を民間に任せても、国家が重工業や銀行、外国貿易といった「管制高地」を支配すれば全国民経済を社会主義的統制できると考えたもの。

☆3——MBO(management buy-out)とは、国有(あるいは公有)企業の民営化方式の一種で、企業を経営者(グループ)が買い取る場合を指す。従業員も企業資産の買い取りに参加する場合をMEBO(management employee buy-out)という。

☆4——中国語の標準語をマンダリンといい、標準語で歌われるポップをマンダリン・ポップという。それ以外に福建語ポップや広東語ポップが中国やアジアで歌われている。

☆5——「コースの定理」は次のように解釈される。経済主体Aの生産活動が、公害などの発生で、経済主体Bに(市場を経由しない)損害を与えるとしよう。このとき、Aが利己的に利潤最大化を達成することは、社会全体で見れば最適なことではない。Aが、自分の生産にあたって、Bに与える損害を考慮しないからである。では、このとき、Aに「社会的に見て最適の量」を生産させるにはどうしたらいいのだろうか。「コースの定理」は、以下の真反対に見える二つの方法が、結局のところ、社会的最適性の実現という意味で同一の帰結を与える、と主張するのである。ひとつは、AがBに賠償をすることであり、もうひとつは、BがAに補償をすることである。http://wiredvision.jp/blog/kojima/200710/2007100411100.html

☆6——ここでの政治的企業家精神とは、地方の政治家たちが自分で新しい政策を創出するなどして利益を得ていることを指している。

☆7——「動物的精神(animal spirits)」ないしは「血気」とはケインズが言い出した概念で、企業者は「血気」を持っていて、それが投資の源泉になっているという考え。

中国と中国モデルの影響力

――ノートン論文へのコメントに代えて

中兼和津次
NAKAGANE Katsuji

好むと好まざるとに関わらず、中国（ここでは台湾や香港を含まない、通常いわれる大陸中国を指す）が今後も成長を続け、ますます巨大な存在になっていくことは否定できない事実である。この中国の成長は正直言って私にも予想外だった。九年ほど前に『経済セミナー』から依頼を受けて、「中国はアジアの中心になれるか」と題するエッセーを書いたことがある（中兼、二〇〇一年）。恥を忍んでその前半部分を以下に再録する。

将来予測は簡単ではありませんが、例示として次のような予測を立ててみましょう。今後二五年間に日本が平均一・五パーセント、また中国が六パーセントで成長するとします。またその間為替レートは変わらないとします。その時、両国のドル換算した経済規模は一九九八年が中国一〇〇に対して日本が約四〇〇だったのが、二〇二五年には中国一〇〇に対して日本が一八〇と両者の格差は縮小します。その間日本の人口はむしろ減少し、中国のそれは若干増加しますから、一人当たりの格差にしてみると格差はそれより拡大します。もしも日本経済が構造転換に成功し、現在の欧州並の成長率三パーセント前後を数年後、あるいは一〇年後に達成できるなら、格差はさらに拡がります。もちろん、この予測は中国の成長率に大きく依存しており、七パーセント以上成長できるという立場からすると中国に対して悲観的過ぎるし、逆に難問噴出だろうからこの予測は楽観的すぎると主張することもできましょう。しかし、政治や国際環境が大きく変化しなければ、六パーセント程度の成長率はほぼ妥当な推計だと考えられます。（文中の図表は省略した）

この予測では、中国が日本に追いつくのは二〇二五年以後ということになる。

その後、CIAは二〇二〇年にドルで測った日中GDPの逆転が起きるだろうと予測し、またゴールドマン・サックスも中国の成長を予想して、二〇二〇年よりもっと前には日本を追い抜くだろうと見ていた（Goldman Sachs 2003）。しかし現実には私の予測はもとより、CIAやゴールドマン・サックスの予測をも大きく上回り、早ければ二〇〇九年には中国は日本を追い越すだろうと見られている［★1］。二〇〇八年秋の世界的金融危機以後、日本経済の回復は遅く、他方中国は積極的マクロ経済政策が功を奏して順調に回復軌道に乗っており、よほどのことがない限り、遅くとも二〇一〇年には世界第二位の経済大国の地位を日本は中国に奪われることになる。日本ばかりではない。アメリカさえも、一部の予測では二〇二〇年以前には中国に追い抜かれると見られているし、このまま行けば、中国が早晩世界最大の経済力を持つことは間違いないだろう。ゴールドマン・サックスはすぐその後にインドが続くと見ている。

もちろん、中国が無限に成長を続けるとは思わないし、一定段階を経て、ほとんどの高度成長国がそうだったように、成長力が落ちることは確実である。安い労働力を供給してきた「過剰労働」は、いずれ経済の転換点を迎えて消滅すると予想される。ただし、中国経済の成長力の、しかも急激な低下はそれほど近い将来に起こりそうにもない。そのことが、少なからぬ「アンチ中国」人士には不愉快であり、苛立たしく、少しでも「中国没落」の時間表を早めようと、一所懸命に中国の「アラ探し」をする。しかし、腐敗や格差拡大、環境悪化などさまざまな困難や課題を抱えながらも、中国経済がなぜこれまで長期にわたって成長できたのか、好き嫌いとは別に考える必要があるのではなかろうか[★2]。もし中国が近々分裂する、あるいは崩壊、没落するなら、政治的、経済的大混乱の国際的波及という否定的な面はあっても(そのこと自体、想像するだに恐ろしいことになりそうだが)、その肯定的な影響力についてはまともに考える必要はないだろう。しかし、そうではなく、今後二〇年、あるいは五〇年にわたって中国がしぶとく大局的に見て成長し続けるとしたら、一体どれほどの積極的な意味での影響力を隣国のみならず、世界に与えるのだろうか?

外的な影響力には二種類あるように思われる。一つは外に向かって押し出す力のことであり、いわゆるインパクトとはこうした影響力のことを指す。もう一つは引っ張る力であり、吸引力といってもいい。貿易には輸出と輸入があり、投資にも対外投資と対内投資の両面がある。

一国経済が国際的に影響を及ぼす回路は、大別すれば三つある。一つは貿易や投資といった純粋に経済的回路である。もちろん、援助や技術輸出といった回路もあるが、それは経済的回路の一種である。もう一つはモデル効果とでも呼ぶべき回路である。すなわち、その国がいかなる政治経済モデルを持ち、そのモデルが国際的にどのように波及し、影響力を強めているか、という効果である。これは目に見えないだけに、一種の文化的性格をも持っている。最後に国際政治的な、あるいは軍事的な影響力という回路もあるだろう。一国経済が力を付ければ、政治的にも、外交的にも、さらには軍事的にも他国に対して交渉力を持つことになるだろうし、吸引力になる場合もあれば時には脅威にもなりうる。まして巨大な人口と急速な経済発展を遂げている中国の場合、その経済力は大変な政治力にもなれば外交資源にもなるし、軍事費の驚くべき伸び率はアメリカにとってさえ、少なくとも潜在的に一大脅威になっている。

ノートンは論文の中で、貿易・投資効果の面では中国の影響力は高まるものの、モデル効果の面では限られていることを強調している。彼はモデルを経済と政治（経済）に分ける。その上で前者に関して中国は郷鎮企業や双軌制、それに経済特区といったユニークなモデルを生み出したものの、それが他国に伝播することはほとんどなかったとする。こうしたモデルは中国の特殊な事情や歴史的背景の下で生まれてきたものであり、環境が違えばそうしたモデルは生きてこないからである。他方中国の政治モデルは、周知の権威主義体制であるが、ただし「改良された」権威主義体制であって、単純な独裁体制ではないのが特色である。このモデルに引きつけられる国は途上国に多いとはいえ、そっくり模倣している国はない。いずれにせよ、モデル面での中国の影響力は限られているというべきだろう。

確かに中国は社会主義から資本主義への体制移行に当たって「漸進主義」といわれる独特の戦略と方式を採ってきた。しかもショック療法を採ったロシアに比べて高い成長を維持してきたが故に「成功だった」と評価されている。ではこの方式は他の移行経済国に移転・移植できるのだろうか。ノートンの結論はノーである。この方式は現実との対話の中で生きてくる。各国が異なる現実を抱える以上、中国のやり方をそのままコピーすることはできない。

ノートンが唱えた「計画からの（計画から抜け出た）成長（growing out of the plan）」論という著名な説がある（Naughton 1995）が、ここで述べられているのは計画を土台にした成長のことではない。市場の自己拡大作用によって計画の綻びが生まれ、そこから拡大した市場が経済全体を押し上げるというモデルである。このモデルでは、計画を突き破ろうとする無数の企業家が存在しなければならない。中国のような市場経済の伝統があるならまだしも、それがない体制に適用できるはずがない。

ノートンは、制度的創造性、包括性、そして恒常的になされる再評価を持つ中国「モデル」の将来的バージョンに期待を寄せている。「うまくいけば、この生き生きした躍動的プロセスは、中国の政治経済体制をさらに開放的な方向に動かし続けるだろう。これは中国が全面的な国際的影響力を発揮する最終的な要件である。もし中国の経済体制がさらに影響力を強めようとするなら、国際資本移動、多国籍企業（中国自身の企業を含む）、人材の双方向の移動に対してもっと開放的にならなければならない。そうなるには、同じような開放性が政治体制にも徐々に導入されなければならないだろう」。では、ここで言う政治体制に導入されるべき開放性とはどのようなことを指すのだろうか。

体制モデルという「押し出す」力とは違い、文化的な面での中国の吸引力はどうだろうか。ノートンは「マンダリン・ポップス」の例を引く。それが実際には台湾で作られていることを指摘し、この面でも中国の限界を強調する。中国は日本のアニメや漫画の、とくに子供達への影響力を懸念して、国産のアニメや漫画の育成に力を注いでいる。しかし、上から意図的に作られた作品の評判はよくないようである。

アニメや漫画はともかく、文化の重要な一分野である思想面となると中国の影は一層薄い。革命後、中国はどのような思想的貢献を世界に果たしたのだろうか。ひとはこう言うに違いない。「偉大なる毛沢東思想があるではないか」と。しかし、毛沢東思想に引きつけられた外国人は日本人を含めて文革期に少なからずいたが、今となっては彼らの影響力はゼロであるし、そのほとんどが現代中国に絶望してしまった。中国でも一九八一年に党の「歴史決議」が採択され、毛沢東の行き過ぎと過ちが公式に認められた。現在も「毛沢東思想」は建前上残っているが、その内実は寂しいものである[★3]。

改革開放後には「鄧小平理論」なるものが喧伝されたが、これもはなはだはっきりしない、悪くいえば理論と呼ぶに値しない「理論」である。鄧小平自身、元来理論や思想とは無縁な人間である。よく彼の思想を「実用主義(プラグマティズム)」だという。しかし彼はデューイのようにプラグマティズムを思想の体系として構築したわけではなかった。彼の実用主義とは「白猫黒猫論」、つまり「ネズミさえ捕ればどんな色の猫でもいい」という、目的のためには手段は二の次だとする政治姿勢、そして実践のことである。この「理論」を使えば「資本主義でも社会主義でも、生産力を上げる制度がいい制度だ」ということになるだろう。だからこそ彼は、一九九二年の「南巡講話」で社会主義における市場の活用を訴えたのである。言うまでもなく、彼の実用主義は「共産党支配体制を壊さない範囲において」という限定付きである。

思想という点では、明治期以降(あるいは江戸時代も?)の日本の方がいまの中国よりはるかに活発だった。西洋から観念論や唯物論、ありとあらゆる哲学や学問が輸入されたばかりではなく、禅の思想であれ、あるいは西田哲学であれ、柳田民俗学であれ、はたまた岡倉天心の「アジア主義」であれ、その評価はいろいろだが、ともかく独自の思想や学問が誕生し、また新たな宗教運動が起こったりもした。当時の日本ほどではないが、民国時代の中国の方が現在より思想的に豊かだった。魯迅の文学運動あり、梁漱溟の郷村建設運動あり、胡適の白話運動あり、多様な思想運動が展開されたものである。陳独秀の社会主義理論も新しい思想の一種だった。それに比べると、社会主義革命後、知識人が弾圧されたこともあり、中国では思想が萎縮し貧弱になり、その後遺症は毛沢東絶対体制以後の今日にまで及んでいる。理由は簡単で、一党独裁体制とマルクス主義絶対の思想環境の中で、新しい思想を生み出すために不可欠な自由な発想が制限され、ある場合には許されないからである。その上、改革開放以後、それまでの体制に対する反動からか「市場主義」があらゆる面で浸透し、金銭第一主義の風潮が社会を支配するようになってしまった。

もちろん、この三〇年の間に中国の状況は大きく変わった。タブーだったことも語られはじめ、かつては厳しい非難にさらされた中国共産党の創立者陳独秀も再評価されるようになった(横山、二〇〇九)。欧米や日本からの帰国留学生が大幅に増え、各界の要職に就き始めた。以前は欧米の博士号さえ持っていれば教授職は約束されたものだったが、いまや彼らも就職難である。学術雑誌を見てもかつての硬直した、というより古色蒼然とした「マルクス主義」理論一辺倒から、西側の方法論を取り入れた理論や実証分析が花盛りである。そのため、社会科学院の副院長も歴任した劉国光という大物経済学者が、代表的経済学誌である社会科学院経済研究所発行の『経済研究』に「経済研究はマルクス主義を基本とすべきではないか」と不満をぶちまける有様である。さりとて、世界をリードするような経済学が中国で生まれているわけではない。アメリカ帰りの、ある著名な経済学者は以前「中国独自の経済学」を創出するのだと意気込んでいた。彼は中国人の経済学者として最もノーベル経済学賞に近いと国内では称せられているが、これまでの実績や活動を見ると、その可能性は限りなく小さい。なぜなのか。私の見るところ、現代中国が持っている精神的、思想的風土の影響が大きい。中国人のノーベル賞受賞者は戦後何人かいるが、全て欧米に渡った人であり、一人として大陸から出ていないことは象徴的である[★4]。

果たして今後、中国に文化的求心力は生まれるだろうか。世界における、とくにアジアにおける文化的中心になりうるだろうか。明治期、大勢の清国の若者たちが日本にやってきた。彼らは競って新しい知識と思想を学び故国に持ち帰った。魯迅、本名周樹人もその一人だった。確かに現在多くの若者が中国に留学し、一九八〇年にわずか五七六人だった留学生が二〇〇八年には一〇万六八七〇人まで増えている[★5]。しかし途上国の優秀な若者が中国に新しい知識や思想を学びに行くという話はなかなか聞かない。彼らは欧米に行ってしまうのである。今後、中国が経済的に発展を遂げるにつれて多少事情は変わるかも知れないが、全般的な傾向は変化しないだろう。

経済的にも、国際政治的にも、さらには軍事的にも世界の超大国(スーパーパワー)になっていく可能性を持つ中国から、世界をリードする斬新な学問や技術、そして多くの外国人を引きつけるような新しい思想は生まれそうもない。超大国の資格には経済力、軍事力、そして理念や思想の三つが必要だといわれる。一九世紀のイギリス、二〇世紀のアメリカは確かにそうした超大国にふさわしいものがあった。しかしこれからの中国は、経済力と軍事力だけはこれから突出した力を見せるかも知れないが、第三の要件に欠けている[★6]。

こうしたいびつな構造を中国はいつ変えていくのだろうか。中国が「社会主義市場経済」論を打ち出す前、私は「中国が社会主義である限り発展できないだろうから、恐ろしくない」と述べたことがある。しかし、資本主義化の道を歩み始めた今日、経済的に世界を揺るがす「恐ろしい」力を持ち始めた。そこで、いまその発言を次のように訂正しよう。「中国が共産党独裁体制を取り続けている限り、恐ろしくない」と。中国が本当に恐ろしい存在になるのは民主化した後であろう。ノートンのいう「政治の開放性」とは、結局はこの民主化に通じるものと思われる。民主化した後の中国には一体どんな新しい思想や技術が生まれてくるのだろうか。

冒頭に挙げた二〇〇一年のエッセーを、私は次のように締めくくっている。

とはいえ、中国が今後アジアの経済大国の一つになることは間違いありません。ただ、もっと重要なことは経済規模ではなく、技術、文化、教育といった面で中国が人々を引きつける力を持てるかでしょう。中国が国是とする社会主義やマルクス主義が時代遅れになった現在、そうした点でアジアの中心になる可能性は残念ながらなさそうです。

参考文献

中兼和津次「(特集Q&A　21世紀の世界経済)目覚ましい成長を続ける中国は　アジアの中心になるでしょうか」『経済セミナー』No.五五二、日本評論社、二〇〇一年
横山宏章『陳独秀の時代――「個性の解放」をめざして』慶應義塾大学出版会、二〇〇九年
Goldman Sachs (2003), "Dreaming with BRICs: The Path to 2050", *Global Economics Paper* No.99.

Naughton, Barry (1995), *Growing out of the Plan*, Cambridge University Press.

註

★1――為替レートの要因が効いてくるため、いつの時点の為替レートを採るかによって話は違ってくる。二〇〇一年における公定レートは一ドル＝八・二八元だったが、現在一ドル＝六・八三元となり（二〇〇九年九月一五日現在）、当時に比べ一二パーセントほど元高になっている。しかし、その要因を考慮しても、中国の成長速度は多くの予測を超えるものだった。

★2――私は数年前ある講演で「中国朝青龍説」を唱えたことがある。つまり朝青龍は、確かに態度は傲岸不遜であるが、彼が力士として「強い」ことは認めなければならない。なぜあれほど強いのか、きちんと分析する必要がある、というのがその趣旨である。

★3――毛沢東思想の重要な柱に「大衆から大衆へ」を標榜する「大衆路線」が挙げられている。しかし、毛沢東自身（多数の民衆という意味での）大衆の意見を聞いたことはほとんどなかった。民主主義を否定した「大衆路線」というのは、レーニンが唱えた多数決原理否定の「民主集中制」と同じように、形容矛盾というよりも偽善でしかない。

★4――二〇〇〇年のノーベル文学賞はフランス在住作家の高行建が受賞したが、彼は反体制派であるから、中国政府にとってこのニュースは愉快なことではなかった。

★5――『日本経済新聞』二〇〇九年九月一四日「転機の中国　迫われる大国　新たな試練」。留学生の多くは語学を学ぶ学生たちである。

★6――一九八〇年代の日本は、経済力は優れていたが、軍事力もなく、それに理念や思想の面で弱かった。

重層化するアジア太平洋の地域枠組み

（加盟国は2009年12月現在。オブザーバー参加国は省略した）

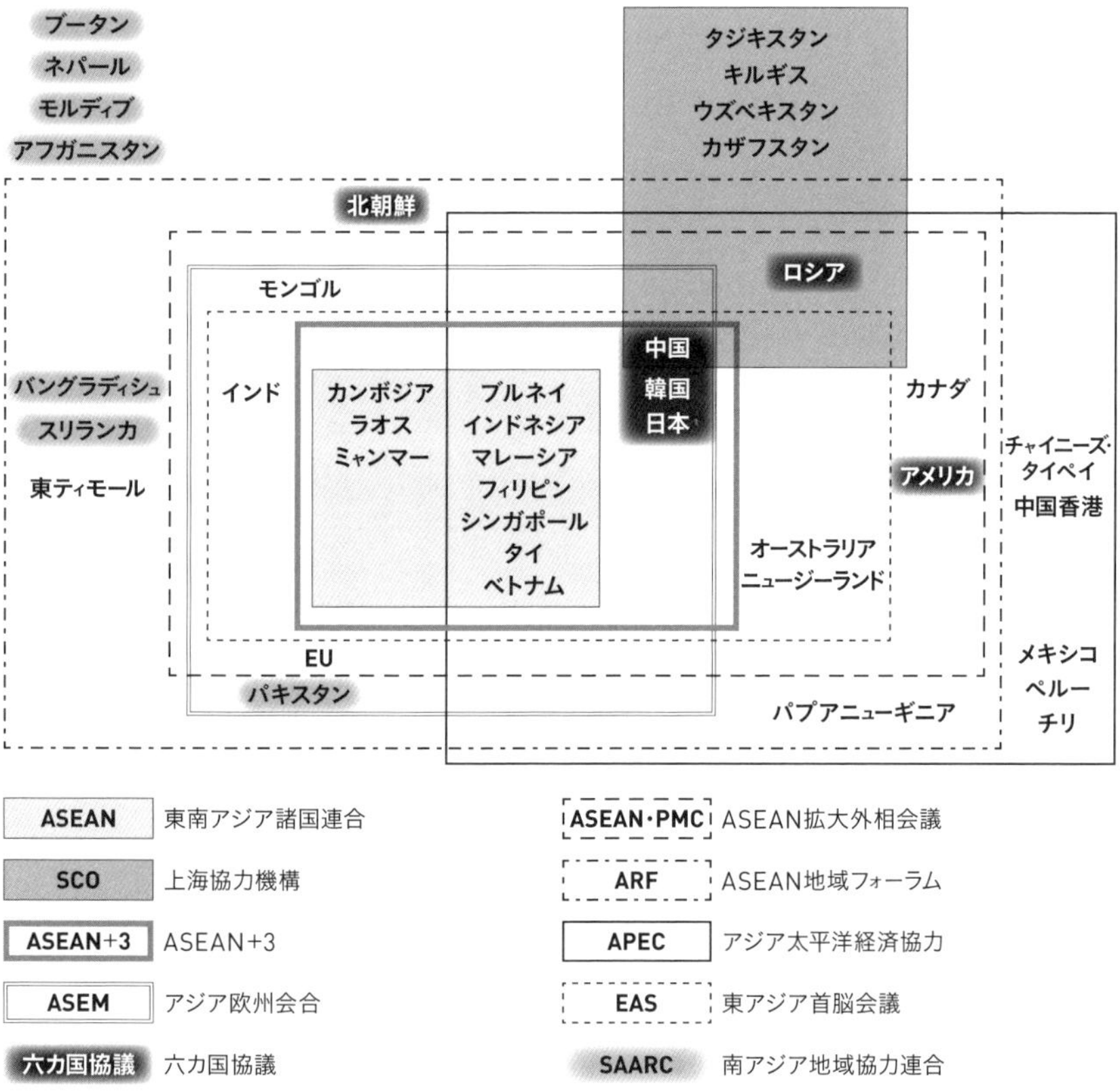

第Ⅱ部

個別の主体の態度と政策

第6章

ASEANの変容と広域秩序形成

山影 進
YAMAKAGE Susumu

環太平洋連帯構想から三〇年。アジア太平洋経済協力（APEC）の閣僚会議が初めて開催されてから二〇年。ASEAN一〇カ国と日中韓三カ国（ASEAN+3）が東アジア協力に関する共同声明を採択してから一〇年。東アジア首脳会議（EAS）が始まって五年。そして、今から五年後にはASEANは共同体になる。

一九六七年に発足したASEANはアジア太平洋で最も歴史のある地域統合体であり、地域的な「共同体」の形成を具体的に標榜している唯一の組織でもある。アジア太平洋の広域枠組みのほとんどはASEAN諸国を包含しており、そのうちいくつかはASEANを母体にしている。今後、アジア太平洋あるいは東アジアが地域的共同体をめざすとするならば、おそらくASEANを含まざるを得ず、もしそうなれば、ASEANのレベルを超える共同体形成は不可能であろう。

今、ASEANは大きく変わりつつある。二一世紀におけるアジアあるいはアジア太平洋の協力・連帯・共同体形成を考察する上で、ASEANの存在はどのような意味を持っているのか。また、アジア太平洋国際関係の中で、どのような役割を演じうるのか。それを論じるのが本章の課題である。

1　広域秩序――日本の視点、ASEANの視点

1　太平構想の時代性と先見性

遡ること三〇年、大平正芳首相が環太平洋連帯構想を提唱したころ、アジア国際関係は、大国どうしの利害と国内問題が絡み合う複雑で不安定な様相を見せていた［★1］。外務省の進める現実の対外政策は、日中平和条約を念頭に置いて、異質な政治体制であるにもかかわらず中国との間に協力進展の可能性が広がっていた。また、東南アジアの安定と発展という安保・経済の両側面から、日本はASEANとの連帯を強化しようとしていた。しかし日本外交の中心は日米同盟であり、それは全ての前提であった。こうした中、首相のリーダーシップの下で、二国間外交を超える地域政策の立案が進んだのである。そこに、通産省がてこ入れしていた民間経済対話（PBEC）が、太平洋を囲む先進五カ国（日本、アメリカ、カナダ、オーストラリア、ニュージーランド）を中心とする地域（Rim）のイメージを加えた。しかし大平構想の地域イメージは、おそらくRimを連想させる「環」太平洋連帯という日本語より、併記された英語の「パシフィック・オーシャン・コミュニティ」あるいはPacific Basin Cooperationの方が適切に示しているであろう［★2］。

もちろん、大平構想の背景となった国際情勢は今日のそれとは大きく異なっている。冷戦が終わってから二〇年過ぎ、日本の直面する安全保障の課題も様変わりした。中国の存在感は比べものにならないほど高まった。APECに参加して以来、広域秩序への取り組みは日本国内でも徐々に積極的に評価されるようになった。自由貿易協定に対する態度も一八〇度転換した。しかしながら、日本が地域秩序を構想するとしたら、考慮すべき課

題は驚くほど変わっていない。とくに顕著なのは、中国とアメリカとの「間合い」の取り方である。対米関係・対中関係という二国間外交の相互連関、さらには地域としてまとまって協力する中身について、日本の態度は今日でも大きな問題である。地域のアイデンティティやメンバーシップというシンボリックな問題が、国際関係の場でも日本国内においても重要な論争点となってきた。他方で、論争点にもならず、むしろ当然視されてきたのが、ASEANの「取り込み」である。

日中関係の懸案が片づき、中国を念頭に置きながらアメリカとの基軸的関係を広域秩序の中に位置づけようとしたという意味で、大平構想はその時代の産物であった。別な観点から見れば、日米同盟「のみ」に頼らず、中国とアメリカを視野に置き、ASEANを含む広域秩序を創設しようとした意味で、大平構想には当時の状況下における例外的な先見性があったとも言えよう[★3]。環太平洋連帯構想が中国を意識しつつ中国を含まずアメリカを含む地域構想だったのに対し、三〇年後に現実味を帯びてきた東アジア共同体構想はアメリカを意識しつつアメリカを含まず中国を含む地域構想である。このことに、米中との「間合い」の取り方という課題自体は変わっていないが、アジア国際関係における制度の問題状況が日本にとって大きく変わっていることが現れている。

2 ASEANの不安と強がり

三〇年前のASEANはひ弱であった。加盟各国は、国内的には権威主義体制で安定しているかのように見えても、反体制運動に悩まされつつ、国民統合・経済発展という困難な目標を追い求めなければならなかった。当時のインドネシアのスローガンを借りれば、国内的強靱性を高めるためには地域的強靱性を高める必要があった。そのためには近隣諸国間の相互不信を減らし、善隣友好関係を確立しなければならなかった。ASEANとしての団結がおぼつかない状況で、各国の指導者は広域の制度への参加には警戒的であった。逆に言えば、発展途上の脆弱で弱小な自分たちがひとつにまとまることの意義を熟知しており、その価値を減じかねない可能性に対してきわめて敏感であった。そのような可能性のひとつが、大国の主導する地域協力への参加だったのである。

このような背景から、ASEAN諸国では、環太平洋連帯構想に対して警戒心をあからさまにする関係者が多かった。むしろ、毎年定期的に開催されるASEAN外相会議にアジア太平洋諸国の外相が参加するASEAN拡大外相会議（PMC）の活用を主張した。PMCには、日本、アメリカ、オーストラリア、ニュージーランド、カナダそしてヨーロッパ共同体（当時）の代表が招かれていた。たしかに、環太平洋連帯構想の想定メンバーと同じである。大平構想から民間の会議体しか生まれなかった原因のひとつはASEANの消極姿勢であった。同様なことが、APECが発足する過程でも生じた。すなわち、オーストラリアの外務貿易省や日本の通産省の誘いにもかかわらず、ASEAN諸国は支持にまとまらなかった。結局、消極派（インドネシアとマレーシア）を説得するために、会議を提唱したオーストラリア側がASEANの意向を丸呑みすることによってAPEC開催にこぎつけた。こうしてAPECはASEAN的なやり方で運営されることになり、後年、意思決定の非効率性・非拘束性が問題とされるようになる。

冷戦の終結により、ASEANは安全保障面で以前より良好な環境に置かれることになった。従来からASEANが主催してきたPMCは、要するに「似たもの同士」の対話・協力の場であった。さらに中国やロシアとの安全保障対話を求めたASEANは、PMCの拡大に対する域外国の抵抗に遭うと、新たにASEAN地域フォーラム（ARF）を追加して、外相級の会議体を主催することになった。この頃になると、域外大国がASEANの意向を無視できないこと、ASEANの流儀で広域制度を運営できることを学習し、ASEAN諸国は広域制度の構築に対して積極的な姿勢に変わった［★4］。

今日、さまざまな広域制度にASEANが積極的に関わっている。その意味で、広域秩序の形成に際してASEANは無視できない存在である。環太平洋連帯構想の実現に消極的であったASEANと東アジア首脳会議の実現に積極的であったASEANとの間には、国際関係における発言力・影響力で大きな違いがある。しかしながら、ASEANの置かれた状況は驚くほど三〇年前と似通っている。たしかに経済発展に成功しつつある国も多いが、シンガポールを除いて発展途上にあり、経済的にきわめて脆弱なままである。経済のグローバル化の動きに取り残されるのではないかという危機感も強い。国家間のそして国内の経済格差も深刻な問題を生んでいる。民主化と政治の安定も大きな課題である。冷戦後に注目されるようになった非伝統的安全保障問題（たとえば海賊、国際テロ、感染症など）に対しても脆弱である。要するに、見かけの上では広域秩序形成に影響力を行使しているようで、ASEAN諸国はASEANとしてのまとまりを崩しかねないさまざまな問題を抱えているのである。域外に向けたASEANの強がりは、ASEAN諸国の抱えた不安の裏返しでもある。そして不安要因の存在を強く意識しながら、ASEAN諸国はASEANを今変えようとしている。

2 ASEANの変容

1 二一世紀に立ったASEAN

ASEANは、見かけ上は経済・社会協力のための組織として設立されたが、実態は外相たちの継続的会議外交の場であった。最初の約一〇年で、ASEANは事務局を持つようになり、外相会議の他に経済閣僚会議も制度化され、そして何よりもASEAN諸国は東南アジア友好協力条約（TAC）を締結して相互の紛争を平和的に解決することを約束した。しかし、八〇年代末つまり冷戦が終わる頃までは、ASEANという存在が国際社会で注目されるようになった反面、実際には隣接するインドシナの紛争でも域内の経済協力でも利害や意見の対立が続いた。要するに、ASEANというレジームは整ったものの、活動面では停滞期にあったのである。

冷戦の終結でASEANは転換期を迎え、そして変革を遂げた。今日のASEANの急速な変化は、一九九〇年代の変革を踏まえている。一言で言うと、ASEANはASEANなりの「統合の深化と拡大」を実現したのである。

統合の深化とは、一九九二年に合意したASEAN自由貿易地域（AFTA）創設のことである。これは、一五年かけてASEAN加盟国（当時は六カ国）が域内関税率を原則として五パーセント以下にするというものである。すでに七〇年代末には域内経済協力に合意していたものの、その後も実質的な成果に乏しく、AFTAが実質的には初めての経済統合の試みであった。これは関税撤廃ではなく例外品目も多いという点で厳密な意味での自由貿易地域ではなかったが、ASEANにとっては大きな統合の深化であった。ちなみに、当初の一五年計画はのちに一〇年に短縮される。

統合の拡大とは、本格的統合を開始したASEANに、一九九〇年代後半にインドシナ諸国やミャンマーが相次いで加盟するプロセスのことである。ASEANに対して警戒的ないし敵対的な態度をとり続けてきたベトナムは、九〇年代に入るとASEANへの加盟希望を表明するようになった。ベトナムは、まず九二年にTACに加入してASEAN諸国が追求してきた地域理念を受け入れると、オブザーバーの地位を与えられ、早くも九五年には本加盟を実現させた。他の国々も、時期的なずれや紆余曲折はあったものの、九七年にラオスとミャンマーが、九九年にはカンボジアが加盟した。冷戦終結によってASEANの東南アジア全域への拡大が話題に上るようになったが、それはあくまで長期的目標として語られていた。ところが、大方の予想をはるかに上回るペースで二〇世紀中にいわゆるASEAN10が実現したのである。

こうして二一世紀を迎えるころには、一九九〇年代に入って掲げた大きなふたつの目標のどちらも達成されたか、達成されるめどが立った。しかし他方で、九七年にASEAN諸国を襲った通貨・経済危機の衝撃、それに対するASEANの無力、そしてASEAN拡大の結果として深刻化した域内経済格差の問題など難問に直面していた。ＡＳＥＡＮは、挑戦すべき次の課題を設定する必要に迫られたのである。

このような背景から生じた、今世紀に入っての大きな変化は二つある。ひとつは共同体の創設であり、もうひとつはＡＳＥＡＮ憲章の採択である。どちらも、ＡＳＥＡＮを大きく変えるものであるとともに、アジア太平洋の地域連携に大きな影響を及ぼし得るものである。

2 共同体をめざすASEAN

まず、ＡＳＥＡＮ共同体への取り組みを見ていこう。もともとＡＳＥＡＮは東南アジアの地域共同体形成をめざしていたが、あくまで将来的課題であり具体性を欠いていた。しかし一九九九年に東南アジアの全ての国々がＡＳＥＡＮ加盟を果たしたことにより、そして一九九〇年代を通じて進めてきたＡＳＥＡＮ自由貿易地域（ＡＦＴＡ）が二〇〇三年に一応実現する見通しになり、ＡＳＥＡＮにとって二一世紀に相応しい新たな目標を求める機運が高まった［★5］。ＡＳＥＡＮ共同体創設は、そうした雰囲気の中で急速に現実化したのである。

二〇〇三年のＡＳＥＡＮ首脳会議はインドネシアのバリ島で開催されることになった。その四半世紀前の一九七六年、最初のＡＳＥＡＮ首脳会議がバリ島で開かれ、結成メンバー五カ国の首脳が一堂に会して「ＡＳＥＡＮ協和宣言」（バリ宣言）を採択していた。この宣言は、ＡＳＥＡＮの最も基本的な文書に位置づけられてきた。インドネシアにとって、久しぶりに（一九九六年以来）議長国を務める首脳会議で、しかも記念すべきバリ島で、新しい首脳宣言をまとめることはきわめて魅力的だった。ＡＳＥＡＮ結成時からインドネシアを指導してきたスハルトを失脚させて民主化を実現したインドネシアが、再びＡＳＥＡＮでのリーダーシップを国内外に誇示できる好機でもあった。

当時、ＡＳＥＡＮとして検討していたのは、ＡＦＴＡの高度化を含む商品・サービス・投資の自由化をめざす

ASEAN経済共同体（AEC）構想であり、ハイレベル・タスクフォースが首脳会議に提言書を提出することになっていた［★6］。しかしASEANが合意した共同体創設は、さらに野心的であった。すなわち、二〇〇三年一〇月、一〇カ国首脳は、「第二ASEAN協和宣言」（第二バリ宣言）を採択し、一九九七年の首脳会議で採択された「ASEANビジョン二〇二〇」に基づく共同体形成の合意を具体化したのである。その内容は、AECのみを創設するのではなく、政治安全保障を促進する安全保障共同体（ASC）、経済協力を促進する経済共同体（AEC）、社会文化協力を促進する社会文化共同体（ASCC）の三本柱からなるASEAN共同体を二〇二〇年までに創設することであった。

ASCでは、TACの理念の再確認と実質化、ARFプロセスの高度化、非伝統的な脅威への対処、総合安全保障の重視などをめざすことになった。AECでは、AFTA、ASEANサービス枠組み協定（AFAS）、ASEAN投資協定（AIA）などの既存枠組みに加えて、紛争処理メカニズムの導入が明記された。ASCCでは、弱者を思いやる社会の実現をめざし、人材開発、公衆衛生、文化交流が強調された。

共同体創設についての高度な政治的合意を受けて、翌二〇〇四年一一月の第一〇回首脳会議では、ASEAN共同体創設に向けての「ビエンチャン行動計画」（VAP）が採択された［★7］。二〇〇七年一月の第一二回首脳会議では、共同体創設の年限が二〇一五年に前倒しされた。具体化に関しては、二〇〇七年一一月の第一三回首脳会議では、ASEAN経済共同体詳細計画（ブループリント）が採択された［★8］。なお、この頃までに、安全保障共同体を政治安全保障共同体（APSC）と改称することが決まった。二〇〇九年二月末の第一四回首脳会議では、ASEAN政治安全保障共同体詳細計画、ASEAN社会文化共同体詳細計画が採択され、三本柱の全てでブループリントが用意された。また、VAPに代わるASEAN共同体工程表に関するチャアム・フアヒン宣言が採択され、二〇〇九年から完成予定の一五年までの計画が決められた。なお、AEC創設に関しては、首脳会議の直前に開かれたASEAN経済閣僚会議で、ASEAN地域の単一市場化に向けて、ASEAN物品貿易協定

（ATIGA）とASEAN包括投資協定（ACIA）が締結された。

3　条約に基礎づけられたASEAN

ASEANは、インドネシア、マレーシア、フィリピン、シンガポールそしてタイの外務大臣が一九六七年八月に採択した宣言に基礎づけられてきた［★9］。当初は、ASEAN閣僚会議（AMM）という正式名称の年次開催の外相会議しか機関を持っていなかった。その後、首脳会議開催（あくまで非公式）、経済閣僚会議の設置、事務局の開設（ジャカルタ）、機能的協力のための各種閣僚会議の開催など制度が複雑化すると同時に、協定、取り決め、宣言などさまざまな名称の合意が蓄積されていった［★10］。その結果、継続的会議外交という手法で運営されてきたASEANはきわめて複雑な内部機関を持ち、さまざまな分野の協力を進める組織に変貌した。しかしながら、その存在を根拠づけるものは一九六七年の外相宣言しかなく、最高意思決定機関はAMMのままであった。

ASEANに条約という存在根拠を与え、その最高意思決定機関を首脳会議にしようとする構想は、かなり初期の段階から一部の加盟国から提案されていたものの、現実味を帯びるのは今世紀に入ってのことであった。二〇〇五年一二月の第一一回首脳会議で、ASEAN憲章を検討するための賢人会議設置を決めた。その報告書提出を受けて、二〇〇七年一月の第一二回首脳会議で、ASEAN憲章の青写真となるセブ宣言を採択して、政府関係者からなるハイレベル・タスクフォースに憲章の起草を次回首脳会議までに完了させるように指示した。こうして、二〇〇七年一一月の第一三回首脳会議で、ASEAN憲章が調印された。結成からちょうど四〇年の節目に、ASEANは基本条約を備えることができたのである。

ASEAN憲章は、一言で言えば、複雑化したASEANという建物を、共同体創設という将来をにらんで、使いやすくするために整理整頓したものである。その意味では、これまでの政府間組織として特徴付けられる

ASEANから飛躍的・質的な変化を遂げたわけではない。しかしながら組織と運営の面で、大きく変容することになった。

第一に、ASEAN議長国制度の導入である。従来は、首脳会議や閣僚会議などの会議別に議長国が決まっており、次回会議の主催国が担当することになっていた。したがって、首脳会議については年末から翌年末までが任期であり、AMMについては年央から翌年央までが任期であり、必ずしも同一国が担当するわけではなかった。しかし憲章の規定によると、ASEAN議長国は暦年で交代する任期で、同一国が首脳会議を含む主要閣僚会議の議長を務めることになった。二〇〇九年はタイ、一〇年はベトナムと、国名のアルファベット順に議長国になる。

第二に、首脳会議が公式にASEANの最高意思決定機関として明記された。しかも、従来の年次開催から、年に二回開催となる。これまで首脳会議は、必要に応じて開催される非公式なものであり、正式な首脳会議が年次開催されるようになったのは、今世紀に入ってのことである[★11]。その意味で、首脳会議の位置づけは近年になって急速に高まったと言えよう。憲章の規定は、こうした変化を受けてのものである。

第三に、調整理事会の新設と共同体別の閣僚理事会の新設が決まり、従来から開かれていた各種閣僚会議は三共同体別の閣僚会議へ振り分けられた。調整理事会は、従来のAMMに代わる外相級の会議で、首脳会議を補佐する任務とASEAN事務局を監督する任務を持ち、首脳会議同様に年二回開催されることと規定された。

第四に、ASEAN事務局が置かれているジャカルタに、常駐代表委員会が新設された。加盟各国は大使級の常駐代表を派遣する。従来は、AMM議長国に常任委員会が置かれ、その国の外務大臣を長とする大使級の会議が毎年数回開催され、事務局とAMMとの連携を図ってきた。今後は、常駐代表委員会が常任委員会にとってかわることになる。以上の他にも、ASEAN事務総長権限と事務局機能の強化、人権機関の新設、紛争処理制度などが憲章に盛り込まれた。

ＡＳＥＡＮ憲章が採択された二〇〇七年一一月の首脳会議では、次回首脳会議が開催される二〇〇八年一二月までに発効するべく、調印各国で批准手続きをとることが決まった。批准をめぐってはいろいろな問題が生じたが、結局、当初の期限に間に合うように各国が順次批准し、一一月にタイが最後の一〇番目の批准国となり、規定に従い翌一二月に憲章が発効した。発効を記念してＡＳＥＡＮ各国外相らが事務局に集い、その会合を第一回ＡＳＥＡＮ調整理事会と位置づけた［★12］。

4 民主主義を受け入れたASEAN

右のような制度改革と比べると、理念面では、憲章で規定された新しいＡＳＥＡＮは従来のそれと大きく違わない。しかしながら、やはり時代の動きが反映している。そのひとつはＡＳＥＡＮという組織への市民社会（ＮＧＯ）の関与である。ＡＳＥＡＮ地域全体のＮＧＯを束ねるＡＳＥＡＮ規模の団体としては、ＡＳＥＡＮ戦略国際問題研究所連合（ASEAN-ISIS）のイニシアティブで二〇〇〇年から活動を始めたＡＳＥＡＮ人民会議（ＡＰＡ）がさきがけであろう。二〇〇四年の首脳会議で採択されたＶＡＰの中で、ＡＳＣの一環である「政治発展」に寄与するＮＧＯのひとつにＡＰＡが明記されたことによって、市民社会がＡＳＥＡＮによって認知されることになった。また、二〇〇五年の第一一回首脳会議の直前には、開催地マレーシアでＡＳＥＡＮ市民社会会議（ＡＣＳＣ）という団体が会議を開いた。そして首脳会議では、首脳たちは「われわれが人民中心のＡＳＥＡＮ共同体を発展させるのに際し、ＡＳＥＡＮの中で市民社会が一層重要な役割を果たすであろう事を認識した」と明記し、ＡＣＳＣの報告書に留意した［★13］。第一二回首脳会議では第五回ＡＰＡの議長報告が言及され、第一三回首脳会議では再びＡＣＳＣの報告書が言及されている。ＡＰＡもＡＣＳＣも二〇〇五年以降毎年、首脳会議の直前に首脳会議開催地でＡＳＥＡＮ諸国のＮＧＯ関係者が多数参加する会合を開いている［★14］。また、ＡＳＥＡＮ

憲章案を構想する賢人会議も、NGO代表を招いて意見を聴取した。

このような文脈で、ASEAN首脳会議などで繰り返して確認されている常套句は、人民中心(people-centred)ないし人民志向(people-oriented)のASEANである。発足以来、首脳や閣僚級の継続的会議外交の場としてのASEANが、東南アジアで生活している人々をも視野に入れた地域共同体としてのASEANに変わろうとしていることを感じさせる文言である。この変化は、やはり二〇〇三年の第二ASEAN協和宣言採択以降の動きと言って良いであろう。そして、ASEAN憲章は「われわれ東南アジア諸国連合(ASEAN)加盟国の人民は」(WE, THE PEOPLES of the Member States of the Association of Southeast Asian Nations (ASEAN))という書き出しで始まっている[★15]。憲章第一条でも、「ASEAN人民」が何回も登場する。そしてASEAN憲章発効後の最初の首脳会議となった二〇〇九年二-三月のタイでの会議のテーマは「ASEAN人民のためのASEAN憲章」であった[★16]。

さらには、民主主義の理念も重視されるようになった。この変化は、第二ASEAN協和宣言とASEAN憲章との比較で顕著になる。すなわち、二〇〇三年に採択された第二ASEAN協和宣言では、「公正かつ民主的、調和的な環境」の下で平和を確実なものにするというASCに関する文言が、唯一「民主」が登場する箇所である。ところがそれに対し、二〇〇七年採択のASEAN憲章では、前文で「民主主義の原則、法の支配とグッド・ガバナンス、人権と基本的自由の尊重と擁護を信奉し」と謳い、第一条(目的)の第四項で「公正かつ民主的、調和的な環境の下で平和に生活することを確保する」、第七項で「民主主義を強化し、グッド・ガバナンスと法の支配を推進し、人権と基本的自由を尊重し擁護する」と明記されている。さらに重ねて、第二条(原則)の第二項には、「(h)法の支配、グッド・ガバナンス、民主主義の原理そして立憲政府の信奉、(i)基本的自由の尊重、人権の振興と擁護そして社会正義の振興」と似たような文言が繰り返されている。

このように、ついにASEANとして、民主主義の理念を明記するようになった。加盟国全てが批准した

ASEAN憲章に書き込まれたことの意義は大きい。もちろんASEAN憲章は内政不干渉原則を掲げている。これは単に内政に武力干渉しないということだけでなく、他の加盟国の内政に「口出し」しないという意味でASEAN内部では解釈されている。しかしミャンマーの民主化問題・人権抑圧問題は、ASEANとして首脳会議やAMMで公然と語られるようになり、文書の形で記録されるようになった。また、ミャンマーに首脳会議やAMMの議長国を辞退させたのも、他のASEAN諸国が国際社会の圧力に屈したということではなく、ASEANと域外諸国との協力を阻害するという理由を掲げながらASEANとしてのミャンマーへの明確な批判的メッセージであると考えるべきであろう[★17]。制裁といった手段は用いなくとも、また、あからさまな批判の表現は用いなくとも、ミャンマー対して民主化を促し、政治犯の早期釈放を求めるようになったのである。

3 ASEANによる広域秩序形成

1 TACの活用

ASEAN諸国指導者は自国や地域の脆弱性を痛感していた。大国どうしの利害関係の影響は脆弱性の大きな要因であり、大国関係の影響に対する緩衝材をASEANは求めることになった。こうした観点から、たとえば一九七一年七月に突如明らかになった米中接近(ニクソン・ショック)は、同年一一月のASEAN諸国外相による東南アジア平和自由中立地帯宣言(ZOPFAN宣言)発表を引き起こした。時代は大きく下るが、一九九五年一二月には、ASEAN未加盟国を含む全一〇カ国の首脳が東南アジア非核兵器地帯条約(SEANWFZ条約)に署名し、核保有国にも遵守を求めた。これらは、東南アジア地域秩序に対する大国の影響力を何らかの意味で抑制しようとする試みである。

東南アジアの脆弱性は、大国関係の影響だけでなく、東南アジア諸国相互の利害対立や不信にも起因していた。域内関係を脆弱性の大きな要因であると認識していた指導者はTACを域内関係の安定化に用いた。TACはその名の通り、東南アジアにおける友好親善関係(Amity)と協力関係(Cooperation)を確立することをめざした条約である。TACは、まず一九七六年に当時のASEAN加盟国が締結し、八四年にはブルネイがASEAN加盟と同時にTACにも加入し、九〇年代になると、ベトナムをはじめとする東南アジアのASEAN未加盟国が相次いで加入し、それを受けてASEANへの本加盟も果たした。このように、そもそもTACは東南アジア諸国にとっての地域的規範の明示化と共有であった。

二一世紀に入って、大国との関係においてASEANはTACを活用するようになった。ASEANとの友好関係を確立したか、しようとしている域外国に対して、ASEANはTACへの加入を求めるようになったのである[★18]。そして域外国がこの要求に応えるようになった。まず二〇〇三年一〇月のASEAN首脳会議にあわせて、中国とインドがTACに加入した。遅れて、同年一二月に東京で開催された日本ASEAN特別首脳会議でTAC加入意思を表明した日本は、パキスタンとともに二〇〇四年七月のAMM開催時に加入を果たした。以降、首脳会議やAMMの際に、域外諸国の加入が続くようになる。二〇〇四年一一月にはロシアと韓国が、二〇〇五年七月にモンゴルとニュージーランドが、同年一二月にはオーストラリアが、二〇〇七年一月にはフランスと東ティモールが、同年七月にスリランカとバングラデシュが、二〇〇八年七月に北朝鮮が加入した。そして二〇〇九年七月にはアメリカまでもが加入する[★19]。

TACは東アジア首脳会議(EAS)でも重要な役割を果たすようになった。ASEANがEASへの参加基準を決めることになり、基準として、TAC加入国または加入意思のある国、ASEANの完全な対話パートナーであること、ASEANと実質的な協力関係にあること、という三点が決められた。こうして、二〇〇五年のEASには日本、中国、韓国、インド、オーストラリア、ニュージーランドがASEAN域外から参加したのである。

2 アジアFTAのハブ化

既に述べたとおり、ASEANは一九九〇年代に入って自由貿易地帯(AFTA)化をめざすようになり、二〇〇三年に当初のAFTA計画が完了したのを受けて、二〇一五年を目標にASEAN経済共同体(AEC)の創設をめざしている[★20]。このようなASEAN自体の「FTAプラス」の動きに加えて、ASEANは域外諸国とのFTAにも積極的になった。

最初に具体化したのは中国とのFTAである。日本がASEAN諸国とのFTA締結に積極化しつつあったことに刺激されたかのように、中国の朱鎔基首相は二〇〇〇年のASEANとの首脳会議(ASEAN+1)でFTA構想を提案した。これを受けたASEAN側の反応は速かった。翌二〇〇一年の首脳会議でASEANは中国とのFTA形成に合意し、二〇〇二年にはFTAを含む包括的経済協力枠組み協定を締結した。関税引き下げは二〇〇五年から始まっている。日本は、二〇〇二年の日ASEAN首脳会議(ASEAN+1)で早期実現に合意し、翌年の首脳会議で「包括的経済連携枠組み」に合意した。正式の包括的経済連携協定に署名するのは二〇〇八年である[★21]。韓国については、二〇〇四年の首脳会議で基本合意にたどりつき、二〇〇五年に商品貿易協定、二〇〇七年にサービス貿易協定と分かれて締結され、関税引き下げが始まった[★22]。インドとは、二〇〇三年の首脳会議の折りに包括的経済協力枠組み協定を締結したが、実際に関税引き下げを可能にするものではなく、ようやく二〇〇九年八月になって商品貿易、サービス貿易、投資の三協定が締結されて、これから引き下げが始まる。オーストラリアとニュージーランドは以前より事実上のFTAである緊密経済関係(CER)を形成しており、ASEANはオーストラリア・ニュージーランドとの間で、二〇〇一年以来、AFTA-CER

リンケージを進めてきた。二〇〇九年二月にＡＳＥＡＮ・オーストラリア・ニュージーランド自由貿易地域（ＡＡＮＺＦＴＡ）設立協定を締結した。

右のような過程で、ＡＳＥＡＮは＋３の相手国とだけでなく、＋６（ＥＡＳ）の相手国ともＦＴＡで結ばれるようになった。つまり、ＡＳＥＡＮはＥＡＳのなかでＦＴＡのハブになったのである。このような流れを受けて、日本（経済産業省）がかねてより提唱してきた東アジア包括的経済連携（ＣＥＰＥＡ）の構想が、いよいよＥＡＳ参加国政府間で公式に協議されることが決まったようである［★23］。ＡＳＥＡＮを中心にしたＦＴＡのハブ・スポーク構造は、やがてＡＳＥＡＮ＋６からなるアジアを広く覆う面のＦＴＡに代わっていくのかも知れない。

しかしＡＳＥＡＮと＋６とのハブ・スポーク構造が形成されたからと言って、ＥＡＳが将来の面としてのＦＴＡになるかどうか現状では明確ではない。中国はＡＳＥＡＮ＋３を母体とするＦＴＡを望んでおり、実際にＡＳＥＡＮ＋３首脳会議でもＥＡＳと同様に民間グループによる研究に合意している。さらに、ＡＳＥＡＮ＋３の枠組みで、チェンマイ・イニシアティブの完成（完全ネットワーク化）を受けて、マルチ化の検討が始まっている［★24］。さらに、ＡＰＥＣの場ではアジア太平洋自由貿易地域（ＦＴＡＡＰ）の検討も続いている。なににせよ、ＡＦＴＡそしてその延長線上にあるＡＥＣが広域経済制度に含まれることになるだろう。

3 ＡＳＥＡＮの限界

ＡＳＥＡＮが東アジアあるいはアジア太平洋の広域制度の中核的位置にあるということは、近似的には正しい。だからと言って、ＡＳＥＡＮが広域制度の中で常に中核的役割を果たしているというわけでもないし、ＡＳＥＡＮを包み込まない地域制度を無視して良いわけでもない。以下では、広域秩序形成におけるＡＳＥＡＮの限界に視点を移してみたい。とくに、ＡＳＥＡＮ自身・ＡＳＥＡＮ加盟国が抱えている三つの問題を取り上げよう。

第一の問題は、ＡＳＥＡＮの主導的役割の限界である。従来から、ＡＳＥＡＮ流の制度運営（とくにインフォーマルな協議とコンセンサスによる意思決定方式）に対し、域外国の要人からその非効率性を問題視する発言がなされてきた[★25]。ＡＳＥＡＮ憲章起草過程で明らかになったように、ＡＳＥＡＮ内部にもＡＳＥＡＮの意思決定原則に不満を持つ指導者や関係者が増えている状況で、域外で不満が高まりつつあるのは当然といえよう。

それにもかかわらず、公式的には、ＡＳＥＡＮはＡＳＥＡＮ＋３や東アジア首脳会議（ＥＡＳ）の「運転席」を占めるという合意がある。しかし、ＡＳＥＡＮ自身の問題に起因して広域制度の運営に支障が出れば、当然ＡＳＥＡＮに対する信頼性も低下する。とくに、二〇〇八年から二〇〇九年にかけてのタイの政治混乱がもたらしたＡＳＥＡＮ首脳が参加する一連の会議の延期ないし中止は、タイ政府はもちろんＡＳＥＡＮの威信を大きく損なった[★26]。二〇〇八年末開催予定であったＡＳＥＡＮ首脳会議自体は二〇〇九年三月に開催できたが、ＡＳＥＡＮ＋３首脳会議とＥＡＳは結局「一回休み」となったのである[★27]。

ＡＳＥＡＮが混乱でもたつく間に、日中韓三国協力の「自立」とも言える現象が顕著になった。日中韓三国の首脳会議は、当時の小渕恵三首相の強い希望で、一九九九年のＡＳＥＡＮ＋３首脳会議のためにフィリピンに集まった三国首脳による非公式の朝食会として始まった。それ以来、小泉政権期に中止されたこともあったが、ＡＳＥＡＮ首脳会議を利用して開催されてきた。しかし二〇〇八年一二月には三国首脳が九州・太宰府で一堂に会し、さらに二〇〇九年四月にはパタヤで三国首脳だけの集まりがもたれた。ＡＳＥＡＮの会議と切り離された第二回日中韓首脳会議は、八月に中国で開催されることで一旦合意できたが、日本の政局もあったため、一〇月一〇日の開催に順延された。それまで貸座敷外交という機能も果たしてきたＡＳＥＡＮであるが、その意義は大いに薄れたといえよう。

第二の問題として、ＡＳＥＡＮ域内格差是正への自助能力不足をあげることができる。新規加盟国（ＣＬＭＶ）

がもたらしたASEAN内部の経済格差(いわゆるASEANディバイド)は、ASEANとして等閑視できない問題であった。二〇〇〇年の首脳会議で採択された「ASEAN統合イニシアティブ」(IAI)は格差是正を正面から取り上げたASEAN初の文書である。第二ASEAN協和宣言そしてVAPにも格差是正が組み込まれた。そして二〇〇五年のAMMではASEAN開発基金の設置が決まった。しかし基金の規模は小さく、ASEAN域内の南南協力もきわめて限られた分野のみである。

ASEAN域内格差是正には、ASEAN+3に参加する域外国つまり日中韓三国もこれに協力することになっているが、資金面と計画面で大きな役割を果たしうるのがメコン地域(GMS)開発である[★28]。GMS開発は一九九二年にアジア開発銀行が打ち出した計画で、さまざまなプロジェクトが具体化するのは第二期一〇年の始まる今世紀に入ってのことである。GMS開発は東西経済回廊や南北経済回廊などを中心にメコン地域のインフラ整備を進めるものであり、ASEANとしてはこれをCLMVの開発に活用してASEANディバイドを改善しようとしたのである。GMS開発は、中国政府も西部大開発構想に活用しようとしているため、雲南省と広西チュアン族自治区と両地域に接するベトナムとの間では国境をまたぐインフラが急速に整備されつつある。このことは、ベトナムが中国の経済開発と結びつくことを意味しており、中国ASEAN包括的経済協力協定や投資協定が、ASEANディバイドの改善に好影響を及ぼすかもしれないが、ASEAN経済共同体(AEC)の形成に及ぼす影響は別の角度から問題にされなければならない。

最後に、ASEANを中心とする広域制度が中途半端な重複構造になっている点を指摘しておきたい。広域制度はASEANを中心とする同心円状になっているとよく言われるが正確ではない。少なくとも、ハブ・スポーク構造、同心円構造、楕円構造の三種類を区別しておく必要がある。まずハブ・スポーク構造は、既に述べたAFTA(AEC)を中心とするFTAのネットワークである。TACによって結びつけられたASEANと域外国との関係もハブ・スポーク構造になっている。同心円構造は、ASEANを中心とし、ASEANが主催する

ASEAN＋3、EAC、PMC、ARFなどである。そして楕円構造は、ASEANが一方の中心であるものの、もうひとつの中心が存在しているアジア太平洋協力（APEC）、アジアヨーロッパ会議（ASEM）、東アジアラテンアメリカ協力フォーラム（FEALAC）などである[★29]。各々の広域制度に参加する国は複雑に重複している。

さらに、ASEANを「中心」とする広域制度に参加している域外大国は、各自がASEANとは関係ないさまざまな広域制度のハブや同心円の中心になっている。まず、アメリカをハブとする同盟関係のスポークがアジア太平洋全域に展開している。中国の周辺外交も中国をハブ化する試みと捉えることが可能であり、東には六者協議制度、北から西にかけては上海協力機構（SCO）、南にはASEAN＋1（中国）が展開している。インドについては、自身が南アジア地域協力連合（SAARC）そしてこれを母体とする南アジア自由貿易地域（SAFTA）の事実上のハブである。また、将来の経済成長優良株としてまとめられたブラジル・ロシア・インド・中国（BRICs）は、主体的にBRICとしてまとまるようになった[★30]。ロシアは外交を展開する上で、南方のインドと中国を最重要な方向と位置づけ、遠方のブラジルを除いたRICを中国、インドの協力を得て実体化しようとしている[★31]。BRICあるいはRICは、アメリカに対する自立的外交という観点から、ASEAN関連のさまざまな広域制度から一線を画している。広域秩序の形成に対するASEANの影響力に限界があるのは、このあたりからも明らかであろう。

4 日本にとってのASEAN

ASEAN諸国は弱小国がまとまることで存在感と発言力が高まることを学習してきた。今や、アジア太平洋の政治経済を語る上で無視できない存在であり、各国のパワーを足し合わせた以上の影響力を持っている。周囲の大国とりわけ日本や中国との関係は、この地域の将来を大きく左右するに違いない。しかし、ＡＳＥＡＮパワーはかつてのような効果を発揮しにくくなっている。ＡＳＥＡＮを抜きにした協力制度の構築が容易になってきたからである。

他方で、ＡＳＥＡＮ地域はさまざまな問題を抱えており、それがアジア太平洋の将来に影を落としている。特に、非伝統的安全保障問題は東南アジアで閉じている脅威ではなく、外に開かれた脅威である。このような問題に取り組むためには、ＡＳＥＡＮと周辺国との協力が不可欠である。ＡＳＥＡＮの統合と発展は、域外諸国にとって（なかでも日本にとって）もプラスの意味を持っている。

日本は東アジア共同体に積極的になりつつも、ＡＳＥＡＮを重視しながらも、＋３から＋６（ＥＡＳ）に母体を変えようとして、構想の具体化にブレーキをかける結果となった。経済的効果から東アジア経済連携を志向するという観点からは、ＡＳＥＡＮをハブとするＦＴＡネットワーク化と整合的なのはＥＡＳであろう。しかし経済面だけなら、東アジアの包括的経済連携を進めるだけで十分であり、東アジア「共同体」を提唱する必要はない。あえて共同体という地域協力のあり方を提唱するならば、その付加的意味に注意を払うべきであろう。二〇〇九年九月に鳩山政権を作った民主党は、野党時代から東アジア共同体創設を公約に掲げていたが、その中身が具体的ではないせいで、国内外で支持とともに憶測や批判を生み出している。ＡＳＥＡＮ諸国との間で、さらなる対話が必要のように見える。

日本ではＡＳＥＡＮとの関係強化が叫ばれてきたが、近年では中国やインドとの関係強化もしきりに喧伝されている。日本が関与している地域枠組みは周辺国と比べると決して多くなく、そのほとんどがＡＳＥＡＮ関連であるのに対し、中国やインドはＡＳＥＡＮとは切り離された地域制度構築にも積極的である。ＡＳＥＡＮを中心とする広域制度は、ＡＳＥＡＮだけでなく日本にとっても重要な価値を持っている。幾多の障碍を抱えながらも変化のベクトルを保ち続けているＡＳＥＡＮに対し、日本は今以上の関心と配慮を払っても良いのではないだろうか。

ＡＳＥＡＮは五年後の共同体創設をめざしている。その取り組みを日本は全面的に支援すべきである。日本を含む東アジアの善隣友好関係の確立や価値とアイデンティティの共有は、ＡＳＥＡＮの背中を見ながら進めていくのが最も現実的だからである。

拙編著参考文献

『ＡＳＥＡＮパワー――アジア太平洋の中核へ』東京大学出版会、一九九七年
『転換期のＡＳＥＡＮ』日本国際問題研究所、二〇〇一年
『東アジア地域主義と日本外交』日本国際問題研究所、二〇〇三年
「メコン河開発の紆余曲折――水系・流域・地域をめぐる国際関係」『国際問題』五二一、二〇〇三年八月
「東アジア共同体構築に向けての課題とＡＳＥＡＮ」渡邉昭夫編『アジア太平洋連帯構想』ＮＴＴ出版、二〇〇五年
「ＡＳＥＡＮの変容とアジアにおける地域共同体の構築」『海外事情』二〇〇七年一〇月号
「新ＡＳＥＡＮ」の課題と日本」（ＮＩＲＡシリーズ「アジアの課題と日本」）総合研究開発機構、二〇〇八年三月
「ＡＳＥＡＮの変容――東南アジア友好協力条約の役割変化からみる」『国際問題』五七六、二〇〇八年一一月
「ＡＳＥＡＮを動かしている力は何なのか」『アジ研ワールド・トレンド』一七〇、二〇〇九年一一月

註

★1――顧みれば、中国では今日の発展の契機となった改革開放が始まろうとしていたが、その当時にあっては、中国の国内政治はきわめて不安定であった。カンボジアにはベトナム軍が侵攻し、アフガニスタンにはソ連軍が侵攻し、結果的には冷戦の終わるまで一〇年も続く内戦が始まった。イランではアメリカ大使館占拠問題が起こっていた。イラン・イラク戦争など中東情勢の不安定化は、第二次石油危機に反映していた。

★2――渡邉昭夫編『アジア太平洋連帯構想』NTT出版、二〇〇五年。序章(渡邉昭夫)および第一章(長富祐一郎)を参照。

★3――誤解を避けるために付言すれば、中国とアメリカとの同時的考慮は、決して地政学的な固定的戦略観に基づくのではなく、経済相互依存を見据えた上でのことであった。

★4――一九九〇年代半ばから最近まで、アジアヨーロッパ会議(ASEM)首脳会議、ASEAN+3首脳会議、メコン地域(GMS)首脳会議、東アジア首脳会議(EAS)など、域外大国を含む対話・協力の制度化の中心にASEANが位置することになった。首脳級だけでなく閣僚級の会議も数多く発足した。全てがASEANによる提唱というわけではないが、その多くはASEANの会議と連動して開かれる。ASEAN+3とEASは、ASEANが「運転席」に座る制度である。

★5――東ティモールは、二〇〇九年現在ASEAN未加盟であるが、一九九九年当時はインドネシアに併合された状態に置かれていた。また、AFTA実現とは、一九九二年当時のASEAN加盟六カ国が原則として域内関税率五パーセントを以下にするという合意が達成されることを指している。

★6――実際に、バリ首脳会議に「ASEAN経済統合に関するハイレベル・タスクフォースの提言」が提出された。

★7――二〇〇四年のビエンチャン行動計画は、一九九七年の「ASEANビジョン二〇二〇」の最初の中期行動計画である一九九八年のハノイ行動計画の後継でもある。

★8――AEC構想と主要加盟国にとっての意義について、石川幸一・清水一史・助川成也(編著)『ASEAN経済共同体――東アジア統合の核となりうるか』(ジェトロ、二〇〇九年)を参照。

★9――厳密には、マレーシアの外務大臣は首相が兼務していたので、副首相兼国防大臣が出席して署名した。

★10――条約という名称の合意は、東南アジア友好協力条約(一九七六年)と東南アジア非核兵器地帯条約(一九九五年)しかない。どちらも厳密に言うと、ASEANという組織に関する合意ではない。

★11――実際、発足から九年たった一九七六年に初めて首脳会議が開かれて以来、七七年、八七年に開かれただけで、九〇年代に入るまでに三回しか開かれなかった。事実上の年次開催は九五年からであり、しかも三年ごとの正式の会議とその間の非公式な会議という変則的なやり方が、二〇〇〇年まで続いた。

★12――当初の予定では、二〇〇八年一二月の首脳会議はタイで開催されることになっており、そこで憲章発効の記念式典が挙行されるはずであった。しかしタイの国内政治混乱から二月まで延期されることになったせいで、その代わりにジャカルタのASEAN事務局で外相級の記念式典が催された。従来の制度の下で首脳会議議長国でもあり、AMM

議長国でもあるタイが、二〇〇九年、新制度でのＡＳＥＡＮ議長国になることになった。そのためタイ政府特使のムン・パタノハン（情報通信技術大臣）が会議の議長を務めた。

★13――第一一回ＡＳＥＡＮ首脳会議「ひとつのビジョン、ひとつのアイデンティティ、ひとつの共同体」議長声明、第五七節。

★14――ＡＳＥＡＮ憲章には、ＡＳＥＡＮは連携団体と協力できるという規定があり（第一六条）、付属書2が連携団体として認定された団体のリストがあり、市民社会組織という項目もあるが、ＡＰＡもＡＣＳＣも載っていない。

★15――これは言うまでもなく国連憲章の冒頭「われら連合国の人民は」（WE, THE PEOPLES of the United Nations）を意識したものであり、大文字と小文字の使い分けまでそっくりである。本稿では、people(s)の訳語として、国連憲章のこの部分の訳語を念頭に置いて、「人民」を採用した。

★16――注意を要するのは、ASEAN Peoplesというpeopleの意味である。従来の理解にしたがって、ＡＳＥＡＮのＮ（Nations）を国民ではなく国家とするならば、peopleの訳語として「人民」ではなく「国民」を用いた方が誤解を避ける点で望ましいかもしれない。単数形と複数形がある点に注意すれば、peoplesの意味は、国境を越えてひとつにまとまった東南アジアの人民という意味ではなく、一〇カ国の各々においてひとつにまとまった人民の存在を措定した上で一〇の人民ということである。つまり、国民と訳す方が、ＡＳＥＡＮ共同体における「共同体」の構成員が五億人の市民の集合体ではなく、一〇の国民であるという点がはっきりする。

★17――国名のアルファベット順で主要会議を主催するというＡＳＥＡＮの不文律に従えば、ミャンマーは二〇〇六年年末の首脳会議をして二〇〇七年半ばのＡＭＭとを主催する番であった。そのことは、二〇〇五年央のＡＭＭでミャンマーが副議長国に指名されることにより、二〇〇六年央から議長国になることが事実上内定し、同年末の首脳会議と翌年央のＡＭＭ主催予定が明示的になるはずであった。しかし、ミャンマーが外れて、フィリピンが指名された。不文律を犯す決定は、「ＡＳＥＡＮ外相声明、二〇〇五年七月二五日、ビエンチャン」というそっけないタイトルの文書で、ミャンマーが二〇〇六年の議長職を辞退したと理由付けされている。

★18――ＴＡＣはすでに一九八七年の改正議定書によって域外国にも開放されることになった。しかし八九年にパプアニューギニアが加入して、ＡＳＥＡＮ特別オブザーバーになった以外に、今世紀に入るまで先例はなかった。

★19――ＡＳＥＡＮは日本に対してＴＡＣ加入を強く求めていたのにもかかわらず、日本の加入が中国より遅れた理由のひとつに、日本政府（外務省）内部でＴＡＣ加入が対米関係（とくに日米同盟）と両立しないのではないかという危惧が強かったことがあるらしい。当時のアメリカ側の認識はさておき、アメリカのTAC加入は、アメリカ政府がTACと同盟関係とが抵触しないと判断していることを意味している。なお、アメリカのASEANに対する関心が低いという見方は、米ASEAN関係の実態を捉えていない。アメリカ政府はASEAN共同体構築に向けての支援をしているし、ASEAN憲章採択後、発効以前にもかかわらず、域外国でASEAN大使を任命した最初の国がアメリカである。

★20――新規加盟国も含んで関税撤廃が完成する文字通りのASEAN自由貿易地域は、やはり二〇一五年に実現する計画である。

★21――日本とASEAN加盟国は二〇〇八年三月から四月にかけて、持ち回りで署名した。

★22――タイだけは参加しなかったが、二〇〇九年になって参加することになり、本来の韓国ASEAN・FTAになった。

★23――二〇〇八年八月のASEAN経済閣僚会議の際に開催されたASEAN+6参加国閣僚の非公式会合で、二〇〇八年一二月に開催予定の第四回EASに民間作業グループのCEPEA報告を提出することが決まったが、EASは中止になった。二〇〇九年八月のASEAN+6経済閣僚会議で政府間協議開始に合意したとの報道があった。

★24――実際には、ASEAN側は原加盟の五カ国だけが参加しており、合計八カ国の協力関係である。

★25――たとえばASEAN地域フォーラム（ARF）は、一九九五年に出されたASEAN側の構想によれば、信頼醸成を進める対話と協議、話し合いに依拠した予防外交、紛争解決へのアプローチという三段階の非軍事的で緩やかな手段を用いてアジア太平洋の安全保障環境の改善に段階的に貢献することになっていた。しかしながら発足一〇年以上も経つのに、最初の段階さえ十分に機能していない。すべての参加国が安心できる速度で推進するというARFの原則は、最も消極的な国は満足するが、他の参加国はすべて不満な状態が続くということを意味する。

★26――フィリピンで二〇〇六年一二月予定の一連の首脳会議も延期されたが、その際は二〇〇七年一月になんとか開催することができた。

★27――二〇〇八年一二月、情勢不安のために当初のバンコクからチェンマイに開催地を変えて予定されていたASEAN首脳会議は、高まる混乱のせいで延期され、それに伴ってASEAN+3首脳会議とEASも延期されることになった。場所をチャアム・フアヒンに移して二〇〇九年二月末から三月初めにかけてASEAN首脳会議が開催されたが、その際にはASEAN+3首脳会議とEASは開催されず、四月にパタヤで予定されたASEAN+3首脳会議とEASは再び混乱のために開催されずじまいであった。その後さらに、六月にプーケットで開催する案も浮上したが参加予定国の日程が合わず、場所をプーケットからフアヒンに変えて二〇〇九年一〇月開催の運びとなった。

★28――当初は、メコン川が領土または国境を流れるベトナム、カンボジア、ラオス、タイ、ミャンマー、中国雲南省を開発対象地域と設定していたが、メコン川流域ではない広西チュアン族自治区も加えられた。ASEANは、GMS開発計画とは別に、一九九〇年代半ばからメコン流域経済開発協力を制度化したが、中国の昆明からシンガポールにいたる縦貫鉄道計画が主な内容になっており、ASEANとしては資金的目処がたっていない。

★29――APECについては九〇年代末に参加メンバー拡大の一時凍結が合意されたため、ASEAN加盟国のうちカンボジア、ラオス、ミャンマーは二〇〇九年現在、参加していない。

★30――二〇〇八年五月に外相会議、二〇〇九年六月に首脳会議をロシアのエカテリンブルグでSCO首脳理事会にあわせて開いた。

★31――RICは二〇〇二年以来、様々な機会を捉えて外相会談を開いてきたという。個別の外相会議としては、二〇〇五年六月にウラジオストクで、二〇〇七年二月にニューデリーで、二〇〇七年一〇月にハルビンで開かれた。二〇〇八年五月にはBRIC外相会議とともにRIC外相会議が開かれた。なお、二〇〇九年一〇月にバンガロールで開催される予定と報道された。

第7章

オーストラリアの「アジア太平洋共同体」構想

福嶋輝彦｜FUKUSHIMA Teruhiko

1 「中国通」ラッド首相の登場

二〇〇七年のオーストラリアの選挙では一一年ぶりに労働党が勝利し、流暢に中国語を操るケビン・ラッドを首班とする政権への交代が起こり、とかくアメリカ追随に見えた保守連立政権からの変化の予兆を感じさせた。実際、ラッドは政権奪取の翌月には、ジョン・ハワード前首相がかたくなに拒んできた京都議定書批准の手続きを取る一方で、翌年三月からの最初の本格的外遊では訪問先に英米と並んで中国四日間の滞在を選んだだけでなく、日本には立ち寄らないという、オーストラリアの対アジア政策の転換を見せつけるかのような行動に出た。ところが、その後二〇〇八年六月に遅まきながら日本とインドネシアを訪問する直前に、ラッドは突然「アジア太平洋共同体」(APC)の設立を公式に提唱した。

歴史的に日豪は、常にアジア太平洋地域協力のダイナモ的役割を果たしてきた。しかし、近年中国のプレゼンスが急速に巨大化するなかで、相対的に影が薄くなったとはいえ、日本訪問を前にＡＰＣ構想を発表したということは、多少なりとも対日関係に何か期するところがあるのだろうが、その真意は何なのか。そこで日本はいかなる役割を期待されているのか。ハワード前政権の下では、イラクでの自衛隊に対する豪国防軍による護衛を契機に、二〇〇七年の日豪安保共同宣言（ＪＤＳＣ）の締結に象徴されるように、日豪関係史上飛躍的に安全保障協力が発展した。その際両国は、対米同盟や自由と民主主義といった価値の共有を高々と謳い上げた。この一連の展開の当事者であり、なおかつネオコン的価値観と国際政治の手法に共感するところが多い小泉純一郎や安倍晋三、ブッシュ、ハワードといった首脳陣が表舞台から去り、ラッドやオバマといったまったく違ったタイプの政治家に交代する一方で、日本では鳩山由紀夫民主党内閣の成立という、過去五〇年あまりで初の本格的政権交代が実現した状況下で、小泉・安倍‐ハワード時代以来の日豪安保協力は、はたして大きな軌道修正を余儀なくされるのだろうか。ラッドが提唱したＡＰＣ構想は、その辺の展開を読むうえで格好の手掛かりとなろう。

そこで本章では、こうした問題意識に立脚しながら、ラッドのＡＰＣ構想が現時点での日豪関係にとってどのような意味を持っているのか、さらにそれが今日までの日豪関係の展開のパターンの中でどのように位置づけられるのか、考察を試みる。そうすることによって、オーストラリアのアジア太平洋政策の特徴を理解する鍵を探るとともに、故大平正芳首相の提唱した環太平洋連帯構想の今日的意義を導き出したい。

2　ラッド首相の広範にわたる「アジア太平洋共同体」構想の狙い

二〇〇八年六月四日、ラッドはシドニーで二〇二〇年を目標にアジア太平洋地域に新しい協力機関であるＡＰＣの構築を呼びかけた［★1］。オーストラリアのそれまでの地域協力がそうであったように、このときのＡＰＣ構想も経済色が濃いように見えた。まず、現時点でのオーストラリアの課題としては、第一に責任ある経済運営を通じた経済競争力強化、第二に温暖化、エネルギー食糧安全保障、そして中印の台頭への対応、第三に地域の安定確保のための制度づくりと来て、最後にルール本位のグローバル貿易システムの構築が挙げられている。第二の点を除けば、ＡＰＥＣを作り上げた前労働党政権の地域協力構想に類似する状況認識であるといえよう。

ところが、次にアジア太平洋地域の課題として挙げられたのは、第一に南太平洋島嶼国の国づくり、第二に東南アジアにおけるテロ対策、そして第三に中国・インドの台頭であり、こうした前労働党政権以降に発生した新たな試練に迫られているからこそ、オーストラリアとしては改めて地域との包括的なエンゲージメントを追求していかねばならないとしている。というのは、二一世紀は「アジア太平洋の世紀」と目されるが、旺盛な経済成長は軍備の増強にもつながる。さらに、人口の増加も顕著で、それはエネルギー・資源・食糧・水の消費の急増を招く。こうした域内の事態に際して、前保守政権のように、二国間関係だけで臨むのは危うく、強力で効果的な地域機構が必要、と訴えている。

そこで想定されるＡＰＣの要件としてラッドは、インドを含めること、経済だけでなく安全保障も取り扱うことの二点を特に指摘している。あえて安全保障を採り上げるのは、現況をこのまま放置すれば、将来域内での主要国間の対立が不可避とのムードが蔓延してくるから、それを未然に防ぐためと理由づけた。このような点において、ラッドの構想は、同様にアジア太平洋地域協力に非常に熱心だった前労働党政権のそれとは、大きく異なっている。八三年に八年ぶりに返り咲いたボブ・ホーク政権は、就任以来世界恐慌期以来最悪と言われていた経済危機からの脱却を最優先課題に掲げていた。それゆえ、同政権の地域協力構想も、米欧の地域主義の台頭への危機感に立脚しており、自国農産物輸出市場を米欧の補助金攻勢から防衛することで、危機の原因と見られていた国際収支の悪化を防止することを主眼としていた。それゆえ、八九年に首都キャンベラでアジア太平洋経済協力（ＡＰＥＣ）の設立の際にも、無差別で開放的な国際経済システムの維持を目標に据えていたという点において、商業的利益確保のための防御的な動機に発したものと言えよう。

九一年末からホークの後継となったポール・キーティングの地域協力構想は、九〇年代初頭になってようやく改革が功を奏し始め、経済パフォーマンスが上向きになってきたことも反映して、より攻撃的色彩を帯びていた。キーティングは、伝統的に保守連立政権が担ってきた英米主軸の外交路線のみならず、そういったアングロ・サクソン大国への心理的依存からの脱却を国民に対して強力に訴えかけた。そこで、国内では文化的多様性と寛容性に立脚した多文化主義を高々と掲げ、対外的にはAPECを主軸としてアジア太平洋地域で精力的に協力を主導する路線を強力に推し進めた。そうすることによって、キーティング自身は、新生オーストラリアの「攻撃的ナショナリズム」の旗手として、国民の政治的支持も取り付けることができた。いきおい、キーティングの地域構想はシンボリックな意味合いを帯びてきたのである。

たしかにキーティング政権は九四年ころから、環インド洋連合構想を推し進める姿勢をみせており、インド重視という点でラッドのAPCの先駆けに見えるかもしれない。しかし、長年の目立たないながらも、継続的な民間レヴェルでの協力関係を基盤としていたアジア太平洋協力と違って、環インド洋協力はいかにも場当たり的で準備不足であった。そもそもキーティング自身が、自らの外交上の最高傑作と自認するAPECへのインドの参加は、無秩序な肥大化を招くという理由で、はっきりと反対の意を示しているほどである[★2]。

また、キーティング政権は、地域協力の焦点を経済に限っていたわけではなく、安全保障でも軽視できぬ成果を上げている。ガレス・エヴァンズ外相を先頭にカンボジア和平に貢献し、日本の自衛隊初の国連平和維持活動参加への道も拓いた。しかし、このイニシアティヴはアジア太平洋地域協力という側面を含むものの、むしろ労働党外交の伝統の一つである国連中心の多国間外交の展開という色彩も濃い。また、北辺の隣国インドネシアとは、六〇年代の対マレーシア「対決政策」以来、東ティモール併合時にオーストラリア人ジャーナリストが現地で殺害されるなど、不協和音の絶えない関係であった。しかし、キーティングはスハルト大統領と粘り強い交渉を重ね、九五年には安全保障協定の締結にこぎつけた。しかし、これも地域協力の一環というよりは、長年猜疑心を重ねてきたインドネシアとの間に少しでも信頼関係を樹立しようとする二国間での協力深化の意味合いの方が強い。いずれにしても、キーティングの安保協力イニシアティブには、ラッドと比べると、そこから多国間の地域協力に発展させようとする野望はまだ見られない。

それでは、ＡＰＣ構想の中でラッドが、新たな提案としてわざわざインドと安全保障を強調しているのは、どう受け取ればよいのであろうか。構想発表直後にラッドは、首相になってから初めて日本とインドネシアを訪問する運びとなっていたが、この両国に共通するのは、いずれも前保守政権がその末期に、二国間安全保障協力合意文書を結んでいたことであった。日本とは、日米豪三国戦略対話の一年後の二〇〇七年に、安倍首相とハワード首相との間でＪＤＳＣが調印されている。インドネシアとの安全保障協定は、九九年の東ティモール危機の混乱の中で破棄されたが、その後ハワードが関係修復に動き、ユドヨノ大統領との間に親交を築くと、〇六年に通称ロンボク条約と呼ばれる、新たな安全保障協力枠組協定を締結するに至った。いずれの合意も、定期的な防衛交流、共同訓練、テロなど主として非伝統的脅威をめぐる安保協力の拡大を謳っていた。実際に、九・一一以後アメリカの呼びかけに応じて、拡散に対する安全保障構想（ＰＳＩ）を通じてオーストラリアは日本との間に密接な協力実績を蓄積しつつあった。〇二年バリ島爆弾テロの後には、インドネシアと連携して、対テロ対策や人間密輸をめぐる実効的な地域協力を旺盛に進めていた。

日本もインドネシアも、オーストラリアにとってみれば、過去に軍事的に対峙したことがあるアジアの大国であるだけに、安保協力を通じて両国との間に強い信頼関係を維持することは、戦略的に非常に重要な意味を持ってくる。すると、ハワード保守政権が樹立した両国との安全保障協力の枠組は、ネオコン的熱情に駆られて対テロ戦争の掛け声に乗る形で構築されたように見えるが、後継のラッド労働党政権にとっても、強化すべき地域外交の重要な足掛かりであった。そこで、ラッドはＡＰＣを提唱した講演の中で、非伝統的脅威への取組の成功例として特に日本とインドネシアとの関係を採り上げて、両国との安全保障協力を労働党政権としても積極的に推進していくとともに、それをマルチの方向に拡大していく意思を伝えようとした、と見ることができる。

それではインドの存在を重視しているのは、どう見るべきか。二一世紀のオーストラリアにとって、インドは中国と並んで非常に有望な国である。対印輸出は、対中国を上回る伸び率を記録しており、二〇〇七年にはアメリカを抜いて、日本、中国、韓国に次ぐ第四位の市場に成長している。また、観光・教育の分野でも、インドは中国と並んで外貨収入源として重要な役割を果たすようになっている。

インドはその経済の巨大な規模と急速な成長のゆえに、温暖化対策の点で大きな役割を帯びてくる。京都議定書を拒み続けたハワード政権でさえも、二一世紀に入って干ばつが数年も続き深刻化したために、農業生産が大きな打撃を受け、政権末期には気候変動の問題に正面から向き合うのを余儀なくされた。しかし、世界有数の石炭埋蔵量を誇るオーストラリアとしては、石炭の一大消費国である中印への輸出の余地は是が非でも残しておきたかった。そこで、ハワード政権は日米中印韓に豪を加えた、クリーンな化石エネルギーの開発を主眼とする、クリーン開発と気候に関するアジア太平洋パートナーシップ(APP)を通じて温暖化に対処しようとした。ラッド政権も、APPを重視する路線は継承しており、石炭エネルギー浄化への研究開発にも熱心である。これらは一定の需要がなければ経済性が確保できないので、一大消費国であるインドの関与は不可欠になってくる。

クリーンエネルギーを考えるとき、原子力の存在を見逃すわけにはいかないが、その点でもオーストラリアは世界有数のウラニウム埋蔵量を誇っており、当然インドはその有望な輸出市場としても注目される存在である。ハワード政権は、中国と原子力供給協定を結んだのに続いて、アメリカがインドへの原子力技術供与に合意すると、核拡散防止条約(NPT)批准国に限定している条件を緩和して、インドへのウラニウム輸出を解禁しようとした。ラッド政権は労働党綱領に従って、NPTを受け入れない限り、インドにはウラニウムを輸出しないという方針を今のところ堅持している。労働党内では左派を中心に核拡散につながるウラニウムの輸出自体に反発する意見が強い一方で、鉱山組合関係者やウラニウム鉱山が貴重な外貨供給源となっている州地盤の議員などの間では、たとえ左派であっても雇用や内陸部開発への刺激の観点から、ウラニウム輸出を容認しようとする動きもある。温暖化についても労働党内では、温暖化ガスの抜本的削減を強く求める声がある一方で、ウラニウムと同様の理由で世界有数の埋蔵量を誇る石炭の輸出に強く固執する向きも、派閥を横断してこれまた強い。すると、労働党政権といえども、対インド資源エネルギー輸出を軽視するわけにはいかなくなる。

さらに国民の間では、インドとはクリケットを通じてなじみが深いし、戦略的にもインド洋を挟んで向かい合っている地政学的位置もあり、これまでの海軍共同訓練の蓄積に加えて、二〇〇四年のスマトラ沖大津波の際の災害救援など、非伝統的分野でも協力の実績があり、安保協力のパートナーとしても望ましい相手である。

従来のアジア太平洋地域諸国にインドを加え、経済のみならず、安全保障、それもテロ対策や密輸、海賊、伝染病対策などに始まり、環境、資源エネルギー、食糧など広範にわたる非伝統的脅威に対処するためのAPCをつくろうという、きわめてユニークなラッドのアイデアではあったが、事前に十分な根回しもなしに突然発表されたため、この構想への風当たりは最初から強かった。まず、ラッドの先輩のキーティング元首相は、地域における主要機構はAPEC非公式首脳会談であり、これこそオーストラリア外交の「宝石」で、ラッドの提唱するようなEU方式はアジアでは不可能と一蹴した[★3]。また、東南アジアでも今回の構想には事前の根回しがなく、地域のやり方を無視しており、「非アジア的」との批判が出された[★4]。シンガポールの元外交官などは、東南アジアでは出し抜けの提案は実らない、APCは「最初から水没して死んでいる」、と酷評している[★5]。

やがて世界金融危機が進行していき、緊急経済対策の国際的な調整作業を、ラッド自らが率先してG20の場で進めるべきことを働きかけていくうちに、いつしかAPCの存在は人々の記憶から薄れていってしまった。APCが散々な評価しか受けられなかったのは、唐突な発表に加えて、内容も多岐に渡りすぎており、その趣旨がわかりにくかったためと考えられる。そこで、外交官出身のリアリスト、ラッド首相がその真意を明らかにするのは、最初の発表から一年後のことであった。

3 安全保障協力志向の「アジア太平洋共同体」構想と二〇〇九年国防白書

二〇〇九年五月二九日、ロンドンの国際戦略問題研究所主催の第八回アジア安全保障会議（通称シャングリラ対話）で、非アジア系としては初めて基調講演を任されたラッドは、再びAPC構想を呼びかけたが、一年前に比べるとはるかに直截的に危機感を前面に押し出した［★6］。すなわち、現在のアジア太平洋地域の様相は、ナショナリズムの野放しの暴発が二度の大戦を招いた二〇世紀前半のヨーロッパの状況に酷似しており、座して無為に待つのみの受動的アプローチでは、些細な誤解から、国家間の緊張がエスカレートしてしまう、とりわけ日米中印四カ国間の関係を巧みに舵取りしていくことが絶対的に重要と、声高に訴えたのである。アメリカの戦略的優位は今後とも地域の安定の維持に死活的な意味を持つが、一方で、人口の増加や移動、環境の変化、エネルギー資源の逼迫、公衆衛生への懸念、多国籍犯罪など様々な非伝統的脅威が台頭の兆しを見せているだけでなく、テロリストの大量破壊兵器入手の可能性や、イランや北朝鮮の核開発の懸念も高まっており、ことに平壌の再三の挑発行為という切迫した脅威にさらされている。だからこそ、日豪米印中インドネシアを含めた、広範囲にわたる問題を扱うAPCを構築して、第一に、軍事的透明性も含めた安全保障面での協力の文化を地域に育むこと、第二に、国境を超えた一連の問題に取り組むための対話と協力の機会を増やすべきことを提案したのである。

こうしてラッドは一年前に比べるとはるかに明確に、自らの地域構想が広義の安全保障に特化していることを宣言した。しかし、一年間かけて関係諸国の意向を打診したところ、ここで指摘されたような問題をすべて網羅する単一のフォーラムは存在せず、APCのような地域機構を追求するだけの意義があることは域内では広く認識されているものの、新しい機構をわざわざ立ち上げることは誰も望んでいないことが判明した。そこでラッドは、今は取り敢えず二〇二〇年までにAPCをスタートさせることだけを目標とし、そのためにオーストラリアとしては、特定の処方箋があるわけではないが、「アクティヴなミドルパワー外交」を展開していく、手始めに年内の東アジア首脳会議（EAS）とAPEC首脳会談後に一・五トラック会議を主催するに留めたのである。

この場合「アクティヴなミドルパワー外交」とは、多国間地域経済協力に主眼を置いていた前労働党政権時代よりも一歩踏み込んで、軍事的透明性の確保に向けた安全保障協力ネットワークの構築を意識していると考えられる。シャングリラの基調講演ではラッドは、戦略的目的なしにただ集まって対話だけに甘んじている余裕はないとまで言い切り、対米同盟がオーストラリアの国防戦略上最重要であること、他の同盟国や友好国とも積極的に軍事的協力の拡大に力を入れていることを強調した。すなわち、二〇〇七年のJDSC、二〇〇九年の豪韓グローバル安保協力増進共同声明（JSEGSC）、二〇〇六年のロンボク条約、一九七一年以来の五カ国防衛協力取極、ニュージーランドとの伝統的パートナーシップ、インドとの海軍共同訓練、中国との戦略対話、といった実績に注意を促し、こうしたネットワークを通じて「ゆるぎない透明性と協力の礎の上に信頼関係を築く」ことを謳っている。実際、ラッド労働党政権もハワード政権以上にアジアの主要国との安全保障協力の制度化を重視しており、二〇〇八年二月にロンボク条約を批准し、一二月には日豪2＋2外相国防相会談の後に防衛協力に関する共同ステートメントを交わし、防衛交流のアクションプランを定めており、その四カ月後にはJDSCと共同ステートメントを合わせたような内容のJSEGSCを韓国との間に結んでいる。

それでは、地域的安保協力ネットワーク構築のために、ラッドがわざわざAPCを提唱してきたのはなぜか。それを読み解く鍵となるのが、シャングリラ講演の四週間ほど前に発行された、『オーストラリアを守る‥二〇三〇年の兵力』と題する、オーストラリアとしては九年ぶりの国防白書である［★7］。二〇〇九年国防白書は、二〇三〇年までに起こりうるオーストラリアへの脅威として、中国・インドの台頭と地域におけるアメリカの戦略的優越性の相対的低下という、パワーバランスの変化に伴う緊張・対立の発生と、ＡＰＣ構想の中でも言及しているような広義の非伝統的脅威の二つを指摘している。こうした脅威に対応するため、オーストラリアでは自国の軍事力を充実させる必要があるとして、海軍力増強を中心として、二〇一八年まで国防費年率三パーセントの増額を続けるという、一大国防計画を打ち出したのである。

同白書は、二〇三〇年の時点でも中国はオーストラリアにとって軍事的脅威にならないとする分析結果が複数のインテリジェンス機関から提示されていたにもかかわらず、国防省内の執筆担当者があえて、中国の軍事的脅威を特筆したかのような論調を押し通した結果であるという。実際白書の中でも、中国は今後も周辺諸国との信頼醸成に努めるべきであり、さもないとその軍備増強は、自国の国防以上の野心を内包するものと受け取られかねない、と警告している。このような内容が北京首脳部の耳に心地よく響かないであろうことはラッド首相も承知のはずで、対米追随に見えるハワード政権でさえ、いたずらに中国を刺激する策は控えてきたのに対し、「中国通」で外交を得意とするラッドが、わざわざ中国を挑発する危険を冒そうとしたとは考えにくい。

そこで、この一見矛盾した状況を解明するために、さらに国防白書の内容を分析してみよう。まず第二章で、豪国防軍が対処すべき事態として、平和維持活動、災害救援、テロリストなどの大量破壊兵器（ＷＭＤ）入手阻止、その他密航・不法漁業・麻薬密輸・伝染病などへの対策を挙げている。こうした九一一以来注目されるようになった非伝統的脅威に加えて、主要国の台頭に伴う軍事的示威活動や資源争奪、政治信条の相違などに起因する地域における緊張の発生への懸念を表明している。これは中国・インドの旺盛な戦略物資獲得の動きを意識したものと考えられるが、こうした危機感があればこそ、ラッドの構想でも、対処すべき非伝統的脅威の中に、資源エネルギー食糧安全保障といった、それまであまり触れられてこなかった項目が含まれていたわけである。

次いで第三章では、もう一つの脅威として、アジア太平洋地域での主要国間のパワーバランスの変化、特にアメリカの安定勢力としての意思と能力の変化が深刻な影響を与えるとしている。これが具体的に意味するところは第四章で、将来アジア太平洋地域でのアメリカのプレゼンスの後退が、同盟国や友好国の軍事的自助努力を刺激し、そのことがオーストラリアの利益のみならず、地域の安定、グローバルな安全保障にも悪影響を及ぼすケースを想定している。注目すべきは、日本が対米同盟に頼れなくなったときに、地域の戦略構図は激変すると強い警告を発しており、さらにイランや北朝鮮など「ならず者国家」による今後のWMD開発が予想され、アメリカによる安定的な核抑止を必須と断言している点である。

以上の記述と、北朝鮮がミサイル発射実験と二度目の核実験を実施した直後に、それぞれ国防白書とラッドのシャングリラ講演が出てきたタイミングを考え併せると、オーストラリアが想定している最悪のケースは、中国の軍事的台頭や北朝鮮の瀬戸際政策に迫られた日本が、アメリカの抑止力の低下に敏感に反応した場合に、日中間の軍事的エスカレーションが高まるだけでなく、日本が核保有といった強硬なオプションに飛びつき、それが地域の緊張を極限にまで高めることであろう。だからこそ、労働党政権による国防白書としては異例なまでに明確に、アメリカによる核抑止力を強調していると考えられる。

次の第五章では、具体的な戦略的利益を挙げており、第一が豪本土防衛、第二が豪北辺・インドネシア・東ティモールから南太平洋にかけての海域を含む地域、中でも南太平洋における政情の安定とガヴァナンスの維持、第三が東南アジアで、特にシーレーンの安全維持という優先順位で並べられている。これらは、豪国防軍が独自で、あるいは多少の周辺関係国との連携を通じて対処できる事態と言えよう。アジア太平洋地域全体の安定の維持は、その次の第四位に位置づけられており、そこでは地域で覇権国が出てこないことがオーストラリアの戦略的利益と明記されており、そのためには、日米中印インドネシアなどと連携して、安保対話や協力を重ねていくことが有益であり、APC構想もその一環として位置づけられている。しかし、そこで鍵となるのは、日豪韓印との既存の同盟・安保協力ネットワークを駆使して、アメリカのアジア太平洋地域へのエンゲージメントを維持していくことと認識されている。

つまり、アジア太平洋地域で安全保障を意識する限り、アメリカのコミットメントは不可欠であり、インドを含めるだけならば、すでにＥＡＳでそれが達成されているにもかかわらず、ラッドがわざわざＡＰＣという新機構の設立を唱えた理由も、この点にあると言えよう。とはいえ、こうしたオーストラリアの国防戦略は、対米同盟ネットワークによる対中国封じ込めを意図したものとは捉えるべきではない。たしかにシャングリラ講演の中でも、ラッドは日豪韓印などとは安保協力、対中では戦略対話と言葉を使い分けて、中国との安全保障関係がいまだ成熟の域に達していないことを示唆したが、これも将来対話を協力に発展させられるよう交流を重ねていこう、そのためには軍事的透明性を徹底してもらいたい、という強い訴えを北京に投げかけたものと考えられる[★8]。そうした中で、まともな政府なら進んで取り組まざるをえない様々な非伝統的脅威に注意を喚起して、中国も含め各国が参加しやすいフォーラムを設けて、安保協力の実績を拡げていき、最も恐れる主要国間の緊張・対立の暴発を防止する。これこそ「アクティヴなミドルパワー外交」の担い手であるラッド政権が、ＡＰＣ構想に託した狙いと見ることができよう。

こうして強い危機感に裏付けられた、ラッド二度目のＡＰＣのデモンストレーションであったが、今回も各国の反応はあまりはかばかしいものではなかった。ある評者などは、この講演で使われている共同体の名称自体がすでにAsia Pacific communityと小文字に後退しており、それ自体ラッド自らが己の構想の敗北を認めた証しに他ならない、と手厳しい[★9]。シャングリラ対話で、後続の各国からの講演者でもＡＰＣに言及する者はほとんどいなかった。キャンベル米国務次官補（東アジア・太平洋担当）などは、アジア太平洋地域における多国間外交は「非常に浅く」、日中を含むような巨大な機構を育むのはオーストラリアではなくてアメリカの役割と一蹴した。米国務省筋によれば、これはラッドのＡＰＣ構想に「蓋をする」発言であったという[★10]。

しかし、キャンベルの発言は、アメリカの地域コミットメントへの決意を伝えているとも受け取れ、その意味において、ＡＰＣ構想や国防白書の所定の目的はある程度達成されたと見てよいのではないか。実際、クリントン米国務長官も、アメリカは太平洋をどの国にも譲らぬ、と断言している[★11]。さらに、ラッドに続いてシャングリラ対話の演台の前に立ったゲーツ米国防長官も、日韓両国に核抑止を確約したうえで、様々な非伝統的脅威を地域におけるもう一つの重大な脅威と位置づけ、アメリカはこれらの問題に独力では対処できないとして、日韓印インドネシアといった同盟国や友好国が、こうした分野においてはアメリカの戦略パートナーとして行動してもらいたい、と呼びかけた[★12]。このようなオバマ政権のアプローチは、ラッドの基調講演のそれに重なりあうところが多いと言っていいであろう。

4 オーストラリアの地域構想が日本に問いかける意味

こうした情勢下でラッドのAPC構想は、日本にいかなる問いを投げかけているのであろうか。日豪両国は、これまで時間をかけて共通の利益を確認し合い、その土台の上にJDSCを築き上げた。こうしてハワード政権下でポスト九・一一的な非伝統的脅威に対する協力を約したのに加えて、ラッド政権は〇八年一二月の「日豪防衛・外務閣僚協議共同ステートメント」で、さらに協力範囲を南太平洋における安定、災害管理、海洋安全保障、軍縮・不拡散といった分野に広げていく方向性を打ち出した。このようなアプローチは、日本を始めとするアジア主要国との間に、様々な分野での協力の糸を粘り強く撚り紡いでいくことによって、信頼関係を醸成・定着させて、伝統的な「アジアに対する安全保障」に代わって、「アジアとの安全保障」を追求しようとする戦略と言えよう。ラッドのAPC構想を手掛かりに、今後オーストラリアが日本に対してさらに協力を提案してきそうな分野を探れば、シーレーン防衛や、テロ・海賊対策、WMD・薬物・不法入国者などの密輸取締に始まり、伝染病・温暖化・森林破壊対策、エネルギー資源安保、食糧安保と、いずれも日本にとって重要な問題が浮かび上がってくる。こうしたAPCが描く構図は、今から三〇年前に故大平首相が提唱した、環太平洋連帯構想と総合安全保障構想とをドッキングさせて、今日のグローバル化の時代に合わせてより包括的に焼きなおしたものと見ることができる。環太平洋連帯構想の原動力は、それ以前の日豪の様々なフォーラムでの蓄積であった。今日のAPC構想については、過去のように日豪両国が事前に水面下で密接に連携していた形跡はなさそうであるが、それでも最初に構想が発表されたのがラッドの初の訪日直前で、しかも福田康夫首相が環太平洋での協力を改めて呼びかけるスピーチ[★13]を行った数週間後に重なっていたことは単なる偶然であろうか。

そこで注目したいのが、国防白書の直前に発行された、あるシンクタンクによる小論である。それによれば、日豪両国はともに海洋通商国家として、マルチの多国間協力の国際システムの維持に死活的な利益を共有しているが、グローバル化の進行に見合うように、マルチのシステムを再構築していく必要がある。その点、日豪は二国間（バイ）のレヴェルで様々な分野での協力実績を誇っており、マルチでの協力の素地を開拓していく能力を持っている。ところが、今日様々な制度が交錯しており、新たな分野での協力を効率的に進めるには、気心の通じた国同士が機動的に協力関係を打ち出していく「ミニラテラリズム」の方式が望ましい。過去に何回となくバイをマルチへ育んできた協力の文化を共有する日豪は、またミニラテラリズムのパートナーとして大きな潜在力を有している、と結論づけている[★14]。

このような議論に鑑みれば、APCを即座に目指さないにせよ、日豪間で様々な分野で協力の実績を重ねていき、そこから小文字のAPcとも言うべき、地域における幾重ものミニの協力関係を機動的に主導していくことは、日本にとっても大きな利益になる。第一に、アメリカと同盟関係を共有し、ともに軍事大国でない日豪にとって、予想できる将来において地域におけるアメリカのコミットメントの確保は共通の死活的利益であり、日豪で地域での安保協力ネットワークを拡大していくことは、アメリカを惹きつけておく効果を持つ。

第二に、日本は北東アジアにおいて、オーストラリアは東南アジアにおいて、近隣諸国との安保協力に象徴されるような信頼関係に裏付けられた関係を構築してから、ともにまだ日が浅い。この点でもミニラテラルな協力関係の拡大は、域内での信頼をさらに重層的に定着させていく意味において、両国共通の利益につながる。日韓での安保協力など、二国間では政治的に支障がある場合でも、複数国間ならば円滑かつ機動的に対処しやすい。

第三に、日豪はともに海洋通商国家として、世界貿易機関の下で開放的経済システムを維持していくことに大きな利益を共有している。このことは日本が今後とも経済的繁栄を享受していくためには自明のことであるにもかかわらず、国内の政治的論議で国民に対して明示的に提示されることが少ない。それだけに、国際経済システムの開放性を明確に主張することでは戦後一貫しているオーストラリアとの連携は、日本国民が開放性という問題の重要性を認識していくうえで有益である。ラッドはAPCでエネルギー資源食糧安保を強調しているが、それはオーストラリアとしては自国の資源や農産物を通常の商業ベースを外れて、消費国に対して戦略的に売りつけるようなことはしないから、日本としては安心していっしょに開放的システムの維持に協力してもらいたい、とのメッセージを伝えようとしたと見るべきであろう。

第四に、アイデア豊富な外交を得意とするオーストラリアは、どちらかというと地味な日本外交にユニークな機会を提供してくれる。国連での軍縮推進を重視する労働党の伝統に則って、ラッドは最初の訪日時に、核不拡散・核軍縮に関する国際委員会(ICNND)の設立を提唱したが、そのイニシアティヴによって、ICNNDの共同議長にはエヴァンズと川口順子という日豪の元外相が就任し、日本は国際社会に対して核軍縮の分野で自主的外交努力をアピールする重要な機会を与えられたのである。

以上のように、バイからミニを通じてマルチへの協力をもたらす、実績と潜在力に富んだ対豪関係は、今後少子高齢化で国際的影響力のかげりも噂される日本にとって、国民の利益を見据えた効果的な外交を機動的に展開していくうえで、大きなアセットとなることだろう。幸いアイデアに富んだオーストラリアは、黙っていても日本にいろいろ働きかけてくれるであろう。しかし、利益や価値の共有を謳うからには、たまには日本側からも進んでオファーを提示するのも、関係の持続性という点で重要であろう。

そこで検討に値するのが、太平洋島嶼国支援へのコミットメントの増大である。国防白書は南太平洋での破綻国家化の進行に大きな懸念を表明しているし、APC構想でラッドがしきりに温暖化や森林破壊への取り組みを呼びかけたのも、森を失い海水面の上昇に脆弱なこれらの諸国を意識してのことと解釈できる。オーストラリアは伝統的に南太平洋の平和と安定を自らの責任範囲と認めてきたし、白書でもその点を明確に認識している。

しかし、ハワード政権期以来、ソロモン諸島など島嶼国の政情不安は予断を許さず、オーストラリアは複数の島の治安維持に同時に、手薄な駒の中から要員を割く必要性に備えることを迫られ続けている。ことに二〇〇六年以来地域の最有力国の一つであるフィジーでクーデターが勃発し、以来経済情勢が極端に悪化しており、政治の正常化への道筋も見えてこない頭の痛い状況でもある。

このような情勢下で、日本が今後とも太平洋島嶼国の安定と開発、地域の平和のために、関係各国と密接に協力しながら、様々な形で積極的に貢献していく意向を表明していけば、オーストラリアにとって包括的パートナーとして心強い援護となるだろう。こうした太平洋島嶼国をめぐる日豪の連携は、容易にニュージーランドなどを巻き込んで、得意のミニラテラルな協力ネットワークの原動力となるだろうし、見過ごされがちな国際社会の関心を同地域に向けることにもつながる。太平洋が文字通り「平和」の海であり続けることが、日豪両国の共通の利益の原点だとすれば、環太平洋の芯の部分としての島嶼国の平和と安定に向けて、新たな協力を立ち上げる段階に来ているのではないだろうか。

実際、シャングリラで終わったかに見えたAPC構想も、日本での政権交代を契機に再び息を吹き返している。鳩山首相が東アジア共同体を提唱すると、それに中国が基本的に賛同し、対してアメリカも参加の意向を表明し始めた。すると、鳩山もアメリカの関与を求める姿勢に転じ、これと呼応するかのように、一一月に豪印安保共同宣言を締結したラッドは、安保協力と資源エネルギー食料水安保を強調して、APCの必要性を改めて訴えている[★15]。ここで日本にとって重要なのは、構想のレトリックに先走るのではなく、地域で共有できる利益を見極め、できるところから協議に入り、協力の実績を重ねていくことである。なぜなら、アジア太平洋地域協力では、亀の歩みに見えてもそれが一番の近道であるからで、そのことを一番よく知っているのが日豪なのである。

参考文献

福嶋輝彦「オーストラリアの模索——英帝国とアジア太平洋地域の狭間で」木畑洋一編『現代世界とイギリス帝国』ミネルヴァ書房、二〇〇七年、第八章
福嶋輝彦「日本外交における対オーストラリア関係の意味——戦後日豪関係の発展過程」櫻川明巧他『日本外交と国際関係』内外出版、二〇〇九年、第七章
山岡道男『アジア太平洋地域のＩＮＧＯ——ＩＰＲ、ＰＢＥＣ、ＰＡＦＴＡＤ、ＰＥＣＣ』北樹出版、一九九六年
Kelly, Paul, *Howard's Decade: An Australian Foreign Policy Reappraisal*, Sydney, Lowy Institute for International Policy, 2006
Wesley, Michael, *The Howard Paradox: Australian Diplomacy in Asia 1996-2006*, Sydney ABC Books, 2007

註

★1——Kevin Rudd, "Address to the Asia Society AustralAsia Centre, Sydney: It's time to build an Asia Pacific Community", 4 June 2008. http://www.pm.gov.au/node/5763

★2——ポール・キーティング『アジア太平洋国家を目指して——オーストラリアの関与外交』山田道隆訳、流通経済大学出版会、二〇〇三年、二七七頁。

★3——Paul Keating, "I got it right the first time", *The Australian*, 6 June 2008. ラッドは講演の中で、ヨーロッパ連合（ＥＵ）はアジア太平洋でモデルにならないと明言しているにもかかわらず、ＥＵでの安保協力の実績に言及したせいか、多くの評者から、ラッドはＥＵ方式の統合を志向しているとの誤解を受けた。

★4——K C Boey, "Rudd idea gets short shrift", *New Straits Times* (Malaysia), 22 June 2008.

★5——Brendan Nicholson, “Asia Pacific plan ‘dead from outset’”, *The Age*, 4 July 2008.

★6——Kevin Rudd, “Keynote Address”, The 8th IISS Asian Security Summit: The Shangri-La Dialogue, Singapore, 29 May 2009. http://www.iiss.org/conferences/the-shangri-la-dialogue/shangri-la-dialogue-2009/plenary-session-speeches-2009/opening-remarks-and-keynote-address/keynote-address-kevin-rudd/

★7——Department of Defence, *Defending Australia: Force 2030, Defence White Paper 2009*, Canberra, May 2009, http://www.defence.gov.au/whitepaper/docs/defence_white_paper_2009.pdf

★8——一四〇ページに及ぶ国防白書の中で、自国の国防予算の透明性は別にして、地域の軍事的透明性という意味でtransparencyという用語が使われたのは三回にすぎないが、シャングリラ講演では、六回も使用されている点にも、北朝鮮のミサイル発射・核実験以後のラッド政権の地域軍事バランスの動揺に対する危機意識を窺うことができよう。

★9——Graeme Dobell, “Asia Community: Rudd moves on”, the interpreter: weblog of the Lowy Institute for International Policy, 31 May 2009 http://www.lowyinterpreter.org/post/2009/05/31/Asia-Community-Rudd-moves-on.aspx

★10——Brad Norington, “Barack Obama’s man Kurt Campbell junks Kevin Rudd’s Asia-Pacific plan”, *The Australian*, 12 June 2009.

★11——Geoff Elliott, “Hillary Clinton firmly commits the US to Asia-Pacific security”, *The Australian*, 21 May 2009.

★12——Robert Gates, “America’s Security Role in the Asia-Pacific”, 1st Plenary Session, Shangri-La Dialogue, Singapore, 30 May 2009. http://www.iiss.org/conferences/the-shangri-la-dialogue/shangri-la-dialogue-2009/plenary-session-speeches-2009/first-plenary-session/dr-robert-gates/

★13——福田康夫「太平洋が『内海』となる日へ——『共に歩む』未来のアジアに5つの約束」国際交流会議「アジアの未来」晩餐会にて、二〇〇八年五月二二日。http://www.kantei.go.jp/jp/hukudaspeech/2008/05/22speech.html

★14——Malcolm Cook & Andrew Shearer, *Going Global: A New Australia-Japan Agenda for Multicultural Cooperation*, Lowy Institute for International Policy, Sydney, April 2009.

★15——Kevin Rudd, “Address to the Indian Council of World Affairs – ‘From fitful engagement to strategic partnership’”, 12 November 2009, http://www.pm.gov.au/node/6317

第8章 太平洋島嶼諸国と環太平洋

小柏葉子 OGASHIWA Yoko

1 「中心」であり、「中心」でない太平洋島嶼諸国

太平洋島嶼諸国（PIN）とは、太平洋上に位置する九つの独立国（サモア、ナウル、トンガ、フィジー、パプアニューギニア、ソロモン諸島、ツヴァル、キリバス、ヴァヌアツ）と、五つの自由連合国［★1］（クック諸島、ニウエ、マーシャル諸島、ミクロネシア連邦、パラオ）を指す。

これら太平洋島嶼諸国は、文字通り、太平洋上に浮かぶ島国であり、地理的に言えば、まさに太平洋の「中心」に位置する。しかし、環太平洋を舞台にしたさまざまな地域的枠組みの中での太平洋島嶼諸国は、かならずしも「中心」の位置を占めてこなかった。むしろ、太平洋島嶼諸国は、そうした地域的枠組みの中で、「周縁」として、あるいは時として「外」に位置づけられてきたと言ってよい。本章は、このように、地理的には「中心」であるが、環太平洋の地域的枠組みの中では「中心」として位置づけられてこなかった太平洋島嶼諸国が、

太平洋経済協力会議(PECC)成立以降の展開の中で、環太平洋の地域的枠組みをどのようにとらえてきたのか、その変遷を検証し、そこから、今後の対応について、展望を導き出そうと試みるものである。

本論に移る前に、太平洋島嶼諸国が環太平洋の地域的枠組みをどのようにとらえてきたのか検証する際、押さえておかなければならない二つの点をあげておこう。

一つは、太平洋島嶼諸国が一九七一年にオーストラリア、ニュージーランドに呼びかけ、南太平洋フォーラム(二〇〇〇年に太平洋島嶼フォーラムと改称)を結成し、おもにそれを通じて対外的行動を展開してきたという点である。太平洋島嶼諸国が南太平洋フォーラムを結成した直接の動機は、仏領ポリネシアにおけるフランスの核実験に共同で抗議するためであった。この南太平洋フォーラム結成の経緯に端的に示されているように、太平洋島嶼諸国による地域協力は、基本的に、域外に対して共同行動をとる「外向き」の地域協力だったと言うことができるであろう。環太平洋の地域的枠組みに対しても、同様に、太平洋島嶼諸国は、南太平洋フォーラムの枠組みを通じて対応を行ってきたのである。

第二にあげられるのは、太平洋島嶼諸国の経済的関心は、長くヨーロッパ共同体(EC)/ヨーロッパ連合(EU)、およびオーストラリア、ニュージーランドに向けられてきたという点である。前者については、ロメ協定の存在を理由としてあげることができよう。一九七五年に、当時のヨーロッパ経済共同体(EEC)[★2]と、EEC諸国の旧植民地であったアフリカ・カリブ・太平洋(ACP)諸国との間で結ばれたロメ協定は、一九九〇年に発効した第四次協定にいたるまで、太平洋島嶼諸国に数々の貿易優遇措置を提供してきた[★3]。たとえば、ロメ協定下の輸出所得安定化制度(STABEX)と呼ばれる制度では、第一次産品の輸出収入が国際市場価格の変動によって一定水準以下に減少した場合、ACP諸国は、ECから補償的に資金援助を受けることができた。また、ACP諸国は、ECの共通農業政策指定品目以外は、無関税でEC市場に片務的に産品を輸出することができた。

一方、太平洋島嶼諸国は、オーストラリアおよびニュージーランドとは、一九八〇年に南太平洋地域貿易経済協力協定（SPARTECA）を締結していた。この協定の下で、太平洋島嶼諸国は、オーストラリア、ニュージーランド両国に、その産品を無関税、および数量規制なしで輸出することができる貿易優遇措置を受けてきた。

太平洋島嶼諸国の脆弱な経済基盤は、こうしたさまざまな貿易優遇措置によって支えられてきたと言っても過言ではない。こうしたところから、太平洋島嶼諸国の経済的関心は、長い間、日米などが進めようとする環太平洋の地域的枠組みよりも、これら貿易優遇措置の提供者であるEU、およびオーストラリア、ニュージーランドに向けられてきたのである。

以上の二つの点を踏まえながら、以下では、環太平洋の地域的枠組みを太平洋島嶼諸国がどのようにとらえてきたのか、検証していくことにしよう。

2 太平洋島嶼諸国と「太平洋」

太平洋島嶼諸国にとって、最初に関係を持つようになった環太平洋の地域的枠組みとしてあげられるのは、PECCの「太平洋」枠組みである。

太平洋島嶼諸国は、PECCに、各国個別ではなく、「太平洋島嶼諸国」という一つのグループとして参加した[★4]。だが、PECCに参加したとはいえ、太平洋島嶼諸国は、当初、PECCの「太平洋」枠組みに対し、強い警戒感を持っていたと言うことができる。たとえば、フィジーのマラ首相は、「南太平洋地域協力のより限定的な願望に否定的影響を与えうる、あまりにも大掛かりな計画」と表現して、PECC立ち上げが議論された一九八〇年のキャンベラ・セミナーを欠席した。また、キャンベラ・セミナーに出席した他の太平洋島嶼諸国代表（パプアニューギニア財務省次官、トンガ財務省次官、南太平洋経済協力機構（SPEC）[★5]事務局長）も、席上、「『太平洋』枠組みの中で太平洋島嶼諸国の利益は考慮されるのか」、「南太平洋フォーラムの一体性は確保されるのか」といった懸念を表明した。

こうした太平洋島嶼諸国の「太平洋」枠組みに対する警戒感の背景には、当時、南太平洋フォーラムが、いまだ地域協力確立に向けての途上にあったことを指摘することができるであろう。創設以来、地域協力を積み重ねてきた南太平洋フォーラムではあったが、その地域協力が定着したと言えるのは、域内に意見対立をかかえながらも南太平洋非核地帯条約の採択にこぎつけた一九八五年まで待たなければならなかった。すなわち、太平洋島嶼諸国は、地域協力定着の途上にある南太平洋フォーラムが、「太平洋」という広域枠組みにのみこまれ、影が薄くなってしまうことを警戒した、と言えるのである。

「太平洋」枠組みに対しては、東南アジア諸国連合(ASEAN)諸国も、同様の懸念をいだいていた。こうした懸念や警戒感に対し、キャンベラ・セミナーでは、「太平洋」枠組みの性質や形式は、ASEANや南太平洋フォーラムの一体性を損なわないよう形作られる必要があること、また「太平洋」地域協力の必要不可欠な要素は、ASEAN諸国や南太平洋フォーラム諸国の経済目標と利益の推進であること、が確認された。たしかに、「太平洋」地域協力が将来的に扱うイシューの一つとして、太平洋島嶼諸国にとって重要な運輸や通信といった分野があげられるなど、キャンベラ・セミナーでは、太平洋島嶼諸国の利益関心に対し、一定の配慮がなされたかに見えた。

しかしながら、その後、PECCが活動を展開していく中で、太平洋島嶼諸国の存在はなおざりにされていったと言わなければならない。PECC設立の立役者の一人である大来佐武郎が後の一九八八年に述懐したように、PECCの活動は、ASEAN、アジア新興工業国(NICs)、環太平洋先進諸国を中心とするものであり、「地域の中心を占める太平洋島嶼諸国の利益は、たぶんに無視されがちだった」からである。

片や、太平洋島嶼諸国の側も、PECCに関心を示さなかった。たとえば、太平洋島嶼諸国は、キャンベラ・

セミナー以降、一九八二年の第二回、一九八三年の第三回と、続けてPECC総会を欠席していた。また、太平洋島嶼諸国の関心の所在を指し示すバロメーターの一つと言える『SPEC事務局長年次報告書』の中でも、PECCについては、一切、言及がなかった。

このような太平洋島嶼諸国とPECCとの関係に変化が訪れるのは、一九八五年のことである。南太平洋フォーラム年次会議で南太平洋非核地帯条約が採択され、南太平洋フォーラムの地域協力が定着したと言えるこの年、PECCからの要請を受け入れて、太平洋島嶼諸国は、ソウルで開かれた第四回PECC総会に、久しぶりに出席した。だが、そこで太平洋島嶼諸国が痛切に認識させられたのは、PECCの中での「居場所」のなさであったと言うことができる。

総会の冒頭、大来PECC常任委員長は、「太平洋の発展と世界経済的意味」と題して、太平洋地域経済の発展とその要因を回顧し、将来の展望について演説を行った。しかし、その中で、太平洋島嶼諸国について、一切、言及されていなかったことに太平洋島嶼諸国は反発し、続く討論の中で、不満を表明する。大来演説は、太平洋島嶼諸国に、PECCの加盟メンバーであるにもかかわらず、自らの存在が「周縁」として看過され、結果としてPECCの枠組みの中で疎外されている事実を改めてつきつける結果となったのである。

太平洋島嶼諸国からあがった不満の声に対し、PECCの中での太平洋島嶼諸国の「居場所」作り、すなわちPECCの活動の中に太平洋島嶼諸国を取り込んでいこうという試みがとられることになる。そうした試みの一つとしてあげられるのが、漁業を通じた「居場所」作りである。

太平洋島嶼諸国が関心を持つ漁業を通じて、PECCの活動の中に太平洋島嶼諸国を取り込んでいこうというこの試みは、PECCの中に設けられた漁業開発・協力タスクフォースを中心として進められ、具体的には、PECCに加盟する太平洋沿岸発展途上諸国間の「地域間漁業協力」という形式を取って行われた。これは、太平洋島嶼諸国と、ASEAN諸国、およびラテンアメリカ太平洋沿岸諸国それぞれとの間で、漁業訓練や漁業資源の調査といった漁業協力の発展を図っていこうというものであった。

このうち、太平洋島嶼諸国とＡＳＥＡＮ諸国との「地域間漁業協力」は、一九八六年から開始され、一九八八年には、両者合同で、西太平洋漁業協議委員会が設立された。同様に、太平洋島嶼諸国とラテンアメリカ太平洋沿岸諸国との間でも、一九九〇年に、太平洋横断漁業協議委員会が設けられた。

だが、指摘しておかなければならないのは、こうしたＰＥＣＣによる漁業を通じた「居場所」作りの試みは、太平洋島嶼諸国の関心と、かならずしも一致していなかった、という点である。南太平洋の漁業に関しては、一九七九年に、フォーラム漁業機関（ＦＦＡ）が設立され、漁業資源に対する地域協力が開始されていた。しかし、一九八二年に、ナウルほか太平洋島嶼八カ国が、域外遠洋マグロ漁船に対する統一入漁条件を定めたナウル協定を結んだことを機に、太平洋島嶼諸国の漁業に対する関心は、自らによる漁業開発よりも、域外遠洋漁業国との漁業交渉へと傾斜していくようになる。そうした太平洋島嶼諸国にとって、ＰＥＣＣによる「地域間漁業協力」を通じた「居場所」作りの試みは、十分に魅力的なものとは言いがたかったのである。

むしろ、太平洋島嶼諸国にとって、より大きな意味を持っていたのは、太平洋島嶼諸国タスクフォースの設置という、ＰＥＣＣによるもう一つの「居場所」作りの試みであったと言えよう。前述のように、一九八八年五月に大阪で開かれた第六回ＰＥＣＣ総会で、大来ＰＥＣＣ常任委員長は、ＰＥＣＣの活動が太平洋島嶼諸国の利益を無視しがちだったことを認め、個人的見解としながらも、太平洋島嶼諸国の特別な利益に配慮した新たなイニシアチブがとられることを望んでいると表明した。これを受けて、ＰＥＣＣでは、太平洋島嶼諸国のＰＥＣＣにおける活動や起業展開に対する支援を目的とした、太平洋島嶼諸国タスクフォースの設立を検討することになる。そして同年一〇月に開かれたＰＥＣＣ常任委員会で、日本、アメリカ、台湾、インドネシア、ニュージーランドからなる、太平洋島嶼諸国タスクフォース設立検討作業部会が設置され、南太平洋フォーラム事務局との協議が開始される。

太平洋島嶼諸国タスクフォース設置に向けてのこうした動きは、太平洋島嶼諸国のＰＥＣＣに対する関心を高めることになった。太平洋島嶼諸国の関心の所在を示す、もう一つのバロメーターと言える南太平洋フォーラム年次会議最終声明が、一九八九年に、「太平洋島嶼諸国タスクフォースを通じたＰＥＣＣとの協力の発展を支持し、南太平洋フォーラムとＰＥＣＣとの結びつきを重視している」と述べたことに、太平洋島嶼諸国の関心の高まりをうかがいしることができよう。

そして、太平洋島嶼諸国タスクフォースは、一九八九年にオークランドで開かれた第七回ＰＥＣＣ総会において、正式に設立される。太平洋島嶼諸国タスクフォースの設立は、ＰＥＣＣの中に、太平洋島嶼諸国の「居場所」を目に見える形で作ったと言えよう。これによって、太平洋島嶼諸国は、名目だけでなく、実質的にもＰＥＣＣの「太平洋」枠組みの中に含まれることになったのである。

しかし、ＰＥＣＣにとって、太平洋島嶼諸国を実質的にその枠組みに含めたことは、皮肉にも、ＰＥＣＣの協力分野を拡大させ、その関心を拡散させてしまう一因となったと言われている。そしてこれが一つのきっかけとなって、アジア太平洋経済協力（ＡＰＥＣ）という新たな地域的枠組みが出現することになる。

一方、太平洋島嶼諸国は、ＰＥＣＣの「太平洋」枠組みの中に名実ともに含まれることを通じて、それまで関心を向けてこなかった環太平洋の地域的枠組みに関わっていくようになる。これは、従来、ＥＵ、オーストラリア、ニュージーランドにのみ経済的関心を向けてきた太平洋島嶼諸国が、環太平洋の地域的枠組みと関係を築いていく第一歩となり、そして、新たな地域的枠組みとして次に登場する、ＡＰＥＣの「アジア太平洋」枠組みに対して接近を図っていく下地をなすことになるのである。

3 太平洋島嶼諸国と「アジア太平洋」

PECCの中に太平洋島嶼諸国タスクフォースが設立された同じ一九八九年に、APECが発足する。APECに正式メンバーとして招かれなかった太平洋島嶼諸国は、フォーラム事務局が得たオブザーバーという地位を用いて、キャンベラで開かれた第一回閣僚会議に出席した。そして、APEC発足から二年後の一九九一年、南太平洋フォーラム年次会議最終声明は、初めてAPECについて言及し、関係強化の意向を示す。さらに翌一九九二年には、バンコクで開催された第四回APEC閣僚会議にオブザーバー資格で出席したタバイ南太平洋フォーラム事務局長が、APECに積極的に関わっていく姿勢を明らかにした。以後、太平洋島嶼諸国は、APECとの関係強化に乗り出していく。

このように、太平洋島嶼諸国がAPECとの関係強化を図った最大の理由は、貿易自由化の進展にあったと言うことができる。一九九五年に世界貿易機関(WTO)が成立し、貿易自由化がグローバルな趨勢として認識されるようになったことは、太平洋島嶼諸国に大きな影響を与えるものとなった。冒頭で述べたように、貿易優遇措置によってその経済基盤を支えられてきた太平洋島嶼諸国は、貿易自由化の流れの中で、経済構造の抜本的見直しを迫られたからである。

とりわけ、太平洋島嶼諸国の懸念を呼んだのは、二〇〇〇年に満了となる第四次ロメ協定の後継協定についてであった。ロメ協定の貿易優遇措置は、WTOの非差別貿易の原則と矛盾するものであり、第四次ロメ協定満了の際には、協定内容の大幅な変更、あるいは後継協定の廃止すら予想された。太平洋島嶼諸国は、EUやオーストラリア、ニュージーランドといった、それまでの貿易優遇措置の提供者以外の新たな経済関係の開拓に取り組まなければならなくなったのである。

PECCの「太平洋」枠組みに含まれることで、環太平洋の地域的枠組みに関わっていくようになった太平洋島嶼諸国が、そこで目を向けたのが、ＡＰＥＣであった。経済成長を遂げるアジア諸国が参加し、何よりＰＥＣＣとは異なり、政策決定者からなる政府間機構としてのＡＰＥＣは、太平洋島嶼諸国にとって、新たな経済関係開拓に向けての大きな可能性を持つ存在として受けとめられたと言えよう。

その一方で、ＡＰＥＣとの関係強化が図られるのに反比例して、ＰＥＣＣに対する太平洋島嶼諸国の関心は、急速に低下していく。前述のように、ＡＰＥＣが一九九一年から南太平洋フォーラム年次会議最終声明に登場するようになったのに対し、ＰＥＣＣについては、入れ違いに、一九九二年の最終声明を最後に言及されなくなった。これは、太平洋島嶼諸国の関心が、ＰＥＣＣの「太平洋」枠組みから、ＡＰＥＣの「アジア太平洋」枠組みへとシフトしたことを物語るものだったと言えるであろう。

それでは、ＡＰＥＣに対し、太平洋島嶼諸国はどのように関係を強化していこうとしたのだろうか。ここでまず確認しておかなければならないのは、一九九三年に、太平洋島嶼諸国の中で唯一ＡＰＥＣへの加盟が認められたパプアニューギニアを除いて、他の太平洋島嶼諸国はＡＰＥＣに加盟していなかった、という点である。そして、ＡＰＥＣへの加盟を果たしたパプアニューギニアにしても、ＡＰＥＣにおけるその位置づけは微妙なものと言わなければならなかった。

ＡＰＥＣへの加盟要件については、一九九一年の第三回ＡＰＥＣ閣僚会議で採択されたソウル宣言の中で、アジア太平洋地域において、強固な経済的つながりを有すること、およびＡＰＥＣの目的および原則を受け入れ、アジア太平洋地域の諸経済に開かれていること、と示されていた。だが、パプアニューギニアのＡＰＥＣ加盟には、こうした経済的要件よりも、むしろ、それまでのＡＳＥＡＮとのつながりが重視されたと言ってよい。「アジアと太平洋の架け橋外交」を標榜するパプアニューギニアは、一九七六年にはＡＳＥＡＮのオブザーバー、さらに一九八一年には特別オブザーバーとしての地位を獲得、一九八七年には東南アジア友好協力条約に調印し、ＡＳＥＡＮへの加盟も働きかけてきた[★6]。こうしたＡＳＥＡＮとの関係から、経済規模の小さな太平洋島嶼国であるにもかかわらず、パプアニューギニアのＡＰＥＣ加盟が認められたと考えられるのである。すなわち、ＡＰＥＣに加盟しているとは言え、パプアニューギニアは、ＡＰＥＣの限りなく「外」に近い「周縁」に、そして他の太平洋島嶼諸国にいたっては、ＡＰＥＣの枠組みの「外」に位置していた、と言うことができるのである。

こうした状況下で、太平洋島嶼諸国がＡＰＥＣとの関係強化にあたって掲げたのが、「リンケージ」であった。一九九五年に大阪で開かれた第七回ＡＰＥＣ閣僚会議において発表された『南太平洋フォーラム諸国とＡＰＥＣ——特別な関係』と題する特別声明の中で、太平洋島嶼諸国は、自らを「ＡＰＥＣ地域の中央に戦略的に位置している」とアピールしつつ、貿易・投資の「リンケージ」を通じて、ＡＰＥＣといっそうの関係強化を図っていく姿勢を打ち出した。つまり、太平洋島嶼諸国は、地理的には「アジア太平洋」に含まれることを強調しながらも、現実には、ＡＰＥＣの枠組みの「外」に位置しているという立場を踏まえ、ＡＰＥＣへの直接的な参入よりも、貿易・投資を通じて「外」からＡＰＥＣとの結びつきを図っていく、という「リンケージ」を目指したと言えよう[★7]。

とは言え、ＡＰＥＣとの貿易・投資の「リンケージ」を進めていくということは、とりもなおさず、太平洋島嶼諸国自らがＡＰＥＣの貿易・投資の自由化原則を受け入れ、それを履行しなければならないことを意味していた。一九九五年、南太平洋フォーラム年次会議は、「潜在的投資家に向け、外国直接投資を促進し、奨励するという地域の真剣な意志表示」として、ＡＰＥＣの投資原則を採用、および履行していくことをもりこんだ最終声明および行動計画を採択した。続いて、同じ年に開かれたフォーラム財務相会議では、ＡＰＥＣの投資原則の採用、および履行のために、太平洋島嶼諸国の投資制度の透明性を高めていくことが合意された。また、関税に関しては、ＡＰＥＣの関税に関する行動計画を「青写真」として、太平洋島嶼諸国の関税削減・改革についての議論が行われた。

さらに、一九九七年に開かれた第一回フォーラム経済閣僚会議、および南太平洋フォーラム年次会議では、太平洋島嶼諸国間に自由貿易地域（FTA）を設立することが合意される。興味深いのは、この合意が、いわゆるアジア通貨危機の発生直後になされた、という点である。アジア開発銀行によれば、アジア通貨危機の太平洋島嶼諸国に対する経済的影響は、「驚くほどわずか」であったとされる。すなわち、それは、裏返して言えば、太平洋島嶼諸国の努力にもかかわらず、APECとの貿易・投資の「リンケージ」はほとんど進展していなかった、ということにほかならなかった。太平洋島嶼諸国の自由化に向けての歩みは、それゆえ皮肉にも、アジア通貨危機に左右されることなく進展したと言えるのである。

そして、太平洋島嶼諸国の自由化への歩みは、二〇〇一年に、一つの大きな節目を迎えることになる。この年開かれた太平洋島嶼フォーラム年次会議は、太平洋経済緊密化協定（PACER）、および太平洋島嶼諸国貿易協定（PICTA）という二つの協定を採択した。PACERは、将来的に、オーストラリア、ニュージーランドと太平洋島嶼諸国との間での自由貿易の拡張を視野に入れ、貿易振興、経済調整の分野で、オーストラリア、ニュージーランドから、太平洋島嶼諸国に対し、財政的・技術的支援を提供する貿易・経済協力協定であった。一方、PICTAは、太平洋島嶼諸国間のFTA形成に向けた枠組みであり、二〇一六年までに関税を撤廃するネガティブリストを除いて、小規模島嶼諸国［★8］と後発開発途上国（LDC）［★9］以外の太平洋島嶼諸国は二〇一〇年までに、小規模島嶼諸国とLDCは二〇一二年までに、それぞれ関税を撤廃することがうたわれていた。

この後、PACERは二〇〇二年に、PICTAは二〇〇三年に、それぞれ発効し、PICTAについては、当初除外されていたアルコールやタバコへの自由化拡大や、資本や人の移動といったサービス貿易のイシューをめぐっても、交渉が始められた。さらに、二〇〇八年からは、オーストラリア、ニュージーランドも含めた太平洋島嶼フォーラムの全加盟国によるFTA形成に向けた「PACERプラス」、および「太平洋単一市場・経済」の検討も開始された。「PACERプラス」については、二〇〇九年後半から、交渉が始められることになった。

こうして、太平洋島嶼諸国によるAPECの貿易・投資自由化原則の履行は、具体的に形を成すことになった。だが、太平洋島嶼諸国にとって、APECとの「リンケージ」は、当初とは異なる意味合いを持つようになっていたことを指摘しておかなければならないであろう。

そもそもAPECとの貿易・投資の「リンケージ」は、前述のように、第四次ロメ協定の後継協定に対する太平洋島嶼諸国の不安から生まれたものであった。その第四次ロメ協定が満了した二〇〇〇年に、新たに、コトヌー協定が締結され、STABEXは廃止されたものの、その後二〇年間は、ロメ協定の基本原則を五年ごとに見直しながら継続していくことが決まった。と同時に、コトヌー協定では、EUとACP諸国の六つの地域ごとそれぞれとの間で、経済連携協定(EPA)締結に向けて、交渉を行うこともうたわれていた[★10]。

これに基づき、EUと太平洋島嶼諸国とのEPA交渉が開始されたのは、二〇〇二年のことであった。しかし、交渉は、EUと太平洋島嶼諸国との間の意見の隔たりから難航し、いまだ妥結にいたっていない。当初の予定では、二〇〇九年中には、包括的地域間EPAを締結するとされており、引き続き、EUと太平洋島嶼諸国との間で交渉が行われている。この間、APECでは、一九九五年の第七回閣僚会議以降、制度化の頓挫によって、自由化の流れは大幅に減速していた。こうした展開の中で、太平洋島嶼諸国は、APECとの貿易・投資の「リンケージ」から、EUとのEPA交渉へと、次第に関心の軸足を移すようになったのである。

ただし、貿易・投資の「リンケージ」の対象として相対的な比重が低下し、また太平洋島嶼フォーラム年次会議最終声明の中でも、めっきり言及されなくなったとはいえ、太平洋島嶼諸国は、APECとの「リンケージ」そのものに対する関心をまったく失ったわけではない。二〇〇二年、メキシコのロスカボスで開催された第一四回APEC閣僚会議に出席したレヴィ太平洋島嶼フォーラム事務局長は、APECに対する太平洋島嶼諸国のニーズは、地域で進行中の様々な政策改革を支える技術的なキャパシティ・ビルディング(基盤強化)の分野にある、と述べ、APECに支援を求めた。キャパシティ・ビルディングは、一九九八年のクアラルンプールで開かれた第一〇回APEC閣僚会議においてうたわれたものであり、特に、人材育成、技術、中小企業の分野に重点が置かれていた。

APECの枠組みを通じた太平洋島嶼諸国に対するキャパシティ・ビルディングの支援は、たとえば、APECのオブザーバーという太平洋島嶼フォーラムの資格を通じて、インドネシアからの支援を受け、太平洋島嶼諸国向けにマイクロファイナンスの訓練ワークショップを実施するという形で実現される。二〇〇六年に開催されたAPEC中小企業担当相会議にオブザーバーとして出席した太平洋島嶼諸国代表（マーシャル諸島資源開発相）は、二〇〇五年から二〇〇六年にかけて行われた、このマイクロファイナンスの訓練ワークショップについて言及し、太平洋島嶼諸国における中小企業の発展強化に向けて、APECにさらなる支援を要請した。同様の要請は、翌二〇〇七年のAPEC中小企業担当相会議にオブザーバーとして出席した別の太平洋島嶼諸国代表（パラオ通商相）によってもなされた[★11]。すなわち、太平洋島嶼諸国は、EUとのEPA交渉の開始、APECにおける自由化の減速という中で、APECとの「リンケージ」として、キャパシティ・ビルディングといった経済・技術協力を強調するようになった、と言えるのである。

このように、太平洋島嶼諸国は、一時期ほどの強い関心は失い、また当初とは異なる意図を持つようになったとは言いながらも、APECの「アジア太平洋」枠組みに対して、依然、関心を抱き続けていると言うことができるであろう。それでは、太平洋島嶼諸国は、アジア通貨危機以後に出現した新たな地域的枠組みに対しては、どのようにとらえているのであろうか。次節では、「東アジア」枠組みに対する対応に注目しながら、環太平洋の地域的枠組みに対する太平洋島嶼諸国の今後の対応について、展望を試みることにしてみたい。

4　太平洋島嶼諸国と「東アジア」、そして環太平洋との今後の展望

一九九七年夏に発生したアジア通貨危機後、「太平洋」、「アジア太平洋」に加え、新たな地域的枠組みとして登場することになったのが、「東アジア」である。そうした「東アジア」枠組みの一つとしてあげられるのが、一九九七年末に行われたASEAN諸国、日本、中国、韓国の首脳会議に端を発するASEAN＋3である。ASEAN＋3は、一九九九年の首脳会議で、「東アジアにおける協力に関する共同声明」を採択して以降、当初の経済のみならず、政治、安全保障、社会、文化など、多岐にわたる分野へと対象イシューを拡大するようになった。

そしてもう一つが、二〇〇五年に発足した東アジア首脳会議（EAS）である。ASEAN＋3に、オーストラリア、ニュージーランド、インドが加わったEASは、「東アジア共同体」創設をにらみながら、経済からエネルギー・環境、教育・青少年交流にいたるまで、幅広い分野の協力をかかげている。

太平洋島嶼諸国は、ASEAN＋3やEASの「東アジア」枠組みに正式メンバーとして加わっていないのはもちろんのこと、「太平洋」や「アジア太平洋」の場合とは異なり、地理的に言っても、「東アジア」枠組みの中に入らず、完全に「外」に位置している。こうした「東アジア」枠組みを太平洋島嶼諸国がどのようにとらえているのか、今までのところ、太平洋島嶼フォーラム年次会議最終声明や、太平洋島嶼フォーラム事務局長など関係者の発言の中で、明確に述べられたことはない。今後、ASEAN＋3やEASの制度化がよりいっそう進展したとすれば、太平洋島嶼諸国がこれら「東アジア」枠組みに関心を示し、関係構築に乗り出す可能性もありうると言えるであろう。

ただし、ここで改めて留意しておかなければならないのは、太平洋島嶼諸国にとって、それまでの「太平洋」や「アジア太平洋」といった環太平洋の地域的枠組みは、常に「経済的枠組み」として認識されてきたものだっ

た、という点である。たとえば、「アジア太平洋」枠組みと言っても、太平洋島嶼諸国が実際に関心を向けてきたのは、APECのみであった。一九九四年に、「アジア太平洋」における政治・安全保障対話の場として成立したASEAN地域フォーラム（ARF）に対しては、東南アジア友好協力条約に調印しているパプアニューギニア以外、他の太平洋島嶼諸国は加盟しておらず、太平洋島嶼フォーラム年次会議最終声明などの中でも、特に関心が示されたことはなかった。

すなわち、言い換えれば、環太平洋の地域的枠組みは、太平洋島嶼諸国から、政治や安全保障、環境、社会、文化といった非経済分野の枠組みとはみなされてこなかった、ということを意味しよう。太平洋島嶼諸国にとり喫緊の問題となっている地球温暖化問題を例にとるならば、太平洋島嶼諸国が主要枠組みとして拠ってきたのは、気候変動枠組み条約締約国会議（COP）であった。また、同様に、南半球非核兵器地帯構想や放射性物質の海上輸送といった核をめぐる問題に関しては、国連総会や核拡散防止条約（NPT）再検討会議が、太平洋島嶼諸国にとっての主要枠組みとなってきた。すなわち、太平洋島嶼諸国にとって、様々な問題に対処する際の舞台となる主要枠組みは、グローバルな枠組みが中心であり、環太平洋の地域的枠組みは、あくまでも主として「経済的枠組み」に限定されてきた、と言えるのである。

なぜなら、上記にあげたような太平洋島嶼諸国が直面している問題の多くは、グローバルな問題であり、財政的・人的資源に乏しい太平洋島嶼諸国にとって、そうした問題に対処するには、グローバルな枠組みを拠るべき主要枠組みとし、そこに財政的・人的資源を集中させることが、もっとも効果的、かつ合理的であったからである。したがって、太平洋島嶼諸国が環太平洋の地域的枠組みに関心を向け、関係構築を図ろうとしたのは、乏しい財政的・人的資源をそこに振り向けるだけの価値があると判断された、ごく限られた分野、すなわち端的に言えば、経済分野にほかならなかったのである。

ゆえに、ASEAN＋3やEASといった「東アジア」枠組みが、将来的に様々な分野を網羅する包括的な地域的枠組みとして発展を遂げたとしても、太平洋島嶼諸国は、その「経済的枠組み」としての側面にのみ関心を寄せ、関係構築を図っていくものと考えられよう。つまり、「東アジア」枠組みは、太平洋島嶼諸国にとって、基本的に「経済的枠組み」以上のものになりうる可能性は大きくない、と言うことができるのである。

そして、同様のことは、「アジア太平洋」枠組みの今後についてもあてはまると言えよう。太平洋島嶼諸国が関心を保ち続けているAPECでは、この一〇年ほどの間に、経済にとどまらず、政治・安全保障問題も討議されるようになり、「政治化」が進んだと言われている。とりわけ、二〇〇一年のアメリカ同時多発テロ事件の発生を境に、テロ対策宣言が採択されるなど、APECの「政治化」は、いちだんと顕著になったとも指摘されている。

だが、太平洋島嶼諸国は、こうした「政治化」したAPECの側面には、前述の事件が起きた二〇〇一年、およびインドネシアのバリ島において、多数のオーストラリア人が死傷した爆弾テロ事件が発生した二〇〇二年を除いては、ほとんど関心を向けていない。APECが経済のみならず、政治や安全保障も含んだ、より包括的な地域的枠組みとなったとしても、太平洋島嶼諸国のAPECに対する関心は、おそらく「経済的枠組み」の域を超えないであろう。

また近年、APECでの新たな動きとして、APEC規模でFTAの推進を目指す、アジア太平洋自由貿易地域(FTAAP)構想が提起されたことも注目される。二〇〇九年のAPEC首脳会議では、FTAAPの構想実現に向けた基礎作業を進めることが合意され、今後の進展具合によっては、貿易・投資の「リンケージ」の対象という、APECに対する太平洋島嶼諸国の当初の関心が再び高まりを見せることも予想されよう。その場合、太平洋島嶼諸国が「アジア太平洋」の枠組みを、いっそう「経済的」なものと見なすであろうことは言うまでもない。

このように、太平洋島嶼諸国は、環太平洋の地域的枠組みを主に「経済的枠組み」としてとらえ、経済分野に特化した選択的な関与を今後も図っていくものと考えられる。もし、将来的に、環太平洋の地域的枠組みに対する太平洋島嶼諸国の包括的な関与が実現するとしたならば、それは環太平洋の地域的枠組みによって、少なくともグローバルな枠組みにおいて得られるのと同等か、それ以上のものが、経済以外の分野においても太平洋島嶼諸国に提示された場合であろう。あるいは、もう一つの可能性として考えられるのは、グローバルな枠組みでは得られない、環太平洋の地域的枠組みによってしか提供されない独自のメリットが、太平洋島嶼諸国に提供された時である。たとえば二〇〇九年に、サモアやトンガは、大地震およびそれに伴う津波によって大きな被害を受けたが、太平洋の地震や津波に関する防災協力などは、こうした可能性を持つ分野として考えられるかもしれない。いずれにせよ、環太平洋の地域的枠組みに対する太平洋島嶼諸国の包括的な関与の実現は、環太平洋の地域的枠組みが、「経済的枠組み」というそれまでの太平洋島嶼諸国の認識を超える、新たな「地域的枠組み」像をどこまで太平洋島嶼諸国に提示することができるか、という点にかかっていると言えるであろう。

註

★1——自由連合国は、軍事・安全保障を自由連合協定締結相手国に委任し、その権限に反しない範囲の外交権と完全内政自治権を持つ。クック諸島、ニウェはニュージーランドと、マーシャル諸島、ミクロネシア連邦、パラオはアメリカと自由連合協定を結んでいる。

★2——一九九三年のマーストリヒト条約発効によって、EECがECに改称されたことにともない、一九九五年の第四次ロメ改定協定から、ヨーロッパ側の締結主体は、ECとなった。

★3——ただし、太平洋島嶼諸国の中で、ロメ協定に加盟していたのは、サモア、トンガ、フィジー、パプアニューギニア、ソロモン諸島、ツヴァル、キリバス、ヴァヌアツの八カ国であった。ロメ協定に加盟していなかったクック諸島、ナウル、ニウェ、マーシャル諸島、ミクロネシア連邦、パラオは、第四次ロメ協定が満了した二〇〇〇年に、新たにコトヌー協定が結ばれた際、これに加盟した。

★4――PECC参加国は、おのおの三名の代表を出すことになっていたが、太平洋島嶼諸国の場合は、一グループとして、四名の代表を出すことになっていた。

★5――一九七三年に、経済協力を管轄する南太平洋フォーラムの下部組織として、フィジーの首都スヴァに設立され、一九七五年には、南太平洋フォーラムの事務局となった。その後、一九八八年に、新たに南太平洋フォーラム事務局として改組され、機能も大幅に拡充された。

★6――パプアニューギニアは、一九八六年にASEANへの加盟申請を行ったが、ASEANからは拒絶されていた。

★7――九〇年代半ば、APECへの新規加盟国に対するモラトリアム期間中、一時、フィジーとソロモン諸島がAPECへの加入に関心を示したが、具体的行動はとられず、立ち消えに終わった。

★8――PICTAでは、クック諸島、ナウル、ニウエ、ツヴァル、キリバス、マーシャル諸島が、小規模島嶼諸国と指定されている。

★9――国連によってLDCとして認定されている太平洋島嶼諸国は、サモア、ソロモン諸島、ツヴァル、キリバス、ヴァヌアツである。

★10――EUとの間のEPA交渉には、東南部アフリカ地域（東アフリカ共同体［EAC］）、西部アフリカ地域（西アフリカ諸国経済共同体［ECOWAS］、西アフリカ経済通貨同盟［UEMOA］）、中部アフリカ地域（中部アフリカ経済通貨共同体［CEMAC］）、南部アフリカ地域（南部アフリカ開発共同体［SADC］）、カリブ海地域（ACP諸国カリブ海フォーラム［CARIFORUM］）、太平洋地域（太平洋ACP諸国）が臨んだ。このうち、当初の期限とされた二〇〇七年末までに、包括的地域間EPA締結に至ったのは、カリブ海地域だけであった。

★11――そのほか同様に、ニュージーランドによる起業家教育、台湾によるインターネットを通じた民芸品と観光産品の宣伝、といった支援も行われた。

第9章 韓国の地域外交とアジア太平洋

李鍾元 *Lee Jong Won*

1 はじめに——韓国にとっての「地域」

韓国にとって、アジア太平洋という地域はどのような意味を持つのだろうか。本章では、戦後韓国の地域外交の展開過程を概観し、その文脈の中で、アジア太平洋の位置づけを試みることにしたい。韓国にとって「地域」の持つ意味の解明には、アイデンティティや思想、文化など様々な側面からのアプローチが可能かつ必要であろう。しかし、ここでは、主として歴代政権の地域外交に焦点を当てることにする。その理由は、客観的な政策や資料など、具体的な分析の対象となる材料が存在するという「学問的」な事情に加えて、そもそも地域(region)というものは、すぐれて政治的な「構築物」(construct)としての側面を持っていると思われるからである。「ヨーロッパ」や「東アジア」の例が示すように、国家(必ずしも近代的な主権国家を意味しない)の領域を超える地域の形成(region-building)は、多くの場合、帝国による支配の歴史と不可分の関係にある。また、「北大西洋」という地域が、冷戦戦略の一環として、比較的短期間に新しい「想像の共同体」(imagined community)として作り上げられたことからも分かるように、政治的必要性や外交戦略による地域形成のダイナミズムを見出すことはそれほど困難ではない[★1]。

韓国外交にとっての地域という問題の分析のために、本章では二つの軸を設定する。その一つは、ナショナリズム(国家)とリージョナリズム(地域)の関係性である。ここでいうナショナリズムは、国家の利害や戦略などを含む概念であり、リージョナリズムとは、地域主義や地域協力という現象(もしくは戦略)の総体を指す。ナショナリズムとリージョナリズムの関係には、歴史的にも、また理論的にも、常に両面性が存在する。一方で、国家の領域を超える枠組みを意味するリージョナリズムは、「ナショナリズムの超克」(もしくは戦略)として捉えられるのが一般的であろう。しかし、他方、リージョナリズムは「ナショナリズムの拡大」(もしくはその手段)としての側面をも有する。大国の場合、それは公式・非公式の帝国や覇権の支配として具体化するが、韓国のような非大国(中小国)の場合にも、国家戦略としてのリージョナリズムという選択肢は存在する。

植民地支配からの独立、冷戦による分断国家体制、大国に取り囲まれた地政学的位置などの背景を持つ韓国において、ナショナリズムが大きな比重を占め、国家の政策や個人の意識を大きく規定していることは、自然な現象ともいえよう。その半面、韓国は「東アジア」や「北東アジア」など、地域主義への関心が一般的に最も高い国の一つでもある。アジア各国の政治社会意識を国際比較した「アジア・バロメーター」の調査(二〇〇四年)によると、「中小国」の場合、「国籍」のアイデンティティが強いほど、「アジア人」としてのアイデンティティも強くなるという相関関係が見られる。「自分を特定の国の国民だと思う気持ちが強いほど、アジア人だという気持は弱くなるのではないかとの予想に反して、……国籍とアジア人という二つのアイデンティティは共存していることがわかる。二つは互いに排除し合うものではない」というのが、調査の結論であった。典型的な例としてあげられたのは、「アジア人」という回答率が八〇パーセントを超えたカンボジアやベトナムなどだが、韓国の場合も同様の傾向を示している[★2]。本章では、こうした「中小国」に顕著に見られるナショナリズムとリージョナリズムの共存現象を一つの軸として想定し、その両者の関係に注目する。

もう一つの軸は、対象地域の面で、「東アジア」(もしくは北東アジア)と「アジア太平洋」という二つの範疇の交錯である。ユーラシア大陸の東端に位置し、歴史的に「大陸」と「海洋」の狭間で翻弄された朝鮮半島の地域観は、地政学的な制約と、その変動による機会に対応しつつ、大きく揺れてきた。さらに、戦後冷戦の到来による分断の結果、「前哨国家」「境界国家」の苦境を強いられた韓国としては、二つの地域範疇の対立と共存の中で、自らの「地域」を構想し、追求せざるをえなかった。戦後韓国の地域外交がたどった軌跡は、その試行錯誤の過程ともいえる。以下では、韓国にとっての地域、とりわけ「アジア太平洋」の持つ意味に焦点を合わせつつ、戦後韓国の地域外交の変遷を概観することにしたい。

2 冷戦の到来と「太平洋」の浮上——李承晩政権から朴正熙政権

通常、韓国が積極的な地域主義外交を展開したのは、米ソ冷戦が終結した一九九〇年代初めの盧泰愚政権期からというのが一般的な見方であろう。しかし、近年の実証研究が明らかにしているように、戦後の冷戦期においても、韓国の歴代政権がそれぞれの戦略的観点から、地域外交を試みた。

「分断国家」としてスタートした韓国が、最初に打ち出した地域構想は「太平洋」であった。一九四九年、李承晩大統領はアメリカとアジアの反共諸国を結ぶ「太平洋同盟」を提唱した。朝鮮半島の歴史上、自らが属する地域として「太平洋」という枠組みを公式に掲げた初めての例といえよう。伝統的に中華秩序の一部をなし、近代の西欧列強の衝撃の下、「東亜」という地域概念が台頭したことはあったが、いずれも「アジア」という領域性の範囲内にあったことを考えると、「太平洋」という地域認識の登場は歴史的な転換といってよい[★3]。

李承晩が「太平洋同盟」構想を打ち出した直接のきっかけは、フィリピンのエルピディオ・キリノ大統領が提唱した「太平洋条約」であった[★4]。一九四九年二月、キリノ大統領は、北大西洋条約機構(NATO)結成の動きを受けて、アメリカとアジアの非共産主義諸国との間で、NATO型の地域安全保障枠組みの構築を唱えた。中国内戦で共産党が勝利を収め、アメリカの対アジア政策の展望が不透明な中、フィリピンなどアジアの反共諸国へのアメリカの関与を確保するためのものであったことは言うまでもない。この構想に最も積極的に反応したのは、アメリカの対アジア関与の継続に不安を抱いていた韓国の李承晩と中国国府の蔣介石であった。とりわけ、当時在韓米軍の撤退が進み、危機意識を強めていた李承晩は、蔣介石と連携してキリノ構想を支持しつつ、独自の「太平洋同盟」構想を打ち出した。構想の対象地域として、キリノの「太平洋条約」がおおむね韓国や台湾からオーストラリア、インドに至る地域とアメリカを想定していたのに対して、李承晩は、「南太平洋諸島、オーストラリア、カナダ、アメリカ、中国(国府:引用者註)、中南米諸国」を主張した[★5]。日本とインドが除外されている点に、李承晩の反日および反共(反中立)の考え方が窺える。

蔣介石とキリノとの間で「太平洋連盟」(Pacific Union)という名称が合意され、蔣介石と李承晩との会談では予備会談が提案されるなど、フィリピン、中国国府、韓国の三者を中心とした動きが慌ただしく展開された。しかし、構想の核心をなすアメリカはアジアにおける集団安全保障体制に懐疑的であり、他のアジア太平洋諸国も、李承晩や蔣介石の軍事的な反共路線への警戒心から、積極的な反応を示さなかった。アメリカの反対にあったフィリピンが次第に非軍事的な地域協力体制に方向性を転換し、一九四九年一二月、蔣介石の国民党が台湾に敗退したことで、キリノの「太平洋条約」構想はあえなく立ち消えとなった。

しかし、その後も李承晩は独自の地域戦略を描き、模索を続けた。朝鮮戦争休戦後の一九五四年、インドシナ情勢の悪化を背景に、アメリカが東南アジアと大洋州を結ぶ地域安全保障体制を模索する動きが浮上すると、李承晩は、韓国の参加をめざして、外交攻勢を繰り広げた。アメリカに韓国の参加を要請するとともに、東南アジアにも数回にわたって使節団を派遣し、「太平洋共同防衛体」の結成や「東南アジア民族反共大会」の開催などを打診した。こうした努力にもかかわらず、アメリカ主導で創設された東南アジア条約機構（SEATO）への韓国の加盟が挫折すると、李承晩は、中華民国、ベトナム、フィリピン、タイなどの代表を韓国に招き、一九五四年六月、「アジア民族反共連盟」（APACL）を結成した。アメリカや関係国の消極姿勢で、政府代表の参加は韓国以外には中華民国とベトナムに限られたが、集団安全保障としての「太平洋同盟」の創設を唱えるなど、アメリカを中心とした地域的な軍事同盟体制の構築をめざす李承晩の考え方が強く反映されたものであった。

李承晩がインドシナへの韓国軍の派兵を提案したのも、こうした文脈の中であった[★6]。後に、朴正熙政権によって実現する韓国軍のベトナム派兵の先駆けともいえる動きだが、アジアの冷戦状況を積極的に活用して、韓国の外交的地位や手段を強め、アメリカの対韓関与を強固にしようとする構図においては、強い連続性があった。李承晩のインドシナ派兵提案は、唐突にも見えるが、当時アイゼンハワー政権内部で中国への積極的な軍事的攻勢を主張した「巻き返し」派と連動した動きであり、アジアの冷戦状況やアメリカ政府の論議の動向を睨んだ、李承晩政権の地域戦略と見るべきであろう。

その意味で、李承晩が「太平洋」の地域形成を標榜し、積極的な地域外交を試みたのは、「冷戦型リージョナリズム」の国家戦略であったということができよう。国家建設、すなわちナショナリズムのためのリージョナリズムであり、自らが最前線に立つ冷戦対立を外交手段として逆利用する戦略という意味である。その第一義的な目的は、いうまでもなく、自らの反共政権の存立基盤であるアメリカの軍事的関与の確保であった。しかし、それにとどまらず、アジアの反共体制づくりを「主導」することで、地域外交における韓国の立場を強化しようとする思惑も随所に見られる。李承晩が「太平洋同盟」構想や「アジア民族反共連盟」から日本を排除し、むしろそれらの地域機構を日本の影響力復活への対抗手段として位置づけていたことは、その点を如実に示している。

このような地域戦略の構図と発想は、朴正熙政権にも受け継がれた。対日政策など、多くの面で李承晩政権との間で相違があり、前政権との断絶性を強調していた朴正熙政権期においても、地域外交の面で類似性や連続性が見られることは、韓国外交のおかれた構造的要因の制約を強く示唆している。朴正熙政権が韓国経済の立て直しのために、国内の抵抗を抑え込み、日韓国交正常化を強行したことは周知のとおりである。しかし、それと同時に、朴正熙はベトナム派兵を進め、その実績を一つの土台に、「アジア太平洋協議会」（ASPAC）の創設を主導した。これらの動きは、日韓会談とほぼ同時進行しており、経済および外交・安全保障の両面において、自らの国益のために、冷戦状況を最大限に活用する「冷戦型リージョナリズム」の国家戦略のもう一つの例といってよい。

韓国軍のベトナム派兵は、むしろ朴正熙政権の韓国が積極的に働きかけたものであった。一九六一年一一月、軍事政権の国家再建最高会議議長として初訪米した朴正熙は、ジョン・F・ケネディ大統領との首脳会談で、自ら韓国軍の派兵提案を切り出した。これに対し、ケネディは「今のところ経済支援で十分」との理由で朴正熙の申し出を断ったが、その後、ベトナム情勢の悪化を背景に、リンドン・B・ジョンソン大統領の要請で、一九六四年から派兵が開始された[★7]。以後、一九七五年の撤退まで、韓国は延べ三二万人の兵力を南ベトナムに送り、アメリカに次ぐ二番目の派兵国となった。参戦期間中の戦死者は、戦闘中死亡者四六二四名を含む五〇五一名に及ぶ。その代償として、韓国が手にしたのは合計一〇億ドルにも上る「ベトナム戦争特需」であった[★8]。日韓国交正常化の結果、日本から受け取った経済協力（韓国では「請求権資金」）の総額八億ドルを上回る金額であり、一九六〇年代以後の韓国の経済発展を支える重要な投資財源となった。

朴正熙政権はアジア地域を対象とした反共外交にも力を入れた。一九六六年のASPAC結成は、その大きな成果ともいえるが、軍事政権の国際的認知という思惑に加えて、李承晩政権以来の地域戦略との連続性が背景にあった。韓国は一九六三年一〇月、「アジア外相会議」のソウル開催を提唱したが、「反共同盟」の動きへの警戒感から、域内諸国から支持を集めることはできなかった。その行き詰まりを打開し、一九六六年六月、台湾からオーストラリアにいたるアジア大洋州の一〇カ国（ラオスはオブザーバー参加）の外相が出席し、ASPAC閣僚会議がソウルで開催された。ASPACの実現にいたる過程では、アメリカの側面支援が決定的な役割を果たした。ベトナム派兵と日韓国交正常化を強行し、アメリカの東アジア冷戦戦略上、重要な協力者となった朴正熙政権への政治・外交的なてこ入れであったことはいうまでもない。当時のマーシャル・グリーン極東担当国務次官補は駐米豪大使に対して、「韓国と台湾をアジア自由主義諸国と緊密に接触させることで、両国の孤立感を打破する目的に特に有益である──韓国は日本の支配的な影響下におかれることを恐れており、会議は同国にとって自らが孤立していないことを自覚させ、韓日国交正常化に対する国民の理解を得やすくするだろう」と述べ、オーストラリアの参加とともに、マレーシアや日本の説得を要請した[★9]。

ASPACの創設を進める韓国の目標として、当時の韓国政府の政策文書は、「わが国の東南アジア経済進出の橋頭保の確保」、「東アジアにおける日本の『ワンマンショー』を防ぐための円卓会議体制の設定」、「わが国の国際的地位および威信の向上」などを列挙している[★10]。経済および外交・安全保障の面で、地域主義の枠組み創設を通して韓国の国益を達成しようとする戦略が率直に表現されており、とりわけ、日本の影響力増大に警戒感を示している点が注目される。韓国のASPAC推進と日韓国交正常化との相関関係については、前述のグリーン次官補も指摘しているが、当時、国家安全保障担当大統領補佐官として、アメリカの東アジア政策に深く関わったウォルト・W・ロストウは、後の著作の中で、「韓国の指導者にとって、より大きなかつての帝国的宗主国との新植民地的な関係に閉じ込められることにはならないということを示すことが重要であった」と記し、同様の見解を示した[★11]。

朴正熙政権の韓国は、初めての大きな外交的成果とでもいうべきASPACの定例化と常設機構化に力を注ぎ、「アジア社会・文化センター」などの付属機関をソウルに設置した。ASPAC閣僚会議そのものは、加盟国内部の政治・イデオロギー的な対立を孕みつつも、バンコクでの第二回会議（一九六七）を経て、一九七二年ソウル会議まで、合計七回開かれた。しかし、一九七二年のニクソン訪中を契機とした米中接近の急進展で、アジアにおける冷戦が根本的な変容を遂げる中、ＡＳＰＡＣはその存在基盤と意義を失い、変貌による存続を図った韓国政府の外交努力にもかかわらず、自然消滅の道をたどることとなった[★12]。

ＡＳＰＡＣ創設を契機に、朴正熙大統領は「アジア太平洋共同社会」を打ち出した。韓国語の「共同社会」とは「コミュニティ」の訳語であろう。一九六六年六月のＡＳＰＡＣ創設会議での演説で、「平和、自由、均衡の取れた繁栄の偉大なるアジア太平洋共同社会の建設」を標榜して以来、朴正熙の演説には、「太平洋時代の到来」「アジア太平洋の時代」などの概念が散見されるようになる。他の演説で、ヨーロッパを中心として経済的な地域協力機構の動きへの関心も表明されており、経済的な地域統合の趨勢が一定の影響を与えた可能性もある。しかし、こうした「アジア太平洋共同社会」への言及が具体的な内容を伴った構想に発展することはなく、基本的には、反共を土台にした地域的安全保障の強調にとどまったと言わざるをえない[★13]。

ＡＳＰＡＣは、韓国の主導で実現した史上初の常設的な国際機構であった。また、短命に終わり、冷戦的な反共主義の性格が依然強いなどの問題があり、それほど注目されることはなかったが、アジア大洋州地域を包括する政治・安全保障協議の地域機構としては最初のケースという意義を有する。そのような地域協力機構が「ナショナリズムの超克」への土台づくりではなく、「ナショナリズムの拡大」、すなわち、主導国や参加国の国益と思惑に基づくものであったことは、冷戦期の「アジア太平洋」の歴史的位相とその限界を示しているといえよう。多くの新生独立国にとっては、国民国家建設（nation state-building）が最優先の課題であり、国家を超える地域形成をもナショナリズムとの関連で定義され、場合によっては、その手段として位置づけられざるをえなかったのである。

李承晩から朴正熙政権にかけて、韓国が試みた地域外交の戦略はそのような側面を典型的に示しているといえよう。その点で、李承晩や朴正熙政権期の韓国が掲げた「太平洋」や「アジア太平洋」は、域内の冷戦的な対立を利用ないし激化する方向性を持つものであり、地域の「統合」ではなく、「分裂」の契機につながりかねないものであった。さらに、韓国の地域外交に通奏低音のように流れる日本への警戒感に象徴されるように、地域協力機構の内部においても、戦争や植民地支配など、歴史の「負の遺産」が大きく影を落とし、水平的な協力という地域主義の理念とは程遠いのが、冷戦期の「アジア太平洋」地域の実状であった。

3 アジア冷戦の変容と新しい「アジア太平洋」の台頭——一九八〇年代

東アジア冷戦の地域的な構図は、米中冷戦がその中心であった。その意味で、一九七〇年代初頭の米中接近は東アジア冷戦の根本的な変容の始まりであり、それと連動した中国の改革開放政策への転換は、アジア太平洋地域に新たな可能性をもたらすものであった。一九七〇年代中盤以後、日本やオーストラリアを中心に、「アジア太平洋」をめぐる構想と論議が本格化し、その代表的なものの一つとして、「太平構想」が誕生したのは、こうした背景による。

韓国にとって一九八〇年代は、高度経済成長を遂げ、新興工業地域（NIES）の一員として国際社会に登場し、政治的民主化が進展した時期でもあった。経済成長と民主化によって変貌を遂げはじめた韓国は、地域外交においても新たな様相を呈することになる。

一九八〇年の光州での流血事態を経て、一九八一年に成立した新軍部の全斗煥政権だったが、増大しつつある経済力を背景に、「アジア太平洋の時代」を視野に入れた地域外交に意欲を示した。一九八〇年の大平正芳首相の「環太平洋連帯構想」など一連の動きに触発されたものであろう。韓国外務部の中には、当時民間レベルで活発に議論されはじめた太平洋地域協力問題を扱う部署として、「太平洋協力特別対策班」というタスクフォースが設置された[★14]。全斗煥大統領は一九八一年の就任直後から、ASEAN主要国を歴訪し、またカナダやニュージーランドの首相を相次いで韓国に招請するなど、一定の外交的な地ならし作業を踏まえて、一九八二年五月、訪韓したオーストラリアのマルコム・フレイザー首相との会談で、「太平洋首脳会議」の開催を打診し、同年七月、正式に提案した。その要点は、当面は公式な太平洋協力機構の創設ではなく、首脳の定期的な会合を通した協議メカニズムを立ち上げ、①門戸開放主義、②非政治的部門の協力、③南北問題の地域的アプローチなどを原則とし、域内諸国の協力の土台づくりを唱えるものであった[★15]。オーストラリアと連携しつつ、韓国の外交的なプレゼンスを確保しようとする構想であったといえる。しかし、他の関係国からの呼応はなく、実現には至らなかった。その理由として、外務部シンクタンクの報告書は、「こうした首脳会談の開催で、この地域における東西間の角逐を先鋭化しかねないというＡＳＥＡＮの一部の国々の反対」をあげている。ソ連のアフガン侵攻を契機に、米ソ間の「新冷戦」が激化する中、レーガン政権と緊密な関係にあった韓国軍部政権からの提案が歓迎される状況ではなかった。軍部独裁政権という国内政治状況の負担が韓国の外交にも重くのしかかっていた。

一九八〇年代に浮上したアジア太平洋の地域協力論議に対しては、韓国の経済界が機敏に反応した[★16]。一九八〇年九月、大平首相の提案で、太平洋経済協力会議（ＰＥＣＣ）が発足すると、韓国では早速一九八一年六月、ＰＥＣＣ韓国委員会として「韓国太平洋経済協力委員会」（ＫＯＰＥＣ）が組織され、一九八五年には第四回ＰＥＣＣ総会をソウルで開催した。それ以後も、ＰＥＣＣ関連の各種会議や行事をソウルに誘致するなど、政府の支援を背景に、積極的な活動を展開した。ＰＥＣＣの原則に従い、政府役人、経済人、民間の学者の三者構成の形を取ったが、学者出身の経済官僚が多いという事情もあり、「個人資格」という建前にもかかわらず、韓国政府の強い支援と関与の下での活動となった。ＰＥＣＣ韓国委員会の事務局は国策研究機関である韓国開発研究院（ＫＤＩ）や対外経済政策研究院（ＫＩＥＰ）におかれた。

また、一九八四年には、「太平洋経済協議会」（ＰＢＥＣ）にも正式加盟した。ＰＢＥＣは、一九六七年に日本とオーストラリアの提案で創設された経済人の地域協力機構であったが、一九八二年五月、PBEC韓国委員会が組織され、一九八四年の第一七回総会で加盟が承認された。一九八六年の第一九回総会はソウルで開催された。

こうした活動を土台に、一九八九年一一月、オーストラリアのボブ・ホーク首相の提唱で、アジア太平洋経済協力会議（APEC）が誕生した際に、韓国は創設メンバーとして加わり、第三回会議をソウルで主催するなど、中心的な役割を果たすことになった。APECは、周知の通り、大平構想以来、日本やオーストラリアを中心とした様々な構想から生まれたものであった[★17]。しかし、一九八九年一月、ホーク首相が訪韓し、盧泰愚大統領に直接打診を行って以来、韓国はホーク提案の最も積極的な支持国となった[★18]。APECの発足当時、韓国の外相を務めた李相玉は、回顧録の中で、発足過程における「オーストラリアと韓国のイニシアティブ」や「オーストラリアと韓国の積極的な役割」を強調しており、ホーク首相の打診を韓国自らの地域外交の契機として積極的に活用しようとした様子が窺える[★19]。

現に、APEC第三回会議のソウル開催に際して、議長国としての立場を利用し、懸案であった中国および台湾、香港の加盟を進めた。李相玉の回顧によると、これら「三つのチャイナ」の同時加盟は、「APECの発展のために必要であるのみならず、当時、北方外交の大きな課題となっていた中国との外交関係樹立にも役に立つ良い機会である」という判断が背景にあった[★20]。韓国の調停外交が功を奏し、一九九一年のAPECソウル会議で、「三つのチャイナ」の同時加盟が実現した。「粘り強い韓国の外交」がアジア太平洋の地域形成において、一定の役割を果たした成果として、国際的にも評価された[★21]。

中国の加盟をめぐって、オーストラリアの積極論と日本の消極論が分かれていた状況[★22]を考慮すると、韓国の立場はオーストラリアに近く、中国をも引き入れた「脱冷戦型リージョナリズム」をより積極的に志向するものであった。つまり、アメリカとの関係性の意味合いの強かった「アジア太平洋」という枠組みをさらに拡張し、冷戦期には外側に位置づけられた中国など「大陸アジア」をも組み入れた地域形成を模索する方向性であった。

事実、盧泰愚政権によって「北方外交」（「北方政策」ともいう）[★23]の構想が本格的に動き出すと、「アジア太平洋」と「北方外交」とをいかに有機的に結び付けるかが韓国外交の大きな課題として浮上することになる。

一九八〇年代末に作成された韓国政府のシンクタンク報告書は、一九八〇年代の「太平洋協力」をめぐる論議を総括し、韓国の地域外交の戦略的選択肢を考察する中で、①「北方外交と太平洋外交との連繋（リンケージ）戦略の模索」、②アジアNICSおよびASEAN諸国との連携などを中心的な課題として提示した。冷戦から脱冷戦への大転換の中で、ミドルパワーとしての韓国の国家利益を地域形成と積極的に結び付ける戦略的発想が如実に表れている。

同報告書が特に強調したのは、「北方外交と太平洋外交とのリンケージ戦略」であった。それは「太平洋」に象徴されるアメリカとの政治・経済的な関係を土台にしつつも、新たに中国やソ連など、社会主義圏との関係改善をめざす韓国にとっては、必然的な課題であった。具体的には、当時懸案となっていたソ連のPECC加盟申請に対して、「北方外交の強化という側面から、ソ連のPECC加盟を前向きに検討する必要がある」とし、「北東アジア地域国家間の協力が進展しない限り、太平洋の繁栄の時代は始まらないという命題に鑑み、韓国は長期的に、中国やソ連のPECC加盟など、太平洋協力への参加を支援すべきである」と提言した。前述したAPECへの「三つのチャイナ」の加盟を積極的に推進したのも、こうした戦略の一環であったといえよう。

もう一つの力点は、ある種のミドルパワー外交ともいうべき視点におかれた。同報告書は、アメリカの二国間FTAの拡大や、日本のアジア太平洋自由貿易地帯構想など、「大国」主導の地域形成に対し、ある種の警戒感を示すとともに、慎重論を唱えている点が目を引く。とりわけ、中曽根康弘元総理の「太平洋フォーラム」構想や大蔵省のアジア太平洋自由貿易地帯構想など、日本の一連の構想や提案に対して、「全面的な支持の立場ではなく、慎重な態度を取ること」を主張し、具体的な対応としては、「韓国単独の対応ではなく、シンガポールなど他のアジアNICSとの協調体制を構築し、それを土台に、日本主導の太平洋協力構想に対する共同対応」

を模索すること、さらに、長期的には、「アジア太平洋地域内における先進国と発展途上国との間の均衡的な調停者の役割」を果たすことなどを提言した[★24]。

以上のように、盧泰愚政権期のアジア太平洋地域外交においても、大国主導への地域形成への警戒感など、ナショナリズムの視点では、従来との連続性が強く見られた。しかし、東アジア冷戦の変容と、それと連動した韓国の経済発展と政治的民主化を背景に、地域主義への取り組みの面では、明らかに重要な変化が現れはじめた。冷戦対立を利用した「冷戦型リージョナリズム」から、中国の取り込みを中心とする「脱冷戦型リージョナリズム」へ、また、アジア太平洋の「分裂」ではなく「統合」に韓国の国益を見出す方向性へのシフトであった。李承晩の「太平洋」や朴正煕の「アジア太平洋」がともにアメリカとの関係に大きく依存したものであったのに対して、盧泰愚政権は、中国を取り込むことで、「アジア太平洋」そのものをより西方に拡大する志向性を示し、「太平洋外交と北方外交とのリンケージ」を標榜するにいたった。

追求する地域協力の内実においても、注目すべき変化が現れた。李承晩の「太平洋同盟」や朴正煕のASPACはともに、参加国の横のつながりを強めるという方向性のものではなく、アメリカとの関係強化など、それぞれの思惑や国益を共同で確保するための便宜的な枠組みであり、「ナショナリズムの束」とでもいうべき構図であった。もちろん、途上国の場合、例えば、非同盟諸国会議やG77のように、地域協力機構が各国の国益の共同実現をめざす手段として組織され、いわば「集団行動」の色彩を帯びることはよくある。李承晩の「太平洋同盟」や朴正煕のASPACは、そのような側面が際立っていたが、盧泰愚政権期の韓国が積極的に関わった一連のアジア太平洋の地域協力は、経済的な相互依存を土台に、共通の課題をめぐる域内の協力体制の拡大と深化をめざすものであった。「ナショナリズムの超克」にまでは至らないが、域内の水平的な協力関係を強化する過程で、ナショナリズムの国家体制や意識における変容が促進されていったといえる。

4 「北東アジア」と「東アジア」という新たな地平——一九九〇年代以降

冷戦期から脱冷戦期にかけて、韓国の地域外交は「西漸運動」(westward movement)とでもいうべき軌跡をたどった。韓国がめざす地域概念は、「太平洋」から「アジア太平洋」を経て、「東アジア」や「北東アジア」へとシフトしていった。冷戦対立によって閉ざされていた西方や北方の空間が、新たな外交の地平として浮上してきたのである。よりマクロ歴史的な文脈に位置づけると、ユーラシア大陸との歴史的な関係への回帰ともいえよう。

北方政策はすでに全斗煥政権期から構想されていた。「北方政策」という用語は、一九八三年六月、当時の李範錫外務部長官が初めて公式に使った。李範錫長官自らの説明によると、この用語法は、「従来の『対共産圏政策』という表現が国際情勢の変化で不適切な側面もあり、不必要に刺激的な要素があって、それを避けるために使ったもの」であったという[★25]。外務部シンクタンクの報告書によると、その主眼は、「中ソとの実質的関係もしくは外交関係を樹立する」ことにあった[★26]。一九八六年には国家安全企画部の中に「北方室」が設置され、政権としても力を入れたが、全斗煥政権期には、中国との非政治的関係に若干の進展が見られるのみであった[★27]。米ソの新冷戦がまだ影を落としていたことに加え、軍部主導の独裁政権という国内政治の現実が脱冷戦外交の大きな制約要因になったことは否定できない。情報機関が外交政策の中心となったこと自体が、北方政策の現実と限界を物語っている。

政治的民主化の潮流を部分的に受け入れて誕生した盧泰愚政権の下で、北方政策は本格的に展開された。米ソ冷戦の公式終結と東欧革命という国際情勢の激変とともに、韓国政治の民主化がその推進力となった[★28]。一九八九年二月、ハンガリーとの国交樹立を皮切りに、ポーランドやユーゴスラビアなどの東欧諸国に続き、一九九〇年九月にはソ連、一九九二年六月には中国との国交が実現したことで、北朝鮮との関係を除き、「北方政策」は一応の完結を見ることになる。

注目すべきは、こうした「北方」への二国間関係の拡大に止まらず、「北東アジア」という地域枠組みの形成に戦略的な関心を示しはじめたことである。盧泰愚大統領は、一九八八年一〇月の国連総会演説で、朝鮮半島の南北に米日中ソを加えた六カ国による「北東アジア平和協議会議」の開催を提唱した。ソウル五輪と北方外交の成功の余勢を駆って、韓国の外交的地位を高めようとした野心的な提案だったが、その背景には、冷戦終結に伴う地域情勢の激変を韓国外交にとっての危機と機会の両面から捉える視点があった。米ソ冷戦の終結と東欧革命に至る変化は、朝鮮半島情勢を不安定化しかねず、韓国としては、朝鮮半島問題の「当事者性」を確保しつつ、緊張緩和と統一への土台作りを進めることが大きな課題となった。さらに、冷戦のイデオロギー的な対立が収束した後に、日中の勢力競争など、古い地政学的な対立の噴出に朝鮮半島が巻き込まれることも避けなければならなかった。このような危惧に対応するとともに、成長した経済力を土台に、北東アジアの新たな地域秩序形成を主導することは、韓国外交の新たな地平を開くことにもなる。当時の韓国政府の政策報告書には、こうした地域戦略の構想が随所に見られる。

一九八九年に作成された外交安保研究院の政策研究報告書は、「北東アジア平和協議会議」について、「近年、急速に成長した国力伸長を土台に、かつてのように、朝鮮半島を取り囲む大国間の力学関係によって一方的に影響を受ける『客体』としてではなく、朝鮮半島と北東アジア地域の『集合財』(collective goods)である平和と繁栄を増進するための能動的な『主役』の役割を模索する『自主外交』の特徴を持つ」と指摘し、「韓国外交の視点からみると、北東アジア平和協議会議構想は、『朝鮮半島の平和定着』、『北東アジアの平和と繁栄』、『太平洋時代の具現』など、中長期的な外交目標の達成をめざす主要な外交戦略」であると、その意義を強調した[★29]。

さらに、一九九一年のある報告書は、より具体的に、「現在、この地域に対する米ソの影響力が相対的に減少し、日中などが新たな地域大国として浮上するにつれ、新しい勢力均衡の調整者もしくは仲介者の役割の必要が高まっている」と指摘し、「最近、北方外交と統一外交の成功的な推進を通して、朝鮮半島と北東アジアの緊張緩和で主導的な役割を担ってきた韓国がアメリカと協力し、こうした調整者の役割を担う」ことへの期待感を示した。後の盧武鉉政権の「北東アジアバランサー」論の先駆けともいえるが、「アメリカとの協力」を強調しつつも、北東アジアの地域枠組みに対するアメリカの消極姿勢を指摘し、対照的に「ソ連の積極的な対アジア政策」と韓国の「北方外交」との連係を示唆している点が注目される。現に、同報告書も指摘しているように、盧泰愚の「北東アジア平和協議会議」構想は、「アジア版ヘルシンキ会議」(一九八六年七月、ウラジオストク演説)、「全アジア安全保障協力会議(CSCA)」(一九八八年九月、クラスノヤルスク演説)など、ゴルバチョフによる一連の提案を背景にしたものであった。「対社会主義圏の経済協力を通した北東アジア新秩序形成における主導的な役割の模索」という提言は、盧泰愚政権の進めた北方政策の志向性をよく表している[★30]。

しかし、こうした野心的な構想は、アメリカや中国など関係国の消極的反応で、具体化の契機を見出すことはできず、韓国は、時を同じくして浮上した北朝鮮の核問題をめぐる危機への対応に追われることになった。金泳三政権による一連の地域構想の推移は、韓国外交のジレンマと限界を集約的に示している。一九九三年、三二年ぶりの文民政権として誕生した金泳三大統領は、「世界化」とともに、「新外交」を文民政権の政策指針として掲げた。国際政治学者出身の韓昇洲外務部長官が主導した「新外交」の方針は、①世界化、②未来志向、③地域協力、④多元化、⑤多辺化の五つの概念を柱とするものであった[★31]。「新外交」の重要な部分として、地域外交の構想が積極的に打ち出された。

就任早々の一九九三年五月、金泳三大統領は、PBECソウル総会の基調演説(五月二四日)で、「新外交」の一環として、アジア太平洋地域において、「アメリカを軸とした二国間の安全保障協力体制を深化・発展させるとともに、多国間の安全保障対話を推進する」方針を表明した。続いて、韓昇洲長官は、韓国外交協会での演説(五月三一日)を通して、アジア太平洋の多国間安全保障対話への積極的な参加方針に加えて、より地域特定的な枠組みとして、「北東アジア版のミニCSCE」構想を示した。さらに、一九九四年五月、バンコクで開かれた第一回ASEAN地域フォーラム（ARF）の高官会合（Senior Officials Meeting）で、「北東アジア安全保障協力」（Northeast Asia Security Cooperation）と題する文書を提出し、「北東アジア多国間安保対話」（NEASED）を正式に提案した。参加国としては、日米中ロに韓国と北朝鮮を加えた六カ国が想定された［★32］。盧泰愚の「北東アジア平和協議会議」構想を継承した内容だが、一九九三年四月の北朝鮮のNPT脱退で本格化した朝鮮半島第一次核危機に対応しつつ、新しくスタートしたアジア太平洋の安全保障協議でのプレゼンスの確保を視野に入れた外交的イニシアティブであったといえよう。

しかし、韓国政府の努力にもかかわらず、韓国外交のイニシアティブは激化一途をたどる核危機に埋没し、具体的な成果を上げることはなかった。盧泰愚大統領の提唱に端を発する北東アジアの六カ国協議という構想は、その後、金大中政権初期の一九九八年初め、金鍾泌首相が中国や日本に対して、ヘルシンキ宣言型の「北東アジアの平和と安定のための六カ国宣言」構想を打診し、一方、同年九月〜一〇月には、日本の小渕首相が日米および日韓首脳会談で、当時の四者会談と並行して、日ロを加えた六者会談の開催を公式提案するなど、日韓の間で検討され、とりわけ日本政府が強い関心を示した。周知の通り、六カ国協議は、二〇〇三年一月の北朝鮮のNPT再脱退に始まる第二次朝鮮半島核危機への対応として、同年三月の米朝中の三カ国協議を経て、同年八月から正式開催となり、中断を挟みつつ、現在に至っている［★33］。

金大中と盧武鉉政権期に、韓国の地域外交は「東アジア」や「北東アジア」により一層傾斜した［★34］。金大中大統領は、「東アジア共同体」構想の外交的イニシアティブに力を入れ、盧武鉉大統領は「北東アジアの時代」を国家戦略の柱に据えた。その背景としては、一九九七年にASEAN＋3（日中韓）の枠組みが誕生し、「東アジア」という地域の制度的土台が形成されたことが大きい。さらに、北朝鮮への関与政策を支える外交的基盤という観点からも、アジア地域戦略が重視された［★35］。両政権の政策動向とも相まって、韓国では、「東アジア」や「北東アジア」をめぐる社会的関心が急速に高まり、「国民国家形成」に続く新たな国家ビジョンや、ナショナリズムを相対化する新しい重層的アイデンティティの方向性を「地域形成」に求める戦略的かつ思想的な論議が様々なレベルで活発に展開された。グローバル化の潮流への対抗とともに、米ブッシュ政権の単独行動主義的な外交政策への批判がこうした傾向を一層促進したともいえる。

5 結びに――「アジア太平洋」の「西漸運動」と韓国

以上でみたように、戦後冷戦期から脱冷戦期にかけて、韓国の地域外交の重心は「太平洋」から「アジア太平洋」を経て、「北東アジア」や「東アジア」へとシフトし、「西漸運動」の様相を呈した。金大中と盧武鉉の両政権によるある種の「北方政策」を批判し、「米韓同盟の復元」を掲げて誕生した李明博政権までが「新アジア外交」を標榜していることは、韓国のアジアへの回帰が、政権の違いを超えて、マクロ歴史的な構造的変容の表れであることを如実に示している。

しかし、こうした「西漸運動」については、それが単に「アジア太平洋」が「東アジア」に取って替わったのではなく、「アジア太平洋」の中身そのものが大きく変容していく過程であったことにも注目する必要があろう。第一に、「アジア太平洋」の範囲の拡大である。冷戦期の韓国における「太平洋」や「アジア太平洋」はもっぱら「アメリカ」との関係が核心であったといってよい。しかし、冷戦の変容とともに、その範囲は拡大し、APECの例に見られるように、アジア大陸の中国をも含むようになった。ユーラシア大陸と太平洋の狭間に位置する境界国家としての韓国の地域外交は、両者の対立から融合への転換のプロセスの中で、「客体」として翻弄されつつも、「主体」としての関わりを模索してきたと要約することができよう。

第二に、「アジア太平洋」の質的な変容および、その常態化という側面である。外交史家ウォレン・コーエンが「アメリカのアジア化」「アジアのアメリカ化」と呼び、船橋洋一が「アジア太平洋フュージョン」と形容した現象である[★36]。地理的に自明の「地域」ではない「アジア太平洋」が、ライモ・ヴェイリネンのいう「認識的地域」(cognitive region)や「アイデンティティ地域」(identity region)にまで発展しているとはいえないが、安全保障や経済の相互依存の深化に基づいた「機能的地域」(functional region)としての実体がすでに形成されていることは否定できないであろう[★37]。多くの東アジア諸国と同様に、韓国にとって、「アジア太平洋」はその存在基盤の一部として常態化しているといえよう。

しかし、第三に、韓国の地域戦略で「アジア太平洋」の占める比重が低下しているのもまた事実である。「アジア太平洋」の相対化とでもいうべき傾向は構造的な変化でもあり、韓国にとっては、二〇世紀に新しく形成され、自らその一部となった「アジア太平洋」と、古くて新しい地域として再び浮上しつつある「東アジア」(「北東アジア」)との間で、いかにバランスをとり、また結びつけていくかが今後の大きな課題となろう。

註

★1——冷戦終結後の「地域」をめぐる論議の概略については、李鍾元「東アジア地域論の現状と課題」日本国際政治学会編『国際政治』第一三五号「東アジアの地域協力と安全保障」有斐閣、二〇〇四年、一-一〇頁およびRaimo Väyrynen, "Regionalism: Old and New," *International Studies Review, Vol. 5* (2003), pp. 25-51を参照。また、「太平洋」地域を題材に、政治・経済的な必要性から地域が形成されるメカニズムについての批判的な分析としては、Arif Dirlik, *What is in a Rim?: Critical Perspectives on the Pacific Region Idea* (Boulder, CO: Westview Press, 1993)がある。

★2——猪口孝ほか編『アジア・バロメーター——アジア世論調査(2004)の分析と資料』明石書店、二〇〇六年、三七二-三七四頁。

★3——朝鮮時代末期の「東亜」をめぐる論議を現代の「東アジア」論との対比で論じた一例としては、玄光浩*「兪吉濬と安重根の東アジア認識の比較」『創作と批評』(*は韓国語文献、以下同様)を参照。

★4——キリノや李承晩の「太平洋同盟」構想については、以下の一連の研究が一次史料に基づいて、その全容をほぼ解明している。Charles M. Dobbs, "The Pact That Never Was: the Pacific Pact of 1949," *Journal of Northeast Asian Studies*, vol. 3, no. 4 (Winter 1984), pp. 29-42、伊藤裕子「『太平洋条約』構想の変容――アジア太平洋地域安保統合への動きとフィリピン・イニシアティブ１９４９～１９５１」『国際関係紀要』第一〇巻三号（二〇〇一年三月）、四一-六六頁、松田春香「東アジア『前哨国家』による集団安全保障体制構想とアメリカの対応――『太平洋同盟』と『アジア民族反共連盟』を中心に」『アメリカ太平洋研究』第五号（二〇〇五年三月）、一三五-一五一頁、崔永鎬「李承晩政権による反共外交の展開――韓国の対東南アジア外交の始まり」『アジア経済』第三二巻五号（一九九一年五月）、四八-六三頁。

★5——朴鎮希＊「李承晩の対日認識と太平洋同盟構想」『歴史批評』第七六号（二〇〇六年八月）、九六頁。

★6——李鍾元『東アジア冷戦と韓米日関係』東京大学出版会、一九九六年、九四-九八頁。李承晩のインドシナ派兵提案に関する詳細な研究としては、松田春香「アメリカ・韓国・南ベトナムの軍事交流のはじまり――李承晩韓国大統領による韓国軍インドシナ派兵提議を中心に」同時代史学会編『朝鮮半島と日本の同時代史――東アジア地域共生を展望して』日本経済評論社、二〇〇五年、二三五-二六八頁がある。

★7——木宮正史「１９６０年代韓国における冷戦外交の三類型――日韓国交正常化、ベトナム派兵、ＡＳＰＡＣ」小此木政夫・文正仁編『国家・市場・国際体制』慶應義塾大学出版会、二〇〇一年、一〇五-一〇七頁。

★8——朴根好『韓国の経済発展とベトナム戦争』御茶の水書房、一九九三年、三七-四七頁。

★9——曺良鉉『アジア地域主義とアメリカ――ベトナム戦争期のアジア太平洋国際関係』東京大学出版会、二〇〇九年、一七六-一七七頁。

★10——ＡＳＰＡＣの本会議開催を目前に控えた一九六六年四月、韓国外務部がまとめた会議の意義に関する訓令の記述である。『同上』、一九四頁から再引用。

★11——Walt W. Rostow, *The United States and the Regional Organization of Asia and the Pacific, 1965-1985* (Austin: University of Texas, 1986), pp. 23-24.

★12——ＡＳＰＡＣの活動や経緯などについては、曺良鉉『アジア地域主義とアメリカ』一六三-二〇八頁、木宮正史「１９６０年代韓国における冷戦外交の三類型」一一八-一三二頁を参照。

★13——朴正煕の「アジア太平洋共同社会」構想については、朴泰均＊「朴正煕の東アジア認識とアジア・太平洋共同社会構想」『歴史批評』第七六号（二〇〇六年秋号）、一一九-一四七頁を参照。朴泰均は、「この構想は、ＡＳＥＡＮ＋３構想が出る以前のものとしては、東南アジアに対する（韓国の）最も積極的な政策であるともいえる」と一定の評価をしつつも、それが内発的かつ体系的な東アジア地域構想から出たものではなく、ベトナム参戦を土台に、反共主義的安全保障観に基づいたものという点に根本的な限界があったと批判している。

★14——李相玉＊『転換期の韓国外交』サルムグァクム、二〇〇二年、八八四頁。

★15——外務部外交安保研究院＊『韓国の太平洋協力戦略』「政策研究シリーズ88－02」外務部外交安保研究院、一九八八年一二月、一三頁。外交安保研究院は外務部付設のシンクタンクであり、その政策報告書などは、公式政策文書ではないが、作成者が政策決定過程に関わる場合も少なくなく、韓国政府内の政策論議やその動向を示す資料として有用である。

★16——アジア太平洋地域の経済協力に対する韓国経済界の動きについては、以下の報告書を参照。李ウンソク＊「亜太経済協力の民間部門イニシアティブ——ABAC、PBEC、PECC」『韓国の太平洋経済協力外交——方向と戦略』韓国太平洋経済協力委員会・対外経済政策研究院、二〇〇二年一〇月、一五四－一七五頁。

★17——APECの創設に至る過程については、船橋洋一『アジア太平洋フュージョン——APECと日本』中央公論社、一九九五年、八二－一三〇頁、大庭三枝『アジア太平洋地域形成への道程——境界国家日豪のアイデンティティ模索と地域主義』ミネルヴァ書房、二〇〇四年、三〇九－三六二頁を参照。

★18——ホーク構想の根回しのため、アジア各国を訪問したオーストラリアの特使は、「盧泰愚を訪問した際、かれが最初に言ったのは『韓国に関する限り、問題はない。この件について自分はホーク首相とも話して、合意済だ。これでいこう』ということだった」と述べ、構想実現にはシンガポールと韓国の支持が大きかったと証言した。船橋洋一『アジア太平洋フュージョン』八五頁。

★19——李相玉＊『転換期の韓国外交』八四五、八八三頁。

★20——『同上』八八四頁。

★21——船橋洋一『アジア太平洋フュージョン』一〇七頁。

★22——大庭三枝『アジア太平洋地域形成への道程』三四〇頁。

★23——「北方外交」と「北方政策」は初期から混用されたが、外務部の文書では「北方外交」が主に使われ、外交以外の分野を包括する意味では、「北方政策」が一般的に用いられる傾向がある。

★24——外務部外交安保研究院＊『韓国の太平洋協力戦略』八、四一－五五頁。

★25—『ソウル新聞』一九八三年六月三〇日、李錫浩＊「韓国北方政策の変遷過程と決定要因」『国際政治論叢』第二八巻二号（一九八九年三月）一二〇頁より再引用。

★26—外務部外交安保研究院＊「北方外交」（政策資料83–07）一九八三年一一月、李錫浩＊「韓国北方政策の変遷過程と決定要因」一二一頁より再引用。

★27—国家安全企画部は、全斗煥政権期に韓国中央情報部が改組、改称されたもの。「北方室」は国家安全企画部の北韓局（北朝鮮担当局）の中に設けられた。Yoon, Sanghyun, "South Korea's *Nordpolitik* with Special Reference to its Relationship with China," Ph. D. Dissertation (The George Washington University, 1994), p. 316. 尹相炫の博士論文は、当時の政策担当者へのインタビューに基づいて、全斗煥と盧泰愚政権期の北方政策の決定過程を実証的に分析している。「北方室」は、一九八五年に国家安全企画部内に設置された「北方政策実務チーム」が拡大したものと思われる。Shin-wha Lee「The Evolution of Korea's Strategy for Regional Cooperation」『国際関係研究』＊（高麗大学一民国際関係研究所）第一三巻一号（二〇〇八年三月）九七頁。

★28—北方政策と民主化の関係を強調した研究としては、Young W. Kihl, *Transforming Korean Politics: Democracy, Reform, and Culture* (New York: M. E. Sharpe, 2004); Jerel A. Rosati, Joe D. Hagan, and Martin W. Sampson, *Foreign Policy Restructuring: How Governments Respond to Global Change* (Columbia, SC: University of South Carolina Press, 1994)。北方政策の展開過程については、ジャーナリストの取材に基づくものとして、ドン・オーバードーファー（菱木一美訳）『二つのコリア』特別増補版、共同通信社、二〇〇二年、二一六–二九三頁が参考になる。

★29—金国振＊『東北亜平和協議会議の具現方案研究』「政策研究シリーズ89–08」外務部外交安保研究院、一九八九年、八、一二一–一二三頁。

★30—朴弘圭＊『東北亜における新しい秩序形成の展望と韓国の役割研究』「政策研究シリーズ91–30」外務部外交安保研究院、一九九二年三月、三二–三五、三九、四八頁。

★31—韓昇洲＊『世界化時代の韓国外交——韓昇洲前外務部長官講演・寄稿文集』知識産業社、一九九五年。

★32—外交政策室安保政策課＊『東北亜多者安保協力の現況と展望』外交通商部、一九九八年三月、八四、九三–九八頁。提出された文書「北東アジア安全保障協力」は同報告書の二一一–二一五頁に収録。こうした動きは、ちょうど日本で非自民連立の細川内閣が誕生（一九九三年八月）し、防衛問題懇談会の報告書（通称「樋口レポート」一九九四年八月）が日米同盟より東アジアの多国間安全保障体制の構築を重視するような方向性を示唆し、論議を呼んだ時期とも重なる。

「樋口レポート」については、星浩『安倍政権の日本』朝日新聞社、二〇〇六年、一六九頁、孫崎享『日米同盟の正体――迷走する安全保障』講談社、二〇〇九年、一〇七－一〇九頁。

★33――「六カ国協議」という構想の経緯などについては、前述の外交政策室安保政策課＊『北東アジア多国間安保協力の現況と展望』八五－八六頁、および厳泰岩＊「朝鮮半島安保と東北亜六者会談――可能性と実効的推進方案を中心に」『国防政策研究』第四五号（一九九九年夏）二一五－二五四頁を参照。厳泰岩（当時、韓国国防研究院）は、根拠は示していないが、一九九六年四月の金泳三・クリントン会談で「四者会談」が提案された後、「一九九六年六月、日本は既存の四者会談の構成国（南北米中）に日本とロシアを含めた六カ国の官民が参加する『北東アジア信頼構築協議機構』の設置を日本政府の公式方針として決定した」と記している（二二七頁）。

★34――ここでは詳述の余裕はないが、金大中および盧武鉉政権期の「東アジア」「北東アジア」地域戦略の概略については、李鍾元「韓国の東アジア地域戦略」進藤栄一・平川均編『東アジア共同体を設計する』日本経済評論社、二〇〇六年、一九二－一九九頁、同「盧武鉉政権の対外政策」『国際問題』第五六一号（二〇〇七年五月）四－一六頁を参照。

★35――Shin-wha Lee, "South Korean Strategic Thought toward Regionalism," in Gilbert Rozman, In-Taek Hyun, and Shin-wha Lee, eds., *South Korean Strategic Thought toward Asia* (New York: Palgrave Macmillan, 2008), pp. 236-243.

★36――Warren I. Cohen, *The Asian American Century* (Cambridge, MA: Harvard University Press, 2002).

★37――R. Väyrynen, "Regionalism: Old and New," p. 37.

第10章

アジア太平洋地域統合への展望[★1]

――台湾の視点から

呉栄義 *Rong-I Wu*

1 はじめに

アジア太平洋地域における経済統合の目的は、域内国際貿易、投資の自由化、および相互協力の推進、以上の三つを通じて域内各国の持続的な経済発展を達成することにある。一九三〇年代、世界大恐慌（Great Depression）が発生した原因は、保護貿易主義が横行するなか各国が関税を高め、輸入を減少させることで自国内の失業問題を解決しようとしたことに求められる。しかし、これによって国際貿易は一層の打撃を受け、世界経済の衰退を著しく促進させることになった。この反省に基づき、第二次大戦後、世界経済の再建を図るために、英米が先頭に立ってブレトンウッズ・システムの構築に取り組み、その三本柱として国際通貨基金（ＩＭＦ）や世界銀行（ＷＢ）と並ぶ貿易分野の国際機関、世界貿易機関（ＩＴＯ）の設立が企図された。

しかしその憲章案をアメリカ議会が批准しなかったために、本来ＩＴＯの一部として考えられていた「関税および貿易に関する一般協定（GATT）」が、それ自体として発足し、各国の関税引き下げや貿易障壁の撤廃を促進する交渉の場として機能した。一九九五年には「世界貿易機関（WTO）」が正式に発足し、関税の引下げ（貿易自由化）を通じて国際貿易の拡大を促進し、経済発展という究極の目標を達成しようとしている。GATTでは八回にわたる関税撤廃交渉がなされ、各メンバー国間の大幅な関税削減に成功した。これは第二次世界大戦後、世界経済が急速な発展を遂げた要因の一つに数えられる。同時に、GATTは例外を設け、メンバーに対して「地域貿易協定（RTA）」による自由貿易地域（FTA）または関税同盟（Custom Unions）の設立を容認することで、締約国間の一層の関税削減や経済協力を可能にさせた。これこそが世界中で推進される地域経済統合の法的根拠である。

実際の世界各地域の地域統合の発展を見ると、それぞれ条件が異なることで統合の規模や度合いがまったく違ってくる。たとえばEU、および北米自由貿易協定（NAFTA）は最も代表的な地域統合の事例といえよう。これに対してアジアにおける地域経済統合は相対的に規模が小さく、統合の度合いも低い。しかし近年、地域経済統合は活発化しつつある。WTOの統計によると、各地域で締結済みや交渉中の自由貿易協定は件数ベースから見れば約四三〇件まで上昇している。なかでも一部の自由貿易協定は、貿易と投資の自由化の促進から、非貿易部門、例えば教育、技術、ヒューマン・リソースなどの協力にまで拡大してきた。しかし中国の妨害により、台湾は幾つかの重要な地域経済協力活動への参加の機会を奪われてきた。これは、台湾から地域経済統合に参加する機会を奪うだけでなく、同時にアジア地域統合の推進自体にも悪影響を及ぼしている。

本章では、まずアジア太平洋地域における経済統合の発展を回顧し、中国がどのように影響力を行使して台湾の地域統合への参加を妨害してきたかを解説する。次いで、一九九七〜九八年、アジア金融危機の進行中、台湾は国際投機資金の攻撃を受け、香港や韓国などの隣国に衝撃を与えたが、今後も起こりうる事態にいかなる対応策を構築すべきか、事例に則して分析する。最後に、将来への展望を述べて本章を締めくくりたい。

2　アジア太平洋地域統合の回顧

1　アジア太平洋地域統合構想の芽生え

第二次世界大戦後、アジア太平洋地域協力に関する最初の構想は、一九六五年に日本の経済学者である小島清と栗本弘が、アメリカ、カナダ、日本、オーストラリア、ニュージーランドを中心とした太平洋自由貿易地域（PAFTA）の設立を提案したことにさかのぼる。このときPAFTAは具体化こそしなかったが、七〇年代から八〇年代にかけての様々なアジア太平洋経済協力に関する統合的な提案の出発点となっている。

一九六二年に日本とオーストラリアの産業界の識者らは、双方のコミュニケーションの強化、貿易摩擦の合理的な解決、ビジネス・チャンスの追求などを目指し、「日本・オーストラリア企業協力委員会（AJBCC）」を設立した。この委員会は順調に運営され、その結果、アメリカ、カナダ、ニュージーランドの代表も招請するにいたった。一九六八年五月、豪州のシドニーで一回目の会合が開催され、「太平洋経済委員会（PBEC）」が設立された。PBECの設立趣旨は、太平洋地域における民間企業経営者の連絡や相互理解を促進し、産業界や政府間の協力を通じて、太平洋経済地域の人々の生活水準の向上、繁栄と平和を図ることにあった。

PBECはアジア太平洋地域における大企業の協力と交流に関わる重要な組織として発展し、その後もアジア太平洋地域における民間セクターの意見を統合する重要な役割を果たしてきた。現在では、二〇カ国から合計一〇〇〇社の企業がメンバーとして参加している。

PBECは民間企業の組織である。しかし、経済協力は政府の参加と推進策がなければ統合的かつ有効な政策を実現できない。そのため、日本の大平正芳元首相のバックアップの下、太平洋協力研究グループ（Pacific Basin

Cooperation Study Group）が一九七九年に設立された。その研究グループの提言に基づいて一九八〇年九月には大平首相とオーストラリアのフレイザー首相の呼びかけで、オーストラリアのキャンベラでアジア太平洋共同体研究会（Pacific Community Seminar）が開催され、これが太平洋経済協力会議（PECC）の初総会とみなされることになる。この初総会には合計一一カ国（オーストラリア、カナダ、インドネシア、マレーシア、日本、韓国、ニュージーランド、フィリピン、シンガポール、タイ、アメリカ、太平洋島嶼国［パプアニューギニア、フィジー、トンガ］）の産官学代表が出席した。アジア開発銀行（ADB）、PBEC、PAFTAなども代表を送って会議に参加した。PECCの設立趣旨は、アジア太平洋地域の経済協力振興、域内国家間協調の強化にある。PECCは設立以来、現在までにメンバーが二三カ国となり、アジア太平洋地域経済協力の理念に対して大きく貢献してきた。しかし、PECCはあくまでも諮問研究や政策提言を中心とした組織であり、政府代表者が参加するには困難もあった。また、PECCの政策提言は加盟国政府に対して拘束力を持たないため、各国政府が必ずしもPECCの提言を最終的に採択するとは限らない。それゆえ、一九八九年に加盟国政府はアジア太平洋経済協力（APEC）を結成し、アジア太平洋地域における制度化された統合の起点を切り開いたのである。

アジア太平洋地域統合において重要な役割を果たすASEANは、一九六七年に結成されたが、初期段階の加盟国はフィリピン、マレーシア、シンガポール、タイ、インドネシアの五カ国にとどまった。ASEANが設立された当初の主要な目標は、域内共産主義勢力の拡張を防ぎ、軍事上の安全保障と政治的中立性を重視することにあったが、七〇年代に入ってからは域内の経済協力の推進が枢要なテーマとなっていった。

冷戦終結後の九〇年代、政治経済の状況が一時的に安定したASEAN諸国は、ASEAN＋1、ASEAN＋3などの域外諸国や国際組織との対話と協力を積極的に行い始めた。その後、ASEANは加盟国が継続的に増え、ブルネイ、ベトナム、ミャンマー、ラオス、カンボジアも加盟して合計一〇カ国になり、東アジア地域で最も重要な地域協力組織となった。

2 アジア太平洋地域統合を積極的に展開する国々

東アジア地域主義の形成はアジア太平洋地域統合を促進する中核的パワーだと言える。宗像直子[★2]によると、東アジア地域主義の発展は四段階に分けられる。第一段階(一九八五～九二年)においては、アメリカとの二国間自由貿易協定(FTAs)、APEC、東アジア経済協議体(EAEC)、ASEAN自由貿易地域(AFTA)という四つの枠組みが競い合っていた。

EAECは、マレーシアのマハティール首相がウルグアイラウンド交渉の難航とAPECが北米地域主義に対抗できないことへの失望から、一九九〇年一二月に東アジア諸国だけの域内組織を提案したものである。しかし事前のASEAN内部での意思疎通や、構想の充分な準備が欠けていたため、事後、持続的に加盟国間で意見交換を行いコンテンツの充実を図ったものの、アメリカの反対にあって結論には至らなかった。

東アジア自由貿易地域は、安全保障、社会文化、経済統合というASEAN地域統合の三つの柱の中で、最も具体的な成果といえるだろう。一九九二年二月、ASEANの創設メンバー六カ国(残り四カ国は後にASEANに加盟)は、シンガポールでASEAN自由貿易協定を締結し、域内の関税や非関税障壁を撤廃するメカニズムとして「共同有効優遇関税(CEPT)」を逐次に実施し、一五年以内(現在では一〇年まで縮めた)に関税率を五パーセントからゼロに引き下げることを目標とした。この協定は言うまでもなく、アジア太平洋地域統合を更に強化する重要なマイルストーンである。このように、ASEANの貿易自由化と非関税障壁の撤去を通じて域内統合のレベルが深化され、その後のAPEC、ASEAN+1、ASEAN+3、ASEAN+6など、アジア太平洋の地域統合の発展に重要な影響を与えた。

その結果、APECは域内諸国から最大の支持を獲得し、第二段階(一九九三～九八年)においてアジア太平洋地域協力の主要組織になった。ＡＰＥＣは一九八九年九月、オーストラリアのキャンベラで正式に設立され、同時に初の閣僚会合を開催した。その後、加盟国メンバーを順にホスト国として毎年会合を持っている。ＡＰＥＣは設立の初期において明確かつ具体的な協力モデルを持たず、コンセンサス重視といった意思決定が強調されることを通じて加盟国の利権を確保しようとしたが、その後、徐々に具体的な協力プロジェクトを組織した。

一九九二年にタイのバンコクで行われた閣僚会議でＡＰＥＣの一般事務を処理する事務局をシンガポールに設置することが決定された。これは、ＡＰＥＣがより堅固な制度化に向かうことを示した重要なステップである。一九九三年、アメリカのシアトルで開催された五回目の閣僚会議では、クリントン大統領が加盟国首脳を招待することになり、初の首脳会議が開かれた。これはアジア太平洋地域における最大規模の首脳会議であり、その後のＡＰＥＣの発展に強い影響を与えることになった。このＡＰＥＣ初の首脳会議は、八年目に入ったＧＡＴＴ「ウルグアイラウンド交渉」の、同年一二月一五日の合意達成に大きく貢献したのである。以来、毎年恒例の閣僚会議と共に首脳会議も同時に開催されることになった。二回目の首脳会合はインドネシアのボゴールで開催され、ＡＰＥＣの貿易や投資の自由化の発展に向けて指標性の高い決議案を採択した。それがＡＰＥＣの「ボゴール宣言（Bogor Declaration）」である。この宣言では、ＡＰＥＣの先進国は二〇一〇年、途上国は二〇二〇年までに、貿易と投資の自由化目標を達成しなければならないと明記された。この自由化目標もＡＰＥＣの地域協力推進の重要な基盤となる。

第三段階（一九九八〜二〇〇〇年）では、一九九七〜九八年にかけてアジア金融危機が発生した。多くの東アジア諸国の経済が深刻な打撃を受け、タイ、インドネシア、フィリピン、韓国はＩＭＦの支援を要請した。連鎖する危機を前に、東アジア諸国はより密接に協力し合って、この衝撃に対処すべきことが実感された。しかしＩＭＦは金融危機の対処に充分な資金を提供できず、これらの国々は日本やその他の域内の国に援助を要請した。一九九七年八月、日本は「アジア通貨基金（ＡＭＦ）」の設立を提案するが、アメリカの強い反発や中国の不支持によって挫折する。二〇〇〇年、ＡＳＥＡＮ＋３は「外貨交換メカニズム」を構築して外国為替と金融が同時に問題となるのを防ぎ、危機の際の相互支援を可能にする仕組み、すなわち「チェンマイ・イニシアティブ（ＣＭＩ）」に合意した。これはアジア太平洋地域の経済協力における極めて重要な成果である。

第四段階は二〇〇〇年から現在までであるが、主に中国経済の台頭に対応する時期と言い換えることが出来よう。特にアジア金融危機以降、ＡＳＥＡＮや他のアジア諸国が経済危機に見舞われたため、中国経済の重要性は相対的に高まった。この時期、中国は東アジア地域主義の推進に重要な役割を果たしている。

中国は二〇〇〇年までにはＷＴＯ加盟交渉を終え、二〇〇一年一二月一一日に正式な加盟国となった。以後、アジア太平洋近隣諸国との自由貿易協定を積極的に推進している。日本と韓国もその交渉に参加したため、この段階における特色は域内諸国の自由貿易協定の締結をめぐる競争とも言える。

中国の朱鎔基首相は二〇〇〇年一一月二五日に開催されたＡＳＥＡＮ－中国サミットにおいて、ＡＳＥＡＮ－中国の経済協力専門家グループ（ASEAN–China Expert Group on Economic Cooperation）の結成を提案し、中国のＷＴＯ加盟がもたらす影響の他に、ＡＳＥＡＮ－中国の一層の経済協力や、自由貿易地域を含む統合の道の可能性を探求した。中国－ＡＳＥＡＮは二〇〇二年一一月に「包括的経済協力枠組協定」に調印し、ＡＳＥＡＮ加盟国の創設メンバーは二〇一〇年までに、新メンバーは二〇一五年までに自由貿易地域を設立するとした。中国とタイは双方の経済協力を加速させるため、自由貿易圏が設立される前に、二〇〇三年六月に個別協定（Separate Agreement）に調印し、果物や野菜の輸入関税をなくす「早期収穫措置（early harvest measures）」を実施している。その他、中国とＦＴＡを締結した国は、チリ、香港、マカオ、パキスタンなどで、オーストラリアやノルウェーとは協議中である。

この間、日本は、過度の農産物の輸入自由化は自国の農業分野に損害を与える恐れがあるため、ＦＴＡを積極的に締結しようとしていなかった。二〇〇二年一月にシンガポールと調印した「日新経済連携協定（ＪＳＥＰＡ）」

が日本の最初のFTAである。その背景には、シンガポールは農産物の輸出がほとんどなく、農業製品の問題を心配する必要がなかったという事情がある。二〇〇四年三月には、日本はメキシコと「経済パートナーシップ協定」を調印した。これは日本が初めて農業分野の製品の輸出入自由化を認めた協定であり、日本と他のアジア諸国とのFTA交渉の基礎を確立したのである。こうして日本は、他のアジア太平洋諸国（ブルネイ、インドネシア、マレーシア、フィリピン、タイ、チリ）ともFTAを締結し、ASEAN、オーストラリア、湾岸諸国、インド、韓国、スイス、ベトナムとも交渉を行っている。

韓国は日本と同じように、農業分野への影響に対する懸念から、これまで調印したFTAはチリ、シンガポールに留まっている。交渉中の国は、アメリカ（調印したが議会で承認されていない）、日本、ASEAN、カナダ、EU、インド、メキシコである。

東アジア諸国のうち、FTAの締結数の一番多い国はシンガポールである。シンガポールは非常にオープンな経済システムがあるため、自由貿易協定による国内産業への衝撃を心配する余地が少ない。シンガポールは、中国、インド、日本、ヨルダン、韓国、ニュージーランド、パナマ、オーストラリア、アメリカとのFTAに調印済みであり、カナダ、ウクライナとも交渉中である。

以上をまとめて見ると、アジア太平洋の地域統合は二〇〇〇年以降、はじめて本格化したと言えるだろう。

3　台湾がアジア太平洋地域統合への参加で直面する困難

1　台湾の東アジア経済発展への参加に関する分析

これまでの説明から、アジア太平洋地域統合の発展は、域内の国際政治や経済情勢などと密接に関連していることが明らかとなった。一九八五年九月の「プラザ合意」により、米ドルの対日本円、対ドイツ・マルクの為替レートが引き下げられ、アジアの主要貿易国である日本、韓国、台湾、シンガポールの通貨の対ドルレートも大幅に上昇した。その結果、これらの国々の貿易や分業体制が対外直接投資を通じて大幅な調整に至ったため、アジア太平洋地域内の経済相互依存の度合いは急速に高まった。この二つの結果がアジア太平洋地域の経済統合を強化させた重要な基礎だといえる。

一九八五年の「プラザ合意」直後、米ドルの対日本円とドイツ・マルク為替レートは大幅に引き下げられ、僅か二年間で五一パーセントも切り下げられた。相対的に円レートは大幅に上昇し、一九八五年の一ドル＝二三九円(平均)から一九八八年の一ドル＝一二八円にまで倍増した。同期間中、台湾ドル(NT)の対米ドルレートは一ドル＝三九・八五NTから一ドル＝二八・一七NTにまで上昇し、更に一九九二年には史上最高値を更新して一ドル＝二五・四NTとなり、値上がり幅も六〇パーセントを超えた。台湾の経済発展は輸出指向であるため、NT対ドルレートの急激な上昇は直ちに輸出製品の価格競争力に影響を与える。したがって、輸出産業の構造が迅速に調整されなければ輸出の成長を阻害してしまう。

もう一つの重要な改革は、一九八七年七月一五日の「外国為替規制管理」の修正案である。台湾経済発展の初期段階における外国為替に対する管制は非常に厳格であった。輸出業者が稼いだ外貨はすべて中央銀行に売却しなければならず、輸入業者も政府の許可がなければ外貨を購入できない。台湾の貿易収支は、七〇年代に入ってから黒字になり、八〇年代に入ると黒字が拡大した。GDPに占める割合も年々上昇して一九八一年には二・八パーセントであったが、一九八六年にはピークとなり、二〇・八パーセントまで上昇した。それによって外貨準備高も持続的に累積していた。一九八七年の外貨準備高が輸出入貿易全体に占める割合は二六カ月のピークに達し、同年のGDPに占める割合は四四パーセントに達した。そのため当局は、外国為替の管制を緩和しなければならなくなった。

新規の「外国為替規制管理」の修正案に基づき、海外への送金は毎年五〇〇万米ドルまで事前申告と許可が不要となった。これに対し、投機性の高い外国資本の流入を防いでNTレートの上昇圧力を避けるため、海外から自国への送金は毎年五万米ドルを上限とした（その後、一九九二年に対内対外の自由送金の上限は共に五〇〇万米ドルまで緩和され、現在に至っている）。企業の対外投資に必要な外貨は、対外投資計画の中で必要とされる金額に基づいて申請することができる。こうした外国為替政策の自由化改革は、それ以降の台湾経済の発展に多大な影響を及ぼしている。

「外国為替規制管理法」が一九八七年に改正されるまで、台湾は一般の途上国と同様、輸出貿易が拡大し難く、外貨準備高も限られ、外貨に対する管制が非常に厳格であった。したがって当局は、外資誘致政策を採った。その結果、日米欧による大量の対台湾直接投資は台湾初期の経済発展に大きく貢献した。規模、資金力、技術力の制約により、台湾企業の対外投資は比較的少ない。また、政府も企業の海外直接投資に関わる外国為替に対して厳しい管制を行っていた。基本的には、政府が対内投資を奨励するため、台湾企業の海外直接投資は非常に限定的だと言わざるを得ない。しかし「外国為替規制管理法案」改正後、政府は外貨準備高の急増からもたらされるNTレートの上昇圧力を緩和するため、企業の海外投資に対して基本的には楽観視する態度で政策を制定した。加えて台湾NTレートが大幅に上昇した後、台湾国内の賃金や地価は持続的に上昇し、生産コストも共に上昇した。こうした背景もあって、企業は労働力供給が充足的、かつ賃金や土地価格が比較的に低い国へ工場を移転して生産コストの削減を図った。

当時の台湾は、輸出は労働集約型製品、生産技術は中小企業の加工を中心としていた。海外投資は、一部の労働集約の生産プロセスを近隣国家へシフトさせ、コスト削減による利益獲得を通じて欧米市場の輸出ポジションを維持した。これは、日米欧の多国籍企業による海外直接投資パターンとは異なる。

同時期の台湾と中国の政治経済的発展について見れば、台湾企業は政府の対中投資禁止策により、主に東南アジア諸国を対象として投資を行っていた。一九九〇年に台湾政府は正式に対中国の間接投資（第三地経由の対中投資、特に香港およびタックスヘイブンであるバージン諸島やケイマン諸島などの投資会社）を許可した。その後、技術協力や相互貿易を通じて、台湾の対中投資額は徐々に増加している。

台湾の対外貿易投資先は主に東アジア諸国（中国、香港、ASEAN、日本が含まれる）である。海外投資の対象国は殆ど中国と東南アジアに集中している。二〇〇八年の台湾の輸出に占める割合をみると、東アジア主要国である日本、中国、香港、ASEANだけで全体の六〇・九パーセントを占め、アメリカまで含めたアジア太平洋地域では全体の七二・九パーセントを占める。こうした数字からも台湾と東アジア（アジア太平洋）地域が密接不可分な関係を発展させてきたことがうかがい知れるのである。

GDP、また貿易額から見ても、台湾は東アジア地域において無視できない地位を有している。世界銀行の資料によれば、台湾のGDPは世界第二三位である。WTOの統計によれば、二〇〇七年通年での輸入と輸出の金額はそれぞれ、二四六七億米ドル（世界第一六位）、二一九三億米ドル（世界第一七位）である。また、輸出と輸入の金額が共に、中国、日本、韓国、香港、シンガポールに次いで東アジア第六位となっている。

このように台湾の投資と貿易は、東アジア（アジア太平洋）地域において重要であり、当該地域と密接な関係を持つにもかかわらず、中国の強力な妨害によって積極的にアジア太平洋の地域統合に参加することができなくなっている。地域経済統合の目的は、メンバー国間の密接な協力を図り、地域全体の一層の利益を獲得しようとすることにある。様々なアジア太平洋地域統合組織への台湾の参加を、中国が阻害し圧力を加えることは、かならず地域統合に悪影響を与えることになる。以下では、その実際の状況について分析してみたい。

2 台湾の太平洋地域統合への参加に関する中国による妨害の実情

アジア太平洋地域統合の発展の初期には、中国は経済分野において未だ閉鎖的な政策を採っていたため、国際経済問題への参加も限定的であった。一九七八年、鄧小平が「改革開放」政策を推進し、「中国独自の社会主義(Socialism with Chinese Characteristics)」を採って以来、対外貿易の制限は緩和され海外からの投資が歓迎されるようになった。中国経済は徐々に開放され、次第に地域協力構想にも関与する機会が増した。

先述のとおりアジア太平洋における最初の地域組織は一九六八年に設立されたPBECである。PBECは民間業者によって結成された組織である。台湾の産業界の識者らは一九七〇年からオブザーバーとして、一九八一年にはPBECの地域委員会に、また一九八四年にカナダのバンクーバーで開催された第一七回年次大会に参加した。八四年には韓国もPBECに加入して正式なメンバーとなった。当時、中国経済は改革の緒に着いたばかりであり、積極的に国際問題に関わっていなかった。中国産業界のほとんどは国営企業であったため、PBECのような純粋な民間産業界によって結成された組織の正式メンバーにはなっておらず、台湾のPBEC加入に対しても異議を唱えなかった。

一九八〇年に設立された太平洋経済協力委員会(PECC)は、専門家・学者、産業界リーダー、政府の代表者によって組織された。台湾はオブザーバーの資格でその第二、第三回大会に参加しており、その後、一九八五年の第四回大会において正式メンバーとして参加する意思を表明した。しかし、台湾の加入希望は、政治的にセンシティブな事態に直面した。PECCは「合意制(コンセンサス)」という表決方式で決議を行なうため、加入には全メンバーの同意が必要とされた。しかも、中国が同時に加入の意思を示したため、台湾と中国の同時加盟に際して名称の問題を解決しなければならなくなったのである。

当時のPECC常務委員会は、台湾と中国は同等の権利と地位を有するべきだとし、台湾の加入名称を五輪で使用する「中華台北（Chinese Taipei）」と定めた。台湾と中国が合意したことにより、第五回大会において双方が同時に正式メンバーとしてPECCに加入した。これはすなわち、一九八〇年代中期から中国が国際社会における経済的政治的影響力を強め、台湾の国際組織への参加を排除するようになったと理解できる。そのことを裏付けるように、その後のPECC会合で、中国は常に名称の問題をめぐって論争し合うだけでなく、中国代表は台湾の提出する論文や会議資料における名称の違反如何に目を光らせることを会議参加の主な目的にしたのである。

アジア太平洋の地域組織における台湾と中国の競争は、一九八九年のAPEC設立当初からすでに始まっていた。APECの第一回部長会議は、一九八九年一一月オーストラリアのキャンベラで開催され、ブルネイ、カナダ、インドネシア、日本、韓国、マレーシア、ニュージーランド、フィリピン、シンガポール、タイ、アメリカ、オーストラリアの合計一二カ国が参加した。本来、APECの創設時の加盟国には中国、台湾、香港が含まれることになっていた。しかし一九八九年六月四日に発生した天安門事件で、APEC加盟国は中国政府の学生に対する弾圧に抗議するため、しばらく中国のAPEC加盟を拒否した。既に述べたとおりAPECは「合意制」で決議を採択するため、一部の加盟国は、中国より先に加盟した台湾が中国の加盟を拒否する可能性を懸念し、中国、台湾、香港の加盟を同時に退けたのである。当時のAPEC部長会議主席を務めたオーストラリアのエヴァンズ外務大臣は会議の結論報告の中で、①将来のアジア太平洋地域の繁栄に対する中国、台湾、香港の重要性、②APECがアジア太平洋地域主要国家の代表による非公式な諮問フォーラムであることを明言し、中国、台湾、香港三つの経済実体を将来APECに加入させるべきだとの考えを表明した。

ここでは二つの点を強調したい。第一に、APEC自体は各国政府の閣僚（部長）が参加する国際的な地域協力組織ではあるが、一般的な国際組織と異なり、「国家」ではなく「経済実体」を加盟資格としている。第二に、APECは非公式な諮問フォーラムであるため、正式な地域経済協力組織ではない。このようなアレンジメントが採用された理由は、中国がAPEC加盟メンバーである「台湾」と「香港」を国家として扱うことに反対したからである。

一九九一年に韓国の首都ソウルで開かれた第三回目APEC閣僚会議において、主催者である韓国が台湾、中国、香港の名称や地位などを含む加盟問題について斡旋した。その結果、韓国は台湾と中国のそれぞれの加盟覚書に署名し、台湾の加盟名称にPECCの「中華台北(Chinese Taipei)」を援用することとした。台湾の外務大臣と副大臣は国家主権の象徴を有するため、APEC会議に出席することができなくなる。それに加え、加盟覚書には明記されていないが、中国の非公式な要求に基づき、各年度の首脳会議や各専門閣僚会議は台湾で開催されたことがない。しかも、各加盟国の関係閣僚は訪台に対する中国の反発を危惧している。このように中国の強力な介入によって、台湾は様々な妨害や制限を受け、APECの活動のすべてに参加することが不可能になったのである。

一九九三年のAPEC閣僚会議で、アメリカのクリントン大統領は各加盟国の首脳を招いてシアトルで首脳会議を開催することとした。しかし中国の反対により、台湾の李登輝総統は参加することができず、当時の台湾行政院の経済建設委員会主任委員(日本の経済企画庁長官に相当)蕭萬長を代表として首脳会議に出席させた。それから、毎年開催されるAPEC首脳会議には、台湾は閣僚クラスまたは産業界のビジネス・リーダーを代表として参加させることしかできなかった。中国はメンバーである台湾の地位を尊重せず、首脳会議の代表者候補にも介入する。従って、二〇〇一年に上海で開催された第九回首脳会議では、本来は台湾の副総統である李元簇が出席するはずであったが、中国の反対で欠席せざるを得なかった。

一九九七-九八年のアジア金融危機の際、東アジア諸国の金融システムは大きな衝撃を受け、外資の大撤退や為替レートの急激な変動などの問題に直面した。そのため、アジア太平洋地域における金融危機に対処する様々な相互協力体制の構想が提案された。例えば、日本の「アジア通貨基金(AMF)」、ASEAN+3の「チェンマイ・イニシアティブ」などが挙げられる。AMFはアメリカの反対によって実現できず、「チェンマイ・イニシアティブ」は為替レート協力体制としてASEAN+3のフレームワークの下で成立したものの、台湾は中国による反対のため、これに参加できなかった。

二〇〇〇年以降、アジア太平洋では域内と地域間のFTA交渉が盛んになった。中国と台湾はそれぞれ二〇〇一年一二月と二〇〇二年一月にWTOに加盟した。GATT条約の第二四条（適用地域）、GATS規定の第五条（経済統合）、または「ライセンス条項（Enabling Clause）」の規定に基づけば、WTO加盟メンバーは意思のあるその他の加盟国との間に地域貿易協定（RTA）を締結する権利を持つと明記している。言うまでもなく、台湾はWTO加盟メンバーの一員として当然ながらRTAを締結する権利を持つ。実際、若干の近隣加盟国、例えば日本やフィリピンなどは台湾とFTAを交渉して締結する意向を示した。特にASEAN諸国は、台湾企業による直接投資を通じて経済貿易上、台湾と緊密な関係を持つ。また、産業面において台湾とASEAN諸国の間には相互補完の構造がある。以上二つの理由から、台湾がASEAN諸国とFTAを締結することができれば、互いに利益を享受することができるに違いない。しかし中国が強力に介入し、その国際的な影響力を用いてASEAN諸国の台湾とのFTA交渉を邪魔だてする。こうしたわけで、台湾とシンガポールのFTA交渉はほぼ完了する段階にあったにもかかわらず、中国の介入によって条約の調印ができなくなった。これでは、台湾の製品が地域貿易協力体制を通じて国際競争力の増強をはかれないばかりか、地域経済にも損害を与えてしまう。中国はWTO加盟メンバーである台湾を対等に扱っていない。たとえ双方がともにWTO加盟メンバーであろうとも、中国がWTO体制やルールを通用させないために双方の貿易障壁は依然として交渉不可能な境地に留まっている。従って、台湾は「ASEAN+N」といったFTAや自由貿易地域に未だに加入することができない。世界ランキング第一六位の貿易国である台湾は、東アジアで第六位の貿易大国であり、貿易や投資を通じて積極的に東アジア（アジア太平洋）地域諸国と密接な貿易投資関係を構築し、アジア太平洋地域の経済的繁栄や発展に貢献している。その台湾がもしアジア太平洋域内の各種の地域統合計画に参加できれば、台湾自身に利益をもたらすだけではなく、域内諸国にもプラスの効果をもたらすだろう。

4　台湾がアジア太平洋地域統合から排除される場合の域内リスク
——一九九七〜九八年のアジア金融危機を例に

グローバル化の進展と共に、各地域内における経済の相互依存度がますます深まる一方で、一国の経済変動も同地域内のほかの国の経済に影響を与えやすくなる。これは「伝染効果（Contagious Effects）」の発生に喩えられる。即ち、貿易の増減および急速な資金の移動を通じて、一国の経済的変動が速いスピードでほかの国に影響を与える。しかも、域内の相互依存度が高ければ高いほどその相互影響も増幅する。一九九七〜九八年に発生したアジア金融危機は、東南アジアから東北アジアへ伝染し、その後ロシアや中南米などの国にまで影響を及ぼした。以下では、アジア金融危機の間、台湾はＩＭＦ加盟メンバーでなかったため、東アジア域内の為替交換体制に参加できず、自力で金融危機に対応せざるを得なかった。こうした経験から、台湾が地域統合から排除されていることが、台湾および地域全体の金融の安定に与えるリスクについて分析する。

一九九七年七月、タイ・バーツの為替レートが大幅に値下がり始めた。同年五月から、国際投機資本がタイ・バーツを大量に売出してドルを買い入れしたため、バーツの値上げ圧力が増大し始めた。タイの中央銀行が短期金利を引上げてタイ・バーツの為替レートを維持し、外国為替市場に強く介入していたにもかかわらず、金融安定化の維持は失敗に至った。従って、タイ中央銀行は七月二日に外国為替制度を従来の固定相場から変動相場へ移行させたが、タイ・バーツの対米ドルレートは一日で一六パーセントも大暴落した。これに続き、その他の東アジア諸国の為替市場も国際投機資本の攻撃を受け、フィリピンのペソ、マレーシアのリンギット、インドネシアのルピアが七月末に大幅な値下げ措置を採らざるを得なくなった。東アジア諸国はシンガポール以外は相当な国際収支赤字を持っていた。例えば一九九五年のマレーシアとタイの国際収支赤字がGDPに占める割合はそれぞれ九・九パーセントと八・一パーセントである。しかしこれらの国は外貨準備高が限られていたため、外国からの融資を避けられないと同時に国際資本の移動による影響を受けやすくなる。いったん外資が大量に撤退すれば、金融危機が発生しかねない。従って、金融危機が発生する際、IMFからの援助を求めて融資をするしかない。当時、IMFはフィリピン、タイ、インドネシアにそれぞれ一〇億、一六〇億、二三〇億米ドルの融資を援助した。シンガポールでは自国貨幣の為替レートにもその波が波及したが、幸いにも外貨準備高が充足し、貿易収支が黒字であり、対外債務も少なかったため為替レートの値下げはさほど大きくなかった。

その後、東南アジア金融危機は徐々に東北アジアの台湾、香港、韓国にも及び、東北アジア諸国も国際投機資本による攻撃のプレッシャーを感じ始めた。まず、台湾の中央銀行は短期金利の引上げ措置を採り、為替市場における国際投機資本のコストを増やそうとした。しかし、国際投機資本によるドル買い圧力は止まらなかった。一九九七年一〇月一七日（金曜日）、台湾中央銀行は台湾NTレートへの介入を放棄して市場メカニズムに任せることにした。これによって台湾NTレートはすぐに下落が始まった。一〇月二〇日（月曜日）から香港ドルが投機資本の次の攻撃対象となったため、香港金融管理局（Hong Kong Monetary Authority）は代償を問わずに香港ドル対米ドルのペッグ制度を死守することにした。一〇月二四日（金曜日）、無担保コールレート（無担保コール翌日物金利）は本来の五パーセントから翌日には三〇〇パーセントへ引上げられ、同時に株式市場は史上最悪となる一〇・四パーセントの大暴落となった。株式市場の安定化を図るため、香港金融管理局は外貨基金を使って一五〇億米ドルのブルーチップ（blue chip）を買い入れた。数日後、香港株式市場の暴落が欧米株式市場に波及し始めた。一〇月二七日（月曜日）、NY市場のダウ指数が五五四ポイントも暴落し、史上最大の下げ幅を更新した。これを見れば、東アジア金融危機が欧米株式市場にもインパクトを与えたことが分かる。

同期間中、韓国ではウォンが投機資本の攻撃を受け、同年一〇月末に経済状況が相当に悪化し、短期長期信用格付けがスタンダード&プアーズ(S&P)に引下げられた。一一月一七日、政府がウォン・レートの買い支えを放棄したため一ドル=一〇〇〇ウォンまで暴落した。従って、韓国政府は一一月二〇日にIMFに正式に五七〇億米ドルの援助を求めた。これはIMFが設立されて以来最高額の援助となった。しかし、IMFの援助は市場のポジティブな反応を得られなかった。その結果、韓国は金融危機を解決できず、ウォン・レートは一二月四日に一ドル=二〇〇〇ウォン近辺にまで暴落した。

日本円にも他国からの被害が波及したが、金融システムが比較的に健全なため、暴落は避けられた。香港ドルは政府が投機資本の攻撃にうまく対処したため、米ドルペッグ制が無事に維持された。中国の人民元は事実上米ドルにペッグしており変動幅が非常に狭い。また、外貨が政府によって厳しく管制されているため、国際資本の移動は厳格にコントロールされて人民元の為替レートの変動に影響を与えにくい。人民元が依然として固定相場制を維持していることからも自明である。従って、当時のアジア金融危機における顕著な特徴は、経済の統合、および資本の国際的移動から発生した「伝染効果」だと言える。一旦自国経済が国際市場に対してより開放的になれば、こうした「伝染効果」による衝撃から逃れられる国は殆どいないであろう。

香港ドルが投機資本に攻撃を受け始めたのは、台湾中央銀行が一〇月一七日(金曜日)に台湾NTレートの買い支えを放棄した「翌週の月曜日(一〇月二〇日)」である。その週から、香港金融管理局は如何なる代償を払ってでも香港ドルの米ドルペッグ制を死守しようとし、金利も引上げた。結局、一〇月二四日(金曜日)の香港株式市場は一〇・四パーセントも暴落した。これが、翌週のNY市場ダウ指数で五五四ポイントという史上最大の下落幅の更新の引き金となり、世界の主要株式市場に恐慌をもたらしたとされる。当時アメリカワシントンにある著名な国際経済研究所(Institute for International Economics)の所長バーグステンは、米議会(下院)の銀行・金融サービス委員会の公聴会[★3]において、香港ドルや香港株式市場の暴落およびそれが世界主要株式市場に大打撃をもたらした理由は、台湾政府が台湾NTレートの買い支えを放棄したことにあり、しかもそこには経済的考慮ではなく政治的動機が隠れている、即ち「陰謀論」だと明言した。バーグステンの主張は以下のようにまとめられる。当時、香港ドルのペッグ制が国際投機資本の攻撃に対抗できずに失敗に至った場合、人民元レートにも波及してしまう恐れがある。これは丁度その間、一〇月二六日～一一月三日にアメリカを訪問し、一九八五年以降初めての米中首脳会談に参加する予定の中国の江沢民国家主席を当惑させることになる。翌年（一九九八年）三月、当時の銭其琛外交部長が退任演説を行った際も、同様の主張をしている。彼は台湾にはアジア金融危機を利用して自己利益を図り、中国に打撃を与えようとする意図があったと述べた。以上の情報は、当時台湾がNTレートの買い支えを放棄したため、香港の株式市場や為替レートに影響を与え、更に欧米主要株式市場にまで波及するといった事情の厳しさを示したものであり、そのことが米議会や中国政府の注意を招いたのである。このように、台湾が自国通貨の買い支えを放棄して、台湾NTレートが市場メカニズムに委ねられ、値下げされた後、国際投機資本のターゲットは香港や韓国へ向かった。一九九七年七月一日に中国に返還されたばかりの香港は金融安定化を望んでいた。国際投機資本が台湾NTレートの値下げ直後から香港為替市場を攻撃し始めた際、香港当局は如何なる代償をもいとわずに金利を引上げて投機資本に対抗したが、結局株式市場の暴落を招いてしまった。ここから分かることは即ち、国境を跨ぐ国際資本の急速な移動が世界各国の金融安定化に対して如何に大きな弊害をもたらすかである。

実際に、台湾の立場から見れば、一九九七年六月にタイ・バーツが値下げ圧力を受け始め、翌月大幅に下落した後、台湾中央銀行も為替市場に介入してNTレートの安定化を図っていた。銀行間コールレートが一時的に六～一二パーセントまで引上げられた。台湾は対外債務が殆どないに近く、しかも長期にわたって高い外貨準備高を維持している。台湾中央銀行は台湾NTレートの安定化を守る決心や自信を示したが、投機資本による攻撃から逃れることができず、大きな代償を払ってしまった。一方、利上げが株式市場の安定化に影響を及ぼした。台湾株式市場の株価総合指数は一九九七年八月末の一〇二五六ポイントから継続的に下落し、同年一〇月半ばごろには七〇〇〇ポイント台になり、下げ幅は三〇パーセント以上となった。また、一九九七年六月の外貨準備高はおよそ九〇〇〇億米ドルあったが、NTレートの買い支えに外貨が大量に使われ、一九九七年一〇月末には八〇億米ドル（約一〇パーセント）が消耗されて八二〇億米ドルまで減少した。

中国政府の反対により、台湾はIMFに加入できない。しかしアジア金融危機が発生した当時、資金繰りに苦しい国は最後の貸し手であるIMFから融資を得ることができたが、台湾はメンバーではないために独自の力で金融危機の脅威に対処するしかなかった。タイ、フィリピン、マレーシア、インドネシアなどの東南アジア諸国は金融危機発生直後に、アメリカや日本などの先進国と一九九七年一一月および一九九八年三月にマニラや東京で共同会合を開き、危機拡散の防止や危機に陥った国への援助などに関する協力策を討論した。しかし非常に残念なことに、台湾は会合に招かれなかった。当時、台湾政府は自らAPEC基金（APEC Fund）を設立して金融危機に対処すると提案したにもかかわらず採択されなかった。二〇〇〇年ごろ、ASEAN＋3の枠組の下で金融危機に対処するための「チェンマイ・イニシアティブ」が採択され、二国間外貨相互調達メカニズムとしてのスワップ体制が構築された。しかしながら、台湾は中国の妨害により、ASEAN関連の地域協力メカニズムに参加できないため、当然「チェンマイ・イニシアティブ」とも無縁のままである。

従って、一九九七年一〇月からの金融危機に見舞われた際も、台湾が窮地に追い込まれて孤立無援の状況で、完全に自力で金融と経済の安定化を図らねばならなかったことは明らかである。当時、台湾の諸対応策が原因となり、近隣諸国である香港や韓国の為替市場や株式市場に衝撃を与えたという指摘は、恐らく誤りであろう。なぜなら、台湾は長期に渡って国際的なコミュニケーションや協調メカニズムから意図的に除外された状況下にあり、東アジア全域を視野に入れてすべて自力で見守って危機に対処できるはずがないからである。これもまた、相互依存度の非常に高い地域経済金融システムの下では、域内メンバーのどれか一国が「無視」されては最適な戦略構築はあり得ないという最高の立証だと言える。なぜなら、「無視」されたメンバーの対策立案は結果的に

「伝染効果」を通じて近隣メンバーに影響を与え、更に全域のメンバーにも損害を与えてしまう恐れがあるかも知れないからである。

5　将来への展望

アジア太平洋地域経済が第二次世界大戦後目覚ましい勢いで発展する理由には、グローバル化の進展のほかに、域内諸国の市場開放がもたらす貿易、投資、人的資源、技術などの相互流通による貢献も挙げられる。一方、域内経済の相互依存度が持続的に高まることにより、ある国の経済的変動もこうした相互依存を通じて他の国々に影響を及ぼしてしまう。即ち、ある国の経済成長が速い場合、相互依存関係にあるほかの国々に対する需要も同時に増加し、それらの国々の輸出が有利になる。その逆も然りで、成長が遅いと相互依存関係にある他国の輸出に不利となる。急速な資金の移動は、世界各国の金融安定に対する影響を増大させる一方である。地域協力や地域統合の組織の存在は、市場の失敗を補完して協力の効果をもたらし、域内全体および個別の国家の経済繁栄や福祉厚生を図る。各種の地域協力組織は、域内各国の経済にとって利益と弊害を共にもたらす。にもかかわらず、もたらされる利益が弊害を超えなければ、組織に参加するインセンティブは低くなる。また、場合により、域内各国の相互調整や相互協力がなければ地域組織は効果を発揮することができない。それに加え、当然ながら、単なる個別国家の力に頼ってばかりいるわけにもいかない。東アジア金融危機から得た教訓は、金融政策、特に為替政策の協調や協力がなければ、危機の拡散を有効的に防ぐことができない。外貨準備の不足する国はＩＭＦのような国際組織、或いは外貨準備高が豊かな国に援助を求めざるを得ない。孤立無援な窮地に追い込まれるとまさしく「伝染効果」のように、ドミノ効果が発生して金融システムの崩壊範囲が拡大してしまう。

以上の要因を考慮してみれば、アジア太平洋地域の各種の組織は従来の緩やかな連携から徐々に一層緊密な協力体制へと転換している。過去の三〇年間を振り返ってみれば、中国はアジア太平洋地域において最も速いテンポで勃興する経済実体の一つである。中国は近年急速な発展を通じてASEANのみならずドイツも超えて世界三番目の経済力を誇る国となった。しかし残念ながら、第二次世界大戦後の複雑な歴史的要因により、政治上、中台双方は互いに敵対状態から脱出できていない。軍事上、中国は一四〇〇基のミサイルを台湾に向けて配備している。国際社会において至る所で台湾に圧力をかける。更に「反国家分裂法案」を通じて台湾に対する脅威を高めている。

経済面では、台湾経済の発展段階は中国を超えて先に進んでいる。また、世界経済の環境変化の影響を受けて台湾企業が大量に中国へ投資を行い、双方の貿易も大幅に増加した。台湾の対中国経済貿易関係においては、李登輝と陳水扁両総統の在任中、投資や輸入に関する部分的な制限を設けていた。しかし二〇〇八年五月に総統に就任した馬英九は中国との直航を開放し、従来中国に対して設けていた様々な制限を撤廃し、過去十数年間にわたる台湾優先策に反して、積極的に対中傾斜政策を推し進めようとしている。残念ながら、対中傾斜にもかかわらず、中国は相変わらず台湾の地域協力体制への参加に対して抑制的ながらも妨害を続けており、様々な攻撃を依然として止めない。台中間の経済貿易は双方向交流が深まる一方である（中国と香港を合わせると台湾輸出市場全体の四割を占める、台湾の対外投資の六割は中国へ向かう）。しかし、台湾国民の大半は、「現状維持」や「独立」の意向を持っており（両者を合計すると国民全体の八割）、野党や多数の台湾国民からは馬英九の性急な対中傾斜政策に対する疑問や反対の声が絶えず上がっている。

中国が台湾の地域統合組織への参加を妨害することは、台湾自体にとっては当然不利ではあるが、アジア太平洋の地域統合にもマイナスの効果をもたらす。前述の通り、台湾のアジア金融危機対応策が香港や韓国に厳しい衝撃を与え、欧米主要株式市場にも波及したことを決して忘れてはならない。経済的相互依存が日々深まる状況において、台湾を地域協力体制から排除することは、リスクを高め、域内金融の安定化に不利な影響をもたらす。

台湾と中国は共にWTOとAPECの加盟メンバーである。そのため、台湾がWTOとAPECの規範やルールに則って地域の協力活動に参加して貢献する機会を、中国は奪うべきではないと強調したい。台湾を地域協力組織から排除すれば、金融危機による伝染効果が拡散してほかの国々にまで被害を拡大させるに違いない。中国が台湾に対する武力脅威を強化しつつあるため、台湾海峡の軍事衝突リスクが増大し、アジア太平洋地域の不安定性も増幅している。世界経済のパワーである日米両国は、台湾に協力して中国による台湾封鎖を突破し、台湾を積極的にアジア太平洋地域協力の組織や活動に参加させるべく、域内のマイナス効果を削減して協力によるプラス効果を増幅させるべきである。

二〇〇七年、アメリカのサブプライム・ローン問題に端を発した金融危機は、現在までも世界を席巻している。世界やアジア太平洋地域経済に対する衝撃は未だに緩和されていない。とりわけアジア太平洋地域各国の欧米市場への依存度は高い。欧米諸国が経済の後退局面に入れば、需要の低下が東アジア経済に与えるインパクトも非常に大きくなる。アジア太平洋地域経済が今回の経済危機を順調に乗り越えられるかどうかは未だ不明である。域内経済やグローバル経済の協力や政策調整を強化し、現在の景気大後退局面を迅速に克服するかは、域内メンバーが如何に連携を図って努力するかにかかっているのではないだろうか。

註

★1——本文はあくまでも著者個人の意見を表すものである。また、洪財隆、陳東瀛、李明峻の指摘や協力に感謝する。

★2——Transforming East-Asia — The Evolution of Regional Economic Integration, Brookings Institute Press, Washington D.C., 2006.

★3——The Asian Monetary Crisis "Proposed Remedied" Statement Address to the Committee on Banking and Financial Service, US House of Representative, Nov 13, 1997.

第11章

中国のアジア地域外交——上海協力機構を中心に

毛里和子 MORI Kazuko

1 はじめに

本章では、一九九〇年代後半からの中国外交の新展開をアジアに対する新地域主義の採用を中心に論じたい。だが、中国にとってのアジアは多義的である。日本にとってのアジアがまず東アジアであり、具体的には、中国、朝鮮半島、そして東南アジアであるのに対して、中国にとってのアジアは、東アジア(ないし東北アジア)、東南アジア、南アジア、そして中央アジアというように、少なくとも四つの(いずれも同等に重要な)サブリージョンからなっている。本章では、日本であまり注目されることがないので、とくに中央アジアに絞って中国とアジアとの新しい地域関係を論じてみることとする。中国がアジアに対していかに「全方位的布陣」をしいているかに改めて驚かされる。

2　中国の「新しい安全保障観」

一九九〇年代後半から中国は対外戦略を大きく変えた。外交思想や対外戦略の変化はまず、九七年、協調的安全保障を基礎とする「新しい安全保障観」の出現で明らかになった。七〇年代末に対外開放して以来、政治・安全保障面での多国間協議に消極的に加わったのが九〇年代前半だとすると、後半からは安全保障メカニズムの構築のイニシアティブをとることを考え始め、とくに興味深いのは、「敵」を想定して同盟や軍事力に依存する安全保障から、ソフトでトータルな安全保障、具体的には協調的安全保障（cooperative security）、総合的安全保障（comprehensive security）が中国当局の安全保障政策になりつつある点である。

中国の公式文書に「新しい安全保障観」が初めて登場したのは一九九七年四月二三日、モスクワで調印された江沢民主席・エリツィン大統領の共同声明である。すでに中ロ間では九六年四月に「二一世紀をめざす戦略的パートナーシップ」が謳われ、九六年と九七年には中央アジア三カ国（カザフスタン、キルギス、タジキスタン）も加えて国境の信頼醸成、国境の兵力削減が合意されていた。九七年中ロ共同声明は、これらをふまえてグローバルな共同の目標をうたい上げた。第三項は次のように言う。

双方は新しい、普遍的意味をもつ安全保障観の確立を主張する。〝冷戦思考〟を棄て、集団政治に反対し、平和方式で国家間の分岐と紛争を解決し、武力ないし武力による威嚇に訴えず、対話と協議によって相互間の理解と信頼を促し、二国間および多国間の協調的協力を通じて平和と安全を追求する。

さらに共同声明では、中国とロシア・中央アジアとの間の二つの協定（一九九六年四月「国境地区軍事領域での信頼醸成を強化することについての五カ国協定」、一九九七年四月「国境地区での相互軍事力削減についての五カ国協定」）、が「冷戦後の地域の平和、安全と安定を求めるモデルである」とされた[★1]。

中国が周辺諸国に対して「地域」として接触し対応するのは一九九〇年代末のことである。東南アジアを囲む地域レジームであるASEAN地域フォーラム(ARF)に発足当初は必ずしも熱心ではなかった。だが、九七年七月の第四回会合では、銭其琛外相が、「ARFはすでに独特な協力方式を作り出した」と高く評価しながら、「新しい国際情勢では新しい安全保障観をもつべきである。安全保障は軍事力増強や軍事同盟に依拠すべきではない。相互間の信頼と共通の利益関係に依存すべきだ」と訴え、「アジア太平洋の多様性にマッチした新しいタイプの地域安全保障観」を構築しようと提案している[★2]。なお、国際政治学者の閻学通(当時、現代国際関係研究所)の説明によれば、「新安全観」の原則は、①内政不干渉、②対話による紛争解決、③平等な協議であり、方法は、①共通の利益拡大、②相互信頼醸成、③予防外交、④経済協力、そして形式は、多様そして多種である点で旧来の安全保障と異なるという[★3]。二〇〇〇年以後、東アジアの地域協力、ASEANやARFに中国は多大の関心を寄せるが、「新安全観」がARFの原則や形式ときわめて似通っていることが注目される。この「新安全観」はまず中央アジアの地域協力(上海協力機構)で実践され、その後は、ASEAN、ARFとの関係まで拡大していくことになる。

3 新対外戦略——地域主義へのシフト

グローバリゼーションが中国の対外戦略を大きく変えさせている。第一六回党大会(二〇〇二年一〇月)は「世界に打って出る」新対外経済戦略を打ち出し、改革開放は第三ステージに入った。すでにみたように、対外戦略の変化はまず、九〇年代末に協調的安全保障を基礎とする「新安全観」の出現で明らかになった。もう一つの変化が、中国と接する地域(regions)に対する地域主義アプローチの新展開である。

八〇年代以来の中国は、外部世界に、二国間主義と国連を中心とした多国間主義で対応してきたが、重点は二国間にあった。周辺諸国にも地域というより二国関係で対応した[★4]。だが九〇年代後半からの北方(ロシア・中央アジア)、東南方(東南アジア)、南方(インドおよび亜大陸)に対する積極的地域外交は目を見張るものがある。

中国が「東アジア」をアジア戦略の中心に据え、ASEAN、ARFを戦略上きわめて有用な地域機構とみなすのは二〇〇〇年後半からである。それは自国を「大国」と認識することと強い連関をもっていた。二〇〇〇年八月『環球時報』で国際問題専門家たちが「世界の中の中国」座談会を開き、中国はグローバル大国か、地域大国か、発展途上の通常の国なのかについて激論しているが、興味深いのは閻学通(清華大学)が、自分は世界をパワー(大国)で「極」に分けるのではなく、地域でもって分けたい、客観的な影響力や利益の及ぶところ、発揮できる役割からいって「中国は地域大国」、「中国の属性は〝東アジアの一国〟だ」と述べ、対外政策の重点を、グローバル事務ではなく、地域事務におくべきだ、と明快に語っているのである[★5]。

二〇〇二年秋の現代国際関係研究所の政策提言「中国の対ASEAN政策研究報告」は、ASEANを中核に据えた対東アジア基本戦略が固まったことを示した。報告は、九七年アジア通貨危機がショック剤になって域内経済協力が進展している、ASEAN+3が東アジア経済協力の基本的枠組みである、中国の新安全保障観をASEANは受け入れていることなどから、地域協力でASEANが果たす特殊な役割はどんな大国も取って代われないし、かなり遠い将来まで東アジア協力は「ASEANが核心、中国がエンジン」である、と論じた。「報告」はまた、アメリカの東南アジアでの利益、地域経済協力で果たす日本の重要な役割、インドのASEAN接近などから、中国の新東アジア外交が「開放的」であるべきことを強調する[★6]。

「東アジア安全保障共同体」構想も出てきた。閻学通と劉江永(清華大学)は二〇〇四年初めに、ASEAN首脳会議が「二〇二〇年までに東アジア共同体を」で合意したのを受け、「東アジア安全保障共同体」(EASC)構想を打ち出したのである。共同体の目標は、戦争防止、外部からの脅威の減少、内部衝突回避によって「持続的安全」を実現することにあり、核心理念は持続的安全とルール、制度化だとし、基本原則を多様性の尊重、一国主義の制限など国際関係の民主化、紛争の平和的解決、主権国家の生存と安全だとした[★7]。

中国に「新アジア地域主義」が出てきたと言ってもよいかも知れない。だがユーラシアの大陸国家であり、巨大な経済規模でグローバル大国になりつつある中国にとって、東アジアは中国を包含する広大な地域の一つでしかない。中央アジアでは戦略的な地域機構である上海協力機構を作り上げたし、南アジアでは大国インドを中核に南アジア地域協力機構SAARCとどう連携するかを模索中である。中国の地域主義外交は自国を中心に放射状でかつ全方位である。

4　中央アジアの「地域化」——上海協力機構の創設

「地域主義」に目覚めた中国がもっとも積極的にアプローチしているのが中央アジアである。上海協力機構（SCO）が正式に成立するのは二〇〇一年六月だが、その歩みは九六年に始まる「上海5」の動きである。ソ連崩壊後中国は、直ちにカザフスタン、キルギス、タジキスタンなどの新国家を承認するとともに、ソ連崩壊がもたらす力の空白による地域の混乱を恐れ、国境の安定のために国境兵力の削減と信頼醸成をはかった。九六年五月二六日、中国・ロシア・カザフスタン・キルギス・タジキスタン五カ国首脳が上海で初めて一堂に会し、「辺境地区での軍事領域の信頼醸成についての協定」を締結した。この協定は、国境地区の軍事力による侵攻の相互抑止のほか、軍事演習の回数、規模、範囲の制限、国境一〇〇キロ内での重大な軍事活動についての通報、などを約束した。また九七年四月には同じ五カ国首脳がモスクワに集まり、「辺境地域での兵力の相互削減についての協定」に調印した。善隣友好関係にふさわしい最低限まで国境地区軍事力を削減する、国境一〇〇キロ内での兵員・兵器を削減もしくは制限する、削減後の一〇〇キロ内兵員数は一三・〇四万人を超えてはならない、など

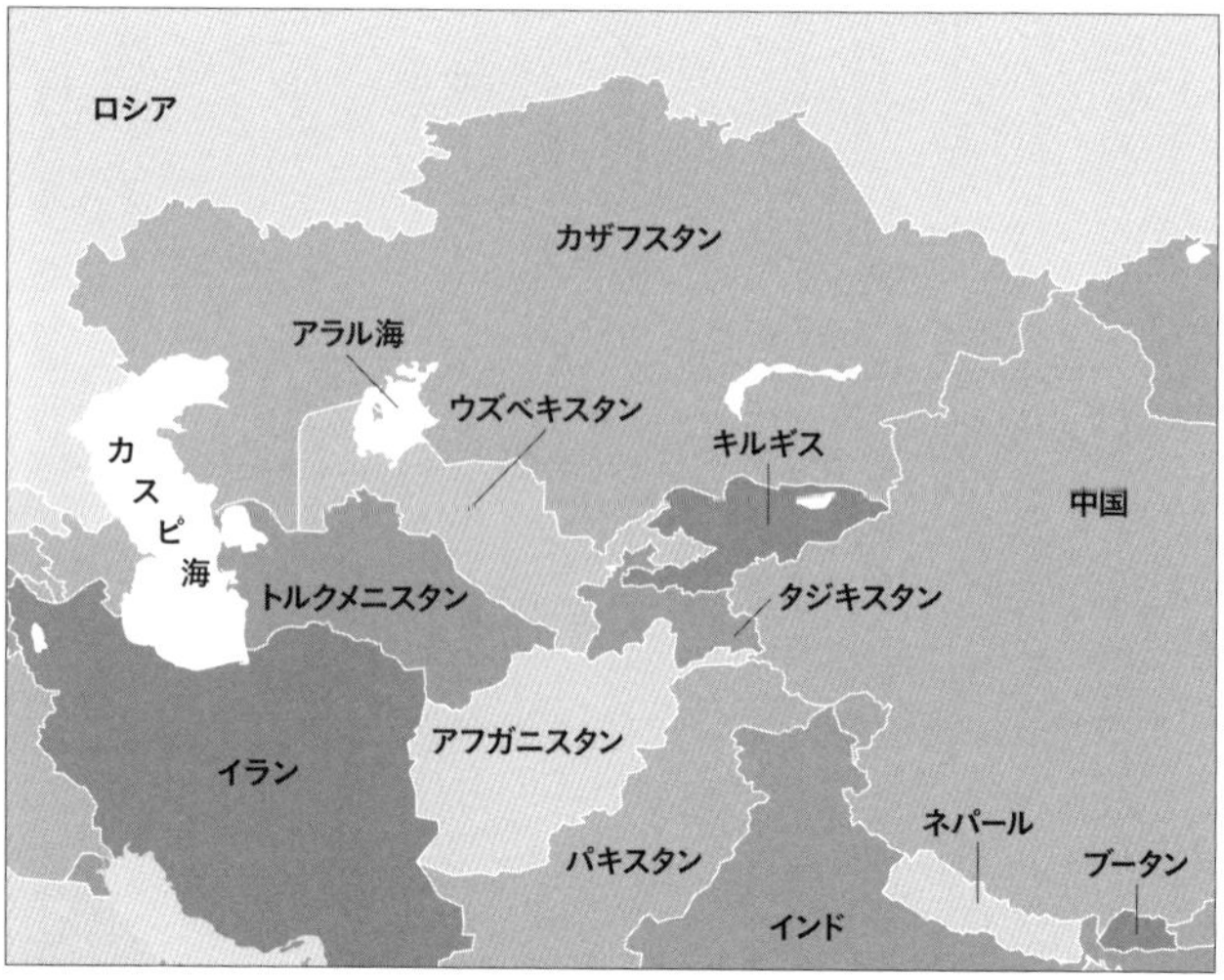

を定めた。

このときに発表された中ロ共同声明に「新しい安全保障観」が謳われたのである。この段階が中央アジア五カ国の「信頼醸成と国境の安定期」である。次の段階、九八年から九九年までは毎年の首脳会議で政治協力が話し合われ、中東地域でのイスラム原理主義武装勢力の動きが活発化した二〇〇〇年からは、その中央アジアへの波及を恐れて五カ国間で反テロ・反分離主義の軍事協力の可能性が模索されるようになる。

二〇〇一年六月、上海で開かれた「上海5」第六回首脳会議に新たにウズベキスタンも加わり、六カ国による「上海協力機構」が正式にスタートした。地域機構の公式呼称に特定の地名がつくのは珍しいが、誕生地というだけでなく、この地域機構創設に中国のイニシアティブが決定的だったことを物語っている。「成立宣言」によれば、①諸国間の相互信頼・善隣友好・あらゆる領域での有効な協力、②地域の平和・安全・安定、③民主・公正・合理的な国際政治経済の新秩序の構築、④開放的で、第三国や集団に対抗する同盟ではない（不同盟）、を趣旨に掲げ、年一回の元首会議と外相会議、国防相会議、各国協調員理事会の設置などを制度化した。また、この機構は当初からウズベキスタンに「反テロ・センター」の設置を計画した。同時に、イスラム原理主義を中心に、テロリズム、分離主義、極端主義を地域の安全と安定を損なう「三つの勢力」とみなして、それに対する共同攻撃を約束した。「新しい安全保障観」にもとづく「新型の地域軍事協力のモデル」(六カ国国防相会議の共同コミュニケ)を謳う所以である[★8]。

九・一一事件は中央アジア情勢を大きく変えた。一言でいうと、ソ連崩壊後遠心力が働いていたこの地域で反テロリズムなどを契機とする地域主義の動きが芽生えてきたこと、ロシア・中国およびアメリカの戦略的角逐が始まったこと、そして、アメリカが進める民主化の波がここをも襲っていること、である。イスラム原理主義に対する共同行動の必要性が地域安定のためには不可欠となり、その分野でのSCOの役割が大きく期待されることとなった。アメリカによるアフガニスタン爆撃、イラク砲撃など、これまでほとんどロシアの独壇場だった中央アジアでアメリカの軍事的プレゼンスが俄然大きくなった。

九・一一以後SCOのレジーム化、制度化がゆっくり、しかし着実に進んでいる。「憲章」(二〇〇二年六月)、「地域の反テロ機構についての協定」(同)、「多国間経済貿易協力綱要」(二〇〇三年九月)などが合意されているし、二〇〇四年一月には事務局が北京に設置され、タシュケントの地域反テロ機構執行委員会も活動を開始している。また、後述するように、二〇〇二年から対イスラム原理主義のテロを想定したメンバー国間の二国間もしくは多国間共同軍事演習も行われている。

これまでのところSCOは、①年一回の元首会議(最高意思決定機関)、総理会議、外相会議、国防相理事会、公安・文化・検察・税関などの各部門責任者会議、資源・エネルギー担当者会議、経済・貿易担当者会議などの定例会議、②基本組織としての各国協調員理事会、③地域反テロ機構、および常設・執行機構として、④部門別専門家グループ、⑤信頼醸成五カ国連合監督グループなどで構成されているが、今後その制度はより精緻化され、モンゴル、インド、パキスタン、アフガニスタン、イランなどメンバーの拡大も予想される。

この機構の機能は、第一に、不安定な地域での二国間軍事力削減、信頼醸成を積み上げることで「脅威」を未然に防ぐ、第二に、二国間を含めた経済協力、資源開発協力、第三に、主に国際テロを想定した多国間の政治軍事協力など、かなり広領域にわたっている。とくに、エネルギーの純輸入国に転じた中国にとって、この地域の天然ガスはきわめて魅力的で資源協力が主要な動機と言っても過言ではない。また、テロに対する軍事協力は、この地域の政権がいずれも独裁色の強い権威主義体制であり、その面で地域諸国が利益を共有していることを考えると、なによりも政権維持のための政治・軍事協力と考えた方がよい。

したがって、中央アジア・ロシアとの地域協力は、経済協力から進み、中国自身経済的利益、地域経済の安全保障を第一義的に追求している東南アジアとの地域協力とはかなりの違いがある。また、九・一一以降、ウズベキスタンを中心にアメリカの兵力、軍事基地がこの地域に初めて入り、それが恒常化するなかで、中国およびロシアが、アメリカの浸透への防波堤としてSCOを強化し、最大限活用しようと考えていることは疑いない。

5 中国とSCO

❖SCO首脳会議

では二一世紀に入って中央アジアと中国との関係はどのように進展してきたのだろうか？　まずSCO首脳会議である。二〇〇一年以来、SCOは次のように首脳会議を積み上げ、制度化を進めてきた。なお首脳会議のほか、首相会議、外相会議、国防相会議、公安担当者会議、各国協調員会議、などが定例化している。

二〇〇一年六月　第一回首脳会議（上海）

機構成立宣言を採択。テロ・分離主義・極端主義に打撃を与える「上海公約」を採択した。「公約」では、テロリズム、分離主義、極端主義について定義づけを行い、それらを、国際平和と安全、国家間の友好関係の発展や人の基本的権利や自由の実現への「脅威」であるとみなし、それらを撲滅するための共同行動を目的に掲げている。

二〇〇二年六月　第二回首脳会議（ペテルブルグ）
SCO憲章を採択。憲章では、SCOは信頼と安全、経済協力、テロやドラッグなどの撲滅を趣旨とするとし、国家主権・独立・領土保全の相互尊重、相互不可侵、内政不干渉、国際関係で武力を行使せずもしくは武力による脅威を与えず、周辺地域に対する一方的な軍事的優位を求めない、などを組織の原則として掲げている。また、メンバーシップについて基本的には憲章や関係文書の趣旨を守る本地域の諸国家については開放する、という原則となっている。
二〇〇三年五月　第三回首脳会議（モスクワ）
二〇〇四年六月　第四回首脳会議（ウズベキスタン・タシュケント）
タシュケントに反テロ・センター開設、モンゴルがオブザーバー加盟。
二〇〇五年七月　第五回首脳会議（カザフスタン・アスタナ）
パキスタン、イラン、インドがオブザーバー加盟。
二〇〇六年六月　第六回首脳会議（上海）
成立五周年宣言、パキスタン、正式メンバー要請。
二〇〇七年八月　第七回首脳会議（キルギス・ビシケク）
六カ国の「長期善隣友好協力条約」を採択。条約では、①平和・協力・繁栄・調和の地域にする、機構の開放原則を確認、②テロ・分離主義・極端主義に対する協力を進める、③各国が、それぞれの国の歴史経験と国情にもとづいて政治、経済、社会、文化発展の道を選ぶ権利をもつことを確認する。
二〇〇八年八月　第八回首脳会議（タジキスタン・ドシャンベ）
二〇〇九年六月　第九回首脳会議（ロシア・エカテリンブルグ）

❖中国とSCO諸国

以下、中国とSCOおよびその構成国との関係、中国との軍事協力(とくに共同軍事演習)について論述し、SCOや中央アジアに対する中国の戦略的意図の解明に役立てたい。

成立以来八年を迎えて、SCOはすでに国際的に認知された地域組織である。しかし、上海という地名がついていることが示すように、本組織に対する中国のイニシアティブやリーダーシップは設立当初から圧倒的である。中国有数のSCO・中央アジア研究者である趙華勝(復旦大学)は、SCOが「中国の提案と発起でできた組織」であり、中国政府も学術界もSCOを「自分たちの組織」とアイデンティファイしていると率直に述べている[★9]。それだけに中国の思い入れは大変強いし、また具体的な事務局作業のほとんどを中国が担当するなどさまざまな援助を行っている。二〇〇四年にはSCO事務局が北京に設置され、初代事務局長は中国が担当した(張徳広駐ロシア大使)。資金面でも、二〇〇四年にメンバー国に総額九億米ドルの優遇借款を提供、二〇〇七年にはビシケクの首脳会議で胡錦濤がさらなる資金供与を約束している。

❖対ロシア関係

次にSCOでもっとも大事なパートナーであるロシアとの関係の制度化である。二一世紀に入って、胡錦濤・プーチン時代の中ロ関係は安定している。中国が最初に「戦略協力パートナーシップ」を構築したのもロシアとだったし(一九九六年四月)、厄介な四三〇〇キロに及ぶ国境線については九〇年代に東部も西部もほぼ画定、二〇〇五年六月の東部国境についての補充協定で完全に決着がついた。

一九八〇年に同盟条約(一九五〇年締結)が失効してから中ソおよび中ロ間は無条約状態が続いていたが、国境の兵力削減、国境線の画定を経て、プーチン期に入った二〇〇一年七月に善隣友好協力条約が結ばれ、両者関係は安定期に入った。両国は、平和五原則と「善隣・友好・協力平等・信頼の戦略協力パートナーシップ」を約束

（第一条）、互いに「国家の統一と領土の保全」を支持し（第四条）、一方が平和に対する脅威、破壊、安全上の利益の侵犯や侵略の脅威に直面したときには「直ちに接触と協議を行う」ことを約束した（第九条）。さらに、テロ・分離主義・極端主義に対する協力も約束した（第二〇条）

中央アジアはそもそも旧ソ連に属していたし、歴史的にもロシアの影響圏にあった。とくにロシアの軍事的プレゼンスはいまだ圧倒的である。したがってこの地域では中国は「新参者」であり、中国自身それを自覚している。SCOをめぐる中ロ関係はそのロシアを立てながら、新参者であり、この地域最大の経済大国になった中国が徐々に影響力とパワーを増やしつつあり、ロシアが警戒心を強める、という構図にある。だが、これまで、SCOをめぐって中ロの角逐が表面化したことはなく、中ロの協調的リーダーシップが機能している。とくに、後述するように、SCOの枠内ということで中ロ二国間の軍事協力関係が密になっているのが注目される。

❖中央アジア五カ国との関係

カザフスタン、キルギス、タジキスタン、ウズベキスタン、トルクメニスタンのうち中国が国境を接しているのは前三カ国である。カザフスタンとは、九四年四月に国境線協定、九六年七月と九八年七月に二回国境線補充協定を結んでいる。キルギスとは九六年七月に国境線協定、九九年八月に補充協定を結んだ。タジキスタンとは九九年八月に国境線協定、二〇〇二年五月に国境線補充協定を締結している。なお、この地域で一カ所、中国・カザフスタン・キルギス三国が国境線を共有しているが、それについては二〇〇〇年七月に三国間協定ができている。全般に国境についてはキルギスを除いて安定していると言ってよいが、カザフスタンとはイリ河、オルチス河国境河川の汚染や水資源で問題を抱えている。

中国はこれらの国々と、イスラム過激派のテロという共通の脅威を抱える一方、石油・天然ガスなどのエネルギー資源の確保先であることなどから善隣協力関係を構築しようとしている。有事の際に作動する善隣条約のネットワークとエネルギーでの強い協力体制である。善隣友好協力条約はすでにキルギス(二〇〇二年六月)、カザフスタン(同年一二月)、タジキスタン(二〇〇七年一月)と結び、いずれも有事の際や共通の脅威への共同対応、軍事交流の強化を約束している。ウズベキスタンとの友好協力パートナーシップ条約(二〇〇五年五月)でも、「一方の平和と安全利益への脅威が構成される可能性がある時、すぐ協議し、脅威を防ぐ措置を制定する」ことが明記された。

注目されるのはエネルギー資源を巡るカザフスタン、ウズベキスタン、そしてトルクメニスタンとの関係である。とくに二〇〇六年から正式に始まる対トルクメニスタン接近の陰には明らかに「持続的成長」のための巨大な石油・エネルギー需要圧力がある。同年四月ニアゾフ大統領が訪中、「テロ・分離主義・極端主義撲滅のための協力協定」を結ぶ一方で、天然ガスパイプラン設置、天然ガス売却についての協議がまとまった(協定締結は二〇〇七年七月)。それによると、二〇〇九年から三〇年間、トルクメニスタンは中国に毎年三〇〇億立方メートルの天然ガスを提供することになる。トルクメニスタンは中立主義、閉鎖主義の特異な外交を展開しており、またSCOにも加わっていない。中国にとっては天然ガスこそ主要ターゲットなのである。

ちなみに急激な経済成長で中国のエネルギー事情は逼迫してきている。国家発展改革委員会(NDRC)エネルギー研究所の試算では、中国の石油の対外依存度が二〇一〇年までに国内消費の五五パーセント、二〇二〇年までに六五パーセントに達する可能性があるという。また『中国エネルギー発展報告(二〇〇九)』(エネルギー青書)の予測でも、現在の石油対外依存度は五〇パーセント前後、二〇二〇年にはそれが六四・五パーセントまで上がるとしている[★10]。

❖進展する軍事協力——共同軍事演習

もう一つ、二〇〇〇年代、中国‐中央アジア関係を大きく変えたのはSCOを傘とした軍事協力、とくに多国間共同軍事演習である。九・一一に象徴される国際テロリズムとアメリカの軍事的な中央アジア進出がそれを促している。反テロを目的にしたＳＣＯメンバー国間の共同軍事演習は二〇〇二年にスタートしており、ＳＣＯの機構全体を含む多国間のそれと「ＳＣＯの枠組み内」の二国間のそれの二種類がある。国外に報道されているＳＣＯ多国間共同軍事演習は以下の通りである。

第一回（二〇〇三年八月六日〜一二日）

ウズベキスタンを除く五カ国（聯合 二〇〇三）。カザフスタンのウハラル市と新疆・イリ地区で行われた。兵員はトータルで一三〇〇名といわれる。

第二回（二〇〇七年八月九日〜一七日）

ウズベキスタンを含む六カ国（平和ミッション 二〇〇七）。ロシアのチャリヤビンスクで行われた。兵員はトータルで四〇〇〇名、うち中国が一六〇〇名、ロシアが二〇〇〇名と言われる。

またＳＣＯ内では、多数の二国間共同軍事演習が行われているが、中国が関わっているのは下記の通りである。

第一回（二〇〇二年一〇月）

中国－キルギス反テロ共同軍事演習（協働 二〇〇二）。場所は国境地区。中国は兵員一〇〇名余と一〇両余の装甲車を派遣。なお、この軍事演習は中国にとって建国以来初の国境を越えた軍事演習であった。

第二回（二〇〇五年八月一八〜二五日）

中国－ロシア共同軍事演習（平和ミッション 二〇〇五）。

場所は山東半島、黄海領域。兵員は中国五〇〇〇名、ロシア三〇〇〇名という大規模演習。また反テロには関わりがない地点で、しかも上陸作戦を演習したために、「台湾」を想定したもの、と外部で評論された。

不詳（二〇〇六年三月初旬）

タシュケントの反テロ・センター主催のSCOメンバー国共同軍事演習。各国の特殊部隊が参加（東方－反テロ 二〇〇六）［★11］。

第三回（二〇〇六年八月二四〜二六日）

中国－カザフスタン共同軍事演習（天山1号 二〇〇六）。場所はアルマトィと新疆イリ。規模は不詳。

第四回（二〇〇六年九月二二〜二三日）

中国－タジキスタン共同軍事演習（協働 二〇〇六）。場所はタジキスタン・クリアブ地区。中国は兵員一五〇名を派遣。

第五回（二〇〇九年七月二二〜二六日）

中国－ロシア共同軍事演習（平和ミッション 二〇〇九）。場所はハルピン、吉林。兵員は中ロとも一三〇〇名。陸・空軍。

なお、中国はこの間、SCOメンバー国以外、パキスタンと二〇〇四年に（二〇〇名規模、場所不詳、友誼 二〇〇四）、モンゴルと二〇〇九年六月末に共同軍事演習を行っている（規模、場所不詳。平和ミッション 二〇〇九）。これらがSCOと関係しているのかどうかは定かではない。

SCOは中ロの協調的リーダーシップの下、八年来で中央アジアの地域機構として存在感のあるものに育ちつつある。中国が望むSCOは「利益共同体、責任共同体、行為共同体」だとされるが［★12］、八年間のこの地域での中国のプレゼンスの拡大ぶりを見るにつけ、SCOが冷戦後中国外交の一つの大きな「成果」であることは否定できない。

6 SCOと米中ロ関係

だが、中央アジアないしSCOには自生的な凝集性はきわめて乏しい。また中国のリーダーシップも圧倒的ではない。さらに、アメリカの中央アジア進出でこの地域をめぐるロ米中のパワー抗争が強まり、中央アジア諸国もあわよくばバンドワゴンしようとその趨勢を見極めようとしている。以下に中央アジアをめぐるロ米中のパワー抗争の一端を紹介しておきたい。

まず中国－ロシアの同床異夢関係である。一九九六年に戦略的協力パートナーシップを結んでから中ロ関係はきわめて順調であり、制度化のレベルも中国外交のなかではもっとも進んでいる。かつて中ソ同盟がリーダー(スターリン、フルシチョフと毛沢東)の個人的関係とイデオロギーにもっぱら頼り、制度を欠いたため同盟が破綻しただけでなく、激しい敵対関係にまで陥った苦い歴史的経験をもつ中国は、冷戦後の対ロ関係の制度化と全面的関係化に留意し、それに成功している[★13]。中央アジアをめぐってもとくに両国の対立が表面化したことはない。むしろ外部世界では、中ロの同盟化を懸念したり、あるいはSCOについて中ロと中央アジア諸国の軍事同盟の動きだと警戒する見方さえある。だが、中ロは決して一枚岩ではないし、中央アジアをめぐっての潜在的不協和音も多い。ロシア・エリートにはアメリカ派(つまり反中派)が根強く、中国への警戒も広まっている。「モスクワはいまSCOを積極的に強化しているが、これは実は中国の利益増進につながる。ロシアと中国の共同軍事演習(平和ミッション二〇〇五)はその一つの事例だ。クレムリンに火中の栗を拾わせる中国外交の巧みさにしてやられる」とロシアの新聞『ネザビーシマヤ』はあらわに警戒心を示し(二〇〇五年一二月一六日)、「ロシアはアメリカとの協力関係を強めるべきだ、そうしないと中国が中央アジアを主導する時代がきてしまう」とマルトノフ(ロシア政治と軍事情勢研究所）は危機感を募らせている、と言われる［★14］。

では、九・一一以後のアメリカはどうだろうか？　ブッシュ政権のイスラム原理主義との軍事対決政策は中央アジアの戦略バランスを大きく変えた。アメリカの軍事力が南アジアから中央アジアに配置され、中央アジア諸国もそれを歓迎した。二〇〇一年一一月キルギスのアカエフ大統領は、アメリカにマナス空軍基地へのアクセスを認め、翌年二月にはウズベキスタンのカリモフ大統領が訪米、両国の「戦略パートナーシップ」を謳うとともに、ウズベキスタン・ハナバード基地への米軍受け入れを受容したのである。

九一年のソ連解体でこの地域から軍事的に後退したロシアが、アメリカの軍事力配置に対応して中央アジアに戻ってきた。二〇〇三年一〇月、旧ソ連の諸国をロシアが結集しようとした集団安全保障機構（ＣＳＴＯ）の枠組みでキルギスのカントに空軍基地が設置されたが、これは実はロシアがソ連崩壊後初めて中央アジアに設けた軍事基地である。二〇〇四年一〇月にはタジキスタンが、九九年以来ロシアが求めていたヌレークに軍事基地設置を認めた。二〇〇五年一一月に結ばれたロシア・ウズベキスタン同盟関係条約でもっとも重要なのは、「必要な時には、相手国に、自国領土内の軍事施設を相互に使用する許可を与える」という部分である。また、二〇〇六年一二月には、ウズベキスタンがロシアにナボイ基地への制限付きアクセスを認めている。さらに、二〇〇九年八月には、アメリカと対抗するように、キルギスとの間で「ロシア軍増強についての覚書」を調印、キルギス・ウズベキスタン・タジキスタン国境地帯に「軍事教育センター」を設置することで合意したと伝えられる。なお、このセンターは、ロシアが主宰するＣＩＳ集団安全保障条約機構（ＣＳＴＯ）が創設する合同即応部隊の一部にもする予定だという（『朝日新聞』二〇〇九年八月三日）。帝政ロシア時代から数えれば一五〇年を超えるロシア－中央アジアの紐帯は決して切れてはいない。とくに軍事的なそれは強いのである。

この地域の戦略バランスを一層複雑にさせたのが二〇〇三年から旧ソ連圏のグルジア、ウクライナなどに端を発する民主化、いわゆるカラー革命である。二〇〇五年春にキルギスに波及した民主化運動はアカエフを大統領の座から駆逐した（チューリップ革命）。だが、ウズベキスタンでは民主化運動はカリモフ大統領に鎮圧され、五月には七〇〇名以上の死者を出すに至った（アンディジャン事件）。キルギス、ウズベキスタンの民主化運動にアメリカやアメリカ系の民主化団体がどのように関与したかは定かではない。だが、二〇〇五年三月、アメリカ議会がグローバルな「二〇〇五年民主化推進法令」を採択している、「キルギス人民と政府を助けて民主主義を進めることがアメリカの使命である」というヤング・キルギス駐在アメリカ大使の言葉に示されるように、積極的コミットがあったことは否定できない。だが、アンディジャン事件は中央アジア情勢を緊張させた。事件を人権弾圧だとして激しく非難するアメリカと、カリモフ政権が対決したのである。

ここで動いたのがＳＣＯである。二〇〇五年七月カザフスタン・アスタナで開かれた首脳会議は五年間の歴史で初めて微妙な問題を扱い、微妙な態度を表明した。宣言の一節は次のように言う。

反テロ活動展開のため、ＳＣＯのいくつかのメンバー国は連盟諸国に軍事力の臨時配備のために地上インフラ、地上および空中の軍事輸送ルートを提供している。アフガニスタンでの大規模な反テロ軍事行動が一段落を告げたことに鑑み、ＳＣＯメンバー国は、ＳＣＯメンバー国の上述のインフラの臨時使用、若干の国の軍隊の駐留の最終期限について反テロ連盟の関係国が確定する必要があると考える［★15］。

七月二九日、ウズベキスタン政府は、一八〇日以内に米軍部隊をハナバード基地から撤退させるよう求めた。結局アメリカは一一月二一日に撤退させた（タジキスタンに移転したと言われる）。ウズベキスタンは同時にロシアと急接近し、二〇〇五年一一月、カリモフ、プーチン両大統領の間でロシア・ウズベキスタン同盟関係条約が結ばれた。「一方が攻撃を受けた時、他方はその防衛に参加する」ことを約した同条約を、カリモフは「アジア地域の安定と安全を保障する」と評し、プーチンは「両国関係は新段階に入った」と自賛した。その後ウズベキスタンは、二〇〇六年には、ロシアが主宰する地域機構、ユーラシア経済共同体に加盟（一月）、九九年に脱退したCIS集団安保条約に復帰する（六月）など、ロシア・アメリカ間でのバランスに腐心している。

他方アメリカは、基地問題発生と同時にラムズフェルト国防相が急遽キルギスとタジキスタンを訪問（二〇〇五年七月）、キルギスのバキエフ大統領とマナス基地についての交渉を行った。なおキルギスは、基地使用をアメリカからの多額の支援獲得のカードに利用した。また二〇〇九年二月、キルギスの議会はマナス基地の閉鎖法案を可決してアメリカに圧力をかけた。結局六月に、キルギス側は、マナス基地を非軍事目的に限定して、一年間輸送センターとして米側に使用させることで同意したという。このディールで年間使用料は、一七五〇万ドルから六〇〇〇万ドルに跳ね上がったと伝えられる（『朝日新聞』二〇〇九年六月二四日）。なお、ウズベキスタンは二〇〇八年三月、NATOと米軍に、アフガニスタンの国境地区にあるテルメス空軍基地の使用を許可している。

アメリカにとっても、ロシア、中国にとっても、キルギス、ウズベキスタンなどはなかなかしたたかである。彼らはSCOを「中国とロシアに彼らの利益を直接ぶつける組織であり、また彼らから多くの援助を引き出すための組織」だとみなしているし、中央アジアに入ってきたアメリカをもこのようなゲームに引きずりこもうとしている。ウズベキスタンのカリモフ大統領は、「ウズベキスタンは、近い隣人たちとも、アメリカやヨーロッパを含む遠い友人たちとも、相互利益をもたらす協力と相互尊重を対外政策の基本として固守してきたし、今後もそれを変えるつもりはない」と述べて憚らない（二〇〇七年一二月）[★16]。

民主化がすんなり進まず、中央アジア諸国のしたたかな対応に直面して、二〇〇五年後半からアメリカは中央アジア政策を「調整」した。まず、民主化を長期課題とし、当面経済発展を優先させるようにした。二〇〇六年四月、米国務省の中央アジア担当国務次官補リチャード・バウチャーは、アメリカは、反テロ・経済エネルギー・民主主義という「セットになった利益」を中央アジアで追求すべきであり、民主化推進から政治経済の改革へとシフトした方がよい、と提言している。もう一つは、中央アジアと南アジアを連携させる「大中央アジア構想(GCAP)」である。インドなどの南アジア、アフガニスタンと中央アジアの連携を通じて、ロシアおよび中国の強い影響下にある中央アジアでアメリカの地位を確保しようという意図が見える[★17]。

こうして、とくに二一世紀に入って中央アジアはロシア・アメリカ間の軍事的戦略ゲームの場となりつつあり、それに新たに中国が加わろうとしているというのが現状だろう。

7 おわりに——未定型な地域

地域機構としてSCOをどう評価できるだろうか? 中国はSCOをどのような機構にしようとしているのであろうか。

SCOはまだ形成途上にある地域組織であり、組織面でも機能面でも定型を作り上げてはいない。問題の一つはメンバーシップである。現在、モンゴル(二〇〇四年から)、インド、パキスタン、イラン(いずれも二〇〇五年から)の四カ国がオブザーバーだが、そのうちパキスタンはもっとも加盟に熱心で、SCO正式成立前、上海5の時代から正式加盟を求めている。国際社会で孤立しているイランも正式加盟に熱心だが、アメリカが強く牽制している。そのほか、ベラルーシ、スリランカも加盟申請中だという。だが、ロシアも中国も中央アジア諸国も、オブザーバーも含めてSCOのこれ以上の拡大には消極的である。カザフスタンは、オブザーバーもメンバーも現状凍結を主張していると言われる。中国の有力なSCO研究者・邢広程(社会科学院ロシア東欧中亜研究所)は、①地域的境界を曖昧にしてしまう、②アメリカの介入や域内紛糾を招くなどSCOに内憂外患をもたらす、という理由で増員に消極的で、むしろSCOは内部固めに専念すべきだとしている[★18]。SCOが組織的に大きく変わる可能性は当面考えられず、アメリカや域外国との関係についてはARFのような「対話国」制度を導入すると思われる。

SCOの今後を考える際、もう一つの問題は、CIS－ロシア－中央アジア－SCOの関係である。CIS（独立国家共同体）は旧ソ連のほとんどをメンバーとして引き継いでいる、きわめてゆるやかな組織となっているが、枠組みが消えた訳ではない。CISを構成するものとして一九九二年五月にできた集団安全保障条約組織、二〇〇〇年一〇月に創設された欧亜経済共同体（二〇〇五年一〇月に中亜協力組織と合体）などのロシア影響下にあるユーラシアの地域機構とSCOとの関係をどう調整するか、という問題である。中国を除くメンバーは重複しているし、軍事関係を含めその機能もかなり似通っており、いずれ「差別化」が求められよう。「差別化」を通じて、SCO固有の機能や性格も定型化されるかも知れない。だが他方、いくつかの地域組織が消えていくだろう。ユーラシア、中央アジアはいま地域形成のさなかにあり、不定型である。

SCOをめぐる中ロの主導権争いもあるし、また双方の「利益」も異なる。この点がSCOの将来の不安要素でもある。そもそも中国がSCOを通じて目標としているのは、①信頼醸成と各国の国内安全を保障することで安全な周辺を得ること、②新疆に入ってくるであろうイスラム原理主義のテロリズムやそれとからんだ新疆の分離主義（「東突」と呼ばれる）を一掃すること、③経済関係、とくにエネルギー資源で最大の利益を得ること、そして、④中国がイニシアティブをもつSCOを通じてロシア・アメリカのプレゼンスに対抗する、の四つだろう。二〇〇一年来、ロシアとも協調し、アメリカの軍事力にも寛容に対応する慎重な姿勢が功を奏し、中国は中央アジアでのパワーゲームで重要な役割を演ずるようになってきている。

SCOをめぐる中ロの不協和音について、ある文献は、中国がSCOの内包的発展を望んでいるのに対し、ロシアはメンバーの拡大など外延的発展を求めており、中国がFTAも含めて経済利益を第一に追求しているのに対して、ロシアは安全保障上の利益を優先している、と指摘する［★19］。南オセチア、アブハジア独立問題でロシア支持を明瞭に示さなかったSCOにロシアは相当な不満をもったことだろう。

だが、以上のような不協和音がSCOの存立を脅かすとは思えない。とくに「遅れてきた者」、「新参者」と自認している中国が、ロシアとの協調に意を注いでいるからである。ただ中国にとってのジレンマがある。中央アジアにおいてどのような軍事的プレゼンスが可能で望ましいかという点に関わる。すでに述べたように、九・一一以後、中央アジアはある意味で米ロの軍事的ゲームの舞台になりつつあるし、またSCO内共同軍事演習も多国間および二国間でしきりに行われている。軍事力を抜きにしてテロへの本格的対応はできないというのが現実である。中国は、外国に基地をもたない、外国に軍事力を派遣しない、を国是にしてきた。一つの「内政不干渉」である。

注目されるのは、昨今この原則の見直しの動きがある。前出の趙華勝は、「外国に軍隊を派遣しない原則を中国が変えるのではないか、という観測がある。たしかに仮説として学術問題として議論するのは意味がある」という。中国はコスト／ベネフィットを考えて中央アジアに軍事基地を作らないが、共同軍事演習だけでは不十分であり、軍隊の一時駐留権を得たい、と考えているのである。有事の際には、「当事国の許可を得て、中国が二国間もしくは多国間のメカニズムを通じて軍事的に中央アジアに入り、反テロ活動を行い、地域の安全を守るべきである」というのが趙の主張である[★20]。二〇〇二年一〇月、中国は建国以来始めて外国と共同軍事演習を行った(キルギス)。反テロを理由に、中国軍が国境を超えて作戦する日もあるいは近いかも知れない。

中国はいまSCOとASEAN+3(そして+1)という二種類の地域レジームを自らの周囲にもっているが、同じ地域主義でも両者間には大きな違いがある。前者は中国のイニシアティブで構築し、中国がリーダーシップ(財政面を含めて)をとっているが、後者は既存の機構に中国が加わり、中国自身「ASEANを核心とする」を原則としている。また前者が軍事や戦略資源をめぐるハードな機構であるのに対して、後者は経済功利主義が前面に出ている。域外との関係でも、アメリカの中央アジア浸透を防ぐことを狙っている前者が排他的なのに対し、後者はその由来からして開放的である。

したがって、中央アジア・ロシアとの地域協力は、東南アジアとの地域協力とは大きな違いがある。第一に、軍事安全保障がこの機構および地域協力の第一義的機能であること、第二に、地域主義が、①歴史的文化的な帰属性アイデンティティに支えられたもの、②ある外的圧力やパワーに対応するアイデンティティによるもの、③経済協力や環境協力などの明確な機能を設定したアイデンティティによるものの三種に分けられるとすれば、SCOは、①の帰属性アイデンティティをまったくもたない、②型であること、第三に、ASEANが四〇年間の歴史過程で内発的に成熟してきたのとは全く違って、ほかでもなく中国が「作り上げた」ものであること、この三点において、両者は根本的に異なっている[★21]。前者を旧地域主義、後者を新地域主義と呼ぶことができる。

中央アジアと東南アジアで二つの地域主義を使い分けて地域外交を展開する中国にとっての難問は東北アジアである。信頼関係を構築できない対日関係、北朝鮮の不確定性・不安定性によって六者協議がレジーム化しない朝鮮半島など、このような東北アジアに中国を含む地域機構が生まれて来たとき、アジアは新しい時代を迎えるかも知れない。

このように、従来「周辺」として捉えてきた諸国のうち、「中央アジア」と「東南アジア」について、それぞれの事情、またそれぞれの仕方で、「地域」として捉え直すようになった中国外交が、もう一つの「北東アジア」について如何なるタイプの「地域」概念を発展させるかは未知数である。しかし、ここには、「東アジア共同体」を掲げる今後の日本外交の在り方が関わってくる。

こうした二つのタイプのアジア(将来の東アジアを入れると三つ)の「地域」を超えた、より包括的な地域概念としての「アジア・太平洋」には、アメリカとの関係が入ってこないわけにはいかない。ただ、それらは未だ中国的特徴を持つ議論やアプローチを検討できる段階にはない。学問的にも、実践的にも、これは将来の課題であろう。

註

★1——一九九七年四月二三日中ロ共同声明「世界多極化和建立国際新秩序的連合声明」『人民日報』一九九七年四月二四日。

★2——銭其琛「就亜太形勢闡述我観点和立場」『人民日報』一九九七年七月二八日。

★3——閻学通「中国的新安全観与安全合作構想」『現代国際関係』一九九七年第一一期。

★4——筆者はこれまで「中国外交には周辺はあっても、地域はない」と評してきた。国際政治学者・王緝思も、中国ではアジア・東アジア概念が一般とは違い、いわゆる東アジアと南アジア・中央アジア・モンゴル・ロシアなどを加えた地域を「周辺国家」概念に概括している、と指摘している(Kokubun Ryosei and Wang Jisi, *The Rise of China and a Changing East Asian Order*, p.7)。

★5——『環球時報』二〇〇〇年一一月二三日。

★6——現代国際関係研究所東盟課題組「中国対東盟政策研究報告」『現代国際関係』二〇〇二年第一〇期。

★7——劉江永・閻学通「関于建立東亜安全共同体的戦略設想」『亜非縦横』二〇〇四年第一期。

★8——「上海合作組織成立宣言」、「打撃恐怖主義、分裂主義和極端主義上海公約」、六カ国国防相共同コミュニケは、『人民日報』二〇〇一年六月一六日。なお上海協力機構にいたる動きは、現代国際関係研究所民族と宗教研究センター『上海合作組織——新安全観与新機制』時事出版社、二〇〇二年、に詳しい。

★9——趙華勝『中国的中亜外交』時事出版社、二〇〇八年、八二-八三頁。

★10——人民網日本語版、二〇〇九年七月二九日。

★11——邢広程・孫壮志主編『上海合作組織研究』長春出版社、二〇〇七年、七九頁。

★12——前掲、趙華勝、四三六-四三八頁。

★13——この点については、楊成「制度累積与中俄関係的中長期前景」『俄羅斯研究』二〇〇七年第三期『中国外交』二〇〇七年第一二期、参照。

★14——この部分は前掲、趙華勝『中国的中亜外交』三二一頁からの引用。

★15——「二〇〇五年七月五日上海合作組織成員国元首宣言」ＳＣＯ公式ｗｅｂから。

★16——Stephen Blank, "Rethinking Central Asian Security," *China and Eurasia Forum Quarterly*, Vol.6, No.2, 2008, pp.23-30.

★17——R.A.Boucher, "US Policy in Central Asia: Balancing Priorities,Statement to the House International Relations Committee, Subcommittee on the Middle East and Central Asia," April, 26, 2006. http://www.state.gov/p.sca/rls/rm/2006/65292.htm. およびS.F.Starr, "A Partnership for Central Asia," *Foreign Affairs*, July-Aug.2005, pp.164-178など参照。

★18——前掲、邢広程・孫壮志主編、二〇八－二〇九頁。

★19——李興（北京師範大学）「論上海合作組織的発展前途—基于中俄戦略構想比較分析的視角」『東北亜論壇』第一八巻第一期、二〇〇九年一月、五九－六五頁。

★20——前掲、趙華勝『中国的中亜外交』四五八－四六〇頁。

★21——詳しくは、毛里「中国のアジア地域外交——上海協力機構と「東アジア安全保障共同体」をめぐって」渡邉昭夫編『アジア太平洋連帯構想』ＮＴＴ出版、二〇〇五年、二二九－二四六頁、参照。

第12章 アジア太平洋とロシア

河東哲夫 KAWATO Akio

ロシアの自然、歴史と文化、感情表出の幅の大きい人々は、その壮大なスケールで他国の者を魅了する。だがアジアでは、ロシア・ソ連の帝国主義的な顔しか知られてこなかった。

中国が清朝末期以来の混乱に沈む中、ロシア・ソ連はアジアの主要なプレイヤーの一つとして振る舞ったが、アジアを同等のパートナーとして認めていたわけではなく、またアジア諸国もロシア・ソ連を安全な先進国とは認めてこなかった。

そして今日、事態は大きく変わった。ソ連は崩壊し、その軍事力も大きく劣化した。これに比例して、中国はアジアの大国としての地位を取り戻した。ロシア極東部の人口はわずか六〇〇万人強で、工業基盤にも乏しい。東シベリアのエネルギー資源の本格的開発までには時間がかかる。ロシアは、アジア太平洋地域ではもはや能動的パワーではなく、アジアにおけるロシアの地位はアメリカ、中国、日本などとの関係によって規定されていくことになろう。

この章ではそのような観点から、アジアの諸地域とロシアの間の関係を冷戦前、冷戦後に分けて概観した後、ロシアがアジア太平洋地域でどの程度の役割を果たすことが可能なのか、何を期待できるのか、北方領土問題をその中でどのように処理していくべきなのかなどを考察してみたい。

1 太平洋への見果てぬ夢

東アジアにロシアが現れたのは新しいことである。ロシアはもともとモスクワ公国という都市国家だったが、一六世紀にモンゴル支配をはねのけ逆に拡張を始めた。それは、その一〇〇年前にイスラムを撃退して拡張を始めたスペイン、ポルトガルの動きとよく似ていた。モンゴルの帝国を裏返しにしたようなものだった、と言ってもよい。だが森に覆われた広いシベリアのこと、ロシアが太平洋岸にたどりつきウラジオストック周辺の領有権を清帝国から奪ったのはやっと、一八六〇年の北京条約によってである。それまでのシベリアはチュルク系、モンゴル系諸民族の居住する地域であり、ウラジオストック周辺地方は高句麗、渤海国、あるいは女真族と、異なる支配者の手を転々と経てきた。ロシアは西欧諸国と同じく、植民地勢力としてアジアに立ち現れたのである[★1]。

一攫千金を夢見るロシアの冒険家たちは、極東で止まりはしなかった。彼らはアラスカへの植民を進めただけでなく、その推進者のレザノフは一八〇六年、北米西岸を船で南下し、サンフランシスコにまで到っている。

レザノフはロシア最初の世界一周航海も行い、南米から太平洋を横切って一八〇四年には長崎の出島に至って、外交関係樹立と通商を求めた。幕府はこれを拒絶している[★2]。ハワイでも、カメハメハ大王がハワイ諸島統一を進めていた一九世紀初頭、露米会社(ロシアのアラスカ植民推進企業)がアラスカへの補給基地としてカウアイ島などの利権を獲得しようとして、カメハメハに追い出されている。ロシア人は西欧諸国に一〇〇年は遅れて太平洋に到達したが、結局強力な地歩を築くことはできなかったのだ。

だがロシアは内陸部においてはかなりの拡張を遂げ、中央アジアに勢力を確立した。これによって、オリエント文明は新疆《しんきょう》とペルシャの間の環を失うことになった。ロシアは満州においても、一九〇〇年の義和団事件鎮圧後も兵力を残して入植を続け、さらに朝鮮半島に野心を示したことで日露戦争を起こして敗北した。その後一九一七年のロシア革命で帝国は瓦解、一九一九年には日本、アメリカなどによるシベリア出兵が行われたため、モスクワ中央からの差し金で「極東共和国」が緩衝地帯として作られ、これは一九二〇年から一九二二年まで存在した。その後ソ連は超大国となり、朝鮮戦争、ベトナム戦争では拡張主義勢力として行動した。

つまり、ロシア・ソ連も、アメリカと同様のアジア太平洋国家となることを夢見ていたのである。しかし西海岸で金が発見されて以来、大陸横断鉄道を何本も建設し、パナマ運河を建設してまで西海岸の安全を確保し、私企業の活発な投資で西海岸を発展させたアメリカに比べて、ロシアによる極東開発はあまりにも弱々しいものだった。ロシアは力に任せて、シベリアから極東にかけての広大な地域を自分のものとしたが、イギリスにとってのインドに比べれば、それは市場とはなり得ないものであり、ロシアの産業革命を促進しなかったのである。ロシアはこれら地域を、その後自力で十分開発もできずもてあますどころか、安全保障上の弱点にさえしてしまっている。今でも極東で働くロシア人には、業績をあげていつかは「ヨーロッパ」へ帰ることを夢見る者が多い。そしてこの地に来てからまだ時が浅く、法的地位も確定していない土地もあるため、極東を中国あるいは日本が取りにくるのではないかという警戒感が今でも根強く見られる。

なおロシアは文学・音楽などでは日本に大きな影響を与えたが、政治・経済面でのモデルとしては軽んじられた(ただし戦前、国家総動員法制定の頃には、ソ連の計画経済体制が大いに参考にされたが)。これに対して中国人は、国家を短期間に再建するためには、ソ連的専制体制が最適と見て、これを「政党国家」と名づけ、今日に至るまで用いている。

ここでアジア太平洋地域とソ連の関係をふりかえってみたい。現在を考えるためには、過去を知っておく必要があるからだ。

1 中国

ロシア革命後ソ連がアジア太平洋方面に有していた最大の目的は、「脆弱なソ連極東を満州の関東軍に攻めさせない」ということであったろう。そのためにソ連は、まだ脆弱だった中国の国民党、そして共産党を利用した。太平洋戦争終了とともに、ソ連は「日露戦争でロシアが勝っていた場合」の状況を作り出そうとしたかに見える。欧州での拡張ぶりと相呼応して、満州に侵入して再び大連に至るまでの利権を抑えたのだ。中国はこれを取り返すのに大変な苦労をなめた。毛沢東が一九四九年、モスクワに三カ月逗留して厳しい交渉を行った末、スターリンからやっと引き渡しの約束を得るのである。その後ソ連はアジアへの地理的拡張を諦め、他の手段でアメリカと対抗するようになった。中国という大きな共産国が誕生したから、当面安心もしていただろう。ソ連は中国に多数の技術者・専門家を送って、その開発を助けた。

だが一九五六年スターリン批判を契機に中ソ関係が悪化し、一九六九年には珍宝島で武力衝突が起きる。中国はソ連の盟友であるどころか、共産圏、そして開発途上国での影響力を競い合う相手となり、そのねじれた関係のなかでベトナム戦争が進行する。ベトナムは中ソ対立につけこんで双方から援助を引き出し、アメリカもこの対立を利用した。つまり一九七一年、キッシンジャーはまず中国をベトナム和平に引き込むことでソ連の支持をも引き出したのである。ソ連はベトナムだけでなく、インド、アフガニスタン、ビルマ、ラオスとも親密な関係を築き、時に中国との間で影響力を競い合った。中国に一〇〇〇年間にもわたって直接支配されたベトナムをはじめ、これらアジア諸国の多くは中国と微妙な関係にあり、ソ連をカウンター・バランスとして利用してもいたのである。

そしてソ連の艦隊は太平洋艦隊と北洋艦隊の間の航路を維持するとともに沿岸国に勢威を誇示するため西太平洋、インド洋で活動し、交通の要衝マラッカ海峡に遠くないベトナムのカムラン湾には一九七九年、停泊・補給拠点を設けるに至る。これは「カムラン湾基地」と呼ばれて、その実力以上の心理的圧力を西側に与える。これらに加えてソ連は、一九七一年にはシンガポールにナロードヌイ銀行支店を設置して諜報に役立てると同時に、早くからアジアでの資金の流れにも参加するようになっていたのである。北ベトナムが勝利するとともに、世界は東南アジアにおける「共産主義のドミノ」現象を真剣に心配するようになった。

2 北東アジア

戦後の北東アジアにおいては、北朝鮮、モンゴルがソ連と友好協力援助条約を有する同盟国で、特に後者は社会主義国となった一九二四年から一貫して親ソ路線が際立っていた。モンゴルは、清時代のように中国領内に再び組み込まれてしまうのを嫌ったのである。

ソ連は戦後、波はあったがほぼ一貫して北朝鮮への強い影響力を保持した。ソ連からの重油の供与は北朝鮮経済にとり不可欠のもので、ソ連との貿易は北朝鮮貿易の五〇パーセント以上を占めていた。一九六五年にはソ連の支援で小型軽水炉が完成し、ソ連は中国とともに北朝鮮への核技術支援を続けた。

しかし同じく分裂国家だった東独に比べ、北朝鮮に対するソ連の対応はやや中途半端だった。東独にはソ連軍の精鋭が駐留して、西側との対立の最前線になっていたが、北朝鮮はそうではなかったし、中ソ論争の間、北朝鮮は中国とソ連との間でバランスを維持する必要があった。北朝鮮は、ワルシャワ条約機構はもちろん、モンゴルとは違ってCOMECON(経済相互援助会議)にも入っていなかった。

3　冷戦期ソ連極東における東西対立と協調

冷戦中オホーツク海には、アメリカに向けて照準を設定したミサイル（SLBM）を装填したソ連原潜が遊弋《ゆうよく》しており、この地域は重要な戦略的意義を持っていた。極東からはソ連の爆撃機が太平洋方面に示威・偵察飛行を行った。

軍事的対立の一方、ソ連あるいはロシアの指導者は、ロシア極東とアジア太平洋地域の間で協力関係を築きたいという姿勢も一貫して表明してきた。それは影響力を拡大するためのプロパガンダであると同時に、経済的利益を求めての本音でもあったろう。ソ連、ロシアの指導者たちは時々思い出したように「アジア・太平洋地域における画期的なイニシアティブ」について演説をした。それは、①アメリカ、あるいは中国への牽制、②シベリアの天然資源をもってアジア太平洋と経済関係を強化したいという意欲の表明、③そして（米軍の地位を相対化させるとともに、日米を切り離すために）「集団安全保障体制」をこの地域で樹立しようという提案、から成っていた。だが、これら演説で実際の政策として実現されたものはわずかである。ソ連の政策重点はどうしても対欧米関係になるのであった。

2　冷戦終了後の激変

一九九一年のソ連崩壊で、極東におけるロシアの軍事力も大きく低下した。全土で四〇〇万人強の兵員を擁したソ連軍は一一〇万人強にまで減員され、海軍、空軍の装備は更新されずに摩耗度を強めた。二〇〇二年、カムラン湾の使用権をベトナムに返還したことは、アジア太平洋地域におけるロシアの退潮を象徴するものになった。現在も、ロシアの退役原子力潜水艦解体に対して、日本を含めたG8諸国などが資金援助を続けている。極東におけるロシアの地位は政治・経済・軍事すべての面で下がったままで、ロシアは極東・シベリアに中国、北朝鮮からの移民があふれることを懸念している。だが、サハリン石油ガス・プロジェクトが稼働したこと、シベリアの石油を中国・太平洋岸に運ぶパイプラインの建設が始まったことは明るい材料となっている。

1 対アメリカ

ソ連崩壊後アメリカは、民主化・市場経済化を唱えるロシアを助ける姿勢を一時見せ、一部の識者は日本とともに極東の開発を進めることを提唱した。だがブッシュ政権登場のころからアメリカの対ロ関心も後退し、NATO拡大などでロシアの神経を逆なですることを繰り返した。それに対してプーチン大統領も、厳しい対米批判で応じたばかりでなく[★3]、二〇〇八年八月グルジアに侵攻した。アメリカ批判は、経済問題から国民の注意をそらせるのに適しているという事情もあった。

オバマ政権はロシアとの関係では核軍縮に最重点をおくとともに、対立関係を「リセット」し、ソ連崩壊で傷ついたロシアを宥めて邪魔をさせないように努めている。だがオバマ政権はロシアを、大西洋を通して見ており、アジア太平洋地域においてロシアを外交カードとして活用しようとする姿勢は見られない。アメリカでは州毎の規制が異なるため製油所の新設が長らく行われず、ロシア原油を大量に輸入できる態勢になく、また天然ガスは米国内生産が近年急増している。

2 対中国

中国は一九七九年の経済改革以降、高成長を開始した。中ソの経済力は逆転し始めた。一九八〇年代後半、石油価格が記録的に下がる中、ゴルバチョフ政権は西側との関係改善によって経済力回復を達成しようとし、中ソ論争で傷ついたままだった中国との関係も修復をはかった。

一九八九年ゴルバチョフ書記長は中国を公式訪問して、中ソ和解を劇的に演出する[★4]。これは天安門事件、そしてソ連崩壊などで頓挫したが、二〇〇一年にはプーチン大統領が、中国側が一九七九年に破棄していた中ソ友好協力条約を実質的に復活させる善隣友好協力条約を結んだ。

このころ、「アメリカによる内政干渉を防ぐ」という趣旨の言葉を中ロ双方の指導者が頻繁に発し、二〇〇一年結成された上海協力機構（SCO）も中ロがスクラムを組み、中央アジア諸国も含めてアメリカの干渉を防ぐ、という目的を持っていることが明白だった。しかしその後、対米経済関係に大きく依存した中国は、ロシアの対米批判言辞に本気では荷担しないようになった。

なお、中ロは二〇〇七年から二〇〇八年にかけて貿易額を約四五パーセントも伸ばし、中国はロシアにとって最大の貿易相手国の一つとなった[★5]。だがロシアの対中輸出は石油に大きく依存しており、その値決めなどには常に政治力が必要となるだろう。また近年中ロ関係を支えてきた、中国によるロシア製兵器の購入は大きく減少している。中国がもはや単体の輸入ではなく、ライセンス生産を求めるようになったことがその一因である。ロシアは、中国に兵器を輸出しようとすればライセンス生産を求められ、それを認めれば大量コピーされて第三国に輸出されてしまうというジレンマをかかえている。

3　中ロ間の摩擦要因

中ロは友好協力関係を続けているが、その陰では摩擦要因も存在する。中国人には、清時代からロシアに圧迫され、ソ連時代には「弟」として低く見られてきたという、ロシアに対する鬱憤がある。そのため中国人には、現在の経済力をたてにロシア人をことさら下に見る傾向があり、今度はロシア人の側が傷ついている。

また二〇〇八年には中ロ国境問題が解決された[★6]と言っても、清王朝が一八六〇年北京条約でロシア帝国に譲渡したウラジオストックなど沿海地方の所属は、「歴史問題」として浮かび上がる可能性が潜在している。鄧小平はかつて、極東の領有権については放棄するのではなく棚上げするのだとの趣旨の発言をしているし、中国の歴史教科書には「ツァーリスト・ロシアによる中国の領土奪取」についての叙述がある。将来中ロ関係が悪化すれば、この「歴史問題」はいつでも中国の外交カードとして持ち出されるだろう。

エネルギー資源を求めて中国が中央アジアに進出を強めていることは、これら資源の独占をはかるロシアを苛立たせている。トルクメニスタンの天然ガスを、パイプラインの新設によってロシアを経由せずに中国に輸出する案件に対して、ロシアは陰に陽にこれに反対するロビー活動を展開した。

ロシアはSCOを軍事機構とするべく中国に働きかけてきたが、アメリカを過度に刺激したくない中国は対テロ行動以上に駒を進めようとしない。SCOの事務局は北京に置かれているうえ、首脳会議のたびに中国だけが新たな借款供与計画を明らかにするなど、SCOは次第に中国のペースで進み始めている。

シベリアの石油・天然ガス欲しさに中国はロシアに対して下手に出ざるを得ないという見方もあるが、世界的不況の現時点ではむしろ中国が有利な立場にある[★7]。中国は当面必要な石油はアフリカなどでの自主開発で手当てできている上、通貨の元がこれから恒常的に切りあがっていく中で購買力は向上する。

4 対北朝鮮

ソ連はその崩壊直前、経済力に魅せられて韓国へと歩み寄り、北朝鮮との関係を大きく後退させた。ソ連は、北朝鮮の反対を押し切って一九八八年のソウル・オリンピックに参加したし、韓国も「北方政策」を発表して東欧、ソ連との関係樹立に乗り出し、両国は九〇年九月ついに外交関係を樹立してしまう。一九九二年以降経済大混乱に陥ったロシアは北朝鮮への援助を停止し、貿易では外貨での支払いを要求するようになったため、貿易額は激減した。九三年に北朝鮮がNPTから脱退したこともあり、九五年ロシアは北朝鮮との友好協力相互援助条約を破棄した。

二〇〇〇年二月プーチン大統領代行の下で友好善隣協力条約が結ばれるが、ここには有事の際の軍事的支援についての条項がない。プーチンは大統領就任直後の政権浮揚策の一環として二〇〇〇年七月北朝鮮を訪問、以後〇二年まで計三回、金正日主席と会談したが、当時のロシアは北朝鮮を助けるだけの経済力に欠けており、その外交は多くの場合ジェスチャーで止まらざるを得なかった。そしてロシアのマスコミ関係者、専門家層は、北朝鮮外交官が酒・煙草類の密輸で生計を立てていたことや、その集団主義、権威主義に対して常に嘲笑的だった。

ロシアが外貨を豊富に持つようになった二〇〇七年には、北朝鮮の対ソ連未払い債務をほぼ帳消しにする提案をしたことがあったが、債務の額[★8]についてさえ合意に達することができない上に北朝鮮側は全額帳消しを主張して、合意は成立しなかった。現在の貿易額については年間二億ドル弱と報道されているが、ロシアのシベリア、極東部では北朝鮮からの労働者が多数働いており、数字に表れない経済関係となっている。なお、一時マスコミを賑わせた「釜山から北朝鮮・ロシアを通って欧州に至る鉄道」の開設は頓挫したままになっている。

北朝鮮の核開発問題が二〇〇二年頃から先鋭化するとともに、ロシアと北朝鮮の関係は再び微妙なものとなっていった。ロシアは、二〇〇六年一一月、北朝鮮の第一回核実験に関連した国連安保理決議に賛成して、北朝鮮への兵器供給の可能性を自ら断った。〇九年四月にはラブロフ外相が五年ぶりに平壌を訪問したが、金正日主席に会うことはできず、オバマ政権発足後の六者協議再開へのきっかけを得ることはできなかった。

そして二〇〇九年五月、北朝鮮が再度の核実験を行うと、ロシアは六月には安保理決議に賛成して資金・資産の移転や金融サービスの提供拒否に加わるとともに、人道・開発目的以外の北朝鮮への支援をしないことを約した。ただ北朝鮮に出入りする船舶への貨物検査については、協力を約することはしなかった。

5 対韓国

韓国・ロシア関係も、伸び悩んでいる。韓国がソ連と外交関係を樹立したのは、ソ連が北朝鮮に対して持つ影響力を使って北朝鮮との関係を有利に進めるためだっただろうが、ソ連・ロシアはまさに韓国と外交関係を樹立したことによって北朝鮮の信を失い、影響力どころではなくなっていたのである。韓国は、ロシアから得られるものはあまりないことをすぐ見て取り、政治面での韓国・ロシア関係は一時中だるみの状態となった。

経済面では、九〇年代日本の企業が事業の整理に努めている間、韓国の家電企業はロシア市場を席巻したが、当時のロシア市場は韓国にとってもニッチ市場の域を大きくは出なかった。九〇年代半ばから中国の成長が顕著になったことで、韓国の経済的関心は中国へと大きく移る。中国は、短期の間に韓国にとって最大の貿易相手、かつ直接投資先となったからである[★9]。

李明博政権は、就任当初は東シベリアの資源開発に大きな期待を見せた。二〇〇八年一〇月には訪ロして、「ロシアを戦略パートナーの地位に引き上げる」構えを見せたが、今のところ具体的な成果にはつながっていない。

6 朝鮮半島をめぐる国際協力

ロシアは北朝鮮の核開発をめぐる六者協議の一員であり、その中の「北東アジアの安全保障」に関する作業部会の議長国である。ブッシュ政権時代のアメリカには、この六者協議をベースに北東アジアの集団安全保障体制を作ろうとする動きがあり、その関連でこの部会も注目されたが、二〇〇七年八月モスクワで開かれた以外、この部会の活動についての報道はない。

ロシア、中国、北朝鮮の国境が集中している豆満江(図們江)河口地帯の開発を梃子に、日本とこれら諸国の間の経済交流を活発化させようとする「環日本海構想」があるが、ロシア側がこの地域のハサン港開発よりウラジオストック港改修を優先したりしたことによって、この構想の実現は停滞していた。だが二〇〇九年には、中国が北朝鮮領内の鉄道を改修して、中ロ間の物流を大きく増やそうとしている。

7 対東南アジア

ロシアは、ソ連崩壊後の九〇年代も東南アジア諸国との関係を続けたが、経済力・軍事力が低下したことからその動きは鈍かった。ベトナムは九〇年代半ばまでは、おそらく対中抑止、そしてアメリカとの関係推進の際、自分の値段を吊り上げるため、ロシア海軍へのカムラン湾の施設貸与を継続したが[★10]、一九九五年に同国がASEANへの加入を認められたことで対ロ姿勢も変化した[★11]。ベトナムはカムラン湾施設の使用料金支払いを求めるようになり、二〇〇一年プーチン大統領はこの施設使用権を返上した。これによりロシアは、東南アジア地域における唯一の軍事的足場を失った。

それでもロシアには、安価で性能の良い兵器の供与という手段が残った。マハティール首相の下、アメリカと張り合っていたマレーシアは、一九九四年にミグ29などの輸入に合意したし、東チモール問題でアメリカから武器禁輸制裁を受けていたインドネシアも一九九七年、スホイ30などの輸入を約している[★12]。

ロシアもその混乱が収拾した九〇年代半ばから、東南アジアでの足場を再構築する動きを見せる。九八年には「ロシア外交政策の大綱」を発表し、「アメリカ一極主義に対抗し」、「シベリア・極東発展に不可欠なアジア太平洋地域との統合を進めるため」、ASEANでの活動を活発化させることをうたい、一九九六年以来、ASEAN拡大外相会合に中国、インドに加えて招待されるようになった。一九九八年には日本、アメリカの後押しも得てAPECにも加盟した。ARFには一九九四年の創設当初から、日米中などと同格の「対話パートナー」として招かれている。

それ以上は、ロシアの外交も進んでいない。東アジア首脳会議には二〇〇五年一二月、議長国マレーシアのゲストとしてプーチン大統領が出席を認められたが、冒頭にゲストとして挨拶を許されただけでメンバーとなることはできなかった。その直前に第一回ASEAN・ロシア首脳会議が開かれ、今後一〇年間にわたる協力を約した包括的パートナーシップ共同宣言を採択し、ASEAN・ロシア首脳会議を定期的に開くことに合意したが、その後この首脳会議は一度も開かれていない。ロシアはASEAN諸国の大部分にとっては、「何かあった場合の当て馬」程度のものであるようだ。

今後も、極東からの資源輸出が飛躍的に増えないかぎり、ロシアは東南アジア諸国にとってはマージナルな存在にとどまることだろう。なおロシアはベトナム、ミャンマーでは石油・ガス資源開発に参画してきた。

8 対南西アジア

インドは戦後長らく社会主義的経済体制を取っていたこと、中国と対抗していたことから、ソ連と緊密な関係を維持していた。ソ連崩壊後、ロシアが大混乱に陥ったことで、インドとの経済関係も大きく縮小し、インドはアメリカとの関係を進めた。それでもインドはロシアと良好な関係を維持して大量の兵器購入を続けているほか[★13]、タミルナド州ではロシアが軽水炉建設を進めている。携帯電話などでもロシアからの民間投資が行われ、市場としてのインドはロシア実業界の視野に常に入っている。

ただしインド人に言わせれば「ロシア人は油断がならない」ビジネス相手であり、ロシア人に言わせれば「インド人ほど厳しい商談をしかけてくるところはない」。それに中国と同様、インドに対するロシアの兵器輸出も転換点にあるようだ。二〇〇七年インド国防省は、一兆円以上に相当する中型多目的戦闘機約一三〇機の購入手続きを開始したが、これは一八機のみ完成品輸入で、あとはライセンス生産、しかもアメリカ、EU、ロシアなどを競わせる公開入札だった。

ロシアはエリツィン時代末期から、「ロシア・中国・インド枢軸関係」を提唱してきた[★14]。三国の首脳会議、外相会議は間歇的に開かれているし、G20の場において三国はブラジルとともにBRICsとしての連携を深めている。しかし中国、インドがほとんど明示的に対抗関係にある上、ロシア・インド関係、中ロ関係も枢軸関係からはほど遠い。

その他の南西アジア諸国においてロシアのプレゼンスは、インドにおけるそれ以上に弱い。パキスタンは中国、アメリカに近く、バングラデシュ、スリランカ、ネパールにおいても中国の進出が顕著である。アフガニスタンについてロシアは一九七九年侵入失敗のトラウマをいまだに引きずり、兵力の派遣は絶対行わない旨何回も繰り返し表明している。しかしロシアはアフガニスタンの安定化に対する努力を示さないと、国境を接するアフガニスタンを脅威ととらえているウズベキスタン、タジキスタンにアメリカ、NATOが付け込むのを許すことになる。

中国は最近NATOと交流を推進することに関心を示し、アフガニスタンから新疆地方への麻薬流入防止などを協力の対象とすることを考えているもようである。中国・NATOの協力が進めば、ユーラシア全域の力のバランスに影響を与えるだろう。

9 対中央アジア・モンゴル

ソ連崩壊で中央アジアは独立し、モンゴルはそれまでの完全なソ連寄りの立場から離れた。ロシアはこれら中央アジア諸国、モンゴルにおいても中国その他大国と影響力、利権を競わなければならない立場に置かれ、その結果はアジア太平洋地域におけるロシアの力にも反映される。アジア太平洋地域の国際関係を語るにあたっては、中国、ロシアの裏庭に相当するこれら地域の情勢にも目を配ることが必要になったのである。

これら諸国の対ロ関係はまちまちであり、しかも頻繁に変化する。しかし「中央アジアはロシアの一部」という日本での理解はまったく時代遅れで、かつ歴史的・人種的事実から遊離している。中央アジア諸国は自身の利権構造の保持、つまり独立を維持することを何より大切なものとし、その枠内でロシア、中国、アメリカなどを競わせて最大限の利益を引き出すことを、その外交の基本としている。

日本では、SCOの力を過大評価し、中央アジア諸国と話をするにはこの機構、あるいはこの機構を「牛耳る」ロシアと中国に話を通さなければうまくいかないと見る向きがあるが、中央アジア諸国とは個別に話をすることがもちろん可能だし、またこれら諸国もそれを望む。SCOは、経済共同体にも軍事同盟にも発展し得ないまま、勢いを失っている。

一九九一年、ワルシャワ条約機構とソ連が崩壊したあと、ロシアは「集団安全保障条約機構(CSTO)」を一九九二年に結成し、旧ソ連諸国の軍事面での団結維持に努めてきた。メンバーはロシア、アルメニア、ベラルーシ、カザフスタン、キルギス、タジキスタン、ウズベキスタンの七カ国である。しかしロシア以外の加盟国は財政負担を嫌うだけでなく、二〇〇八年八月グルジアで示されたようなロシアの軍事力行使を警戒してか、CSTO早期即応展開軍をロシアの司令下に創設する動きに対して引き延ばし戦術をとった。中央アジア諸国にとってロシア軍はこれまで、米軍のように「レジームチェンジ」に加担しない信頼できる兵力だったが、グルジア戦争は彼らの見方を変えたようだ。

以上を総括するに、ユーラシア東部においてはＮＡＴＯのようなしっかりした同盟機構は存在していないのである。

10 対日本

中国の力は二〇世紀を通じて退潮していたため、この間の東アジアでは日本とロシア・ソ連が主要な対立軸となった。日本はロシア革命後、主要国の中で最長の四年間、シベリアに出兵を続けたし、太平洋戦争前にも対ソ連攻撃を何度か企図していた。一九三九年、ノモンハンで大敗を喫して初めて中立条約を結んだのである。

だが、その中立条約が未だ有効な一九四五年八月にソ連は対日参戦した。その結果ソ連が五〇万人以上の日本人をシベリアに抑留し、うち六万人近くはその地で病死、衰弱死したこと、日本が独立を回復した一九五二年以降も日本固有の領土である北方領土を返還していないことなどは、今に至るも日本人をしてロシアに親しみを感じさせない要因となり、日ロ関係発展の最大の障害となっている。

だがそれでも、冷戦時代も、日ソ経済関係はシベリア開発に見られるように進んでいた。日本はソ連にとって常に上位の貿易相手国だったし、日本の商社にとっても国家独占貿易のソ連は上得意だったのである。エリツィン大統領はそのような日本に、ロシア再建への貢献を期待したのだろう。すでにソ連崩壊前の一九九一年九月から、「日本とは戦勝国、戦敗国の関係から決別し」、北方領土問題は「法と正義の立場にのっとり」解決していく姿勢を明らかにしていた。ただ彼は本心では、北方領土については日本との間で棚上げする合意が可能であり、日本は実利を優先してくるものと踏んでいた可能性が高い[★15]。

一九九〇年代を通じて北方領土問題解決への波は二回あったし、日本はそのつど解決案を提示した[★16]。ロシア海軍の主力が欧州部の北洋艦隊に集中されつつある現在、オホーツク海への足場としての北方四島を是が非でも維持しなければならない安全保障上の理由は、ロシア側に既にない。しかるに日ロ双方とも政府がこの問題での譲歩の姿勢を見せると直ちに国内で反対の声があがって、進展を止めようとする。それにプーチン大統領は二期目にはナショナリスト的傾向を強めたから、北方領土問題の解決はそれにそぐわないものとなった。

冷戦時代は「日本の経済力とソ連の軍事力が結びつくこと」をひそかにおそれていたアメリカは、民主主義と市場経済を標榜したエリツィン政権に支援の姿勢を見せ、北方領土問題についてもこれを早く解決して日本から本格的な支援を引き出すことを何度となくロシアに助言した。しかし九〇年代後半、ロシアが「アメリカによるロシア圧迫」に反抗する姿勢を強めると、このような助言はロシアから強い反発を招くようになり、アメリカは慎重に対処するようになった。

他方、二〇〇〇年代後半、ロシアが高油価による消費景気に沸くなか、日ロ経済関係は急進展した。日本からの輸出ばかりでなく、二〇〇五年のトヨタ進出を皮切りに製造業の進出、それに伴うサービス業の進出が相次いだ。日本による直接投資額は欧米諸国のものに劣るが、欧米諸国の投資がエネルギー・素材分野に集中しているのに対して、日本企業の投資はロシアが今もっとも必要としている製造業に集中していることがその特徴である。日系の工場に対する機械、部品の輸出も含め、日ロ貿易は急伸長し、二〇〇八年には三〇〇億ドルに達した。二〇〇九年には、日本が約一兆円の融資を供与して、米系企業などと三〇年間以上にわたり進めてきたサハリンの石油天然ガス開発プロジェクトのうち、LNGの対日輸出が開始され、日ロ貿易額をさらに増大させることになるだろう。ロシアにとって日本は、不可欠な貿易相手国となりつつある。

ロシア極東の開発にアメリカが無関心な現在、日本の関与は極東地方の発展に及ぼす影響大である。二〇〇七年、日本政府は「極東・東シベリア地域における日露間協力強化に関するイニシアティブ」の名の下にエネルギー、運輸、情報通信、環境、安全保障、保健・医療、貿易投資の諸分野における協力拡大をロシアに提案している。しかしロシア極東は人口わずか六五〇万人であり、製造業においては軍需の比重が高く、現地の利権構造も複雑なため、日本企業は極東で大きな地歩は有していない。消費財については中国、韓国の進出が目立ち、出稼ぎでは中国人、北朝鮮人が活躍する場となっている。ウラジオストックにはこれまで年間五〇万台以上の中古車が日本から持ち込まれ、報道によれば八万人のロシア人が関わってこれを全国に販売していたが、二〇〇八年末関税が上げられて壊滅的打撃を受けた。

3 ロシア極東部

ここで、アジア太平洋地域に直接面している、ロシア極東部[★17]を概観してみたい。ロシア極東部は人口六五〇万人、全国人口の四・六パーセント、GDPの四・六パーセント[★18](二〇〇五年)を占める。サハリン州での石油・ガス生産により、これからはGDP中の比率が上昇する可能性がある。ロシア極東部はサハ共和国、マガダン州の金、サハ共和国のダイヤモンド、サハリン州の石油・天然ガスなどの天然資源を産出し、漁業においても欧露部での漁獲高を上回る。サハ共和国は希土類、希金属も含め、鉱産物の宝庫と言われているが、一部を除いて開発は本格化していない。極東部からさらに内陸は東シベリアと呼ばれているが、ここでの天然資源の埋蔵量はあいまいである。

極東は、日本、アメリカ、中国、ロシア、韓国等の強国がせめぎあう世界でも珍しい場だが、経済力、人口で劣るロシア極東部はその中では脆弱な存在である。欧露部との物流はシベリア鉄道ほぼ一本に依存し、ハイウェーはいまだに整備されていない。そしてそのシベリア鉄道は人口と経済力で圧倒的な差を見せる中国との国境に近いのである。中国の東北三省(黒龍江省、吉林省、遼寧省)と内モンゴル自治区を合わせると一億三千万人を上回り、ロシア極東部人口の二〇倍となる[★19]。

このためロシア指導部も、極東部を安全保障上の問題ととらえるようになっている。二〇〇六年一二月、プーチン大統領は国家安全保障会議で発言し、極東が資源も活用できず、中国人の移住を許したままでいるのは安全保障上危険だとして、首相をトップとした「極東委員会」を設置した。

ロシア極東については、「開発計画」に類するものが何回も採択されてきたが、現在は「二〇一三年までの極東ザバイカル社会経済発展連邦特別計画」が実施中である。この計画では、二〇一三年までに極東地域のＧＤＰを二・六倍、投資額を三・五倍、鉱工業生産を二・三倍とするため、東シベリアも含めて二〇一三年までに六千億ルーブルの予算配分、二〇二五年までに九兆ルーブルの投資を予定している[★20]。

ロシア極東の経済をこれから左右するのは資源開発・加工、そして運輸サービスであろう。後者については、日本からの中古車輸入とその全国への搬出が八万人分の雇用を創出していたことを想起するべきであり、世界の工場と化した東アジアに面するロシア極東部はこれからもロシア全土のための輸入基地として大きな役割を果たし得る。ロシア極東部における製紙、木材加工、漁業加工も、将来性を持つと思われる。カムチャツカは、観光業を拡大する可能性を持つ。だがいずれの場合でも、製品・サービスの質を高めるために西側の協力を必要とする。

4 アジア太平洋でのロシアに何を期待できるか

以上を総合するに、アジア太平洋地域諸国とロシアの関係にはまだ大きな限界があり、この地域でのロシアの発言力は限られている。ＳＣＯも実質を欠き、内部で中ロの間の隠微な主導権争いがあるため、ユーラシア北東部の総意を体してアメリカ、東アジア諸国と取引ができる態勢になく、これからもそうはならないだろう。そしてロシア自身も自分をヨーロッパの大国と位置付け、アジアを「異質」なものと見て、本気の対応をしてはこなかった。アジアからは自分の利益だけを一方的に得ようとする姿勢が、指導部の大勢を占めていた。今日、アジア太平洋地域でロシアが占めるべき地位については、ロシアがこれを自分で決めると言うよりは、中国、アメリカ、日本などの意向によるところ大になってしまっているが、それもロシアの自業自得なのである。

だがそのことは、アジアにおいてロシアを無視してよいとか、アジアからロシアを放逐するべきだという議論につなげるべきではない。ロシアにも、自国の安全を確保する権利はある。アジア太平洋地域の安定と繁栄のために前向きな要素でいてくれる限り、ロシアが民主主義国になったかどうか、市場経済の国になったかどうかも、主要な問題ではない。ロシアに対しては抑止力を整備しつつも、この地域の力のバランスを構成している一つの要素として、ある時は組み、ある時は対抗する、このようなやり方でいくのが現実的だろう。

二〇一二年にはウラジオストックでＡＰＥＣ首脳会議が開かれる予定である。その前年二〇一一年の同首脳会議はアメリカ、その前年二〇一〇年の会議は日本で行われる。この時期に向けてロシアをアジア・太平洋地域にどうはめ込むかについて議論は高まるであろうし、東アジア情勢を将来長期にわたって安定させるためには、この問題を話し合っておくにしくはない。二〇一〇年の議長国日本は自らのアイデアを提示してロシアを極東地域の安定勢力として確保するとともに、北方領土問題をも解決して北東アジア集団安全保障体制を樹立し、もって日米安保条約の補完としていくべきである。オバマ政権の下、米ロ関係に好転の兆しがあるが、そうであればアメリカに北方領土問題収拾の斡旋を依頼しやすくなろう。

以上の条件の中で、当面アジア・太平洋でロシアに我々は何を期待できるか、いくつかの可能性について論じてみたい。これをどう組み合わせていくかは、アジア太平洋諸国の意向の推移、そして他ならぬロシアの出方によって決まっていくだろう。

(1)アジア太平洋諸国（北米も含め）に対するエネルギー資源・天然資源の主要なサプライヤーとしての役割を期待する

これは、よく見られる論点である。基本的にはその通りだと思うが、いくつか留保を付しておくべきことがある。サハリン石油・天然ガス開発プロジェクトが始動して、ここからのLNG輸入は日本の需要の一〇パーセント弱を近く占めるだろう。だが東シベリアの石油・天然ガスについてはその埋蔵量がまだ確定されておらず、中国に供給したあと、太平洋方面までパイプラインでもってこられるだけの余剰が生ずるかはわからないのである。加えて、シベリアでの資源開発はインフラの建設、労働力の確保、太平洋岸への搬出手段建設などに膨大な投資を必要とするので、商品市況が恒常的に高くなっていないとリスクが高い。

サハリンのプロジェクトは実現までに三十余年をかけている。東シベリアの資源開発についてもあせることはない。この問題では、よく日本がやりがちな懇願・陳情外交の姿勢を取るべきではない。ロシアも、資源の販売先が中国だけになることを嫌っており、販路を多様化したがっている。

ロシアにエネルギー供給を過度に依存するべきでないのはその通りだが、総需要の一〇－一五パーセント程度なら問題はないだろう。アジア太平洋地域はエネルギー・天然資源の大口需要者であるので、「資源取引独占監視国際機構」のようなものを結成して、実勢を超える価格、市場原則にもとる行動に対して警告を発することも検討していいだろう。

北方領土問題が解決していないなかでロシアとの経済関係を推進すると、「経済だけ食い逃げされる」ことを恐れる向きもある。だが経済関係を推進すれば、経済的利益は日本側にも落ちるのである。そしてロシア側には、日本との関係をもっと推進しようとするロビー層が形成される。日本側の利益になる案件ならば、推進すれば良いと考えられる。

なおサハリン石油・天然ガス・プロジェクトでは既に実現しているが、東シベリア・極東でエネルギー・天然資源を開発する場合にも、アメリカ、EUその他の有力企業と提携することが望ましい。ロシアではエネルギー・天然資源分野における政府の独占度が高いため、第三国の参加も得ることで交渉力を高めなければならないからである。

またサハリンの石油やLNGがASEAN、インドに輸出されるようになれば、ロシアも航路の安全確保に関心を持つようになるだろう。

(2)ロシアと核軍縮を進める一方、平和目的の核燃料についてロシアと協力

ロシアはウランの大生産国であるだけでなく、世界一のウラン濃縮能力を有する国である。また世界で二位のウラン埋蔵量を有するカザフスタンはじめ、中央アジア諸国にはウランがかなり埋蔵されているが、このウランはロシアで加工・濃縮することなしには輸出向けの製品にならない。日ロ間では既に原子力平和利用協定が結ばれているが、アメリカ議会が同様の米ロ協定を批准すれば、中央アジア諸国・ロシアを包括したグローバルな協力のネットワークができあがり、アジア太平洋諸国もこの恩恵を得ることができる。

(3)極東の森林・水・エネルギー資源を環境保持に配慮しながら開発する

ロシア極東ではエネルギー資源のみならず、森林・水資源も世界有数である。この地域の土壌・大気・水を資源・工業開発による汚染から保護し、ロシア国内での木材加工を推進することで付加価値を高めて森林の乱伐を防止するなどの協力を国際的に進めることができる。

(4)ロシアへの東アジア産品輸入の基地としての極東

すでに述べたように、日本からの中古車輸入、そして全国への搬送は多数の雇用を創出したが、アメリカ西岸部、大洋州、東南アジアの産品も、同じルートでロシア全国に搬出することができるだろう。それは、極東部に多くの雇用と所得を創出する。

(5)台頭する中国に対するカウンター・バランスとしての役割を期待する

これは、小泉総理の時代、反日デモ、靖国神社参拝問題などで日中関係が荒れていた頃、よく見られた視点である。なかには、この視点を推進したいがために北方領土問題解決を断念することまで提案する向きもあった。だが、日中関係はその後落ち着いた。それにロシアと中国の関係は基本的に良好であるため、日ロ関係が良くなれば中国が圧力を感ずるという構造にはなっていない。国際情勢の局面によっては、ロシアが中国と組んで日本、そしてアメリカに対抗してくる場面も生じ得るのである。

それにアジアに対するロシアの力は、中国に比べてかなり小さい。これを助けてまでも対中カードに盛り立てることは現実的であるまい。

5 「集団安全保障体制」の中のロシアの地位

アジア太平洋地域における軍事バランスの維持、政治的な現状の維持にとって、日米の同盟関係が持つ意味はこれからも減少しないだろう。「中国が台頭すればするほど、アメリカにとって日本との協力は重要になる」というのが、アメリカで多く見られる意見である。だが同時に、北東アジアの軍事バランス、政治的な安定に中国をコミットさせるため、中国も含めた緩い「集団安全保障体制」を補完的に作るべきだとする声も根強い。このような「体制」が何らかの形でいつか実現すると、そこにロシアも含まれることになるだろう。ロシアはその前に、日本との北方領土問題を解決しておくべきである。NATOでは、加盟国と何らかの紛争を抱える国は新規加盟を認められない。

北東アジアにおいては日本、韓国、中国、台湾などが、中産階級が主体となった社会を共通して作り出し、若年世代の意識と行動様式が徐々に接近しつつある。もともと人種的、文明的には近いこともあり、日本による統治、日本との戦争などをめぐる歴史的摩擦を克服して数十年先にはECの初期段階程度までには共同体的なものを形成することができるかもしれない。これは、アジアで広い集団安全保障体制ができた場合、そのなかの一つのクラスターのような存在となる。ロシアは北東アジア諸国とは歴史的・文明的に異なる存在であるので、北東アジア諸国だけのクラスターに直接加えるのは適当でなく、EUあるいはNATOとロシアの間のような提携関係を結ぶのが適当だろう。

日本は二〇一〇年のAPEC首脳会議で、これらの諸点を盛り込んだ「アジア太平洋憲章」のようなものを採択するべく、今から準備を開始したらいいと思う。

参考文献

アダム・ウラム『膨脹と共存——ソヴエト外交史(1-3)』サイマル出版会、一九七八年
木村汎、袴田茂樹編著『アジアに接近するロシア』北海道大学出版会、二〇〇七年
田畑伸一郎、木村眞澄、小森吾一、塩原俊彦、久保庭真彰、中村靖、上垣彰、大野成樹、金野雄五、廣瀬陽子、藤森信吉『石油・ガスとロシア経済』北海道大学スラブ研究センター(スラブ・ユーラシア叢書)、二〇〇八年
伊藤庄一『北東アジアのエネルギー国際関係』東洋書店(ユーラシア・ブックレット)、二〇〇九年

註

★1——現在ではロシア人が多数民族となり、現地人は少数民族となっている。
★2——拒否を言い渡したのは長崎奉行の遠山景晋だが、彼は「遠山の金さん」の父親にあたる。

★3——二〇〇七年二月ミュンヘンでのスピーチ以来、プーチン大統領は西側への強持て政策に転じ、ソ連崩壊以来はじめてノルウェー、アイスランド、アラスカへの偵察飛行を再開した。極東地域では同年八月ブラゴヴェシェンスクから爆撃機Tu-95（通称ベア）が二機、冷戦後初めてグアム近辺まで往復し、以後ロシア機の南下は続いている。

★4——ただし訪問日程の後半、天安門事件が激化し、彼の訪中もニュースから消えた。

★5——報道によれば、二〇〇七年時点で対中輸出の五四パーセントが石油、石油製品。

★6——前記二〇〇一年の中ロ間善隣友好協力条約はその第六条で、国境問題を早期に解決するべき旨をうたった。ソ連が崩壊したため、内陸部の国境問題は中央アジアと中国の間のものになり、中ロ間では国境を流れるアムール川の多数の川中島が係争の対象として残っていた。国境河川では通常、国境は航行路の中心に引かれるが、ロシア帝国は清政府の無知を利用して国境を中国側の岸とし、川中島をすべてロシア領としていたのである。だから、中ロ国境問題は日ロの北方領土問題とは歴史的経緯、法的な地位がまったく違い、「中ロが係争領土を半分ずつにすることで妥協したのだから、日ロも北方領土を面積で半分ずつに分ければいい」という議論は成り立たない。善隣友好協力条約締結のあと、中ロ政府は国境画定委員会を設けて静かな交渉を続け、ロシア極東の一部に出た反対論を抑えて二〇〇八年には最終解決に至った。北方領土問題にとって参考になる点があるとしたら、それは解決へ向けての中ロ両国政府の確固たる決心、そして両国関係を経済その他の面でも進めることにより、国境画定にばかり世論の関心が集中しない努力を行ったことだろう。

★7——二〇〇九年二月ロイター通信によれば、中ロ両国政府は対中石油輸出の長期契約で合意した。ロシアが中国に二〇年間にわたる石油供給を約束する代わりに、中国国家開発銀行がロスネフチとトランスネフチに二五〇億ドルを融資する由。これまでロシアが高値を要求してまとまらなかったものが、世界不況でロシアが要求を切り下げたため合意が可能になったものである。毎年一五〇〇万トンを中国に輸出するとの報道があるが、これは現在の輸出量とほぼ同量である。ただし、これで対中石油輸出が二倍になるのか、現状をただ追認しただけの契約なのかはわからない。

★8——報道では元本四〇億ドル、利子を含めて八〇億ドルとするものが多い。

★9——ただし、韓国漁船はロシアの海域で活発に操業しており、またロシア漁船も韓国に寄港して魚を水揚げしている。ロシアの海域での漁業権については、ロシアは日本と韓国を競り合わせ、自国に有利な条件を得ることができる。

★10——一九九四年六月にはキエト首相が訪ロして、「ベトナム・ロシア友好条約」を結んでいる。これは一九七八年の「ベトナム・ソ連友好協力条約」に代わるものだった。

★11——ただしベトナムは、一九九五年から九七年にかけて、スホイ27を計一二機購入している。

★12——一九九七年夏のアジア経済危機で棚上げとなった。

★13——二〇〇八年九月、セルジュコフ国防相が訪印して国防協力を十年延長。インドはT90戦車約三五〇台を購入、一〇〇〇台をライセンス生産する運びとなった。二〇〇九年六月にはベトナムがSU-30MK2を一二機、五億ドルで成約したとの報道があった。

★14——この「構想」は、プリマコフが外相を務めていた時からのものである。

★15——エリツィンは一九九〇年一月、北方領土問題についての「五段階解決方式」を提唱したが、これは四島を自由経済地域、非軍事地域とした上で平和条約を結び、最終的解決は「将来の世代に委ねる」というものであった。

★16——報道によれば二度とも、「ロシアが択捉、国後、色丹、歯舞群島に対する日本の主権を認めるなら、実際の返還時期、返還のしかたについては柔軟に考える」という趣旨だった。

★17——サハ・ヤクート共和国、沿海地方、ハバロフスク地方、アムール州、カムチャツカ地方、マガダン州、サハリン州、ユダヤ自治州、チュコート自治区から成る。チタ州、イルクーツク州はシベリアに分類されている。

★18——二〇〇四年には四・九パーセントであり、漸減傾向が見える（連邦統計局統計から算出、http://www.gks.ru/bgd/free/b01_19/IssWWW.exe/Stg/d000/vrp98-05.htm）。

★19——「中・ロ関係におけるエネルギー協力」伊藤庄一（「石油・天然ガスレビュー」二〇〇七、Vol.41）。

★20——Interfax

第13章

アジア太平洋地域と中南米
――メキシコ、チリ、ペルーの視点を中心に

細野昭雄
HOSONO Akio

1 アジア太平洋地域への中南米諸国の視点――分析のアプローチ

中南米諸国のアジア太平洋地域への視点は、国によって大きく異なっている。中南米からAPECに加盟している三カ国、メキシコ、チリ、ペルーに限っても、次のような相違がある。

チリは、中南米の南端にあるが、早くから東アジア諸国との交流に熱心であり、APECの活動に積極的に参加してきたほか、東アジア・ラテンアメリカ協力フォーラム（FEALAC）では、中南米諸国の中で主導的役割をはたし、第一回FEALAC外相会議は、チリの首都サンチャゴで開催された。さらに最近は、太平洋に面した中南米諸国からなるアルコ・デル・パシフィコ（「太平洋の弧」）グループの結成を提唱、実現した（後述）。いち早く、韓国との自由貿易協定を結び、続いて、日本と経済連携協定、さらにインドとも協定を結んだ。そして、ニュージーランド、シンガポール、ブルネイと経済連携戦略協定（P4と呼ばれている）を結ぶに至っている。

これに対して、東アジアに地理的には最も近い、メキシコは、実質的効果の大きい、アメリカ、カナダとのNAFTAの発効、日本との経済連携協定の締結を行ったほかは、チリと比較して、アジア太平洋地域へのアプローチには必ずしも積極的ではなかった。（現在韓国とは、FTA交渉中）また、ペルーはAPECへの加盟も遅く、アジア諸国とのFTAは、中国、タイ、シンガポールとの交渉中にとどまっており、締結には至っていない。日本とは、二〇〇九年に入って、交渉が開始されたばかりである。

こうした相違はどのような要因によるものであろうか。本章では、貿易構造、外国直接投資の動向、対外経済政策、中南米域内の地域統合への参加の状況、他の有力市場の存在、アジア諸国との関係の歴史的特徴などの相違から考察し、中南米諸国、とりわけ、APECに加盟している、メキシコ、チリ、ペルーのアジア太平洋への視点の特徴を明らかにすることとしたい。また、最後に、それ以外の中南米諸国とアジア諸国との関係およびその関係の発展における日本の役割についても検討したい［★1］。

2　アジア太平洋地域とメキシコ

1　メキシコのアジア太平洋への視点——「サリーナス革命」、NAFTAで変化したメキシコのアジア太平洋への視点

メキシコの対外経済関係は、他の中南米諸国と比較して際立った特徴を有している。それが、この国のアジア太平洋地域への視点に強い影響を与えていることは否めない。

第一は、強いアメリカとの関係である。メキシコのアメリカ向け輸出は、その総輸出額の八二・二パーセントに達し、これに対し、アジア太平洋地域向けの割合は、三パーセントと非常に低い（二〇〇七年）。（表1参照）

表1　中南米（カリブ諸国を含む）の輸出相手地域別輸出構造、2007年

	米国	EU	アジア太平洋地域	中南米諸国	世界（計）
中南米諸国	45.4%	14.0%	11.2%	18.4%	100%
メキシコ	82.2%	5.3%	3.0%	6.0%	100%
チリ	12.3%	22.9%	39.5%	16.3%	100%
ペルー	19.1%	17.1%	19.2%	18.4%	100%
ブラジル	15.8%	25.2%	16.1%	25.4%	100%

出所：CEPAL (2008a) p.45より作成

メキシコとアメリカとの関係は、従来から強かったが、それを一層強めたのは、一九九四年に発効した北米自由貿易協定（NAFTA）であった。NAFTAの発効は、この時期に進められた、「サリーナス革命」のもとでの、規制緩和、民営化、対外自由化、特に外国からの直接投資の自由化等からなる経済改革と相まって、メキシコへの外国からの投資、特に、アメリカからの投資と、アメリカとの貿易の急速な拡大を引き起こした。

外国からの対メキシコ直接投資は、八〇年代には、二〇-三〇億ドルの水準にあり、大きな増加は見られなかったが、九〇年代にはいると、NAFTA締結を見越して増加し始め、九一-九三年には、五〇億ドル弱に達した。さらに、発効後の九四-九六年には一〇〇億ドル前後となり、二〇〇〇年には一三〇億ドルを超え、その後も増加が続いている。メキシコの対米輸出額も発効後、めざましい増加となった。

この結果、メキシコは北米における自動車産業の一大生産基地となり、アメリカ中央部から両国国境地帯を経てメキシコ中央部にいたる自動車コリダーが形成されつつあると言って過言ではない。こうした変化は、電機・電子産業、繊維・アパレル産業をはじめ多くのほかの産業にも及んでいる。グアダラハラから、ティファナを経て、アメリカ側に入り、サンディエゴ、サンノゼ、ロスアンジェルスに至る地帯には、メキシコ・カリフォルニア・エレクトロニクス・ITコリダーが形成されつつあると言ってよいであろう。他方、メキシコにおける大型ショッピングセンター、金融などの分野へのアメリカ資本の進出も目覚ましい。

同時に、メキシコはカナダについでアメリカにとって世界第二の貿易相手国となった。

輸出総額は二〇〇七年で二七一九億ドルに達し、ブラジルのそれ(一六〇六億ドル)を上回る。経済規模は同年、ブラジルが世界一〇位であったのに対し、世界一四位となった。NAFTAのもとでの投資と貿易の拡大が、九〇年代半ば以降のメキシコの成長の最大の要因となったことは言うまでもない。

このような、圧倒的なアメリカとの関係と、その関係を軸とした発展という点で、メキシコは中南米の中で際立っている。このような経済構造のもとで、メキシコは、アメリカ以外の国や地域との関係を必ずしも重視してこなかった。アジア太平洋地域はもとより、ヨーロッパもラテンアメリカ地域も、アメリカへの過度の依存を緩和する方策の一つとして、経済関係を多角化するために、それらとの関係強化が重要であるとの文脈で把えられてきたと言ってよい。

ただし、アメリカとメキシコがNAFTAを推進し、その発効の結果、メキシコが目覚ましい発展を遂げるに到った一つの背景として、日本の自動車産業のアメリカへの進出、アメリカでの生産の拡大があったことを見逃すわけにはいかない。アメリカ自動車メーカーは日本企業への対抗上、コストを引き下げる目的でメキシコに生産拠点の一部を移す戦略をとったとも言える。「日本発の世界市場への挑戦は、旧ビッグスリーのグローバルな経営資源の再配分を促し、ラテンアメリカに波及したといえる」[★2]のはもとより、NAFTAの背景としては、メキシコからのアメリカへの不法移民対策、「サリーナス革命」を後戻りさせないために、NAFTAによってそれを「ロックイン」しようとしたサリーナス政権の意図があったことなど、他にも重要な要因が指摘されていることはいうまでもない。

第二に、メキシコにとってのラテンアメリカ地域の重要性は、他の中南米諸国にとっての同地域の重要性と大きく異なっていること、特に、メキシコにとってのラテンアメリカの地域統合のもつ意味は、他の中南米諸国にとってのそれと大きく異なっていることを指摘しなければならない。ラテンアメリカの主要国がいずれも南米に位置するのに対し、メキシコだけは中米を隔てて、南米からいわば飛び地のような位置にあることがその一つの重要な要因である。ラテンアメリカでは、一九六一年に二つの地域統合プロセスが開始された。ひとつは、ラテンアメリカ自由貿易連合（英語でLAFTA、スペイン語では、ALALC）であり、もう一つは、中米共同市場（英語ではCACM、スペイン語ではMCCA）であった。メキシコはLAFTAに加入したが、この地域統合プロセスは、後にその名前をラテンアメリカ統合連合（ALADI）と変えて再出発したあとも、大きな成果をあげることができず、特にその中で飛び地にあったメキシコが受けたメリットは小さかった。

そして、九〇年代にはいると新たに、メキシコが加わらない南部共同市場（MERCOSUR）が、南米で発足した。このように、ラテンアメリカにおける地域統合は、メキシコにとって、実質的に経済発展の推進力となるような存在とはなり得ず、また、そのような期待もほとんど持ち得ないプロセスであったと言わざるを得ない。この点では、他の中南米の主要諸国とは異なる立場に立っていたと言えよう。しかも、NAFTAが、国内経済改革とあいまって、この国の大きな発展の原動力となり、その中で、九〇年代には、ラテンアメリカとの連帯、連携、統合への関心はさらに弱まったと言わざるを得ない。

このように見るとき、アメリカとの圧倒的関係を前提にしつつも、その市場への過度の依存を少しでも減らすための現実的選択肢は、当然、ヨーロッパとアジア太平洋が中心とならざるを得ないことは明らかである。このうち、ヨーロッパとは、NAFTAの発足後、NAFTAに準ずる自由貿易協定をEUと締結した。

一方、アジア太平洋地域との関係の緊密化の可能性は、一九九三年のメキシコのAPEC加盟によって高まるが、チリのように、アジア諸国への積極的なアプローチは、当初見られなかった。これは、チリが、アメリカ市場からは遠く、しかも、アメリカとの経済関係の格段の強化を期待し得ず、貿易と投資を中心とした発展を目指すためには、アジア諸国を含むあらたな市場を積極的に開拓していく必要があったのに対し、メキシコの場合、アメリカ市場の存在から、アジアへの積極的展開の必要性には必ずしも迫られなかったという背景があると言ってよいであろう。APECへの参加は、アジア太平洋地域への強い関心というより、アメリカ、カナダという、ＮＡＦＴＡの加盟国が参加するグループにメキシコも参加することに意義を見出していたのではないかと考えられる。

しかし、アジア太平洋諸国のなかでも、日本は別であった。日本との歴史的な関係に加え、メキシコにとって日本は、アメリカ市場にメキシコ製品を輸出するための投資を行う国としてきわめて重要であった。日墨ＥＰＡは、広くアジア太平洋への関心というより、日本の強いアメリカでのプレゼンスから、日本とＥＰＡを締結することにより、メキシコが日本企業のアメリカ市場向け生産のプラットフォームとしての地位を強めることが出来ることへの期待が強かったと思われる。それは、既に長年にわたる国境地帯のマキラドーラ向けの日本企業の投資と、そこからのアメリカ市場への輸出の拡大を、ＮＡＦＴＡ効果と相まって、メキシコ全土に広げることを意味していたと言える。

このことは、マキラドーラと呼ばれる、米墨国境地帯の保税加工地帯において日本からの投資がアメリカからのそれとともに、圧倒的に大きいことからも明らかであった。日墨ＥＰＡは、既に長年にわたる国境地帯のマキラドーラ向けの日本企業の投資と、そこからのアメリカ市場への輸出の拡大を、ＮＡＦＴＡ効果と相まって、メキシコ全土に広げることを意味していたと言える。

他方日本にとっても、メキシコは、アメリカへの輸出製品を有利な条件で生産するための、「輸出プラットフォーム」としてきわめて重要であった。日本企業にとって、ＮＡＦＴＡ発効の結果、貿易や投資において、差別される事態を速やかに回避する必要があった。このような観点から、両国は貿易自由化を含む経済連携協定の交渉を開始することに合意したと言える。

予想された通り、日墨経済連携協定の効果は大きかった。日本の対墨輸出は、発効前の二〇〇三年には、三六億ドルまで低下していたが、二〇〇四年拡大に転じ、発効後の二〇〇六年には九三億ドルに達し、発効前の二倍以上となった。その後さらに増加している。特に、日本からメキシコへは、自動車、自動車部品、テレビ部品などの輸出が増加し、メキシコから日本へは、鉱産資源、豚肉、牛肉、コンピュータ部品などの輸出の増加が目立った。（日墨の貿易はアメリカ経由で行われる部分も多く、これを含めると二〇〇六年の日本の対墨輸出額は一三〇億ドルに達する。JETRO資料）日本からの対メキシコ投資額も約三倍となり、進出している日系企業数は累積で三五〇社に達する。また、経済連携協定の効果的な運用のため、定期的に両国の政府と民間の会議が開催されている。

2　メキシコとアジア太平洋／日本との関係――大平・ロペス・ポルティージョ会談から日墨EPAまで

日本とメキシコの関係は、四〇〇年の長い歴史を有しており、二〇〇九年は、両国交流四〇〇周年の年にあたる。かつてメキシコは、ヌエバ・エスパーニャと呼ばれ、スペイン支配下にあり、同じスペイン領であったフィリピンからの富は、メキシコを経由して本国に運ばれていた。従ってメキシコは、スペインとアジア諸国を結ぶ要衝であったのである。

そうした中、一六〇九年、フィリピンの総督であったロドリゴ・デ・ビベロの一行の船がメキシコに向かう途中、千葉県御宿の海岸近くで遭難し、村民に救助され、ビベロは、徳川家康、秀忠と会談した。その後、一六一四年には、伊達政宗の命を受け、支倉常長の一行がヨーロッパに派遣されたが、途中、メキシコを訪問している。

明治維新後、日本にとって、不平等条約の廃止は長らくの悲願であったが、日本とメキシコが一八八八年に締結した修好通商航海条約は、アジア諸国以外との間でかわされた初めての平等な条約であった。翌年には、アメリカとの条約改正が実現するなど、この日墨修好通商航海条約の締結は、その後の西欧諸国との平等条約の締結のための、重要な突破口となった。また、その後、一八九七年、榎本武揚の派遣した榎本殖民団がメキシコのチアパス州に向け出発した。これにより、日本人のメキシコへの移住が開始された。

こうした長い歴史を経て築かれた両国の関係の、重要な一つの転機となったのが、第二次石油危機後の一九八〇年の大平首相と大来外相のメキシコ訪問、およびロペス・ポルティィージョ大統領との会談であった。この会談で、エネルギー分野をはじめとする両国の広範な協力について話し合われるとともに、長期的関係の展望について共同での研究を行うことが提案された。同会談におけるこの提案は、日本とメキシコの関係に関する長期的ビジョンを両国が共有することを初めて目指したものであったと考えられる。この研究は一九八二年にまとめられた。

さらに、一九九一年には、両国政府により、「日墨21世紀委員会」が設置され、「太平洋をはさむパートナー」としての二国間関係の強化、官民両レベルの対話チャンネルの充実化を始めとする多くの提言がおこなわれた。続いて一九九九年に設置された、「新日墨21世紀委員会」は日墨自由貿易協定の検討を始めとする八つの提言を行った[★3]。

この提言などを受け、二〇〇〇年に、日本貿易振興機構(JETRO)の主催で日墨FTAに関する研究会が設けられ、一年間を超える議論を経て報告書がまとめられた。シンガポールとのFTAは、日本が締結したFTA第一号であったが、都市国家シンガポールとの間には農産物の問題などがないのに対し、メキシコとのFTAは広範な貿易分野を含む事実上最初のFTAであり、その内容を巡って激しい議論が戦わされたのである。続いて二〇〇一年、両国政府により、産官学の「経済関係強化のための日墨共同研究会」が設置され、毎月一回交互に訪問して約一年間研究を行い二〇〇二年後半に報告書がまとめられた。これをうけて経済連携協定(EPA)に向けた正式な交渉が同年一一月に開始され、二〇〇四年締結、二〇〇五年四月発効に至った。このEPA発効の効果が非常に大きかったことは、先に述べた通りである。

日本とメキシコの文化・学術面での交流も大きく進んだ。一九七一年に日墨交流計画が発足し、これまでに、両国の三八〇〇人がこの計画による研修・留学に参加している。また、両国の協力により、一九七七年に、日本メキシコ学院がメキシコ市に開設され、多くの卒業生を送り出し、交流計画と日本メキシコ学院は両国の多様な分野の人材の育成と交流の両輪となってきた。さらに、二〇〇五年、〇六年には、日墨文化サミットが開催され、〇九年には、日墨エンカウンター四〇〇年の行事が行われた。

3　チリとアジア太平洋

1　チリのアジア太平洋への視点――自由主義経済改革とFTA先進国チリの対アジア太平洋への積極的戦略

チリは、太平洋に面する南米の最南端に位置する国であるが、東を急峻なアンデス山脈に阻まれ、北を広大なアタカマ砂漠に阻まれて、事実上、他の南米諸国から砂漠と山脈によって隔てられた、いわば島国のような地理的条件のもとにあると言える。このことは、この国の歴史や、国際関係に様々な影響を与えてきており、チリのアジア太平洋への視点に影響を与えている重要な基本的要因の一つとなってきたと言える。チリの北に位置するペルーでは、チリと同様太平洋に面するが、ここではアンデス山脈はアルティプラノと呼ばれる高原上となっており、多数の先住民の定住があり、アンデス山脈の裾野からアマゾン川に向かう地域、アマゾン川流域にも多くの人口が居住してブラジルと接している。この点はチリの場合と大きく異なっている。また、チリの場合、メキシコのように、アメリカのような大国、大市場と接しているわけでもない。

チリにとって、他の中南米諸国のように、周辺国との経済統合により、市場を拡大する選択肢もなかったわけではない。七〇年代はじめまでは、中南米域内統合を目指す政策を掲げていた。しかし、七三年クーデター後のピノチェット政権に到り、この政策は事実上中断される。その最も重要な要因は、同政権の経済政策にあった。チリ周辺国は、山脈や砂漠に隔てられていたばかりでなく、その経済規模などから、チリにとって、必ずしも魅力的市場ではなかったが、これに、大きく異なる経済政策という、新たな要因が、ピノチェット政権になって、加わったのである。

チリは、ピノチェット政権発足後、いち早く、経済改革、自由化政策を実施し、中南米で最も早く、新自由主義経済政策を実施した国である。貿易自由化（自由化の当初から、一律関税方式を採用し、徐々に引き下げて今日では、一律六パーセントの低い水準の関税率となっている）、為替自由化、外国直接投資の自由化、各種規制緩和を行い、これらは、「シカゴ・ボーイズ」の改革として知られる。しかし、八二年に債務危機に陥り、八五年以降は、変動相場制の導入、民営化などが行われた。九〇年に民政に移行するが、自由主義経済政策の基本的な部分は変更せずに今日に至っている。

こうした経済政策、とりわけ一律関税のチリの政策は、従来からの傾斜関税を継続する、周辺のアンデス諸国の経済政策、ブラジル、アルゼンチンなどで作るMERCOSURの経済政策とは異なるものであり、チリはこれら諸国との統合は行わないことを選択したのである。この立場は、基本的には今日でも変わっていない。チリは、ピノチェット政権下で、アンデス共同体からの脱退に踏み切った。一方、MERCOSURへの加盟は見合わせており、今日でも準加盟にとどまっている。

こうした立場を堅持した上で、民政移行後のチリは、九〇年代から、自由貿易協定（FTA）を多数の国と締結する政策を採用した。軍政下では、一方的に自国の自由化（ユニラテラルな自由化）だけを実施してきたチリが、民政下では、FTAを推進するに到った理由は、レシプロカルでバイラテラルな自由化を約束しあうFTAにより、自らの自由化と引き換えに相手国への有利な市場アクセスを確保できるというメリットがあり、しかも、包括的なFTAになるほど、サービス貿易、投資、紛争処理など多様な分野もカバーすることが出来ることから、六パーセントまで一律関税を引き下げた後の自由化政策としては、FTAによる一層の自由化を推進することが、より望ましい選択肢になったからであると言える。こうして、チリは、中南米のFTA先進国と呼ばれるようになった。チリは、周辺国との経済統合を行うよりも、チリにとって重要な市場となりうる、世界の主要国とFTAを結ぶことで、自由化による、貿易・投資の拡大を行って経済発展を目指す戦略を取ってきたと言うことができる。すでに、チリは、アメリカ、EU、日本とFTAを発効させており、また、中南米諸国の多くともFTAを締結している。

チリがアジア太平洋を重視する視点は、こうした、チリの経済政策、自由化政策と強く関わっている。チリにとっては、アジア、太平洋諸国は重要な市場であり、従ってAPECに加盟したり、これらの中でも主要諸国とFTAを結んで経済関係の緊密化を進めることは、優先的目標であり、チリのアジア太平洋との関係強化の政策の重要な背景となっていると言える。現在、チリがFTAを発効させているアジア太平洋諸国は、アメリカ、カナダ、メキシコの他、日本、中国、韓国、シンガポール、ブルネイ、ニュージーランドの九カ国に及び、また、インドともFTAが発効している。アジア太平洋諸国とのFTAの数では、中南米諸国の中では、チリが最も多い。

さらに、チリがアジア太平洋に強い関心を有する背景として、チリの貿易構造、特に、その輸出品の特徴を挙げなければならない。チリの総輸出額に占めるアジア太平洋諸国向け輸出の割合は、二〇〇七年において三九・五パーセントに達し、同じAPEC加盟国でもメキシコの三・〇パーセント、ペルーの一九・二パーセントを大きく引き離している。ブラジル(一六・一パーセント)やアルゼンチン(一七・一パーセント)よりも高いことは言うまでもない。

もとより、こうしたチリの対アジア太平洋諸国向け輸出の高い比率は、APECへの積極的な参加や、FTAの締結など、チリのこれら諸国との関係強化の努力の成果を反映するものである。しかし、それに加えて、それは、チリの主要輸出品の特徴によるところが大きい。チリは、アジア諸国が必要としている資源の輸出国だからである。

伝統的に銅はチリの主要輸出品であり、時代により変化はあるものの、概ね輸出総額の半ば以上を占め、最近までの資源の高騰により、二〇〇七年においては、銅鉱石、精錬銅は、五六・七パーセントを占め、これにモリブデン鉱などを加えた鉱産物は六三・九パーセントを占める。その輸出先としてアジア諸国が重要なことは言うまでもない。また、ワインなどの農産物加工品やサケなど海産物のような新しいチリの輸出品についても、日本をはじめとするアジア諸国は重要である。従って銅をはじめとする、チリの主要輸出品は、欧米だけでなく、アジア諸国の市場を開拓することによって、輸出の拡大、輸出先の多角化などを図る戦略をとったと言える。

さらに、チリのアジア太平洋諸国への関心の背景として、ピノチェット時代のチリの外交的な孤立を挙げることもできよう。軍政下で、人権問題などから欧米諸国、中南米域内諸国から次第に外交的に孤立していったピノチェット政権にとってアジア諸国は外交的に新たな関係を開き得る可能性があった。ほとんど外国から招待されることのなかったピノチェット大統領がフィリピンを訪問することとなり、フィジーまで到着したもののフィリピンに行くことができず、引き返さざるを得なかったエピソードはよく知られている。チリはこの時期、フィリピン、タイ、インドネシア、シンガポール等のアジア諸国に大使館を開設している。また、既に大使館を開設していた日本、中国、韓国での外交活動を活発化させた。

民政移行後、チリはより積極的に孤立状態からの脱却を図った。それは、FTAの拡大によって主として行われたことは、先に述べたとおりである。周辺国との関係については、民政下でも、アンデス共同体への本格的復帰はせず、MERCOSURへの参加も今日に至るまで準加盟にとどまっていることはすでに述べた。これに対し、アジア太平洋諸国との関係強化は熱心に進められてきた。民政移行後の最初の政権となった、エイルウィン政権は、この方針のもと、一九九一年、PECCに加盟する。かつ、同年のソウルのAPEC会議にオブザーバーとしての参加を申請したが、これは、認められなかった。こうした状況の下、アジア太平洋地域の調査研究の強化や、交流の促進などを目的に、産官学からなるチリ太平洋財団(Fundacion Chilena del Pacifico)が創設された。

APECへの加盟はすぐには実現しなかったものの、チリはAPECの重要性を認識し、加盟への準備を進めていったのである。

当時、チリのAPEC加盟に反対であったのは、オーストラリアとアメリカであったとされるが［★4］、チリの努力が実り、一九九四年には、APECへの加盟が実現する。加盟後、チリはAPECの活動に積極的に参加するとともに、韓国、シンガポール、ニュージーランド、ブルネイ、中国など、アジア太平洋諸国とのFTAの締結を推進した。これら諸国より遅れるが、日本ともEPAを発足させた（詳細は次節参照）。また、マレーシア、ベトナム、タイとは、交渉の事前協議を進めている。

さらに、東アジア・ラテンアメリカ協力フォーラム（FEALAC）の推進に主導的役割を果たし、さらに最近では、アルコ・デル・パシフィコ（直訳すると「太平洋の弧」）グループ創設を提案し、実現した。近年のこうした一連の動きの背景には、チリが、アジア太平洋との関係を強めることにとどまらず、一歩進んで、チリがアジア太平洋諸国と南米諸国の橋渡しをする国（Pais Puente）となる、または、アジア諸国が南米に進出するための、プラットフォームとなることを目指すというチリの視点があると言える。こうした視点は、近年の大統領の演説やチリ外務省の文書などで強調されている［★5］。この新たな視点の背景として、チリがすでに、アジア太平洋との関係を南米諸国の中で最も緊密化させてきているという実績に加え、自由化をはじめとする経済の諸改革の結果、ビジネス環境が整備されてきていること、アジア太平洋との海上輸送を担う、チリの海運会社CSAV（Compania Sudamericana de Vapores）が競争力、輸送力と強めていること、航空輸送では、LANチリ航空が南米で圧倒的に高い競争力を有していること、チリを拠点として、第三国に投資などの経済活動を行う際の税制上の恩典が制度化されたこと［★6］などの要因を挙げることができよう。ただし、チリの金融機関のアジア太平洋、南米の両地域への一層の進出、アンデス山脈をこえる陸上輸送インフラの一層の整備が課題であるとされる［★7］。

2　チリとアジア太平洋／日本との関係——日智EPAを機に新たな時代を迎える日智関係

チリのアジア太平洋との関係は、メキシコやペルーの場合と比較すると相対的に新しい。メキシコやペルーでは、ブラジル、アルゼンチンなどと同様、早い時期から日本人の移住が見られるが、チリの場合は、ペルーからチリに移動した日系人が多く、しかもその数も少ない。

ただ、チリは、ボリビア、ペルーを相手に戦った、「太平洋戦争」（スペイン語で、ゲラ・デル・パシフィコ）に際し、過酷な労働条件のもとに働かされていた、ペルーの海岸地帯の中国人を多数解放し、これがきっかけで、チリでの中国人の居住がはじまり、アジアからきた中国人を知ることとなる。チリ軍は、ボリビア領の海岸地帯（現在チリ領）を経て、ペルーの首都リマまで攻め込むが、途中に通ったペルーの海岸地帯の大農園で働く中国人を解放し、彼らはチリ軍とともに、リマまで移動した。さらに、その多くは、チリ軍が本国に引き返す際に共に、チリに移動し、新たにチリ領となったチリの北部や、その南に住むようになったとされる。現在でも、チリの北部には中国人が比較的多い（ペルーにおける中国人の移住については、ペルーの項参照）。

一九七〇年代、チリのアジア諸国との関係は、ピノチェットの軍政下で次第に強まっていったことは、前節で述べたとおりである。しかし、チリにおけるアジア太平洋への関心は、決して軍政に至ってからではなかった。それを裏付けるのは、アジェンデ政権発足直前の一九七〇年末に、チリのビーニャ・デル・マル市で開催された「太平洋会議」（コンフェレンシア・デ・パシフィコ）であった。創立後三年のチリ大学国際問題研究所が主催したこの会議には、アジアの多くの諸国からの参加があり、日本からも、大来佐武郎氏をはじめ、小島清教授、日本輸出入銀行（当時）伊藤侑徳氏等の多くの方々が参加した。先に述べた、メキシコでの大平首相、大来外相のロペス・ポルティィージョとの会談よりも約一〇年前のことであった。チリで最初の大規模な、アジア太平洋地域との関係を議論する会議となり、歴史的意義の大きな会議となった。翌年初めにアジェンデ政権が発足する。

この会議から約三〇年後の一九九九年一一月、チリのバルデス外相が来日した際に、JETROの畠山理事長に対し、日本チリ両国間でFTAに関する共同研究を実施することについて提案が行われた。この提案を受け、日智自由貿易協定研究会が二〇〇〇年に発足、翌〇一年六月に報告書が発表された。チリにおいては外務省国際経済関係総局(DIRECON)が研究会を組織し、報告書をまとめた。続いて、二〇〇四年一一月、小泉総理がチリを公式訪問した際に行われた日本チリ首脳会談において、日本・チリ経済連携協定(EPA)/自由貿易協定(FTA)締結の可能性を検討するための共同研究会立ち上げに合意し、四回の会合を経て報告書が作成された。これを受け、二〇〇六年二月から交渉が開始され、翌年九月に日智経済連携協定が発効した。

4 ペルーとアジア太平洋

1 ペルーのアジア太平洋への視点――フジモリ政権成立を転機とするアジア太平洋地域との関係の進展

ペルーの場合、周辺にアメリカのような大きな市場を有していないという点ではチリと同様である。しかし、チリが七〇年代半ばから導入した、新自由主義経済改革をペルーが実施したのは、チリよりかなり遅れ、九〇年代、フジモリ政権になってからであった。ペルーのAPECへの加盟もフジモリ政権下、一九九八年に行われる。FTAを積極的に推進するようになったのは比較的最近である。

ペルーは、ベラスコ政権末期の混乱後、一時的安定を経るが、アラン・ガルシア政権の深刻な経済の破綻とゲリラ勢力の拡大で、政治的不安定化と経済的な停滞を免れなかった。一定の政治的安定と経済の回復を取り戻したのは、フジモリ政権以降である。こうした、特に八〇年代の混乱のためにペルーは、アジア太平洋諸国との関係強化を積極的に推進する余裕がなかったと言ってよいであろう。

また、ペルーの輸出構造も、当時、チリほどには、アジア太平洋諸国との関係強化を必要としていなかった。ペルーの輸出品の構成は、チリの場合よりも、多様であり、銅の占める割合は二五・九パーセントとチリよりかなり低い（二〇〇七年、以下同じ）。チリと異なり、繊維製品（六・二パーセント、内衣料品五・〇パーセント）、魚粉（四・三パーセント）、石油・石油製品（八・〇パーセント）などの輸出の占める割合も高く、また、鉱産物の構成もより多様化しており、銅とモリブデンの他、金（一四・〇パーセント）、亜鉛（九・一パーセント）、鉛（三・七パーセント）などの占める割合が高い。このためもあって、ペルーの輸出の場合、その輸出相手国は、アメリカ、EU、アジア太平洋、中南米の占める割合がそれぞれ一七−一八パーセントとかなり均衡している（表1参照）。

このように、ペルーの場合、改革の時期も遅く、かつ輸出品の構成が当時にあっては、チリに比べて多様であることから、欧米や、中南米域外に積極的に市場を開拓する必要性はチリほど差し迫ったものではなかったと考えられる。むしろ、チリのアジア太平洋諸国向け輸出拡大の成功を見て、これら諸国の市場の重要性を認識し、関係強化に関心を強めていったということが出来よう。すでに述べたようにAPECへの加盟は一九九八年であり、アジア諸国とのFTAの締結に動き始めたのも比較的最近にすぎない。しかし、チリの成功を目の当たりにし、かつ自国内での資源開発が進み、また、二〇〇八年には、APECがペルーで開催されるに至って、ペルーのアジア太平洋諸国への関心が最近になってとみに高まっていることも事実である。

他方、ペルーは、一九九二年のフジモリ政権の自主クーデター（議会の閉鎖、憲法の一時停止と非常国家再建政府の樹立）のあと、アンデス共同体を脱退したが、その後、九七年に復帰し、今日に至っている。

2　ペルーとアジア太平洋／日本との関係——EPAと日本・ペルー新時代をめざして

ペルーとアジア太平洋の関係は、一九世紀半ばから始まっている。それは、主としてペルーの海岸地帯の大農園やグアノの採掘、鉄道建設等に必要であった労働力を中国から確保しようとしたことによる。スペインによる支配がはじまる以前から先住民による農牧業の発展が進んでいたアンデス高地と異なり、ペルーの海岸部は、先住民の居住は比較的限られており、そこで労働力として動員されたのは当初、主として、黒人奴隷であった。しかし、奴隷貿易廃止の国際的動きの中で次第に奴隷の確保が困難になっていった[★8]。こうした中で、ペルーは、ブラジルやアルゼンチン同様、欧州移民の導入を試みるが殆ど確保できなかった。そこで、中国人労働者の導入の方針を打ち出したのである。ここにペルーとアジアの関係が始まることとなる。一八四九年、通称「中国人法」と呼ばれる中国人労働者導入奨励法の成立により、その後の四半世紀に一〇万人近い、クーリー(苦力)と呼ばれた中国人がペルーに契約労働者として連れてこられたとされる[★9]。

日本とペルーの最初の接触は、このペルーに連れて行かれる中国人が、横浜港で脱走した「マリア・ルス号事件」がきっかけとなった。それは、明治維新後わずか四年の一八七二年に起きた。中国人(当時は清国人)クーリー二三〇人余りが乗船していたペルー籍のマリア・ルス号は、中国からペルーに向かっていたが、嵐で損傷したため修理を目的に横浜港に入港したところ、中国人が逃亡、イギリス船が救助した。イギリス政府は日本政府に中国人の救助を要請した。日本は特設裁判所を設け、中国人の解放を条件にマリア・ルス号の出港を許可するとしたが、ペルー側は、移民契約を盾にこれを不服とした。これに対し、裁判所は、この移民契約は人道に反する奴隷契約であるとして、却下した。ペルーは、これに抗議し、両国合意の下、国際仲裁がロシア帝国により行われたが、ロシアは日本側の措置を妥当とする判決を下した。

この事件がきっかけとなり、一八七三年、明治維新政府はペルーと国交を結ぶこととなり、ペルーは、中南米諸国の中で最初に日本と国交を結んだ国となった。

契約労働者としての中国人クーリーのペルーへの導入は、一八七四年に中止され、その後の、一八九九年から、日本人契約農園労働者の導入が開始された。これは、約四半世紀つづき、一九二九年に中止された。この間にペルーに移民した日本人は約一万八〇〇〇人に達した。その後は呼び寄せ移民が続き、第二次大戦前の一九四一年までに三万三〇〇〇人の日本人がペルーに渡ったとされる。この間、一九四〇年には排日暴動がおこり、さらに、第二次大戦中には、政府による、排日的政策が強まり、日系人のアメリカへの強制連行が行われた［★10］。

先にも述べた通り、第一次アラン・ガルシア政権に到る時期は、ペルーは、その政治の不安定化、経済の混乱で、アジア太平洋地域のみならず、欧米諸国との積極的関係の構築も、殆ど行われなかったといってよい。アジア太平洋地域との関係の一つの重要な転機となったのは、フジモリ政権の誕生である。同地域への本格的接近を行ったのはフジモリ政権が最初であったと言って過言ではない［★11］。同政権誕生から間もない一九九一年に開かれた米州開発銀行（IDB）の名古屋総会には、フジモリ大統領が特別ゲストとして招かれ、この機会にペルー支援国グループが作られた。日本のペルーに対する経済協力は強化された。例えば、JICAには、ペルー支援委員会が設けられた。しかしながら、こうした動きは、リマにおける日本大使公邸人質事件で、大きな変更を迫られる。それ以後、フジモリ大統領の三選を経て、その辞任から、今日の裁判にいたるまでの経緯は周知の通りである。

他方、フジモリ政権の誕生した一九九〇年に日本では、出入国管理法が改正され、次第にブラジルやペルーからの日系人の出稼ぎ現象が起こるようになる。こうして九〇年代は、日本とペルーの関係が様々な意味で、緊密化していった時代であったと言える。一九九〇年、一九九一年にはPBEC、PECCにそれぞれ加盟し、既述の通り、一九九八年にはペルーのAPEC加盟が実現する。

フジモリ大統領の辞任後、一時、ペルーと日本の関係は「冬の時代」を迎えるが、二〇〇六年の第二次アラン・ガルシア政権の発足とともに、関係は次第に活発となり、二〇〇八年には、ガルシア大統領が訪日し、八年ぶりに日本ペルー二国間経済合同委員会が開催された。同年投資協定に向けた交渉が開始され、APECのペルーでの会合の際に署名された。さらに、これを受け、二〇〇九年には、日本貿易振興機構（JETRO）内に日本・ペルー経済連携協定（EPA）研究会が設置され、四月にその報告書が発表された。近い将来FPAの締結に至るものと期待される。

5　中南米諸国とアジア太平洋地域
――新たなパートナーシップにおける日本の役割

以上に述べたように、中南米諸国の中で、APECに加入しているのは、メキシコ、チリ、ペルーの三カ国にとどまる。このほかに、コロンビア、パナマなどの諸国は、APECへの加盟を強く望んでいる。これら諸国のアジア太平洋への関心は、次第に高まっていると言える。特に、世界の交通の要衝にあるパナマ運河の利用は、中国、日本などアジア諸国の占める割合が圧倒的に高く、パナマのアジア太平洋への関心は高い。また、コロンビアもアジア太平洋地域への関心を強めている。

他方、東アジア諸国の中南米に対する関心も、既に伝統的な関係を構築してきている日本の他、中国や韓国、一部ASEAN諸国などで次第に高まってきており、こうした中、シンガポールの発案により、一九九九年、東アジア・ラテンアメリカ協力フォーラム（英語ではFEALAC、スペイン語ではFOCALAE）が創設された。チリのサンチャゴでの第一回外相会議以来、四回の外相会議が開催されている。

また、中南米の太平洋に面する国々からなる、「太平洋の弧」（アルコ・デル・パシフィコ）というグループが二〇〇六年八月に結成された。コロンビア、コスタリカ、チリ、エクアドル、エルサルバドル、グアテマラ、ホンジュラス、メキシコ、ニカラグア、パナマ及びペルーの一一カ国からなり、ラテンアメリカ・カリブ諸国の総人口の約四五パーセントを占め、国内総生産（GDP）でも、この地域全体の約四五パーセントを占める。その目的は、加盟諸国間での経済・技術協力の推進とアジア太平洋地域への共通での取り組み（直訳すると、取り組みの調整)を行うことにあると謳われている。具体的には貿易面での共同歩調、インフラやロジスティックス、投資の推進と保護、競争力を強化するための、経済・技術協力が挙げられている。

こうして近年、アジア太平洋諸国、中南米諸国のいずれも、両地域の関係に対する関心を強めてきており、それは、APECの場のみならず、FEALAC、「太平洋の弧」グループなどが創設され、活動を続けてきていることによっても示されている。両地域間の関係は、特に九〇年代以降のアジアの台頭、最近の世界金融危機以降の国際経済関係の変化などによって、新たな時代を迎えようとしていると考えられる。こうした中で、両地域間の関係の発展に向け日本はどのような役割を果たすべきであろうか。

従来から指摘されているように、FEALACは、何よりも、中南米と東アジアという、いわばミッシングリングを繋ぐフォーラムとして、重要である。また、オーストラリア、ニュージーランドを別とすれば、日本が唯一の先進国の参加国であり、かつ、APECに加盟していない、ブラジル、アルゼンチンのような中南米の重要な国が加わっている組織であるという点でも重要性が高い。さらに、APECが本来経済分野に関わる組織であるのに対し、FEALACは、広く、政治、経済、文化、科学技術等にまたがる関係の緊密化を目指しているという特徴も有している。

二〇〇九年に、FEALACは創設一〇年の節目の年をむかえた。国際金融危機のただ中にあって、新たな国際経済関係における中南米と東アジアの関係を考える機会ともなり、また、気候変動問題への取り組みなど、中長期的な課題も両地域共通の関心事であることなどから、二〇一〇年一月、日本において開催された外相会議は、大きな意義を有していた。同会議ではFEALAC諸国が直面する主要課題について議論され、とりわけ、金融・経済危機からの回復を確実にするために、アジア・ラテンアメリカ両地域が貿易・投資等の分野で更に関係を強化する必要性が確認された。また、危機の影響を最も受けているのは中小企業や貧困層であり、インクルーシブな成長を実現するためには、脆弱な経済主体の底上げを行うことが重要との認識が共有された。さらに、環境分野における協力に向けた活動の活発化が確認されるとともに、ＦＥＡＬＡＣ岡田グリーンイニシアティブが提示され、各国から高い評価を受けた。そして、ＦＥＡＬＡＣが今後とも相互に経験を共有し、交流を通じて利益を拡大していく場として、また、地球規模課題の解決のために、地に足のついた議論をする場として有効であることが確認され「第四回外相会議東京宣言」が採択された。。

日本は、先進国という立場のみならず、次のような点からもＦＥＡＬＡＣにおいて、ユニークな存在である。それは、日本がこれまで、東アジアと中南米の関係と協力においてユニークな位置を占めてきたことによる。

▼東アジアの発展において日本は主導的な位置を占めてきた。東アジアの「雁行型発展」の先導役（forerunner）を果たした日本はアジア諸国への直接投資、技術移転の源泉となり、アジア諸国間の「雁行形態」の産業発展、経済発展を促す役割を担った。今日では、アジアには、「よりインテグレートした雁行形態」ともいうべき、技術、資本、部品の供給、物流・ロジスティックをはじめとするサービスなど様々な構成要素からなる複雑な経済ネットワークが形成されており、その中で日本は中核的な機能を有している。

▼東アジア諸国の中では、日本は、最も早い時期から、広範な分野での中南米との関係を構築してきた。長期にわたり、かつ、こうした厚い信頼に基づく関係は、一朝一夕には構築できない。今日までに構築されてきた関係は、重要なアセットである。それを可能にしたのは、日本からの移住者、日系人の存在、早い時期から中南米に企業進出を行って現地に根付いた日本の多くの企業等であり、これに加えて、日本のＯＤＡなどによる、長期間の協力も貢献している。

このように、日本は、東アジア・中南米の両地域において、幅広い関係と協力の実績・経験を有することから、両地域間の協力と交流の拠点としての役割を果たしうるであろう。特に、ユニークな位置を占める日本として可能な、両地域相互の理解、情報の共有などにおいて積極的な役割を果たし、リーダーシップを発揮することが可能であろう。とりわけ、経済分野では、日本は、両地域との関係におけるユニークな立場に加え、優れたビジネス環境を有していることから、中南米からの東アジアへのゲートウェイとしての役割を果たしうるであろう。また、学術、文化、科学技術、環境など様々な分野での協力においても積極的な役割を果たすことができると考えられる。

参考文献

恒川恵市『比較政治──中南米』放送大学教育振興会、二〇〇八年

寺田輝介・林屋永吉「中南米」、谷野作太郎他編『国際情勢の分析』勉誠出版、二〇〇四年

堀坂浩太郎・細野昭雄・古田島秀輔『ラテンアメリカ多国籍企業論』、日本評論社、二〇〇二年

細野昭雄『APECとNAFTA──グローバリズムとリジョナリズムの相克』有斐閣、一九九五年

細野昭雄「APECとNAFTA──アジア太平洋と米州におけるリジョナリズムとグローバリズム」ハラルド・クラインシュミット・波多野澄雄編『国際地域統合のフロンティア』彩流社、一九九七年

細野昭雄『米州におけるリジョナリズムとFTA』神戸大学経済経営研究所、二〇〇一年

細谷広美編著『ペルーを知るための62章』明石書店、二〇〇四年

メキシコ大使館『条約から条約へ──墨日外交一二〇周年』二〇〇八年

Artaza Rouxel, Mario (2007), "Chile y Asia hoy: Una mirada critica," Universidad de Chile, Instituto de Estudios Internacionales, *Estudios Internacionales*, Num. 156

Barrios, Rubén (2005), "Peru and Pacific Asia", in Faust, Jörg, Manfred Mols and Won-Ho Kim. (eds.)(2005)

CEPAL/ Ministerio de Comercio Exterior y Turismo de Peru (2008), *Oportunidades de Comercio e Inversión entre América Latina y Asia-Pacifico: El Vinculo con APEC*

CEPAL (2008a), *El Arco del Pacifico Latinoamericano y su Proyección a Asia-Pacifico*

CEPAL (2008b), *Las Relaciones Económicas y Comerciales entre América Latina y Asia-Pacifico: El Vinculo con China*

Faust, Jörg, and Uwe Franke (2005), "Relations between Mexico and East Asia", in Faust, Jörg, Manfred Mols and Won-Ho Kim. (eds.)(2005)

Faust, Jörg, Manfred Mols and Won-Ho Kim (eds.)(2005), *Latin America and East Asia: Attempts, at Diversification*, Lit, KIEP and Transaction Publishers

Gutierréz, Hernán (2005), "Chile and Asia-Pacific: The Economic Cooperation", in Faust, Jörg, Manfred Mols and Won-Ho Kim. (eds.)(2005)

註

★1——本稿執筆に際しては、特に、メキシコの部分に関して、恒川惠市教授（JICA研究所長）から貴重な資料を提供いただくとともに、重要な御助言をいただいた。記して心からの謝意を表明したい。

★2——堀坂・細野・古田島（二〇〇二年）、アメリカ市場と日墨関係に関しては、Faust, Jörg, and Uwe Franke (2005), pp.105-106参照。

★3——一九九九－二〇〇〇年に設けられた新日墨二一世紀委員会は、松永信雄元駐米・駐墨大使、ゴンサレス・ガルベス元駐日大使を座長とする一二名からなり、(a)国際場裡における日墨協力、(b)日本の対墨投資の促進、(c)日墨自由貿易協定の検討、(d)マス・メディア関連交流の促進、(e)財政金融協力、(f)観光振興、(g)文化交流、(h)留学生及び学術交流の八つの柱で提言が行われた（委員であった、恒川惠市教授（JICA研究所長）の提供の資料による）。

★4——Artaza Rouxel, Mario (2007), p.58.

★5——Ibid. p.59; Gutiérrez, Hernán (2005), p.86は、これをチリの「ゲートウェイ・ビジョン」と呼んでいる。

★6——ヒューレット・パッカード、デルタ航空、エアフランスなどの企業がこれを利用している。

★7——Artaza Rouxel, Mario (2007), op.cit. p.60.

★8——ペルーは、一八五四年に奴隷解放令を公布した。ペルーにおけるこの時期の黒人奴隷及びこれに代わる労働力の導入の詳細については、細谷広美（編著）（二〇〇四年）三一四－三一八頁参照。

★9——同上書、三一五頁。

★10——日本人のペルーへの移民の詳細、ペルーでの排日運動等については、同上書、三二五頁参照。
★11——詳細はBarrios, Rubén (2005), pp.116-118参照。

第14章

アメリカはアジアに回帰するか？

T・J・ペンペル

T. J. Pempel

1　はじめに

ジョージ・W・ブッシュ政権はアジア政策で失敗を重ね、その失地を回復する作業はバラク・オバマ政権に引き継がれたと考えられる。これまでのところオバマ政権は、より緊密な関係と協調的姿勢に基づく新しいアジア政策の方向を示唆する、一連の積極的措置を打ち出している。しかし負の遺産は、克服し切るには余りにも大きく、新政権に残された課題は甚だ重い。

ブッシュ大統領の東アジア政策は、中東や中央アジアへの帝国的介入、ラテンアメリカ諸国において続々と誕生した反米政権、ドナルド・ラムズフェルド国防長官が「古いヨーロッパ」と罵った諸国との関係悪化等々がもたらしたあきれるばかりの大失敗に比べると、それほど大きくあげつらわれることはなかった。現に、ブッシュのアジア政策の擁護者たちは、甘い評価を下してきた[★1]。こうした人々の言うことには、偏りはあるが、その中には大事な真実も含まれている。確かにアジアは平和だったし、この地域の各国政府と米軍との数多くの関係は維持されており、アジア諸国との公式の政府間関係で表面化した紛争はあまりない。

米中関係はイデオロギー的というより実務的であった。北朝鮮の核問題に関する六者協議は、数年にわたる落胆をもたらすような行き詰まりの挙げ句、ブッシュ政権の末期には空中分解状態になった。一方、二〇〇四年、スマトラ島沖地震の津波災害に際してのアメリカの行動はアジア諸国で概して好評であった。

だが、アジアで武力衝突がないのはブッシュ政権以前からのことだし、アメリカとアジア諸国の関係は、中国を含めてビル・クリントン政権のとき既に、同程度には良好であった。ブッシュ政権の擁護者たちが指摘するその他のプラス面も、そのほとんどはブッシュ登場以前からの状況を引き継いだものであり、これは好意的に見ても「少なくとも事態を前より悪くはしなかった」と考えるのが妥当である。こうした「良い」面に目を奪われると、より深いところでの失敗を見過ごしてしまう。とりわけ問題なのは、対外政策の過度の軍事化、経済の失敗、および単独主義の三つである。

2　対外政策の軍事化

アメリカの軍事力は他の如何なる国、または考え得る国家群を大きく上回っている。その軍事力は、アメリカが数々の危機を解決し、世界の多くの地域で平和に貢献することで、グローバルな影響力を拡大するのに大いに寄与するところがあった。しかし、アメリカの対外政策の手段は、経済力、道義的アピール、広報外交、教育の機会、文化的寛容さ、技術支援等からなる多様で総合的なものであり、軍事力はそのなかの一要素に過ぎない。その上、ハードな軍事力と二国間同盟はソフトな多角的協力によって補完されてきた。そうしたものの総合として、柔軟で、ニュアンスに富んだ外交政策や信頼出来る同盟国が確保され、行き過ぎた単独行動への誘惑が抑えられてきたのである。

ブッシュ政権は、これとは全く異なる道を選び、手段におけるバランスも、方法における多角主義も共にないがしろにした。政権の発足当初から（とりわけ二〇〇一年九月一一日の同時多発テロ事件以後は輪をかけて）ネオコン一派とリアリストの強硬派の影響の下、単独行動を前提に国益を定義し直し、長年維持されてきた多角主義の制約をかなぐり捨てた。比類ない優越した軍事力を背景に、必要なら先制攻撃に訴えてでも世界を作り替えることのできる未曾有の好機がアメリカに訪れたという考え方に基づいて行動するようになったのである。

その結果は惨憺たるものであった。明白な事例だけでも、憲法からの逸脱、権利章典の無視、国内の権力均衡の破壊、挑発も無しに始めたイラクでの戦争、イラク・アブグレイブ刑務所やキューバ・グアンタナモ収容所での人権侵害や拷問などが挙げられよう。

かくてアメリカは、東アジアを始め世界中で大きく評価を落とすことになった。フィリピン、オーストラリア、マレーシア、インドネシア、韓国、日本、すべての国で親米感情は大幅に低下した[★2]。ムスリム人口が過半を占めるインドネシアなどでは、親米的世論は六年間に七五パーセントから三〇パーセントにまで急落し、最近の二年でわずかに改善をみたに過ぎない[★3]。中国の世論調査では、六二パーセントがアメリカは世界で否定的な影響を及ぼしていると答え、その影響力を肯定的に評価する者はわずか一二パーセントしかいなかった[★4]。その他の国での世論調査の結果も似たようなものである。オーストラリアでは五八パーセントが否定的で、肯定的回答は三二パーセントに過ぎなかった。その割合はインドネシアでは五五対三二、中国では四六対二五であった[★5]。ブッシュの政策が東アジアで広く称讃されたという主張は、どう見ても過大評価である。

このような国際世論におけるアメリカの評判の悪化は、それ以前にアメリカとアジアが育んできた順調な関係が、如何に唐突に逆転したかを示す徴候のなかでも最も目につく一例に過ぎない。無論、そうしたダメージは政府関係にも及んだ。それ以前の歴代政権のアジア政策は、地域全体のバランス・オブ・パワーの維持を図り、特に中国と日本が相互に安全であると感じるように配慮し、地域の覇権国の出現を阻止することに基礎を置いてきた。ブッシュはそれとは全く異なり、アメリカの卓越を追求し、日本との二国間の軍事的絆を強化し、中国がアメリカの将来の主要な「戦略的競争者」になるという想定の上にアジア政策を押し進めた。

日本をアメリカの政策の軍事化の巻き添えにする企ては、次々とあらわになった。自衛隊がアフガニスタンやイラクに派遣され、防衛庁は省に昇格した。日米間の弾道ミサイル防衛の協力や宇宙開発の軍事化が進み、また日本はアメリカの原子力航空母艦の基地となり、日米防衛協力は台湾にまで及んだ。海上保安庁は、機能においても予算においても目立って拡張された。日本の防衛当局は、初めて北朝鮮と中国を潜在的脅威と明示的に認定した。最後に、アメリカの第一軍団の司令部がワシントン州のフォート・ルイスから神奈川県の座間に移転されることで、日本はアメリカのグローバルな戦略に緊密に組み込まれ、日米同盟もまた本来の範囲を超えて拡大したのである。

こうした動きは、日米両国の軍事政策担当者たちの歓迎するところであったが、第二次世界大戦で日本が果たした役割についての自己弁護、改憲の試み、小泉純一郎首相による靖国参拝、北朝鮮の拉致問題に対する感情的な反応などに見られる日本政治の右傾化は、アジアの多くの指導者から酷評された。結果的に、日本と北朝鮮の国交正常化交渉は中断し、日韓、日中の首脳会議もなかなか開催出来なかった。ようやく二〇〇四年末に日韓、二〇〇五年になって日中首脳会議が開催されるまで関係が改善されたが、その後も安倍晋三内閣と福田康夫内閣の強気のレトリックはしばしば中韓両国との関係を悪化させた。

こうした言動は、単に日本と近隣諸国との関係を悪化させただけでなく、日本のエリート間に分裂を生み、アメリカの政策に批判的な野党勢力を勢いづかせることにもなった。その結果、アフガニスタンへの支援をめぐる国会の手詰まりや、冷戦の終焉と日本社会党の没落以後は見られなかったような日米同盟の政治問題化が生じた。民主党の勝利を、こうした軍事化やアジアでの評判の低下への反発にのみ帰することはできないが、民主党が平和主義や近隣のアジア諸国との関係改善に従前よりも多くの配慮を示していることは間違いない。鳩山内閣が、アジア地域との関係改善にどの程度努力するかは、今後の問題だが、選挙のキャンペーンを見る限りでは、その徴候がうかがわれる。

皮肉にも、アメリカの対中関係は、初期の険悪さにも関わらず、少なくともブッシュ政権の末期には最も積極的な傾向を見せた。政権内部には、長期的には中国の軍事的脅威に備えてアジアでの軍事態勢強化が必要だとする議論や、中国の金融・貿易政策に制裁が必要だとする意見などがあるが、北朝鮮の核武装問題を始め、互いの利益の一致する領域を探すという実務的な協調で特徴づけられるものとなっている。そうした米中間の協調関係の進展は、韓国や日本の政策当局の懸念を生むほどになっている。

ブッシュ政権のアジア政策における失敗の最たるものは北朝鮮問題への対処であった。一九九四年の米朝枠組合意に従って、クリントン政権は北朝鮮の核開発計画の中止、核拡散防止条約(NPT)体制内に同国がとどまり、プルトニウム開発を中止し、IAEAの査察を受け入れ、さらに挑発的なミサイル発射を自発的に取りやめるなどの成果を勝ち取った。クリントン政権の終わりまでに、アメリカと北朝鮮との関係は、いずれの側も相手に敵対的意図は持たないと約束するところまで改善された。マデレーン・オルブライト国務長官のピョンヤン訪問は、大統領による訪問および外交関係の正常化が、クリントン政権によってではないとしても次期政権の手で実現できる可能性に道を開く第一歩になるかと思われた。

だが、ブッシュはその機会を逸し、方針を一八〇度転換させた。関与政策を取り消し、敵対的意図は持たないという約束を反故にし、北朝鮮にその国内政策を数々の面で変えるよう要求し、有名な「悪の枢軸」演説で北朝鮮を非難し、「予防戦争」の対象となり得るとほのめかしさえした。

ジェームズ・ケリー国務次官補が二〇〇二年一〇月にピョンヤンでの声明で、北朝鮮の秘密の濃縮ウラン計画を非難すると、両国の関係は急速に悪化した。

この非難を根拠にブッシュは枠組合意を完全に放棄し、北朝鮮はNPTやIAEAから脱退、寧辺のプルトニウム開発施設の再稼働へと悪循環は続いた。これに対してアメリカは緊張の激化で応え、ブッシュは二〇〇二年一二月一六日には、国家安全保障大統領指令(2002)を発令した。これによって北朝鮮は、長距離通常兵器、核攻撃能力、ミサイル防衛、防衛生産の基盤装備の開発・生産の基盤強化などを内容とするアメリカの新核戦略(a new triad)の対象だと公的に宣言した。

北朝鮮の核問題を扱うための六者協議は、最初の四年間、ブッシュが安全保障上の懸念から、朝鮮半島の平和などの議論を始める前提条件として北朝鮮にすべての核分裂物質の放棄を要求し続けたために、ほとんど実質的なものにならなかった。そのようなアメリカの強硬姿勢の典型がジョン・ボルトン国務次官補である。ニンジンとムチの交渉スタイルについて質問されたボルトンは、今では有名になった、次のような答えを返した。曰く「僕にはニンジンはない」と[★6]。一方、ディック・チェイニー副大統領は、交渉過程で少しずつ北朝鮮に褒美を出してやったらどうかという中国の提案を斥けて、「我々は、悪魔とは交渉しない、打倒するのみ」とうそぶいた。ブッシュ政権の他のメンバーも、大統領自身やコンドリーザ・ライス国務長官を含めて北朝鮮の体制とその指導者への軽蔑を公の場において隠そうとはしなかった。

二〇〇六年七月に北朝鮮が一連のミサイル実験を、同年一〇月には核実験を実施することで、いわば「目覚まし」を鳴らし、さらに同年一一月にはアメリカの上下両院で民主党が勝利するに及んで、ようやくアメリカは態度を軟化させ、六者協議が前進し始めるのである。

このように、オバマが大統領に就任した時点での北東アジア全般の安全保障をめぐる状況は、たいへん厳しいものであった。ブッシュが政権に就いた頃、北朝鮮が保有しているのは一個ないし二個の爆弾を作れる程度の核物質と考えられていたが、北朝鮮はまだNPTに留まっており、プルトニウム施設は国際査察下にあった。そして、未だ大陸間弾道弾の実験は行っておらず、アメリカとの関係正常化の用意があるかに見えた。だが、二〇〇九年までに、北は六ないし一三個の爆弾を作れるだけの核物質を持ち、核施設の実験を二回実施し、恐らくシリアに核技術を手渡し、日本ともアメリカとも関係正常化する気持ちは薄れ、ブッシュ政権の開始当時よりも対米交渉上の立場をより強固なものとしていた。

韓国との関係もブッシュ時代にひびが入った。

ブッシュと金大中大統領との初の電話会談がその出発点である。金大統領がブッシュに北朝鮮との関与政策を説いたところ、ブッシュは電話の送話口を手で塞ぎ、「一体、この男は何者だ。何たる世間知らずか、信じられん」と軽蔑を込めてつぶやいた[★7]。その後の米韓関係はぬるま湯と冷水との間を揺れ動き、盧武鉉大統領に至って遂に、伝統的な親日・親米路線からアジアのバランサーをめざす路線へと方針転換が生じた。ブッシュ政権の末期までに、韓国では多くの人が、北朝鮮よりもアメリカのほうが大きな脅威だと見なすようになっていた。韓国の対米世論が厳しさを増す一方、中国との関係は改善し、六者協議や韓国＝北朝鮮関係に関する戦略をめぐって米韓の意見はしばしば食い違いを見せることとなった。二人のアメリカ政府高官が韓国を訪れて盧大統領を表敬訪問した際、彼は二人に「自分の最大の危惧は、ある朝、目覚めてみたら、朝鮮半島に関係するある重大な決定を自分に何の相談もなくアメリカがとったと知らされることである」と語ったという[★8]。

前任者に比べ、ずっと保守的で親米的な李明博が二〇〇七年一二月の大統領選挙で勝利したというニュースを聞いたブッシュ政権の面々は揃って安堵の胸をなでおろした。その李明博でさえ、自動車の輸出、牛肉の輸入に関するブッシュの高圧的な要求を安易に受け入れたとして、就任後の数カ月間、大規模な反政府デモに見舞われ、挙げ句の果てに、幾人かの閣僚やトップレベルの官僚の辞任、そしてブッシュのソウル訪問の延期という事態に陥ったのである。

総じてアメリカの政策の性質は、軍事力というハンマーよって、アジアの諸々の障害物を強引に叩きのめすというものだった。その結果、ブッシュ政権の発足時期に比べ、朝鮮半島は以前よりずっと危険になり、日本との協力関係は過剰に軍事化され、韓国と中国との関係は悪化していた。

オバマ政権は、これ迄のところ、東アジアでのアメリカの軍事力を抑制し、すべての関係諸国との対話に重点を置くものへと態度を変え、新しい機運を醸成しようと努力している。その結果、アジアでの対米世論は急速に好転しつつある。その上、アメリカは、ロシア、中国、日本、韓国とともに、北朝鮮による二度目の核実験後、一連の国連の制裁措置の導入に成功した。さらにクリントン前大統領の北朝鮮訪問により、二名のアメリカ人ジャーナリスト釈放を勝ち取ったが、これこそまさに「外交」であり、非ブッシュ的やり方であった。オバマチームがブッシュ政権の北朝鮮政策の失敗を取り返せるかどうかは不分明であるが、本章執筆時点では、北朝鮮が六者協議のテーブルに戻るならば、米朝協議は動きそうに見える。北の物言いには軟化の兆しがあり、アメリカの提案に応じる気配が現れている。

3 経済の失敗

ブッシュ政権の、東アジア政策における軍事力への過度の依存は重大な欠陥であったが、それに並行する国内経済の軽視も、対外政策における有効な手段に損失をもたらしたという意味で失敗であった。アメリカのグローバルな影響力は、長い間、経済力によって対外関係を向上させることで保たれてきた。貿易、金融、市場の開放が、アメリカの国益に奉仕する強力な地政学的(geo-strategic)な手段であった。

冷戦の終焉とともに、アメリカの戦略的目標は地政学的なものから経済的側面(geo-economics)に焦点を当てたものへと微妙に定義し直された。特に、クリントン政権は、経済成長と経済的相互依存が軍事的紛争の種を減らすのに役立つという信念から、グローバリゼーションや貿易自由化を推進しようとした。その際、急速な経済成長とともに戦略的重要性を増大させつつある東アジアが、とりわけ大きく浮かび上がった。

クリントン政権は国内で、財政の均衡、ドルの価格の回復、債券市場の改善に注意を向けた。一九九四年の超党派的な増税措置は民主党にとって重荷となったが、均衡予算を達成し、政権の末期には黒字財政、国債の累積赤字の劇的削減につながった。

かくて、ブッシュ政権は発足にあたって二三六〇億ドルの黒字予算を引き継ぎ、一〇年で五兆六〇〇〇億ドルの余剰が見込まれていた。しかし、ブッシュ政権はこの強力な経済力を対外政策の手段として使うことをせず、逆累進の減税を強行し、抑制のない巨額の歳出を放置した。

ブッシュのホワイトハウスでは、ポール・オニール財務長官やローレンス・リンゼー経済顧問以下の経済専門家が隅に追いやられ、遂に彼らは、共和党の重要な選挙区への財政支援を削減し、健全な経済的考慮を軍事費の拡大や税の削減のために犠牲にするのを拒否した咎で、罷免された。アメリカの対外政策は主に軍事的安全保障の視点から評価され、財政や金融上の分別は無視された。その結果起こったことと言えば、国内経済の悪化と海外でのドルの対ユーロ安、東アジアにおける経済的影響力の急激な低下であった。

一連の大規模かつ逆累進の減税措置は、ブッシュがしばしば自己の政権の「基盤」と呼んだ高額所得層に利益をもたらすものであり、それが前政権から継承した財政余剰をたちまち食い尽くした。オニール財務長官が、このことを難じたとき、チェイニー副大統領は、そっけなく、だが政治的には甚だ示唆的な、次の言葉でやり返した。「レーガンが、赤字などは問題でないことを証明した。我々は選挙に勝ったのだ、これ（国庫の余剰）は、われわれの当然の報酬さ」［★9］。

これがイラクとアフガニスタンでの膨大な戦費と相俟って、国庫への負担は破壊的なものとなった。それでも、九・一一事件後のブッシュ政権は、国民に対してひたすら「消費」を勧めた。かくして、二〇〇八年財政年度の終わるまでに赤字は四八二〇億ドルにまで膨れ上がった。八〇億ドルの戦費を別にしても、これだけの赤字額である。九・一一事件から二〇〇八年度までに、国庫の債務は五兆六〇〇〇億ドルから九兆五〇〇〇億ドルへとほとんど倍増した。

アメリカの債券のほぼ半分は外国が持っており、とくに中国と日本というアジアの巨牛が二大債権国である。二〇〇九年秋の金融崩壊を阻止するためにつぎ込まれた数百万ドルが、この状況を一層悪化させた。

このように膨れ上がる債務、弱いドル、全般的な金融の困難が、アジア諸国の行動に対してアメリカが影響力を行使する手段としての経済力から効果と機会を奪った。

ブッシュ政権は、また、グローバルなレベルでの貿易障壁の削減に向けた努力も放棄して、二国間の自由貿易協定(FTA)の締結の途を選んだ。しかし、FTAの相手の選択は、経済上の理由ではなく戦略上の理由からなされた。このようなFTAは、国内政策の厳しい現実——第二次大戦後最悪の労働市場、格差の拡大傾向、貧困層の激増、健康保険を持たない人々の増加など——に正面からぶつかって、保護主義的世論の台頭をもたらした。

東アジアとの関係で特に重要なのは、経済の開放に反対する世論の蔓延であり、韓国との自由貿易交渉への反対、「中国に雇用の機会を輸出するな」の大合唱である。

ブッシュ政権の八年間に生活水準の低下を体験してきたアメリカ国民がグローバリゼーション反対の意見に動かされやすくなったのは無理からぬことである。ブッシュの登場以来、自由主義貿易反対の世論は目立って増え、二〇〇八年の大統領選挙戦で重要なテーマとなった。

このように悪化した経済を引き継いだことが、オバマ政権にとって重荷となっている。金融の完全崩壊は回避できたかに見えるが、失業問題の悪化は依然政権の経済担当者たちの心配事として残っている。また、米ドル弱化の脅威も続いている。二〇〇九年三月、中国人民銀行の周小川総裁はドルに代えて何らかのバスケット方式を採用するかIMF引き出し権にウエイトを移すかすべきだと公式に発言し、温家宝首相もアメリカの債券を中国が過剰に持っていることへの懸念を語った。こうした中国側の懸念についてアメリカ側から大きな動きは未だないが、失業の不安はオバマ政権の問題として依然残っており、中国製タイヤに関する保護貿易的論調が高まる中で、米韓自由貿易へ向けての動きには全く前進が見られない。

4 アメリカの単独主義とアジアの地域主義

ブッシュ政権は、半世紀以上にもわたる多角主義、アジアの地域主義の方針からも劇的な離脱を行った。クリントン政権は、東アジアにおける経済力重視政策の一つとして、アメリカと東アジアの絆を強め、貿易の自由化を推し進める制度としてAPECを重視した。

しかし、ブッシュは、中東や中央アジアに地理的関心の焦点を移動させたために、APECをはじめとするアジアの地域主義的機構への関与の姿勢を後退させた。イギリスの国際政治学者、リチャード・ヒゴットがアメリカの対外経済政策の「安全保障化」と呼んだ現象の一つの表れが、ブッシュによるAPECへのアプローチである。すなわち、経済的観点ではなく、安全保障の観点からのアプローチである。二〇〇一年以降、APECへのアメリカ代表は、他のメンバーの主要関心事項である経済にはほとんど注意を払わず、一貫して、テロへの反対に関する声明の採択に意を注いだ。九・一一事件後の最初の三回のAPECサミットにおいて、多くのアジアの指導者は、ブッシュによるテロとの闘い、とくにイラクへの軍事的協力への支持取り付けの努力のために経済的議題はそっちのけにされてしまったと感じた［★10］。それ以来のAPECは太平洋地域における対テロ有志連合形成の場に過ぎない存在となってしまった。

ブッシュ政権の官僚たちはASEAN加盟国にとって、とくに大切なASEAN地域フォーラム（ARF）にも軽蔑的な態度を示した。二〇〇五年、ライス国務長官は一九九四年のARF創設以後、この会議を欠席した最初の米国務長官となった。そしてライス長官の例にならった中国、インド、および日本の外務大臣も同会議を欠席したり、早めに退席する態度をとった。厳しい非難を受けて、ライスは翌二〇〇六年のARF会議には出席したが、二〇〇七年には、また欠席した。それとほぼ時を同じくして、ブッシュ大統領も米＝ASEANパートナーシップの三〇周年記念行事を延期した。

ブッシュ政権が、アジア太平洋地域へのコミットメントを低下させる一方で、東アジア諸国は逆の方向をとり、いくつもの新機構を作り、そのほとんどからアメリカは除外された。ASEAN＋3、チェンマイ・イニシアティブ（CMI）、アジア債券市場イニシアティブ（ABMI）、アジア債券基金（ABF）、上海協力機構（SCO）、東アジア・サミット（EAS）などがその例である。これらは、それ以前のAPECやARFといった太平洋規模の機構とは対照的に、メンバーはアジア諸国に限られている。APECやARFが脇役とされ、アジア諸国が地域主義を強めつつあるなか、ブッシュのアメリカもまた脇役へ退き、発言力を失っていった。

北朝鮮の核問題に六者協議で臨むという決定は、二国間主義に対する多国間主義の、対決に対する交渉の勝利であり、ブッシュ政権が遂行した多くの単独主義事例中の数少ない例外である。しかし六者協議は、実際にはアメリカから中国への主導権の微妙な移動であり、中国の静かな、しかし効果的な圧力によって二〇〇七年から二〇〇八年にかけて懸案解決への途が開けたのであって、北朝鮮の非核化というアメリカの目標が達成されたとしても、その功績の多くは中国のものとされるであろう。

オバマ政権がブッシュ政権と最も明瞭にその性格を違えるのは、まさにこの多国間主義の点においてである。オバマとその高官たちは、「諸国の言葉に耳を傾ける」と繰り返し述べている。新政権の重要な方針として、ASEANやARFを始めとする多国間機構を通じて政策を実行しようとしている。ヒラリー・クリントン国務長官のアジア歴訪は、ASEAN事務局への訪問、ASEAN担当大使の任命、ASEANとの友好協力協定締結への準備などへと繋がり、同長官のアジアに対するアメリカの関心の表明は、中国と日本を超えた、より広範囲に及んでいる。そればかりでなく、アメリカは東アジアサミットにオブザーバーとして参加する可能性も検討している。

5 オバマ政権の課題

疑いなく、オバマ政権は世界中の歓迎ムードの中で発足した。仮に、その歓迎がブッシュ時代から解放された安堵感の表れであったとしても。

だが、新政権の直面する課題は多い。中東での二つの戦争は毎週二〇億ドルの国庫の流出をもたらしているが、カネだけでなく、政策決定者の注意力もその多くが、そちらに割かれている。国際経済の不況はグローバルな財政機構の注意力を奪うし、その対策にも国庫からの出動が必要とされる。地球温暖化の危機を長い間放置してきたツケが、アメリカとアジアの長期的成長の展望を遮っている。アメリカへの尊敬の念が世界中で低下したために、折角苦労の末に手にしたアメリカへの善意が失われ、以前であれば過去の失策のあれこれに目を瞑って許してくれたところでも、そううまくはいかなくなってしまった。一方、国内には健康保険からインフラ整備まで幅広い課題が山積している。

かつては北朝鮮の核問題を除くと、政権の最重要課題の五、六番目までに東アジアが自動的に入ることはなかったため、オバマ政権においてもアジア以外の戦争に取り組むことに追われて、東アジア対応が背景に押しやられてしまい兼ねないことが懸念された。しかし、新政権はアジアにおける前政権の失敗を是正することを怠れば大きな誤りを犯すことになるのをよく理解して、迅速にアメリカの影響力回復の行動をとった。

北朝鮮の核が文句なく最大の緊急事案である。ブッシュ政権の過度に軍事的アプローチのために、アメリカも他のアジア諸国も、もっと有効に使えたかもしれない数年を無駄にし、その間に北朝鮮の手には、かつてより多くの核物質や核兵器が貯まっている。北朝鮮は、オバマ政権の意図を試すためか、あるいは単に国内の政治的必要からか、あらたな強硬な姿勢を見せ始めている。先述したように、オバマはこれに対してニンジンとムチの取り合わせで応じ、国連の制裁決議を適用した。クリントン前大統領の朝鮮訪問は、凍った関係の緩和に資するところがあった。二〇〇九年秋までには、このアメリカ主導の方策は効果を示し始めている。六者協議と米朝の取引とが組み合わさって当面の緊張がゆるみ、多国間主義と交渉が脅威と不信の固い結び目を解く主要な手段となるだろう。それでも、現在の危機が満足のいく長期的な解決に到達するためには、北の保有する核物質の放棄、検証の手続き、ウラン濃縮計画の取り扱い、北による核物質ならびに関連技術の拡散の防止などの作業、あるいは工程が実行されなければならない。また、背後には、日本人拉致問題や、北のミサイル開発、北の経済的孤立や貧困解決のための支援策などの厄介な諸問題が控えている。朝鮮半島への真剣な注目が求められている。

幸いに、ブッシュ政権が残した失敗の修復、その他の問題の多くは、大統領自身の関与なしに解決が可能である。過度の軍事化は、東アジアの複雑な実情に即した、もっとニュアンスのある多様な手段の組み合わせに取って代わられつつある。例えば、さほど大きなコストをかけないでも、広報外交、経済援助、経済とのリンケージ、疾病対策などの非軍事的手段をこれまでよりも重視するようになっている。

日本、中国、韓国に非軍事的分野での関与を促し、併せて中国封じ込め政策を取りやめれば、ブッシュ政権時代の失策を相当程度まで是正することができるだろう。その点で、クリントン国務長官の、日本、インドネシア、中国、韓国への訪問は、オバマ政権が、アジアを無視せず、アジア諸国の政府に広報外交を通じて働きかける用意があることの証左となった。特に重要なのは、同国務長官のインドネシアにおけるＡＳＥＡＮおよび友好協力条約に関する言動である。同様に日本で拉致家族に面会したことは、安倍政権のような大々的なやり方でなしに、この問題の重要性を忘れないという日本に向けての積極的なメッセージとなった。また、中国では、米中両国が相互の共通利益を追求する経済的協力関係を拡大して、地球温暖化問題を含む他の領域にも及ぼすよう呼びかけた。

アメリカが自国の経済を建て直すことの重要性は、最近のグローバルな金融危機で明らかになった。津波のように押し寄せる国内の経済的難問は、ともすればアジアの貿易相手を同盟国というより脅威と見なす保護貿易主義へ向かう政治的誘惑に駆り立てる。米韓自由貿易協定（KORUS）が、真っ先に標的とされ、そのための交渉は停滞したままである。しかし日本や中国との間でも、困難に直面するアメリカ企業や金融機関への両国の投資への反対の背後には似たような排外主義が潜んでいる。二〇〇九年九月の中国製のタイヤに対する制裁的課税（セーフガード発動）のような保護主義的措置は、世界に誤ったメッセージを送り、一九二九年の世界大恐慌のような保護主義の応酬を引き起こす危険を伴う。従って、KORUSの早急な批准、更なる反自由貿易的措置の拒否、多額の外貨を抱えたアジア諸国との関係強化などが、オバマ政権の最も有望な政策のあり方である。

過去八年間の単独主義は、改めなければならないし、現に改められつつある。APECの再活性化、安全保障でなく経済に重点を置いたAPEC、ARF、ASEAN＋3、チェンマイ・イニシアティブ、東アジア・サミット、これらに対する関心の増大は、アジアの集合的協力の推進をアメリカが尊重し、環境、教育、経済発展、エネルギーにおよぶ広範囲の共通の関心事に、多国間協調によって取り組む地域的協力のレジームにアメリカもパートナーとして参加する意思の表明となる。

オバマ大統領はアメリカを、前政権から引き継いだ時点よりもずっと良い条件でアジアに復帰させるチャンスを持っている。オバマは賢明にも、クリントン国務長官以下の閣僚たちをアジア諸国に派遣した。それは、あらかじめアメリカが作成したアジェンダを押し付けるのではなく、アジア諸国の指導者がアメリカと協力したいと考える問題は何かを探るための歴訪であった。このような使命を与えて閣僚を派遣するために、大統領には、反対意見を持つかも知れない選挙民に対応するだけの器量が求められる。ブッシュ政権が残した不健全な経済から後を引く選挙民の不満が抜きがたくあり、より厳しい危機が将来に控えているように思われる中で、こうした行動に出るのは容易なことではない。しかし、東アジアは、世界の中でも最も見込みのある世界の総人口の六割が住む成長地域であって、アメリカが善意と相互に利益のある関係を築く可能性に富む地域なのである。

オバマ政権は様々にブッシュ時代の負債を解消するための努力を始めているが、有望な好機を逃すことのないよう、この努力が今後も継続されることが最も重要である。

（訳 渡邉昭夫）

註

★1——例えば、Condoleezza Rice, "US Policy toward Asia" HERITAGE FOUNDATION, JUNE 18, 2008, および、Victor Cha, 2007 "Winning Asia: Washington's Untold Success Story", Foreign Affairs, 86, 6 (November/December, 2007): 98-113,; Green, Michae J. (2007) "America's Quiet Victories in Asia", Washington Post, February 13: A21.

★2——BBC. 2008. "Global Views US improve".

★3——Pew Global Attitudes Project, "America's Image Slips, But Allies Share U.S. Concerns Over Iran, Hamas No Global Warming Alarm in the U.S., China," June 13, 2006 at http://pewglobal.org/reports/display.php?ReportID=252

★4——BBC. 2007. "World Service Poll 2007 Global Views of the United States," at http://news.bbc.co.uk/2/shared/bsp/hi/pdfs/23_01_07_US_poll.pdf

★5——BBC. 2008. "Global Views of US Improve," at http://www.worldpublicopinion.org/pipa/pdf/apr08/BBCEvals_Apr08_rpt.pdf

★6——Stephen F. Hayes,. "The Big-Stick Diplomacy of Bush's Nominee for U.N. Ambassador." The Weekly Standard, 10: 25: March 21, 2005.

★7——Charles L. Pritchard,. Failed Diplomacy: The Tragic Story of How North Korea Got the Bomb. Washington, D.C.: Brookings. 2007: p.52.

★8——Pritchard, Ibid: p.76.

★9——Hacker, Jacob S. and Paul Pierson,. Off Center: The Republican Revolution and the Erosion of American Democracy. New Haven: Yale University Press, 2005: pp.4-5.

★10——Richard Higgott,. "After Neoliberal Globalization: The 'Securitization' of US Foreign Economic Policy in East Asia," Critical Asian Studies, 36,3 (2004): p.434.

第15章 日本外交におけるアジア太平洋

田中明彦 Tanaka Akihiko

1 はじめに

よく知られているように、一九五七年の第一回外交青書は、日本外交の三原則として「国際連合中心」、「自由主義諸国との協調」、そして「アジアの一員としての立場の堅持」を掲げた。この三原則は、日本外交が答えなければならない三つのレベルの設問への回答であったといってよい。三つの設問とは、①世界システム大の外交として何を重視するのか、②さまざまな国々の中ではどのようなタイプ・属性の国との関係を重視するのか、そして、③地理的に自らが属し重視する「地域」はどこであるか[★1]、というものであった。世界システム大の外交としては、国際連合という国際組織を重視するというのが第一原則、重視する国々とは自由主義という価値観を共有する国々だというのが第二原則、自らが属し重視する地域とはアジアであるというのが第三原則であった。

その後の日本外交において、第一回外交青書が与えた回答が一貫して維持されてきたわけではない。冷戦の最中は、重要な問題について国連が大きな機能をはたすことはなく、事実上、国連中心の外交を行うことは困難であった。冷戦終結後は、数多くの局面で国連中心外交が言及されるようになったが、それにしても、本当に国連が「中心」であるかどうかは、議論の余地が多い。G8（主要国首脳会議）や、その他の国際組織の方が重要だったと議論することも十分可能であろう。

これに比べると、自由主義諸国が、日本が重視するタイプの国々であるという原則は、相当程度一貫しているであろう。ただ、この場合も、アメリカのみが圧倒的に重要であったという見方は十分可能である。結局のところ、自由主義諸国との協調とは、日米同盟重視だったということもできる。他方、一九九〇年代あたりまで、日本にとって経済的に最も熾烈な競争相手が自由主義諸国であったということは、問題を複雑にした。日米同盟重視と日米経済摩擦の入り組んだつづれ織りこそが、一九八〇年代の日本外交を特徴づけた。

しかしながら、第一のレベルと第二のレベルについての、回答のあり方は、第三のレベルにくらべ、常に明快さを伴ってきたように見える。国連をどれだけ重視するかは、政治家によっても異なるし、時期によっても異なる。しかし、国連という存在自体は、否定しようのない現実であった。自由主義諸国がどの国々かということも明快であり、とりわけアメリカが日本にとって重要でないことはありえなかった。

これに比べ、第三の設問、すなわち重視する地域についての日本外交の回答には、常に曖昧さがつきまとってきた。一九五七年の外交青書は、「アジア」という地域に言及しているが、一体、このアジアとはどこなのか。一九五〇年代において、アジアといっても、日本は巨大な隣国である中華人民共和国と国交がなかった。インドとは、シンボリックな友好関係は存在したが、その後、経済的な関係は全く深まらなかった。日本外交が、アジアを目指した地域主義外交を行わなかったわけではない[★2]。しかし、その多くは永続的な影響を持たなかった。おそらく、そのような現実的な関係の希薄さが、一九六〇年代から、アジアに加えて「太平洋」という地理概念を登場させる背景にあった。小島清教授の「太平洋自由貿易圏」構想は有名であり、いうまでもなく、大平正芳総理の九つの政策研究グループの一つは『環太平洋連帯の構想』であった。一九八〇年代から一九九〇年代にかけて、アジアと太平洋を結合した「アジア・太平洋」ないし「アジア太平洋」という地域概念が、日本外交をめぐる言説に頻出するようになるが、一九九〇年代後半から二一世紀の初めにかけて、「東アジア」ないし「東アジア共同体」という言葉も頻出するようになる。日本が自ら属し重要と考える地域は、時代の変化とともに揺れがみられるといってもよいであろう。地域との外交こそが、日本外交にとって最も悩ましい領域であったのかもしれない。

本章では、一九八〇年代から二〇一〇年に至る時期における、日本の地域外交を、「アジア太平洋」ならびにその類縁概念である「東アジア」ないし「アジア」への焦点のあて方に注目して、分析していきたいと思う。

2 APEC

国会における総理演説[★3]において、「アジア太平洋地域」ないし「アジア・太平洋地域」に最初に言及したのは、一九七四年一二月一四日の三木武夫総理大臣の所信表明演説であった。三木は、「わが国としては、特に主権尊重、内政不干渉と互恵平等の精神に基づき、日韓関係をはじめ、全アジア諸国との間も友好関係を一そう強めてまいる決意であります。それがアジア・太平洋地域の安定に貢献するものであることを深く確信するからであります」と語った。以後の政治家でいえば、大平正芳総理大臣も、中曽根康弘総理大臣、竹下登外務大臣も言及した。しかし、国会における総理演説を見る限り、「アジア太平洋」への言及が急増するのは、一九八〇年代後半から一九九〇年代前半のことであった。

いうまでもなく、アジア太平洋への日本外交の関心を集中させた出来事は、一九八九年秋のアジア太平洋経済協力閣僚会議（APEC）の発足であった。このAPECの設立にあたっては、通商産業省の役割が大きかった。

ＡＰＥＣは、第二次世界大戦後、日本がイニシアティブをとって作り上げた最初の大規模な地域枠組みとさえいえるであろう。この時期に、通産省がアジア太平洋の地域枠組みの設立に動いた背景はいかなるものであったか[★4]。

最大の背景は、日米経済摩擦がますます深刻化するなかで、ヨーロッパを中心に急速に地域経済統合の動きが強まっていったことであった。一九八〇年代前半における日米経済摩擦の焦点は、自動車摩擦であり、これは自主規制という形で決着させた。さらに、そのような自主規制にもかかわらず莫大に膨らんだアメリカの対日貿易赤字が解消する見込みはたたず、一九八五年には、ついに大幅な為替調整がおこなわれた(プラザ合意)。それにもかかわらず、日本の経済力がアメリカに挑戦する勢いは変わらないとみられた。実際、急激な円高の結果、かえって異常ともいいうるバブル景気が発生し、表面的には日本経済は向かうところ敵なしといった雰囲気が生まれた[★5]。

二一世紀にはいった現在の時点では想像することも困難になっているが、一九八九年の時点で冷戦後の最大の脅威は何かと問われた時、多くのアメリカ人は、日本だ、と考えていた。冷戦が終わった今、ゲオポリティックス(地政学)ではなくゲオエコノミックス(地経学)が重要なのだとか、軍事が脅威なのではなく経済こそ脅威なのだと言われた。現に一九八九年には、ジャパニーズ・マネーがアメリカのほとんどを買い尽くすのではないかと恐れられた。三菱地所がロックフェラー・センターを買い、ソニーがコロンビア映画を買った。ジャーナリストのジェームズ・ファローズが「日本封じ込め」と題する論文を書いたのもこのころである[★6]。

日米経済摩擦が深刻であったのみならず、一九八〇年代には、米欧経済摩擦も深刻であった。このような状況下で、世界経済が向かうべき一つの方向は新たな貿易自由化のための多角的交渉を行うことであったが、東京ラウンドの困難さを考えたとき、それが唯一の道であるとのコンセンサスはできなかった。従って、一方で多角的交渉を求める動きが進むとともに、他方で、地域統合というアプローチもまた試みられることになった。多角的交渉については、一九八六年一一月、ウルグアイのプンタ・デル・エステで開催されたGATT（関税と貿易に関する一般協定）閣僚会議が、東京ラウンドに続く交渉を開始することに合意した。この会議にちなんで、この交渉は、「ウルグアイ・ラウンド」と呼ばれることになったが、その前途には楽観を許さないものがあった。他方、ヨーロッパでは、一九八五年六月にミラノで開催された欧州理事会において、「域内市場白書」が採択され、一九九二年末までにEC（欧州共同体）を「単一市場」として、財、人、サービスおよび資本の自由な域内移動を可能とすべしとの目標が示された。この域内市場統合をめざす項目も含む「単一欧州議定書」が一九八七年七月に発効し、いよいよ西欧は、地域統合による動きを加速化させることになった。北米においても、アメリカとカナダが米加自由貿易協定の締結の交渉を一九八五年から開始し、一九八八年一月に調印、一九八九年一月から発効させた。つまり、ウルグアイ・ラウンドが開始され世界大の多角的交渉が進められる一方、西欧と北米においては、それぞれの地域の内部においては、より自由な貿易が実現されるような動きが進み始めたのであった[★7]。

経済力においてアメリカを凌駕する日も近いとする日本人の「得意の絶頂」意識は、しかしながら、自らの脆弱意識と裏腹である面があった。単一市場に向かうヨーロッパ、北米自由貿易協定をめざし、ますます日本経済を政治的に封じ込めようとしているかに見えるアメリカに対して、何とかしなければならないという意識が強くなっていったのであった。アメリカとの敵対的関係は阻止しなければならない。欧州市場から締め出されては困る。ましてや、アメリカ市場から締め出されるのはこまる。一つの解決策として考えられたのが、日本とアメリカを含む「大地域」の形成であり、そのためにはアジアではなく、アジア太平洋という枠組みが必要だとみられたのであった。

当時通商産業省が、アジア太平洋協力のために懇談会を作っていたが、一九八九年六月に発表された報告書は、いまや機は熟しつつあると見ていた。アジア太平洋という枠組みに着目すれば、地域枠組み形成に向かう経済実態が熟しつつあるというのであった。同報告書によれば、八〇年代の急成長は相互依存の著しい深まりを伴うものであった。貿易量をみると、アジア太平洋地域におけるそれぞれの国のこれら地域全体への依存度は、八一年から八七年までの七年間に五-一〇%ポイント上昇し、国により異なるが、五〇-七〇パーセント程度、平均六三パーセントとなっている。ちなみにECの相互依存度は五八パーセントであることから、本地域の高い相互依存関係が理解できよう[★8]。

地域枠組みなしに、これだけの経済相互依存が増している。この中でさまざまな問題が発生している。今や、地域の枠組みを作ることは十分可能だというのであった。しかし、アジア太平洋における地域枠組みが、逆にヨーロッパやアメリカの保護主義を刺激してはならない。当時、ヨーロッパが単一市場となるに際して、域外国を差別する「ヨーロッパ城砦」になるのではないかとの懸念が強かった。アジア太平洋の地域枠組みが、ヨーロッパの保護主義の口実に使われてはならないと考えられた。そのためにはどうするか。そこでスローガンとなったのが、「開かれた地域主義」という語義矛盾ともいいうる標語であった。

ヨーロッパが保護主義になることを防ぐために、こちらも保護主義的な枠組みを作るといってしまえば、こんどはそれが相手をして、さらなる保護主義をとらせることになってしまう。いわゆる自己充足的予言になってしまうのであった。これを防ぐためには、語義矛盾といわれようが、「開かれた保護主義」というメッセージを言い募るしかなかった。もちろん、本当にヨーロッパが保護主義になってしまったときには、それに対処して、アジア太平洋という地域で、より本格的な(?)地域主義を考えるということがあったのであろう。ただし、後者の部分は、誰も公言しないことであった。

カギとなるのは、アメリカとASEAN諸国であった。ASEAN諸国の中では、マレーシアなどがアメリカのはいる枠組みには極めて強い警戒心を隠そうとしていなかった。一方、アメリカがこの構想に乗るかどうかは未知数だった。一九八九年のアメリカでは、日本相手の経済戦争でも挑むかのごとき動きがみられていた。四月には、包括通商法スーパー三〇一条の優先交渉相手国に日本をあげていたし、その後、ブッシュ政権は、日本と日米構造問題協議を始めたいとの提案を行っていた。APEC構想について公式のイニシアティブをとったオーストラリアのホーク首相は、一九八九年一月におこなったソウルでの演説で、意図的にこのアジア太平洋の枠組みの構成メンバーとしてアメリカをいれていなかったといわれる。アメリカに言及しないことによって、ASEAN諸国の警戒心を解き、他方、アメリカに対するある種のショック療法をあたえて関心をもたせるというわけであった。本当にそのような戦術だったのかどうかは、じつは不明であるが、結果としては、その通りになった。同年六月、アメリカのベーカー国務長官は、ホーク構想や、そして日本の通産省の構想に賛意を示したのであった。

こうして、一九八九年一一月、キャンベラで第一回「アジア太平洋経済協力」(APEC)閣僚会議が開催されたのであった。当初の加盟国は、オーストラリア、カナダ、日本、韓国、ニュージーランド、アメリカそして当時のASEAN加盟六カ国であった。日本としての影のイニシアティブの実った会議といってもよいわけだったが、実際は、奇妙な結果になった。なぜなら、アジア太平洋経済協力の枠組み作りについて、日本の外務省は懐疑的だったからである。

船橋洋一によれば、

通産省と外務省のアジア太平洋での地域協力ビジョンは何から何まで違った。キャンベラ会議までに両者の意見が一致したことと言えば、中国のAPEC加盟が時期尚早ということぐらいだった。もっとも、これはその年の六月の天安門事件でその見込みはどのみちなかった。キャンベラ会議では、両省ともそれぞれの大臣の演説を主要演説にしようと画策した。結局、二人とも演説したが、一人分の時間を二で割ったため、双方とも挨拶程度になってしまった。歓迎宴の席では、両省とも各国の代表一名からなるメイン・テーブルでの大臣の着席を要求し、結局日本だけ二人とも第二テーブルに回されてしまった。このときの情景に触れたアジアのある閣僚は「日本が、大臣が二人とも、メインにいない。もう信じられなかった」と言って、笑い転げた[★9]。

つまり、アジア太平洋地域協力の最初の政府間枠組みの形成という日本外交の大きな成果は、もっぱら通商産業省によって行われ、外務省が関与しないという形となったのであった。また、当時の日本の内政は、リクルート事件の大スキャンダルによる、竹下政権の崩壊、これを引き継いだ宇野政権も自らのスキャンダルで倒れるといった大混乱のもとにあり、アジア太平洋地域協力が政治主導で行われたわけでもなかった。

3 ARF

安全保障の面では、ASEAN地域フォーラム（ARF）の設立がアジア太平洋地域の多角的枠組みの歴史における分水嶺となった[★10]。ARF設立のイニシアティブは、アジア太平洋の大国に対峙して自らの力を発揮できるような枠組みを作りたいとするASEAN諸国の外交専門家たちの考えから発生した。ASEAN各国の国際問題や戦略問題を扱うシンクタンクの連合体としてASEAN戦略国際問題研究所連合（ASEAN-ISIS）というネットワークが、一九八八年に結成されていたが、このネットワークでは、ASEANの国際問題や戦略問題の専門家たちが、冷戦終結前後の国際情勢を分析し、次第にASEANとしての対応の提言を作り上げていった。その一つの成果が、一九九一年六月に発表された「イニシアティブの時」と題する提言であった。この提言は、毎年のASEAN拡大外相会議の直後に「ASEAN拡大外相会議主導の会議」を開催し、安全保障問題やアジア太平洋の政治対話を行うよう主張していたのであった[★11]。冷戦終結前後に、カナダやオーストラリアが提唱したいくつかの枠組みへのASEANなりの反応であったとも言ってよい。このような認識は、ASEANの政府関係者たちにも共有されており、一九九一年七月のASEAN拡大外相会議には、すでに対話国としてこれのメンバーであった日本やアメリカに加えて、ロシアと中国がゲストとして招請された。

このような安全保障における地域枠組みの形成については、日本もそれなりに構想を打ち出そうとしていた。たとえば、一九九一年七月のASEAN拡大外相会議に出席した中山太郎外相の演説があげられる。中山外相は、ここで、ASEAN拡大外相会議を安全保障の枠組みとして使っていくというASEANの立場に賛意を表し「そのような政治対話をより効果的にするために、例えば、この会議の下に高級事務レベル協議の場を設置し、そこでの検討の結果を本会議にフィードバックさせるのも一案かと考えています」[★12]と提案したのであった。この提案が、ARF誕生のきっかけになったという解釈がなされることがあるが、広い意味では促進要因になった面はあるかもしれないが、結果として出来上がったARFと当初中山外相が発言していた内容は相当違うものになっていた。中山演説が当時のASEAN拡大外相会議のメンバーだけを考えており、政治対話も専ら日本や日米安保への懸念を払拭することと想定していたのに対し、ASEAN内部での議論は日本やアメリカに加えて、ベトナムや中国、ソ連など、ASEAN域外の大国や国々をも包含する枠組みを構想していたのであった[★13]。

4 アジア太平洋地域主義

一九九三年には、APECにさらなる革新がもたらされた。シアトルで予定されていた閣僚会議を前に、アメリカのクリントン大統領が、閣僚会議に加えて、首脳レベルの非公式首脳会議を提案したのであった。マレーシアのマハティール首相は、このシアトルの首脳会議に参加しなかったが、その他の国の首脳は皆集まった。この地域の首脳が、一堂に会することは史上なかったことであり、アジアでも冷戦が終わり、国家間関係が正常化した状態を象徴していた。すでに述べた通り、ARFの設立も一九九三年に合意されており、この時点で、アメリカやオーストラリアを含んだ枠組みによる国際関係が軌道に乗り出したのである。

日本外交という視点で振り返ってみると、一九八九年あたりからあとの二、三年は、ゆっくり政策を検討する暇のないほど、世界情勢の激変に追いかけ回された時期だった。外務省や通産省は、それぞれ自らの得意分野では、さまざまな政策展開をした。カンボジア和平がそうであり、APECの設立がそうであった。しかし、天安門にしても、湾岸戦争にしても、金丸訪朝にしても、基本的には後追いの対策に終始した。

一九九一年末に政権についた宮澤首相にしてみると、もう少し体系的な政策追求ができないかと思ったことだろう。戦後日本の主流を常に歩み、日本外交とともに政治を担ってきたプロ中のプロを自認する宮澤として、自分なりの政策を打ち出そうとして不思議はない。また、外務省内部でも、冷戦後の日本の安全保障政策について体系性を打ち出そうとしていた。たとえば、一九九二年春に刊行された『外交青書平成三年版』は、それ以前の『外交青書』に比べて、「日本の外交の課題」を論ずる部分で、過去の日本外交を振り返り、今や日本外交が新しい時代にはいったことを指摘していた。とくにアジア外交についてみると、これまでの二国間外交を主体にしたものから、多角的な視野をもたなければならないと論じていた。しかも、安全保障を論じる部分では、とくに「アジア太平洋地域の平和と安定」という節を立てて、この地域の安全保障環境の特徴をヨーロッパとの対比で特徴づけていた。

このようなアジアに対する政策に体系性を与え、国内や官僚組織に存在するさまざまな見方をある程度統合させる意味もあって、宮澤首相は、一九九二年五月、「二一世紀のアジア・太平洋と日本を考える懇談会」を設立した。メンバーは、当時の日本のアジアに関する知識・経験を代表する学界、産業界、メディアの有識者たちであった。

この懇談会は、以後検討を重ね、一二月二五日、報告書を宮澤首相に提案した［★14］。報告書は、アジア・太平洋の範囲としてとくに限定的な定義を行うことなく、目的ごとに対象地域を柔軟に考えるべきだとした上で、地域の将来に影響を与える要因として、中国、ASEANとインドシナの関係、朝鮮半島（とりわけ北朝鮮の核疑惑）、南アジア、ロシア情勢をあげ、日本が維持すべき理念として「平和と繁栄」のため「開放性の推進」と「多様性の尊重」をあげた。また「自由と民主主義がこの地域においても追求されるべき目標であることは、今更言うまでもない」が、この地域の「多くの国が植民地として厳しい統治に苦しんだ経験を有していることに鑑みれば、自由、民主主義、人権といった問題について、われわれは、自らの実践の積み重ねの上に立って、これら諸国と静かな対話を重ねていくことが必要である」としていた。さらに、今後の課題として、安全保障、地域枠組み、過去に対する認識の三点をあげ、安全保障の根幹としてのアメリカのプレゼンスの重要性、地域枠組みにおける開放性の重視、過去の問題に関する「誠実で謙虚な態度」の重要性を指摘していた。具体的な措置としては、地域の安全保障に関する対話の深化、経済協力の充実とアジア・太平洋地域における相互理解の促進をあげた。とくに安全保障対話については、中国やロシアを地域の安全保障の対話に巻き込んでいくことの重要を指摘し、さらに軍縮・軍備管理面でのイニシアティブをとるべきであると提言していた。日本の経済協力については、これまでの日本の実績が「自信を持って語りうる成果をあげてきた」との認識で、日本型の援助の効率性を認識しつつ、さらに強化すべきであるとした。

その後の朝鮮半島情勢や台湾海峡情勢の展開を考えると、短期的な危機認識に欠ける提言とも見ることができる。しかし、それにもかかわらず、日米安全保障体制の必要性の認識、多角的安全保障対話の重視、経済協力充実の必要性、歴史認識の重要性、相互理解の重要性など、その後の日本のアジア政策における必要項目はすべて網羅した報告であった。残念なことに、この提言が発表された前後から、日本の内政は激変に見舞われ、対外政策どころでなくなってしまったのであった。

一九九三年春、宮澤内閣は不信任された。ただちに宮澤は衆議院を解散したが、これを受けた九三年の七月の総選挙では、自民党は過半数を獲得できなかった。その結果、一九五五年の成立以来、一貫して政権についてきた自民党は下野し、日本新党の細川護熙を首班とする内閣が成立したのであった。

細川内閣成立後も、日本の内政は必ずしも安定しなかった。一九九四年にはいると、小選挙区・比例代表並立制の選挙制度改革は実現したが、その直後に細川首相は退陣を表明、羽田孜が政権をとったが、連立与党内部の内紛で社会党が離脱、七月初めには、その社会党が戦後四〇年間の仇敵ともいうべき自民党と連立を組み、社会党委員長の村山富市を首班とする内閣を成立させたのであった。

そのような政治的混乱にもかかわらず、実務面でアジア太平洋の地域枠組みは進展を見せていった。たとえば、一九九四年にインドネシアのボゴールで開催されたAPEC首脳会談で、アジア太平洋地域の貿易と投資の自由化を、先進国は二〇一〇年までに、発展途上国は二〇二〇年までに達成するとの目標に合意が成立したのであった。一九九五年の秋に大阪で開催されたAPECでは、自由化のための行動指針が合意された。当時、アメリカは、APECを活用して貿易自由化を進めようと積極的に動いていた。

他方、日本では、さらなる貿易自由化については徐々に慎重な姿勢が出てくることになる。当初、APEC設立にかかわる最大の目的は、ヨーロッパが保護主義に転じ、アメリカもまた市場を閉ざすのではないかとする恐怖であった。しかし、一九九二年にマーストリヒト条約が締結され、翌年欧州連合が成立したが、懸念されたような保護主義の波が高まるわけではなく、さらに一九九四年には、ウルグアイ・ラウンドが決着し、世界貿易機関(WTO)の設立が合意された。世界の市場から閉め出されるという懸念は薄らいだのであった。だとすると、日本から積極的に貿易自由化に動くというインセンティブも低下するのであった。また、一九九五年を境として、日米経済摩擦はほとんど消滅していくことになる。バブルが崩壊し、日本経済がアメリカに脅威を与えるものとの認識がアメリカから急速になくなっていったからである。対米関係からみても、貿易自由化を促進するインセンティブがなくなりつつあった。ウルグアイ・ラウンドの決着にあたっては、コメの関税化問題などが国内政治問題となった日本は、農産物を中心とする貿易自由化は、国内政治的にますますコストが高いとの認識が広まっていった。

APECを使った貿易自由化を求めるアメリカと貿易自由化に消極的になりつつあった日本は、APECの場で衝突することになる。一九九五年に合意された大阪行動指針を受けて、一九九七年のバンクーバーでの第九回閣僚会議で「早期自発的分野別自由化」(Early Voluntary Sectoral Liberalization = EVSL)という取組が合意された。これは、水産品や林産品を含む九つの優先分野において、自由化を進める交渉を自主的に行うというものであった。アメリカは、これの早い実現を求め、事実上、APECにおいて関税交渉を行うべきであるとの主張を行った。一方日本は、あくまでも自主的な取組の側面を強調し、水産品や林産品などについての関税交渉に反対した。その結果、一九九八年のAPEC経済閣僚会議では、日米が合意を得ることができなかった[★15]。これだけ明白に貿易交渉で日米が対決し、交渉が事実上決裂したにもかかわらず、かつての日米経済摩擦のように日米関係全般に影響が及ぶことはなかった。アジア通貨危機以後の日本経済の破綻を前にして、農業問題について妥協できない日本を追い詰めるインセンティブはそれほど高くなかった。ジャパン・バッシングは必要ない。ジャパン・パッシングでよいということであったのかもしれない。結局、合意失敗によって、貿易自由化の問題はすべてWTOの場における交渉にゆだねるということになった。これは、APECを突き動かしてきた経済的動因をAPECという枠組みから取り去ることになった。アメリカからすると、日本のパッシングであったかもしれないが、それによって、成果をもたらさないAPECからも事実上パッシングするということになった。もちろん、それ以後も毎年APEC会合は開催され続けていった。しかしながら、アメリカはおおむねAPECへの関心を低下させ、そして、日本もまた、APECに国をあげて取り組むとの姿勢をなくしていった。

5 東アジア地域主義

二一世紀にはいると、APECの勢いがなくなり、ARFもまた目に見える成果を生み出すことができなくなっていった。それと同時に、日本外交における「アジア太平洋地域」への言及は低下していった。これに反比例するように増加していったのが「アジア」ないし「東アジア」という地域概念であった。日本においても、伝統的に東アジアといえば、日本、朝鮮半島、中国、さらにベトナムあたりまでを含む地域を指す地理概念であった。しかし、一九九〇年代を通して、政治的には、東北アジアと東南アジアを足し合わせた地域を東アジアと言うという考え方が登場してきた。まず、マレーシアのマハティール首相が、一九九〇年暮れに、東アジア経済ブロック（のちに東アジア経済協議体＝EAEC）を提唱したときの範囲は、東南アジアも含む東アジアであった。また、一九九三年に世界銀行が『東アジアの奇跡』という報告書を公表したが、このとき世界銀行が分析した興隆しつつある東アジアとは、タイなど東南アジア諸国を含む地域のことであった。さらにまた、一九九七年にタイのバーツ切り下げをきっかけとして発生した地域的金融危機も、「アジア金融危機」や「アジア通貨危機」の名称とならんで「東アジア金融危機」ないし「東アジア経済危機」と呼ばれることが多かった。

一九九八年五月にASEANを訪問した小渕恵三外務大臣は、「東アジア経済危機」から脱するためには、東アジア諸国が「五つのC」（勇気courage、創意creativity、思いやりcompassion、協力cooperation、未来に対する確信confidence）を持たねばならないと論じた。二〇〇一年一月には、河野洋平外務大臣は、「二一世紀東アジア外交の構想」と題する演説を行った。そして、二〇〇二年一月一四日には、東南アジアを訪れた小泉純一郎総理大臣は、「東アジアの中の日本とASEAN」と題する政策演説を行い、以下のように述べたのであった。

世界のエコノミスト達に、近い将来最も発展する可能性のある地域はどこかと尋ねれば、間違いなく「東アジア」と答えるでしょう。協力を進めることで、この可能性を最大限引き出すことができるでしょう。

私達は、「共に歩み共に進むコミュニティ」の構築を目指すべきです。その試みは、日・ASEAN関係を基礎として、拡大しつつある東アジア地域協力を通じて行われるべきです。私は、この地域の諸国が、歴史、文化、民族、伝統などの多様性を踏まえつつ、調和して共に働く集まりとなることを希望します。私達には異なる様々な過去がありますが、未来については、互いに支え合う、結束したものとできるはずです。そのような集まりをつくるにあたっては、前向きな結果をもたらすよう、戦略を持って考えていく必要があります。そして、世界的な課題に貢献するために、私達は地域と世界をつなぐ役割を果たしていくべきです［★16］。


東南アジアを含む「東アジア」についての言及が多くなった背景には、一九九七年一二月に開催されたASEAN＋3（日中韓）首脳会議が、その後定例化していったことが大きい。ASEAN＋3首脳会議は、ASEAN三〇周年を記念するASEAN非公式首脳会議に日中韓の首脳を招待するという一時限りの会議として構想されたのであったが、この組み合わせは、まさにマハティール首相がEAECとして提案していたメンバーと同じメンバーであった。時あたかも東アジアは金融危機に襲われ、地域協力の必要性への認識が高まり、一九九八年、この首脳会議の定例化が決まることになる。当初は、首脳会議だけであったこの枠組みは、二〇〇〇年五月に、通貨スワップを内容とする「チェンマイ・イニシアティブ」などの合意をもたらし、さまざまな領域における協力の枠組みとなっていった。APECが実質的な協力促進の枠組みとして力を失うなか、ASEAN＋3を中心とした協力が日本外交の中で重みを増していったのである［★17］。

とりわけ小泉政権においては、「共に歩み共に進むコミュニティ」を東アジアに形成することが明示的に語られるようになっていった。小泉政権初期の演説や政策文書では、東アジア・コミュニティとカタカナが使われていたが、二〇〇五年、二〇〇六年の施政方針演説では、「東アジア共同体」という用語が使われるようになった。

小泉政権における地域概念の変遷という観点で興味深い現象は、アジア太平洋という用語がそれほど用いられなかったのに対して、東アジアが極めて大きく登場してきていることである。この現象が興味深いのは、他の外交行動と比べた時にさらに明確になると思われる。つまり、九・一一以後の展開がしめすように、小泉政権ほど日米関係を良好に保った政権はほとんどなかった。日米関係が良好でありながら、なぜアメリカを含む地域概念がそれほど登場しなかったのか。おそらく、答えは、その必要がなかったから、ということになるのかもしれない。日米関係が良好であるので、アメリカを含む地域概念を強調する必要がなかったのであろう。また、アメリカ自身が、この時期、外交政策の主力を対テロ作戦とイラクに集中しており、アジア太平洋に関心を向けていなかったことも影響したであろう。

他方、それでは東アジアと小泉政権の関係が良好だったから「東アジア共同体」を小泉政権は主張したのであろうか。二〇〇二年一月のシンガポール演説の段階では、中国や韓国との関係も良好に維持しつつ、「共に歩み共に進む」コミュニティ形成をねらっていたように見える。しかし、その後、靖国神社参拝問題の結果、日中関係・日韓関係ともに「政冷」の関係となっていった[★18]。ASEAN＋3首脳会議の場をかりて、一九九九年から行われてきた日中韓首脳会談は、二〇〇五年には開催できなくなってしまった。

小泉政権期に、東アジア共同体を主唱しつつも対中関係が悪化していった最大の原因は靖国神社参拝問題であったが、より国際政治の構造に関わる要因としては、二一世紀にはいってますます明らかになりつつあった「中国の台頭」がある。歴史認識問題のあるなしにかかわらず、ASEAN＋3という枠組みでは、中国のみの存在感が大きくなりすぎるのではないかとの懸念が生じていったのであった。日本は、もともと東アジアの枠組みのなかに、可能であればオーストラリアとニュージーランドの参加を求めるという傾向があった。アジア欧州会合（ASEM）の設立にあたっても、日本はアジアのメンバーとして、オーストラリアとニュージーランドを加えるべきだと主張していた。また、二〇〇二年一月の小泉首相のシンガポール演説でも、「東アジア・コミュニティ」の中核メンバーは、ASEAN、日中韓に加えてオーストラリアとニュージーランドがなるべきだと述べていた。このような年来の主張に加えて、その後日本はインドの重要性を指摘するようになる。二〇〇四年、「東アジア首脳会議」の設立がASEAN+3首脳会議で議論され以後調整が行われたが、その調整の過程で、マレーシアや中国がメンバーはASEAN+3のままでよいとしたのに対して、日本は、東アジア首脳会議には、ASEAN+3のメンバーに加え、インド、オーストラリア、ニュージーランドが参加すべきであると主張したのである[★19]。ここには、ますます巨大化する中国を相対化しようとする意図があったように見える。この三国の参加については、日本だけでなく、インドネシアやシンガポールも賛成しており、東アジア首脳会議のメンバーには、インド、オーストラリア、ニュージーランドが加わることになった。

6　おわりに

小泉政権後、自民党では安倍、福田、麻生と三つの短期政権が続いた。いずれも自らの外交政策を確立することなく崩壊した。レトリックとしての「東アジア共同体」は継続しているが、総理の国会演説に登場することはなくなった。中国との関係は改善したが、改善したがゆえに、中国とともに「東アジア共同体」を形成しようとする強いメッセージが発せられたわけではない。

歴史認識問題を棚上げにした安倍政権においては、日米豪印の四カ国の連携強化が語られ、これに中国が反発し、オーストラリアもインドも、反中包囲網とみられる構想にはのりたくないとの意向を示した。安倍政権を引き継いだ福田総理は、親中国であるとみられていたが、その政策演説で、久々に「アジア・太平洋地域」を強調し、アメリカが「アジア・太平洋地域の最も重要なメンバーの一つ」であると指摘した[★20]。福田総理は、父福田赳夫の「福田ドクトリン」にも言及したが、そのメッセージは、いまや「太平洋」が「内海」であるとの主張であり、かえって大平総理の「環太平洋構想」に近いものであった。同構想もまた太平洋が「内海」と化したとの認識で構築されていたからである。

福田総理を引き継いだ麻生総理の地域認識は、外相時代、そして首相になってからの演説から見る限り「アジア」を強調したものになっている。アジア・太平洋への言及や東アジア共同体への言及もあるが、地域名として登場する回数は、圧倒的に「アジア」が多い。インドや中央アジアへの言及も多く、より広い地域概念を提示しているように見える[★21]。

自らが属し重要だと考える地域として、何を設定するのか。この設問への回答は、一体何によって規定されてきたのだろうか。地域の部分部分をつなぐ関係の密度が重要であろうことは間違いないであろう。アメリカを含むアジア・太平洋の間での経済関係が極めて密接となったから、「アジア太平洋」という地域概念が多く語られた。それに対し、東南アジアと東北アジアの間の経済の結びつきがより顕著になったことが「東アジア」概念の登場につながった。いまや、インドの成長と他のアジア諸国との関係密接化は、「東アジア首脳会議」にインドを参加させることになり、さらには「アジア」という地域概念の再登場につながっているように見える。

本章では、十分検討できなかったが、文化的な観念も影響はあるのかもしれない。ハリウッドを中心とするカリフォルニアの文化のアジア地域への影響は、「アジア太平洋地域」という意識に影響を与えてきたであろう。また、日本、韓国、台湾、香港などから発信されたポップ・カルチャーが、「東アジア地域」という意識にも影響を与えたであろう。

しかし、これらの経済関係の密度や文化レベルの地域形成に加え、ある種の政治的要因も忘れるわけにはいかないように思う。第一に、日米関係の緊張度合いが、日本が属する地域概念に影響を与えているように見える。「アジア太平洋」とは、日米関係が緊張する中で、日米の一体性を強調するために作り出され維持された概念である側面があるように見える。日米経済対決のもとでＡＰＥＣが形成され、日米経済摩擦が過去のものとなるにつれてAPECの活動も低下した。日米関係が良好であれば、日本は、アメリカの属していない地域概念を自らの外交の柱とすることができる。つまり、外交の第二原則に揺らぎがみられなければ、第三原則の追求に自由度が生じるのではないか。逆に、日米関係が希薄化する可能性のある時、アジア太平洋は、日米をつなぐ地域として登場する。親中といわれた福田康夫首相がアジア太平洋に言及した背景はこのあたりにあるのかもしれない。

第二に、中国の台頭が、日本外交における地域概念に変化を与える可能性もあるように見える。つまり対中バランス意識が地域概念の形成においても登場するということである。中国が巨大になればなるほど、中国を含む地域は巨大なものとならざるをえない。中国を含みうる巨大地域概念の可能性としては、東アジア首脳会議のインド、オーストラリア、ニュージーランドを含む「東アジア」、インドのみならずさらに広いアジア、そして、インドとの関係も考慮にいれた「アジア太平洋」などがありうる。中国の台頭は、日本外交における地域概念形成をいずれの方向に導いていくであろうか。

二〇〇九年九月の衆議院選での民主党の圧勝によって誕生した鳩山内閣は、ひさびさに正面から「東アジア共同体」の形成を自らの政策目標として掲げた。アメリカとの関係をより「対等」なものとし、中国や韓国との密接な関係を構築しようとする鳩山政権は、これまでになく「東アジア」を重視した政権とみることもできるのかもしれない。しかも「対等」な日米関係を求めることの焦点として、鳩山政権は、沖縄における基地問題を取り上げ、政権発足直後からアメリカとの関係は緊張が続いた。緊張する日米関係の中で「東アジア共同体」形成を唱える鳩山政権は、これまでの自民党政権のパターンを離れようとするのであろうか。

必ずしもそうではないかもしれない。なぜなら、鳩山首相は、政権発足直後の所信表明演説で、東アジアという地域概念について語るとともに、アジア太平洋という地域概念も多用したからである。

アメリカとの緊張関係を補う概念として、依然としてアジア太平洋という地域概念が必要なのかもしれない。しかも、中国の台頭という地政学的構造変化は、アジア太平洋という地域概念の必要性を強調していく可能性がある。二〇一〇年のＡＰＥＣ閣僚会議・首脳会議の日本開催は、そのきっかけになりうるものであろう。しかし、アジア太平洋のみが日本を含む地域としての唯一の地域概念であるということはないだろう。日本外交にとって、インドを含む広い意味のアジア、アメリカとのつながりを示すアジア太平洋、さらには、東南アジア、中国、韓国との連携を示す東アジアなど、重複するさまざまな地域概念が今後も必要とされていくのであろう。

註

★1――大庭三枝のいう「自己包摂的地域」のことである。大庭三枝『アジア太平洋地域形成への道程』ミネルヴァ書房、二〇〇四年。

★2――保城広至『アジア地域主義外交の行方１９５２－１９６６』木鐸社、二〇〇八年。

★3――データベース「世界と日本」所収の総理大臣の演説として、「アジア太平洋地域」に最初の言及があったのは、一九六七年一一月一六日に佐藤栄作総理大臣が、ニューヨークで行った演説においてであった。佐藤総理は一九六九年一一月二一日のナショナル・プレスクラブにおける演説でも、この用語を使っている。三木武夫外務大臣は、一九六七年三月一四日の国会における外交演説で「アジア太平洋地域」に言及している。『データベース「世界と日本」』(http://www.ioc.u-tokyo.ac.jp/~worldjpn/)。

★4――ＡＰＥＣ、ＡＲＦの設立事情さらに宮澤内閣のアジア太平洋への取組については、田中明彦『アジアのなかの日本』ＮＴＴ出版、二〇〇七年、九九－一二二頁と重複する箇所がある。

★5――小島明『グローバリゼーション』中央公論社、一九九〇年。

★6――George Friedman and Meredith Lebard, *The Coming War with Japan* (New York: St Martin's Press, 1991), James Fallows, "Containing Japan" *Atlantic* (May, 1989), pp.40-54., Edward N. Luttwak, "From Geopolitics to Geo-Economics," *The National Interest*, no. 20 (Summer 1990), pp.17-23. 日本側で、自らについての自信とアメリカへの対抗意識を全面に出していたのは、盛田昭夫・石原慎太郎『「Ｎｏ」といえる日本』(光文社、一九八九年)であった。

★7――一九八〇年代後半以降の、大地域主義の傾向や分析については、山本吉宣「地域統合の政治経済学：素描」『国際

問題』四五二号、一九九七年、二一-二三頁、山本吉宣『国際的相互依存』東京大学出版会、一九八九年などを参照。

★8——「アジア太平洋協力推進懇談会報告——開かれた『協力による発展の時代』へ」『データベース「世界と日本」』。

★9——船橋洋一『アジア太平洋フュージョン』中央公論社、一九九五年、三一七-三一八頁。

★10——Michael Leifer, The ASEAN Regional Forum (Adelphi Paper 302) (Oxford: Oxford University Press, 1996) 及び山影、前掲『ASEANパワー』第九章参照。

★11——添谷芳秀「ASEANと日米中——ASEAN地域フォーラムを中心に」添谷芳秀・山本信人（編）『世紀末からの東南アジア——錯綜する政治・経済秩序のゆくえ』慶應義塾大学出版会、二〇〇〇年、五頁。

★12——「ASEAN拡大外相会議・全体会議における中山外務大臣ステートメント」『データベース「世界と日本」』。

★13——山影進「日本・ASEAN関係の深化と変容」山影進（編）『東アジア地域主義と日本外交』日本国際問題研究所、二〇〇三年、一八-二〇ページ、添谷、前掲書、九-一〇頁。

★14——「二一世紀のアジア・太平洋と日本を考える懇談会報告『21世紀のアジア・太平洋と日本——開放性の推進と多様性の尊重』一九九二年一二月二五日、『データベース「世界と日本」』。

★15——岡本次郎編『APEC早期自由化協議の政治過程——共有されなかったコンセンサス』日本貿易振興機構アジア経済研究所、二〇〇一年、および古川浩司「APECに関する日本の意思決定分析——EVSLイニシアティブを素材にして」『中京法学』三六巻一号、二〇〇一年、一-一三頁。

★16——小泉内閣総理大臣のASEAN諸国訪問における政策演説『東アジアの中の日本とASEAN——率直なパートナーシップを求めて』二〇〇二年一月一四日、『データベース「世界と日本」』。

★17——ASEAN+3の成立から展開にかけては、田中、前掲書、第八章、第一〇章参照。

★18——靖国神社参拝問題については、Akihiko Tanaka, "The Yasukuni Issue and Japan's International Relations" in Tsuyoshi Hasegawa and Kazuhiko Togo, *eds.*, East Asia's Haunted Present: Historical Memories and the Resurgence of Nationalism (Westport: Praeger Security International, 2008) pp.119-141.

★19——東アジア首脳会議設立に関する政治過程については、Ken Jimbo, "An Emerging East Asian Community? The Political Process of Regionalism in East Asia" in Ralph A. Cossa and Akihiko Tanaka, *eds.*, *An East Asian Community and the United States* (Washington,D.C.: Center for Strategic and International Studies, 2007) pp.14-41.

★20——福田康夫内閣総理大臣スピーチ「太平洋が「内海」となる日へ——「共に歩む」未来のアジアに五つの約束」

二〇〇八年五月二二日、『データベース「世界と日本」』。

★21——麻生太郎『自由と繁栄の弧』幻冬舎、二〇〇七年。第一五回国際交流会議「アジアの未来」麻生内閣総理大臣スピーチ「経済危機を超え、再び飛躍するアジアへ」二〇〇九年五月二一日、『データベース「世界と日本」』。

あとがき

故大平正芳首相の生誕百年を記念する行事のひとつとして、一冊の本を出してみたいという大平正芳記念財団のお申し出を受け、同財団の運営委員として長年、大平正芳記念賞の選考に共に携わっている毛里和子、中兼和津次、山影進の三氏の協力を得て、私を含めた四名で編集委員会を結成し、本書の構成と執筆者の顔ぶれをきめた。執筆者各位には、いろいろ無理な注文を聞いていただき、本書の趣旨に合った論文を書いていただいたことを、編集委員会を代表してお礼を申し上げたい。

大平首相が満七十歳で急逝された当時は、私自身もまだ若かったせいか、それほどには感じなかったのが正直なところなのだが、今になって改めて思うと、あまりにも早く世を去られたと惜しむ気持ちに切なるものがある。特に昨今の日本の政治・外交の低迷ぶりを見るにつけ、大平首相のような政治家の存在の貴重さを思い知るのである。

大平正芳という人物を記念する本の書き方は、いろいろあるだろうが、伝記的、人物論的な著作は、優れたものが既に何点かあることに鑑みて、大平首相が創設した政策研究会が取り組んだテーマのなかでも、とくに今日的意義の大きい「環太平洋連帯構想」を選んで、このテーマについて学術的研究業績のある内外の専門家に、それぞれの関心に即して書いていただき、いわば総合的に大平構想以後のアジア・太平洋地域に関する協力と関係諸国の政策の展開を跡づけ、併せて今後の展望に資する書物を編んでみることにした。将来の展望と言えば、二〇一〇年は、日本が一五年ぶりにAPECの閣僚会議ならびにサミット（首脳会議）の主催国をつとめる年である。リーマン・ショック後の世界的な金融混乱と厳しい経済状況下に開催されるこの会議の結果は、今後のアジア太平洋地域の国際経済・国際政治の動向に少なからぬ影響を与えるであろう。主催国としての日本のリーダーシップが問われる場でもある。このタイミングで本書が刊行されることは、その意味でも、時宜を得たものと、私たちは考える。

本書は二部構成をとっているが、第一部は、グローバリゼーションが進行する中の地域の姿と地域主義という現象を全体として把握することを狙いとした諸章からなる。それに続く第二部は、アジア太平洋地域に位置する諸国が、それぞれ如何なる国益観念と将来ビジョンを以て地域政策を展開してきたのかを、個別に見て行く諸章からなる。第一部が理論的分析的だとすれば、第二部は叙述的と言えよう。しかし、いずれも、専門家だけではなく、一般の読者にも読んでいただくことを目指して書かれているはずである。

できるだけ一冊の本として整合性のあるものとするために、出版の企画段階で、全員参加とまではいかなかったが、可能な人には一泊の合宿討論会に参加して貰い、各自の執筆の構想を発表しあい、問題意識の統一を図った。しかし、それぞれの持ち味を最大限に尊重するべく、無理に議論の仕方や方向の一致を期するよりは、自由に筆を揮って下さるようにお願いした次第である。

本書の企画の段階から、千倉書房の神谷竜介氏には、ひとかたならぬご支援をいただいた。同氏の熱心で厳しい鞭撻なくしては、本書は陽の目をみることは無かったであろう。

特に記してその労に対して謝意を表したい。

二〇一〇年一月一一日

編者を代表して　渡邉昭夫

(Khrushchev, Nikita Sergeyevich) 279
フレイザー，マルコム (Fraser, John Malcolm) 226, 244
ヘイルマン，セバスチャン (Heilmann, Sebastian) 136
ベーカー，ジェームズ (Baker, James Addison) 046, 363
ベラスコ (Velasco Alvarado, Juan) 329
ホーク，ボブ (Hawke, Bob) 183-184, 227, 363
細川護熙 (HOSOKAWA Morihiro) 368
ボルトン，ジョン (Bolton the third, John Robert) 344

マ

馬英九 (Ma Yingjiu) 262
マハティール (Mahathir bin Mohamad) 045, 079, 300, 365, 370-371
マラ，カミセセ (Mara, Kamisese) 201
三木武夫 (MIKI Takeo) 069-070, 359
宮澤喜一 (MIYAZAWA Kiichi) 080, 366-368
村山富市 (MURAYAMA Tomiichi) 368
毛沢東 (Mao Zedong) 147-148, 279, 292

ヤ

ヤング，スティーブン (Young, Stephen M.) 281
ユドヨノ (Yudhoyono, Susilo Bambang) 185

ラ

ライス，コンドリーザ (Rice, Condoleezza) 344, 349
ラッド，ケビン (Rudd, Kevin Michael) 010, 024, 032, 082, 181-196
ラブロフ，セルゲイ (Lavrov, Sergey Viktorovich) 298
ラムズフェルド，ドナルド (Rumsfeld, Donald Henry) 282, 339
李元簇 (Lee Yuan-cu) 254
李登輝 (Lee Teng-hui) 254, 262
李鵬 (Li Peng) 045
劉江永 (Liu Jiangyong) 268
梁漱溟 (Liang Shuming) 148
リンゼー，ローレンス (Lindsey, Lawrence) 347
レヴィ，ノエル (Levi, Noel) 210
レヴィ＝ストロース，クロード (Lévi-Strauss, Claude) 117
レーガン，ロナルド (Reagan, Ronald Wilson) 226
レザノフ，ニコライ (Rezanov, Nikolai Petrovich) 290

ロ

魯迅 (Lu Xun) 148-149
ロストウ，ウォルツ (Rostow, Walt W.) 223
ロペス＝ポルティージョ (Lopez Portillo, Jose) 322, 328

ワ

ワナンディ，ユスフ (Wanandi, Jusuf) 083,

ケリー，ジェームズ（Kelly, James Andrew） 343
小泉純一郎（KOIZUMI Jun'ichiro） 171, 182, 311, 329, 342, 370-373
江沢民（Jiang Zemin） 259, 266
河野洋平（KONO Yohei） 370
コーエン，ウォレン（Cohen, Warren I.） 234
胡錦涛（Hu Jintao） 274
小島清（KOJIMA Kiyoshi） 069, 243, 328, 358
胡適（Hu Shi） 148
ゴルバチョフ，ミハイル（Gorbachev, Mikhail Sergeevich） 072, 232, 296

サ

サリーナス（Salinas de Gortari, Carlos） 317-318
周小川（Zhou Xiaochuan） 348
朱鎔基（Zhu Rongji） 169, 247
蒋介石（Chiang Kai-shek） 220
蕭萬長（Hsiao Wan-chang） 254
ジョンソン，リンドン（Johnson, Lyndon Baines） 222
スターリン，ヨシフ（Stalin, Joseph） 279, 292
スハルト（Suharto） 161, 184
ゼーリック，ロバート（Zoellick, Robert Bruce） 056
銭其琛（Qian Qichen） 259, 267

タ

竹下登（TAKESHITA Noboru） 359, 364
タバイ，エレミア（Tabai, Ieremia） 206
チェイニー，ディック（Cheney, Richard Bruce） 344, 347
趙華勝（Zhao Huasheng） 274, 285
張徳広（Zhang Deguang） 274
全斗煥（Chun Doo-hwan） 225, 230
陳水扁（Chen Shuibian） 262
陳独秀（Chen Duxiu） 148
鄧小平（Deng Xiaoping） 147, 297
ドライスデール，ピーター（Drysdale, Peter） 070-071

ナ

中曽根康弘（NAKASONE Yasuhiro） 228, 359
中山太郎（NAKAYAMA Taro） 365
ニクソン，リチャード（Nixon, Richard Milhous） 024, 167, 224
ニヤゾフ，サパルムラト（Nyýazow, Saparmyrat Ataýewiç） 276
盧泰愚（Roh Tae-woo） 219, 227-233
盧武鉉（Roh Moo-hyun） 232-234, 345

ハ

バーグステン，フレッド（Bergsten, C. Fred） 051, 258-259
バウチャー，リチャード（Boucher, Richard A.） 282
バキエフ，クルマンベク（Bakiev, Kurmanbek） 282
朴正熙（Park Chung-hee） 221-224, 229
橋本龍太郎（HASHIMOTO Ryutaro） 046
畠山襄（HATAKEYAMA Noboru） 329
羽田孜（HATA Tsutomu） 368
鳩山由紀夫（HATOYAMA Yukio） 015, 174, 182, 196, 375
パトリック，ヒュー（Patrick, Hugh） 071
バルデス，フアン・ガブリエル（Valdes, Juan Gabriel） 329
ハワード，ジョン（Howard John） 181-182, 185-186, 189-190, 193, 196
韓昇洲（Han Sung-Joo） 232
ヒゴット，リチャード（Higgott, Richard A.） 349
ピノチェット（Pinochet Ugarte, Augusto José Ramón） 323-324, 326, 328
ファローズ，ジェームズ（Fallows, James M.） 360
プーチン，ウラジーミル（Putin, Vladimir Vladimirovich） 274, 281-282, 295-296, 298, 300-301, 305, 307
福田赳夫（FUKUDA Takeo） 373
福田康夫（FUKUDA Yasuo） 194, 342, 373-375
フジモリ，アルベルト（Fujimori, Alberto Ken'ya） 329-330, 332
ブッシュ，ジョージ・W（Bush, George Walker） 014, 052, 055, 182, 280, 339-354
ブッシュ，ジョージ・H・W（Bush, George Herbert Walker） 363
フルシチョフ，ニキータ

主要人名索引

ア

アカエフ，アスカル（Akayev, Askar Akayevich） 280
アジェンデ（Allende Gossens, Salvador） 328
麻生太郎（ASO Taro） 373-374
安倍晋三（ABE Shinzo） 182, 185, 342, 352, 373
池田勇人（IKEDA Hayato） 069-070
李相玉（Lee Sang-ock） 227
李承晩（Lee Seung-man） 011, 219-222, 224, 229
伊藤侑徳（ITO Yukinori） 328
李範錫（Lee Bum-suk） 230
李明博（Lee Myung-bak） 011, 234, 299, 345
ヴェイリネン，ライモ（Väyrynen, Raimo） 235
宇野宗佑（UNO Sosuke） 364
エイルウイン（Aylwin, Patricio Azocar） 326
エヴァンズ，ガレス（Evans, Gareth） 184, 195, 253
エリツィン，ボリス（Yeltsin, Boris Nikolayevich） 266, 302, 304
閻学通（Yan Xuetong） 267-268
大来佐武郎（OOKITA Saburo） 070, 202-204, 322, 328
大平正芳（OOHIRA Masayoshi） 002, 007, 010, 068, 071-072, 084, 089, 156-157, 182, 193, 225-226, 243-244, 322, 328, 358-359, 374
岡倉天心（OKAKURA Tenshin） 003, 147
オニール，ポール（O'Neill, Paul Henry） 347
オバマ，バラク（Obama, Barack Hussein） 014, 049, 052, 182, 193, 295, 298, 308, 339, 344, 346, 348, 350-354
小渕恵三（OBUCHI Keizo） 171, 233, 370
オルブライト，マデレーン（Albright, Madeleine） 343
温家宝（Wen Jiabao） 348

カ

鹿島守之助（KAJIMA Morinosuke） 069-070
金丸信（KANEMARU Shin） 366
カメハメハ1世（大王）（Kamehameha I） 290
カリモフ，イスラム（Karimov, Islam Abduganievich） 280-282
ガルシア，アラン（Gabriel, Alan Ludwig García Pérez） 329, 332
川口順子（KAWAGUCHI Yoriko） 195
キーティング，ポール（Keating, Paul） 184-185, 187
キッシンジャー，ヘンリー（Kissinger, Henry Alfred） 292
金正日（Kim Jong-il） 298
金鍾泌（Kim Jong-pil） 233
金大中（Kim Dae-jung） 047, 233-234, 345
金泳三（Kim Young-sam） 232
キャンベル，カート（Campbell, Kurt M.） 192
キリノ，エルピディオ（Quirino, Elpidio Rivera） 220
グリーン，マーシャル（Green, Marshall） 223
栗本弘（KURIMOTO Hiroshi） 243
クリントン，ヒラリー（Clinton, Hillary Rodham） 059, 192, 350, 352-353
クリントン，ビル（Clinton, William Jefferson） 044, 055, 078, 246, 254, 340, 343, 346-347, 349, 352, 365
クロフォード，ジョン（Crawford, John Grenfell） 070
邢広程（Xing Guangcheng） 283
ゲーツ，ロバート（Gates, Robert Michael） 193
ケネディ，ジョン・F（Kennedy, John Fitzgerald） 222

S

SADC	Southern African Development Community	南部アフリカ開発共同体
SAFTA	South Asia Free Trade Area	南アジア自由貿易地域
SCO	Shanghai Cooperative Organization	上海協力機構
SEATO	Southeast Asia Treaty Organization	東南アジア条約機構
SIS	Small Island States	小規模島嶼諸国
SLBM	Submarine Launched Ballistic Missiles	潜水艦発射弾道ミサイル
SPARTECA	South Pacific Regional Trade and Economic Co-operation Agreement	南太平洋地域貿易経済協力協定
SPEC	South Pacific Bureau for Economic Cooperation	南太平洋経済協力機構
STABEX	stabilization of export earnings system	輸出所得安定化制度

T

TAC	Treaty of Amity and Cooperation	東南アジア友好協力条約

U

UDEAC	Union Douanière des États Afriques Centrals	中部アフリカ関税経済同盟
UEMOA	Union Économique et Monétaire Ouest-africaine	西アフリカ経済通貨同盟

V

VAP	Vientiane Action Programme	ビエンチャン行動計画

W

WB	World Bank	世界銀行
WMD	Weapons of mass destruction	大量破壊兵器
WTO	World Trade Organization	世界貿易機関

M		
MCCA		→CACMのスペイン語表記
MERCOSUR	Mercado Común del Sur	(南米)南部共同市場
N		
NAFTA	North American Free Trade Agreement	北米自由貿易協定
NASC	Northeast Asia Security Cooperation	北東アジア安全保障協力
NEASED	Northeast Asia Security Dialogue	北東アジア多国間安保対話
NICs	Newly Industrializing Countries	(とりわけアジアの)新興工業国
NIEs	Newly Industrializing Economies	(とりわけアジアの)新興工業経済地域
NPT	Nuclear Non-Proliferation Treaty	核拡散防止条約
O		
OPTAD	Organization for Pacific Trade and Development	太平洋貿易開発機構
P		
PACER	Pacific Agreement on Closer Economic Relation	太平洋経済緊密化協定
PAFTA	Pacific Free Trade Area	太平洋自由貿易地域
PAFTAD	Pacific Trade and Development Conference	太平洋貿易開発会議
PBEC	Pacific Basin Economic Council	太平洋経済委員会／協議会
PCS	Pacific Community Seminar	アジア太平洋共同体研究会
PECC	Pacific Economic Cooperation Conference / Council	太平洋経済協力会議／委員会
PICTA	Pacific Islands Countries Trade Agreement	太平洋島嶼諸国貿易協定
PMC	Post-Ministerial Conferences	(ASEAN)拡大外相会議
PPP	Public-Private Partnership	官民提携事業
R		
REI	Regional Economic Integration	地域経済統合
RTA	Regional Trade Agreement	地域貿易協定
SAARC	South Asia Association for Regional Cooperation	南アジア地域協力連合／機構

GDP	Gross Domestic Product	国内総生産
GMS	Greater Mekong Subregion	メコン地域／メコン川流域／大メコン川圏
I		
IAEA	International Atomic Energy Agency	国際原子力機関
IAI	Initiative for ASEAN Integration	ASEAN統合イニシアティブ
IBRD	International Bank for Reconstruction and Development	国際復興開発銀行／世界銀行
ICNND	International Commission on Nuclear Non-proliferation and Disarmament	核不拡散・核軍縮に関する国際委員会
IDB	Inter-American Development Bank	米州開発銀行
IMF	International Monetary Fund	国際通貨基金
IPR	Institute of Pacific Relations	太平洋問題調査会
ITA	Information Technology Agreement	情報技術協定
ITO	International Trade Organization	国際貿易機関
J		
JDSC	Japan-Australia Joint Declaration on Security Cooperation	日・豪安保共同宣言／安全保障協力に関する日豪共同宣言
JICA	Japan International Cooperation Agency	国際協力機構
JSEPA	Japan-Singapore Economic Partnership Agreement	日・新経済連携協定／日本シンガポール新時代経済連携協定
K		
KDI	Korea Development Institute	韓国開発研究院
KEDO	Korean Peninsula Energy Development Organization	朝鮮半島エネルギー開発機構
KIEP	Korea Institute for International Economic Policy	韓国対外経済政策研究院
KOPEC	Korea National Committee for Pacific Economic Cooperation	韓国太平洋経済協力委員会
KORUS	Korea-US FTA	米・韓自由貿易協定
L		
LAFTA	Latin America Free Trade Association	ラテンアメリカ自由貿易連合
LDC	Least Developed Countries	後発開発途上国

D		
DIRECON	Directorate for International Economic Relations	(チリ)外務省国際経済関係総局
E		
EAC	East African Community	東アフリカ共同体
EAEC	East Asian Economic Caucus or East Asian Economic Community	東アジア経済協議体、または、東アジア経済共同体
EAEG	East Asian Economic Group	東アジア経済グループ
EAS	East Asian Summit	東アジア首脳会議／サミット
EASC	East Asia Security Community	東アジア安全保障共同体
EC	European Community	ヨーロッパ共同体
ECAFE	Economic Commision for Asia and the Far East	(国連)極東アジア経済委員会
ECOWAS	Economic Community of West African States	西アフリカ諸国経済共同体
EEC	European Economic Community	ヨーロッパ経済共同体
EPA	Economic Partnership Agreement	経済連携協定
EU	European Union	ヨーロッパ連合
EVSL	Early Voluntary Sectoral Liberalization	早期自発的分野別自由化交渉
F		
FEALAC	Forum for East Asia - Latin America Cooperation	東アジア・ラテンアメリカ協力フォーラム
FFA	Forum Fisheries Agency	フォーラム漁業機関
FOCALAE		→FEALACのスペイン語表記
FTA	Free Trade Agreement or Free Trade Area	自由貿易協定、または、自由貿易地域
FTAA	Free Trade Area of the Americas or Free Trade Agreement of the Americas	西半球自由貿易地域／協定
FTAAP	Free Trade Area of the Asia-Pacific or Free Trade Agreement of the Asia-Pacific	アジア太平洋自由貿易地域／協定
G		
GATT	General Agreement on Tariffs and Trade	関税および貿易に関する一般協定
GCAP	Greater Central Asia Plan	大中央アジア構想

APP	Asia-Pacific Partnership	太平洋パートナーシップ
ARF	ASEAN Regional Forum	ASEAN地域フォーラム
ASEAN	Association of South-East Asian Nations	東南アジア諸国連合
ASEM	Asia-Europe Meeting	アジア欧州会合／ アジアヨーロッパ会議
ASPAC	Asian and Pacific Council	アジア太平洋協議会
ATIG/ATIGA	ASEAN Trade in Goods Agreement	ASEAN物品貿易協定
B		
BRICs	Brazil, Russia, India, China	ブラジル・ロシア・インド・中国
C		
CACM	Central American Common Market	中米共同市場
CARIFORUM	Caribbean Forum of the ACP States	ACP諸国カリブ海フォーラム
CEMAC	Communauté Économique et Monétaire de l'Afrique Centrale	中部アフリカ経済通貨共同体
CEPEA	Comprehensive Economic Partnership in the East Asia	東アジア包括的経済連携
CEPT	Common Effective Preferential Tariff	共同有効優遇関税／ 共通実効特恵関税
CIS	Commonwealth of Independent States	独立国家共同体
CLMV	Cambodia, Laos, Myanmar, Vietnam	(ASEANへの)新規加盟国
CMI	Chiang Mai Initiative	チェンマイ・イニシアティブ／ チェンマイ合意
COMECON	Communist Economic community	経済相互援助会議
COP	Conference of Parties	気候変動枠組み条約締結国会議
CSCA	Conference on Security and Cooperation in Asia	全アジア安全保障協力会議
CSCE	Conference on Security and Cooperation in Europe	全欧安保協力会議
CSIS	Centre for Strategic and International Studies	インドネシア国際戦略センター
CSTO	Collective Security Treaty Organisation	(CIS)集団安全保障条約機構

主要略語一覧

執筆者の意図を尊重し、本文中での用語／表記の統一は最小限にとどめた

A

ABMI	Asian Bond Markets Initiative	アジア債券市場イニシアティブ
ACIA	ASEAN Comprehensive Investment Agreement	ASEAN包括投資協定
ACP	Africa, Caribbean, and the Pacific	アフリカ・カリブ・太平洋
ACSC	ASEAN Civil Society Conference	ASEAN市民社会会議
ADB	Asian Development Bank	アジア開発銀行
AEC	ASEAN Economic Community	ASEAN経済共同体
AEM	ASEAN Economic Ministerial Meeting	ASEAN経済閣僚会議
AFAS	ASEAN Framework Agreement on Services	ASEANサービス枠組み協定
AFTA	ASEAN Free Trade Agreement or ASEAN Free Trade Area	ASEAN自由貿易協定、または、ASEAN自由貿易地域
AIA	ASEAN Investment Agreement or ASEAN Investment Area	ASEAN投資協定、または、ASEAN投資地域
AJBCC	Australia-Japan Business Co-Operation Committee	日・豪企業協力委員会
AMF	Asian Monetary Fund	アジア通貨基金
AMM	ASEAN Ministerial Meeting	ASEAN閣僚(外相)会議
ANZCER	Australia-New Zealand Closer Economic Relations Agreement	豪・NZ経済緊密化協定
APA	ASEAN People's Assembly	ASEAN人民会議
APACL	Asian People's Anti-Communist League	アジア民族反共連盟
APC	Asia Pacific Community	アジア太平洋共同体
APEC	Asia-Pacific Economic Cooperation	アジア太平洋経済協力

版会)、『周縁からの中国』(東京大学出版会)、『日中関係』(岩波書店) など著書多数。

▶第12章執筆

河東哲夫 (かわとう・あきお)

東京財団上席研究員、早稲田大学客員教授
1947年生まれ。1970年東京大学教養学部を卒業後、外務省に入省。東欧課長、在スウェーデン大使館参事官、文化交流部審議官、在ボストン総領事、在ロシア大使館公使、在ウズベキスタン・タジキスタン特命全権大使などを歴任。2006年より現職。『意味の解体する世界へ』『外交官の仕事』(ともに草思社) などの著作がある。

▶第13章執筆

細野昭雄 (ほその・あきお)

政策研究大学院大学教授
1962年東京大学教養学部卒業。アジア経済研究所調査研究部、国際連合ラテンアメリカ経済委員会を経て、筑波大学教授、神戸大学経済経営研究所教授などを歴任。2003年駐エルサルバドル大使。2007年国際協力機構 (国際協力客員専門員)。2008年より現職。『APECとNAFTA』(有斐閣)、『ラテンアメリカの経済』(東京大学出版会) などの著作がある。

▶第14章執筆

T. J. ペンペル (T. J. Pempel)

カリフォルニア大学 (バークレー校) 教授
専門はアジア地域主義、比較政治。Ph.D. (Columbia University)。主著は Remapping of East Asia: The Construction of a Region (Cornell University Press) および Beyond Bilatralism: U.S.- Japan Relations in the New Asia-Pacific;The Politics of the Asian Economics Crisis (Stanford University Press)。近著として Crisis as Catalyst:Asia's ynamic Political Economy (Cornell University Press) がある。

▶第15章執筆

田中明彦 (たなか・あきひこ)

東京大学東洋文化研究所教授
1954年生まれ。東京大学教養学部卒業、マサチューセッツ工科大学より博士号 (政治学) 取得。財団法人平和・安全保障研究所研究員、東京大学教養学部助手、同助教授を経て現職。『新しい「中世」』(日本経済新聞社)、『ワード・ポリティクス』(筑摩書房)、『アジアのなかの日本』(NTT出版)、『ポスト・クライシスの世界』(日本経済新聞出版社) など著書多数。

1955年生まれ。オーストラリア国立大学太平洋アジア研究所よりPh.D（国際関係論）取得。桜美林大学国際学部専任講師、助教授、教授を経て現職。専門はオセアニア地域研究。主著に、『日本外交と国際関係』（共著、内外出版）など。

▶ 第8章執筆

小柏葉子（おがしわ・ようこ）

広島大学平和科学研究センター教授

津田塾大学大学院国際関係学研究科博士後期課程単位取得退学。津田塾大学学芸学部国際関係学科助手、広島大学平和科学研究センター助教授を経て現職。専門は、国際関係論。主著に、Microstates and Nuclear Issues: Regional Cooperation in the Pacific（Institute of Pacific Studies, University of the South Pacific）、『太平洋島嶼と環境・資源』（編著、国際書院）など。

▶ 第9章執筆

李鍾元（Lee Jong Won）

立教大学法学部教授

1953年韓国生まれ。国際基督教大学教養学部卒。東京大学大学院法学政治学研究科政治学専攻修士課程修了。法学博士。東京大学法学部助手、東北大学法学部助教授等を経て現職。専門は東アジア国際政治。著書に『東アジア冷戦と韓米日関係』（東京大学出版会）がある。

▶ 第10章執筆

呉栄義（Rong-I WU）

財団法人台湾経済研究院顧問、台湾シンクタンク（台湾智庫）取締役

国立台湾大学経済学修士、ベルギー・ルーバン大学経済学博士。国立台北大学経済学研究所長、財団法人台湾経済研究院院長、内閣副総理大臣、台湾先物取引所および台湾証券取引所会長を歴任し現職。APEC賢人会合やAPEC台湾代表団のメンバーでもある。

▶ 第11章執筆

毛里和子（もうり・かずこ）

早稲田大学現代中国研究所顧問

お茶の水女子大学文教育学部卒業、東京都立大学大学院人文科学研究科修了。博士（政治学）。日本国際問題研究所研究員、静岡県立大学国際関係学部教授、横浜市立大学国際文化学部教授、早稲田大学政治経済学部教授を経て現職。専門は中国政治・外交、東アジア国際関係。『新版・現代中国政治』（名古屋大学出

▶第4章執筆

熊倉正修（くまくら・まさなが）

大阪市立大学大学院経済学研究科准教授
1967年生まれ。東京大学文学部卒業、ロンドン大学、ケンブリッジ大学大学院修了。Ph.D.（経済学）。アジア経済研究所などを経て現職。専門は国際経済学、応用計量経済学、東アジア経済論。主要論文に "Trade and business-cycle co-movements in Asia-Pacific," Journal of Asian Economics 17(4): 622-645（2006年）など。

▶第5章執筆

バリー・ノートン（Burry Norton）

カリフォルニア大学（サンディエゴ校）教授
1951年生まれ。専門は中国経済発展論。Ph.D.（Yale University）。主著に Growing Out of the Plan: Chinese Economic Reform, 1978-1993（Cambridge University Press） や The Chinese Economy: Transitions and Growth, a comprehensive survey of the Chinese economy（MIT Press）などがある。

▶第5章翻訳およびコメント

中兼和津次（なかがね・かつじ）

青山学院大学国際政治経済学部教授、東京大学名誉教授
1942年生まれ。東京大学教養学部卒業。アジア経済研究所調査部研究員、一橋大学経済学部教授、東京大学経済学部教授、東京大学大学院経済学研究科・経済学部教授を経て現職。博士（経済学）。専門は中国経済、移行経済論。主著に『中国経済論』（東京大学出版会）、『中国経済発展論』（有斐閣）がある。

▶第6章執筆

山影進（やまかげ・すすむ）

東京大学大学院総合文化研究科教授
1949年生まれ。東京大学教養学部卒業、同大学院社会科学研究科修士課程修了。マサチューセッツ工科大学より博士号取得。東京大学教養学部助教授、同教授を経て現職。専門は国際関係論。主著に『対立と共存の国際理論』『ASEANパワー』（ともに東京大学出版会）など。

▶第7章執筆

福嶋輝彦（ふくしま・てるひこ）

防衛大学校人文社会科学群教授

執筆者略歴

▶監修・序論執筆・第14章翻訳

渡邉昭夫（わたなべ・あきお）

財団法人平和・安全保障研究所副会長、東京大学名誉教授、青山学院大学名誉教授

1932年生まれ。東京大学文学部卒業、オーストラリア国立大学にてPh.D.取得。東京大学教養学部教授、青山学院大学国際政治経済学部教授、財団法人平和・安全保障研究所理事長などを歴任。専門は国際政治学、日本外交論。主著に『アジア・太平洋の国際関係と日本』（東京大学出版会）、『大国日本の揺らぎ』（中央公論新社）など。

▶第1章執筆

菊池努（きくち・つとむ）

青山学院大学国際政治経済学部教授

1953年生まれ。一橋大学大学院博士課程修了。法学博士。財団法人日本国際問題研究所研究員、中部大学国際関係学部助教授、南山大学法学部教授などを経て1997年より現職。PECC（太平洋経済協力会議）、CSCAP（アジア太平洋安全保障協力会議）など、アジア太平洋の地域協力活動と共同研究に、長年にわたり参画。専攻はアジア太平洋の国際関係。著書に『APEC——アジア太平洋新秩序の模索』（日本国際問題研究所）など。

▶第2章執筆

山本吉宣（やまもと・よしのぶ）

青山学院大学国際政治経済学部教授、東京大学名誉教授

1943年生まれ。東京大学教養学部卒業、東京大学大学院を経て、ミシガン大学大学院でPh.D.取得。埼玉大学教養学部教授、東京大学大学院総合文化研究科教授を経て現職。専門は国際政治学。主著に『国際的相互依存』（東京大学出版会）、『「帝国」の国際政治学』（東信堂）、『国際レジームとガバナンス』（有斐閣）など。

▶第3章執筆

大庭三枝（おおば・みえ）

東京理科大学工学部准教授

国際基督教大学教養学部卒業、東京大学大学院総合文化研究科博士課程修了。博士（学術）。日本学術振興会特別研究員、東京大学大学院総合文化研究科助手、東京理科大学工学部講師を経て現職。専門は国際関係論、国際政治学。著書に『アジア太平洋地域形成への道程』（ミネルヴァ書房）がある。

アジア太平洋と新しい地域主義の展開

二〇一〇年四月一二日　初版第一刷発行

編著者　渡邉昭夫
発行者　千倉成示
発行所　株式会社 千倉書房
〒一〇四―〇〇三一　東京都中央区京橋二―四―一二
電話　〇三―三二七三―三九三一（代表）
http://www.chikura.co.jp/

印刷・製本　中央精版印刷株式会社

造本装丁　米谷豪

ISBN 978-4-8051-0944-1　C3031

歴史としての現代日本　五百旗頭真 著

日本外交史・国際関係論の碩学による、近現代史を読み解く最良のブックガイド。13年に及ぶ新聞書評を中心に構成。

❖四六判／本体 二四〇〇円＋税／978-4-8051-0889-5

表象の戦後人物誌　御厨貴 著

戦後史を表象する人物の足跡をたどり、我々の人生をすっぽりと覆うほど長い「戦後」の変遷と変質に迫る。

❖四六判／本体 二四〇〇円＋税／978-4-8051-0912-0

ナショナリズムとイスラム的共存　鈴木董 著

「西洋の衝撃」の下、イスラム的共存のシステムはなぜ崩れ去ったのか。民族問題の淵源を訪ねる思索。

❖四六判／本体 二八〇〇円＋税／978-4-8051-0893-2

千倉書房

表示価格は二〇一〇年四月現在

「死の跳躍」を越えて　佐藤誠三郎 著

西洋の衝撃という未曾有の危機に、日本人は如何に立ち向かったか。近代日本の精神構造の変遷を描いた古典的名作。

❖A5判／本体 五〇〇〇円＋税／978-4-8051-0925-0

「南進」の系譜　矢野暢 著

南方へ向かったひとびとの姿から近代日本の対外認識をあぶり出す。続編『日本の南洋史観』も併せて収録。

❖A5判／本体 五〇〇〇円＋税／978-4-8051-0926-7

なぜ歴史が書けるか　升味準之輔 著

歴史家は意味や効用があるから歴史を書くのではない。政党史研究の泰斗が傘寿を越えてたどり着いた境地。

❖四六判／本体 二八〇〇円＋税／978-4-8051-0897-0

表示価格は二〇一〇年四月現在

千倉書房

叢書
21世紀の国際環境と日本

叢書　21世紀の国際環境と日本　001

同盟の相剋

水本義彦　著

比類なき二国間関係と呼ばれた英米同盟は、なぜ戦後インドシナを巡って対立したのか。超大国との同盟が抱える試練とは。

❖A5判／本体　三八〇〇円＋税／978-4-8051-0936-6

叢書　21世紀の国際環境と日本　002

武力行使の政治学

多湖淳　著

単独主義か、多角主義か。超大国アメリカの行動形態を左右するのは如何なる要素か。計量分析と事例研究から解き明かす。

❖A5判／本体　四二〇〇円＋税／978-4-8051-0937-3

千倉書房

表示価格は二〇一〇年四月現在